RÉSUMÉ

DES

VICTOIRES ET CONQUÊTES

DES FRANÇAIS.

II.

PARIS, IMPRIMERIE DE CASIMIR, RUE DE LA VIEILLE-MONNAIE, N° 12.

RÉSUMÉ

DES

VICTOIRES ET CONQUÊTES

DES FRANÇAIS;

HISTOIRE DES BATAILLES, SIÉGES ET COMBATS
QUI ONT EU LIEU
DEPUIS 1792, JUSQUES ET Y COMPRIS
LA DERNIÈRE GUERRE D'ESPAGNE
EN 1823:

PAR UNE SOCIÉTÉ DE MILITAIRES
ET DE GENS DE LETTRES.

TOME II.

Paris,
BELLAVOINE, RUE DES NOYERS, N° 8.

1826.

RÉSUMÉ

DES

VICTOIRES ET CONQUÊTES

DES FRANÇAIS.

DE 1792 A 1824.

~~~~~~

ARMÉE D'ITALIE.

Campagne de 1796.

En 1796, la France, soulagée par les traités glorieux dont nous avons parlé plus haut, avait cependant encore pour ennemis, sur le continent, l'Autriche, l'Empire germanique, les rois de Sardaigne et de Naples. Nous avons vu qu'à la fin de la campagne de 1795, ses armées, du côté du Rhin, avaient été repoussées jusque sur sa frontière; nous devons nous souvenir aussi que, plus heureuse en Italie, elle y avait terminé la campagne par la victoire de Loano. La détresse où se trouvait l'armée d'Italie, l'absence de sa cavalerie, restée sur les bords du Rhône faute de fourrages, ne lui avaient pas permis de tirer tout le parti possible de cette victoire, qui lui ouvrait le Milanais : elle avait passé l'hiver cantonnée sur la côte du territoire de Gênes, qui s'étend depuis Savone jusqu'à Voltri. Il eût été convenable au moins de la renforcer et de l'approvisionner durant ce temps d'inaction. On ne l'avait néanmoins pas fait, par quelque motif que ce fût ; et, quand le moment arriva de rentrer en campagne, elle se trouva encore à peu près dans le même état de dénuement et de faiblesse où elle était en prenant ses cantonnemens. Sa force active était à peine de quarante-deux mille hommes, ayant pour toute artillerie soixante pièces de canon environ.

L'ennemi, au contraire, s'occupait de rassembler des forces considérables. Le général Beaulieu, nommé au commandement de toutes les troupes de la coalition, qui devaient agir sur ce point, se trouvait déjà personnellement à la tête d'une armée de trente-quatre à trente-cinq mille hommes, soutenus par une artillerie de cent vingt-quatre pièces de canon et de seize obusiers. Un autre corps d'armée d'environ vingt-deux mille Sardes et Autrichiens auxiliaires, commandé en second par le général Colli, se trouvait encore sous sa main. Une armée napolitaine s'assemblait sur la frontière, et ne devait pas tarder à venir le joindre. Les petits princes d'Italie, comme le pape et les ducs de Modène et de Parme, se préparaient aussi à fournir ou à solder des contingens. Vingt à vingt-cinq mille Piémontais, dispersés en postes défensifs depuis le col de Tende jusqu'au mont Saint-Bernard, faisaient face à la petite armée française des Alpes, commandée par Kellermann, mais pouvaient, suivant les circonstances qui surviendraient, grossir le nombre des troupes destinées à être employées en ligne par Beaulieu. Une réserve de neuf bataillons autrichiens se formait dans la Carinthie, et serait bientôt disponible. Il est vrai que l'armée française avait aussi deux divisions de réserve ; mais ces deux divisions, composées de dépôts et de recrues, gardant la côte jusqu'à Nice et à Toulon, y faisaient un service important, en raison duquel on ne pouvait les appeler à l'armée, qu'elles n'eussent été préalablement remplacées. Enfin, on comptait que lorsque chacun des princes qui devaient envoyer des troupes à l'armée de la coalition en Italie aurait fourni son contingent, cette armée ne se monterait pas à moins de deux cent quatre-vingt mille hommes.

Le choix du général Beaulieu pour commander d' si grandes forces n'avait pas été fait sans dessein. Cet officier était un des plus considérés de l'armée autrichienne ; il avait continuellement été employé contre les Français depuis la révolution, et devait en conséquence connaître parfaitement leur manière de combattre, et la tactique qu'on pouvait avec plus de succès y opposer. Ses talens avaient d'ailleurs été éprouvés dans plus d'une occasion, et notamment à la bataille de Fleurus, où nous l'avons vu, avec l'aile gauche des Autrichiens, tenir pendant un certain temps la victoire en balance, par l'habileté de ses manœuvres et l'opiniâtreté de ses attaques. Beaulieu n'avait pas moins de soixante-seize ans ; mais chez un militaire de son grade cet âge n'était qu'une garantie de plus : l'expérience manque rarement de triompher à la tête des armées, quand elle est compagne du talent.

Sa présence et le nombre considérable de soldats qui devaient lui obéir, annonçaient de grands desseins de la part des Autrichiens ; et il était surtout possible de leur supposer celui d'accabler, par les premières opérations de la campagne, la faible armée française en Italie, et celle plus faible encore qui gardait les Alpes, pour envahir ensuite le midi de la France, et se replover sur les armées françaises du Rhin, ainsi prises entre deux feux. Le gouvernement de notre patrie était changé. Une nouvelle constitution avait remis le pouvoir exécutif entre les mains de cinq Directeurs. Ces cinq Directeurs affectaient la prudence et la sagesse. On ne dut donc pas être médiocrement surpris de les voir mettre à la tête d'une armée française aussi importante, et qui, par son petit volume, semblait destinée à se tenir sur la défensive, non un vétéran vieilli sous le harnois et dans les combinaisons de la tactique, mais un jeune général de brigade d'artillerie, connu seulement par quelques opérations heureuses de son arme. Il n'est pas probable cependant, comme l'ont dit quelques écrivains, que le directoire exécutif de France ait fait cette nomination uniquement par hasard au défaut d'autres généraux qui voulussent prendre sur eux le risque des événemens, ou par faveur en reconnaissance des services rendus contre les insurgés de la journée dite du 13 vendémiaire. Il y avait déjà quelque temps que Bonaparte, sans emploi, en sollicitait auprès des bureaux ministériels, quand le commandement des troupes du gouvernement, dans la journée du 13 vendémiaire, lui donna accès auprès du directoire. Il est vraisemblable que là, et dans les bureaux ministériels où il avait précédemment même parlé, avec assez de hauteur, pour demander la permission d'aller offrir ses services en Turquie, le jeune général de brigade trahit son génie militaire par quelque plan semblable à celui qui, en 1794, avait aussi transformé Hoche, de général de brigade en général en chef de l'armée de la Moselle. « Un artiste, lit-on dans un mémoire du temps, se trouvait chez un membre du directoire, pour quelqu'objet relatif à son art. Bonaparte y parut. *Connaissez-vous ce jeune officier?* dit le directeur à l'artiste, quand Bonaparte fut sorti. — *Je* sais qu'il a commandé les troupes de la Convention dans la journée du 13 vendémiaire. — Eh bien, vous venez de voir en lui le général en chef de l'armée d'Italie. — L'artiste voulut faire quelques observations. *C'est un jeune homme plein d'ardeur*, lui dit le directeur; *il promet beaucoup, et l'on attend de lui de grandes choses.* »

Bonaparte ne s'annonça pas non plus en arrivant à l'armée d'Italie, le 27 mars, ni comme un général à qui on avait imposé l'obligation de se tenir sur la défensive, et que les circonstances allaient rendre infidèle à sa commission, ni comme un homme ordinaire. Il disposa aussitôt ses troupes en officier qui avait dessein de les porter en avant. Il les prépara en même temps à la victoire, en les courbant sous le noble joug de la discipline, et leur adressant ensuite comme à des héros une de ces allocutions qui rendent les hommes capables des plus grandes choses, en les leur présentant comme des actions ordinaires, qu'il est seulement nécessaire d'indiquer à leur courage. « Soldats, leur dit-il, ce n'est plus une guerre défensive, c'est *une guerre d'invasion*, ce sont *des conquêtes* que vous allez faire! Point d'équipages, point de magasins; vous êtes sans artillerie, sans habits, sans souliers, sans solde : vous manquez de tout; mais vous êtes riches en courage. Eh bien, continua-t-il en leur montrant les plaines fertiles du Piémont et de la Lombardie; voilà vos magasins, votre artillerie! vous avez du fer et du plomb : marchons, et dans peu ils seront à vous! L'ennemi est quatre fois plus nombreux que vous : nous en acquerrons plus de gloire! » On lui faisait quelques observations sur le mauvais état de ses approvisionnemens : *J'ai assez*, répondit-il, *si je suis vainqueur, et trop si je suis vaincu.* Il fallait de grands succès pour justifier un tel langage : on ne tarda point à en devoir d'inouïs au génie entreprenant, et à l'habi-

lité du nouveau général en chef; car nous commençons le récit d'une campagne qui sera à jamais célèbre dans les fastes militaires, et où tout fut admirable du côté des vainqueurs, plans et courage.

Les Autrichiens et les Piémontais étaient maîtres de tous les débouchés et de toutes les hauteurs qui dominent la rivière de Gênes. La gauche de l'armée de Beaulieu poussait ses patrouilles jusqu'à Gênes; son corps de bataille était à Adorno-sur-l'Orba, aux ordres du général Sebottendorf; sa droite, commandée par le général Argenteau, était à Sassello; elle occupait Dego, et communiquait avec la gauche du corps d'armée particulier du général Colli. Le lieutenant-général Provera, commandant cette gauche des Sardes et des Autrichiens auxiliaires, occupait la position intermédiaire de Millésimo, et les hauteurs de Cosséria qui dominent et séparent les deux vallées de la Bormida. Le corps d'armée du général Colli tenait sous son feu les vallées de Belbo et du Tanaro, ayant sa position principale au camp retranché de Ceva, et maître, par des postes à Bagnasco et à Murialto, des sources de la Cursaglia, de l'Elero et de la Sesia.

Le défaut de la disposition des deux armées de Beaulieu et de Colli, dont la seconde pouvait véritablement se considérer comme l'aile droite de la première, était que leurs deux corps principaux se trouvaient aux extrémités d'une ligne étendue et coupée par des montagnes difficiles, et n'étaient pas liés vers Dego par une force suffisante.

L'armée française avait sa gauche à Savone et à Cadibono, sous les ordres des généraux Laharpe et Massena. Augereau, au centre, était posté vers le mont Saint-Giacomo. La gauche, commandée par Serrurier, occupait Orméa et Garessio.

La position de l'armée française avait cela de singulier et de dangereux, que cette armée, placée au versant méridional de l'Apennin, entre les crêtes et la mer Méditerranée, avait le Piémont, pour ainsi dire, en arrière de son flanc gauche, le golfe de Gênes couvert de vaisseaux anglais, derrière son centre et sa droite, et ne pouvait communiquer avec les siens que par une seule route pratiquée sur des rocs à pic, et dont ses adversaires étaient encore plus rapprochés qu'elle-même.

Il faut remarquer, pour l'explication et l'intelligence d'une partie de ce qui va suivre, que la pente méridionale de l'Apennin qui est très-escarpée vers la mer, ne l'est pas autant du côté du Montferrat : de ce côté, elle s'aplanit peu à peu en se prolongeant insensiblement jusque vers les plaines de la Lombardie; — que les deux grandes routes qui conduisent en Italie sont par le col de Tende sur Coni et Turin, ou par Gênes et la Bochetta sur la Lombardie; — qu'on ne peut déboucher de cette espèce d'entonnoir, depuis Gênes jusqu'au col de Tende, que par trois autres chemins un peu praticables. Le premier conduit de Savone par Dego et la vallée de la Bormida sur Aqui; le second conduit de Loano par Bardinette, Calisano, Muriato, Millesimo, sur la seconde vallée de la Bormida; le troisième enfin conduit de Ceva par Garessio, Ormea et le mont Ariol sur Oneille.

Combat et prise de Voltri par les Autrichiens, le 10 avril. Pendant que Bonaparte se massait à son centre (1), qui, par les raisons que nous avons données plus haut, était le point d'où il pouvait attaquer avec le plus d'avantage, Beaulieu, qui avait aussi reçu

---

(1) Se masser, expression militaire qui veut dire rassembler, réunir sur un point la plus grande force de son armée.

l'ordre de prendre l'offensive, fit de sa gauche, sur la droite de l'armée française, un mouvement qui ouvrit la campagne. De Savone, cette droite n'avait pas tardé à s'avancer par Voltri jusqu'à San-Pietro-d'Arena, l'un des faubourgs de Gênes. Cette ville n'observait qu'une neutralité fort suspecte. Elle laissait passer les Autrichiens sous le canon de ses postes, à Novi, à Gavi, à la Bochetta, et augmentait ses fortifications du côté de la France : celle-ci demandait donc, par l'organe de son consul, que pour sûreté de sa neutralité ainsi compromise, et ouvertement et impunément violée par les Anglais en 1793 et 1794, Gênes admît entre autres des garnisons françaises dans les forts de la côte; et c'était pour appuyer cette demande, et en forcer probablement l'acceptation, que la droite de l'armée française faisait la manœuvre dont nous venons de parler. Gênes était un poste important pour les deux armées; elles le convoitaient également, et les Autrichiens négociaient aussi secrètement pour en devenir maîtres. Aussitôt que Beaulieu apprit que les Français s'occupaient ainsi de décider le coup en leur faveur, il renforça sa gauche, et la conduisit en personne contre celles des troupes de la droite des Français qui s'étaient le plus approchées de la ville contestée. Ces troupes, commandées par le général Cervoni, ne purent faire une longue résistance, ayant en face d'elles des forces infiniment supérieures, et étant encore canonnées sur un de leurs flancs par des chaloupes anglaises. Elles vinrent rejoindre le reste du corps d'armée dont elles faisaient partie, à la Madona di Savone; protégées dans leur retraite par quinze cents hommes placés à dessein sur les hauteurs de Varaggio. Beaulieu s'attendait à plus de difficulté dans son expédition, ayant d'avance cru assez naturellement que la masse des troupes de l'armée française se portait sur

Gênes, à la possession de laquelle les Français attachaient ou feignaient d'attacher un si grand prix. Mais, en recevant des nouvelles d'une autre partie de son armée, il apprit bientôt où était réellement cette masse, dont il devait souffrir un si grand dommage, pour n'avoir pas su deviner sur quel point on voulait la faire combattre.

Bataille de Montenotte, le 12 avril. En réunissant ses plus grandes forces à son centre, Bonaparte s'était mis en mesure de rompre les coalisés sur ce point de leur ordre de bataille, où les deux armées de Beaulieu et de Colli se liaient par des corps intermédiaires beaucoup trop faibles. L'effet de cette opération était de séparer ces deux armées, que leur séparation livrerait ensuite l'une après l'autre entre ses mains, comme une proie facile. En partant pour aller attaquer la droite de l'armée française, Beaulieu, dans la fausse opinion où il était, n'avait laissé, en quelque sorte, à ses lieutenans que l'ordre de pousser une reconnaissance sur le centre des Français. Le général Argenteau y avait effectivement marché avec moins de dix mille Autrichiens, plutôt sans doute pour occuper ce centre et l'empêcher d'envoyer des renforts à sa droite, que pour faire sur lui une tentative sérieuse. Le 11 avril, cependant, Argenteau avait déjà emporté successivement sur ce point plusieurs positions d'avant-garde, lorsqu'à une heure après-midi il fit attaquer la dernière redoute, dite de Montenotte, vers Monte-Legino. Un bataillon de la vingt-unième demi-brigade de ligne, et les trois compagnies de grenadiers de la cent dix-septième, composant en tout environ douze cents hommes, gardaient cette redoute, commandés par le colonel Rampon. Ils jurèrent d'y rester vainqueurs ou d'y mourir ; et ce serment chevaleresque, qu'ils accomplirent généreusement, marqua ce point comme celui où l'ennemi devait éprouver le premier effet des dispositions savantes faites pour sa perte par le général en chef.

N'ayant pu les forcer dans ce poste glorieux, Argenteau prit position en arrière, sur la hauteur, bien décidé à recommencer l'attaque le lendemain, après s'être renforcé de ses réserves. Il passa la nuit dans une pleine sécurité, ayant eu soin néanmoins de porter le régiment de Terzi du côté de Fereira, pour couvrir son flanc droit. Cependant Bonaparte prenait toutes les mesures convenables, pour que ce lendemain même qu'Argenteau avait destiné à son triomphe, ce général, pris à la fois en tête, en flanc et en queue, préparât par sa défaite celle des deux armées ennemies.

Effectivement, au point du jour, le général autrichien vit arriver à lui dans la position qu'il avait prise devant la redoute de Montenotte, et les défenseurs de cette redoute qui l'avaient si vaillamment défendue la veille, et le général Laharpe qui les poussait devant lui à la tête d'une division entière. Tandis qu'Argenteau soutenait bravement cette attaque inattendue, le général en chef de l'armée française et les généraux Massena et Augereau gagnaient par différens chemins, et à différentes distances, son flanc droit et ses derrières. La première nouvelle qu'en eut Argenteau fut celle qui lui apprit le danger que courait le régiment de Terzi. Faisant aussitôt un changement de front, et laissant seulement à deux mille hommes commandés par le colonel Nesslinger, et postés sur les hauteurs, le soin de contenir les troupes de Laharpe, il marcha par sa droite pour aller secourir le régiment attaqué. Mais ce mouvement ne pouvait déjà plus servir à rien : Massena, après avoir écrasé le régiment de Terzi, et dépassé le ravin de Fereira, débouchait par Montenotte *inferiore*. Il fallut combattre alors ce nouvel ennemi. Argenteau le fit avec le plus grand désavantage : en un moment ses troupes furent culbutées et presque entièrement dispersées ; et lui-même et un de ses généraux reçurent chacun une blessure en voulant arrêter les fuyards et rétablir le combat. Au même instant, le colonel Nesslinger était chassé de sa position, et mis dans une déroute complète par le général Laharpe. Il en coûta aux coalisés, dans cette affaire, quinze cents morts, deux mille cinq cents prisonniers, dont quelques officiers, et plusieurs drapeaux tombés au pouvoir des Français. Ceux-ci eussent encore tiré un bien plus grand parti de leur victoire, s'ils avaient pu utiliser leur cavalerie, que la pénurie des fourrages et les difficultés du terrain avaient forcée de rester le long de la côte. De tout le corps d'Argenteau, il n'arriva cependant à Ponte-Ivrea, lieu de sa retraite, que huit à neuf cents hommes, le reste ayant été tué, pris ou dispersé.

Il fallait après cela prendre des positions qui isolassent les deux armées alliées, et ôtassent à Beaulieu le moyen de rétablir l'ensemble de ses dispositions. Pour essayer d'atteindre ce but, dès le soir même, le général en chef ordonna au général Laharpe d'aller inquiéter à Sassello huit bataillons autrichiens qui y étaient postés, et de se rabattre ensuite sur la Bormida, pour s'approcher de Cairo ; Bonaparte lui-même se dirigea, avec le centre et la gauche, sur la route de Dego, et établit son quartier-général à Carcare ; Massena prit position au-dessus de Cairo, le général Joubert à la Chapelle-Sainte-Marguerite, et le général Ménard sur les hauteurs de Biestro, au-dessus de Cosseria. Augereau bivouaqua en avant de Carcare. Le général Serrurier était à Garessio. Ce mouvement plaça l'armée française au-delà de la crête des Alpes, et sur les pendans qui versent en Italie.

Bataille de Millesimo, du 13 *au* 18 *avril* 1796. Beaulieu était à se concerter à Voltri, avec l'amiral Nelson, sur ses opérations ultérieures, lorsqu'il eut nouvelle de ce qui se passait à son centre. Il accourut aussitôt au quartier-général d'Acqui, où il arriva le 12. Là il se hâta de prendre les mesures qu'il jugea propres à prévenir les suites de sa faute. Il fit replier sa gauche sur l'Orba ; et, pensant avec raison que le point le plus important était celui de la liaison des deux armées combinées que les Français s'efforçaient de séparer entièrement, il s'occupa en même temps de porter remède au mal sur ce point, où il crut que tout n'était pas encore perdu sans ressources. Dans ce dessein, il ordonna au général Wukassowich d'aller, par les revers de Monte-Faiale, se réunir, avec trois bataillons, aux huit qui étaient déjà postés vers Sassello, et que le général français Laharpe tenait en échec. Ces douze bataillons devaient ensuite marcher sur Dego, pour rétablir solidement la communication entre les deux armées combinées. Cette communication n'était pas absolument rompue, puisque le corps du général Provera, quoique dans un très-grand danger, occupait encore la position de Cosseria, d'où il liait les débris du général Argenteau avec l'armée du général Colli. Ce dernier avait même, habilement, pour soutenir Provera, fait avancer quelques bataillons sur Monte-Zemolo et Cencio, et porté une division entière sur la gauche, vers Paroldo. Les troupes postées à Dego reçurent en même temps, du général en chef autrichien, l'ordre de se défendre jusqu'à la dernière extrémité, en attendant le renfort qu'allait leur amener Wukassowich. Mais l'activité du terrible adversaire de Beaulieu ne permit pas que ces mesures tardives produisissent l'effet que les Autrichiens en attendaient : à peine l'une d'elles pût-elle lui donner un moment d'inquiétude.

Le 13 avril, comme le jour commençait seulement à paraître, le général Augereau força les gorges de Millesimo, tandis que les brigades Joubert et Menard, arrivant par la droite, délogèrent l'ennemi des hauteurs environnantes, et enveloppèrent Provera, qui cependant trouva moyen de se faire jour la baïonnette au bout du fusil, et de gagner, au sommet de la montagne de Cosseria, un vieux château où il se retrancha avec ses quinze cents grenadiers, donnant, par ce dernier service d'un homme de cœur, le temps aux siens de venir à son secours, s'ils le pouvaient. Bientôt attaqué dans ce poste par quatre colonnes françaises, il se défendit avec une valeur peu ordinaire, et repoussa les assaillans, après leur avoir tué les généraux Banel et Quénin, et mis hors de combat le général Joubert. Il ne se rendit que le lendemain 14, à une heure après-midi, faute de munitions de guerre et de bouche. A la pointe du jour, les troupes que Colli avait portées sur les hauteurs de Cencio avaient inutilement tenté de le secourir. Elles avaient été repoussées par le général Menard; ainsi que plusieurs autres régimens ennemis qui étaient venus de même essayer de percer le centre de l'armée française.

A ce moment, les généraux Laharpe et Massena étaient déjà en pleine marche sur Dego, le premier devant attaquer la position de front et à droite, et l'autre la prendre à revers par la gauche. Arrivée à la hauteur du village de Cagna, situé au delà de la vallée de la Bormida, la division Laharpe, à laquelle le général Menard venait de recevoir l'ordre de se réunir, se forma sur trois colonnes serrées en masse. La colonne de gauche, commandée par le général Causse, après avoir passé la Bormida à un gué d'une assez grande profondeur, et sous un feu terrible, attaqua l'ennemi par sa droite, tandis que le général Cervoni, à la tête de la seconde colonne, marchait droit à lui, et que l'adjudant-général Boyer, conduisant la troisième colonne, essayait de couper la retraite aux Autrichiens en tournant un ravin qui les couvrait. Ceux-ci étaient commandés par le général Argenteau en personne. Enchaînés et enhardis par l'ordre que leur avait fait parvenir Beaulieu, ils se battirent avec le plus grand acharnement, et ne furent renversés qu'au moment où la division Massena arrivant, donna sur leur flanc gauche. Mais alors leur déroute fut complète : ils abandonnèrent vingt pièces de canon, et cinq de leurs bataillons mirent bas les armes. Il était temps pour les Français.

Le renfort amené de Sassello par Wukassowich, suivant les ordres du général en chef, approchait alors. Wukassowich, apprenant par ses tirailleurs ce qui venait de se passer, voulut essayer de tout réparer par une surprise. Il se jeta avec impétuosité sur la division Laharpe, qui, après avoir poursuivi quelque temps les vaincus sur la route de Spigno, se reposait avec sécurité sur cette même route où elle croyait ne pouvoir être attaquée par aucun ennemi; la mit en fuite, lui enleva treize pièces de canon, et reprit Dego. Il ne tarda pas cependant à y être attaqué, et par le général Massena, et par le général en chef Bonaparte lui-même. Il se défendit vaillamment, et repoussa trois fois la division Massena, qui, sentant toute l'importance du poste que l'ennemi venait de réoccuper, l'attaquait avec une sorte de fureur. Les Français perdirent dans cette occasion le général Causse, blessé à mort en chargeant à la tête de la quatre-vingt-dix-neuvième demi-brigade; transporté sur les derrières du champ de bataille, cet officier remarqua Bonaparte qui courait de côtés et d'autres pour donner des ordres et tâcher de décider l'affaire : *Général*, lui dit-il, *Dego est-il repris?* — *Les positions sont à nous*, répondit Bonaparte. — *Dans ce cas*, répliqua Causse, *vive la république! je meurs content.* Rien néanmoins n'était encore fini. Bonaparte se chargeant de conduire lui même au combat la quatre-vingt-dix-neuvième demi-brigade, fit en même temps attaquer Wukassowich par la quatre-vingt-neuvième aux ordres du général Victor, et la huitième légère commandée par l'adjudant-général Lanusse. Le succès de ce mouvement combiné et exécuté avec beaucoup de vigueur, ne laissa rien à désirer. Le corps du général Wukassowich fut mis en déroute et se sauva à Acqui, laissant entre les mains des vainqueurs les treize pièces de canon qu'il avait, dans le premier moment, prises à la division Laharpe, beaucoup de prisonniers qu'il avait aussi faits à cette division, et un grand nombre de ses propres soldats devenus à leur tour victimes des chances de la guerre.

Cependant Augereau avait délogé les troupes de Colli de la position de Monte-Zemolo; et le général Rusca s'était emparé des hauteurs de San-Giovani, au-dessus de Murialto, se mettant ainsi en communication avec la réserve aux ordres du général Serrurier, qui, après avoir jusque-là contenu Colli, commençait à prendre part aux opérations, en s'avançant sur Bagnasco, Batifolo et Nocetto, pour se lier à la gauche d'Augereau.

La bataille de Millesimo dura six jours, sur dix points différens. Elle mit l'armée française en possession de toutes les hauteurs dominantes et centrales de l'Apennin, et isola pour toujours les deux armées ennemies. Celles-ci y perdirent quarante pièces de canon, et environ dix à douze mille hommes hors de combat.

Affaire de Vico, bataille de Mondovi, etc., etc.; négociations et traité de paix avec le roi de Sardaigne. Ayant obtenu de la bataille de Millesimo le résultat qu'il en attendait, Bonaparte s'occupa, sans perdre de temps, d'accabler l'armée de Colli, qu'il ne pouvait laisser sur son flanc pendant une attaque dirigée contre les débris de celle de Beaulieu. La dispersion totale des troupes que Colli réunissait sous son commandement, devait d'ailleurs ouvrir le Piémont, et pouvait déterminer le roi de Sardaigne à demander la paix, ce qui aurait été d'un grand avantage dans le dessein où étaient les Français de chasser les Autrichiens de l'Italie. Dès le 16 avril, la division Augereau, quittant les hauteurs de Monte-Zemolo, descendit sur Ceva, où elle se réunit à la division Serrurier et à la brigade Rusca. Le quartier-général fut établi à Salicetto; la division Massena vint se mettre en position vers Mont-Barcaro, et celle de Laharpe demeura à San-Benedetto, entre le Belbo et la Bormida, pour observer l'armée autrichienne qui se trouvait alors dans un état à inspirer peu de crainte. Bientôt attaqué de front par les brigades Joubert et Beyrand, et menacé d'être tourné par la division Massena, Colli se retira pendant la nuit sur Mondovi, laissant seulement quelques bataillons dans la citadelle de Ceva.

Le 18 avril, le quartier-général de l'armée française fut transporté de Salicetto à Ceva. Colli était couvert dans sa nouvelle position par des rivières rapides, fort encaissées, et dont les bords étaient garnis de batteries. La division Serrurier reçut ordre d'attaquer sa droite, tandis que les divisions Augereau et Massena se porteraient sur sa gauche. Le 19, la divison Serrurier exécuta en effet son mouvement, en forçant le pont Saint-Michel; mais le Tanaro que devaient traverser Augereau et Massena pour déboucher de leur côté, n'étant pas guéable, ceux-ci furent obligés de renoncer à l'exécution de l'ordre qui leur avait été donné. Le général Colli, profitant de ce malheur, accourut alors à sa droite avec un renfort de plusieurs bataillons de grenadiers, et repoussa vigoureusement Serrurier, qui perdit du monde en repassant le Cursaglia.

Cependant, dans la nuit du 21, l'attaque recommença : Massena passa le Tanaro sur le pont de Ceva, pour venir prendre position vers le Segno ; le général Serrurier, avec les brigades Fiorella et Guyeux, se rendit maître du pont de Torre ; la division Augereau marcha à travers la vallée du Tanaro sur Alba, afin d'inquiéter l'ennemi pour ses communications, d'enlever ou de disperser ses dépôts, et de jeter l'épouvante dans Turin, où, depuis les derniers événemens, on était déjà aussi effrayé que peu d'accord. Colli se crut, par tous ces mouvemens, menacé d'une défaite totale : il se mit donc en retraite. Le lendemain 22 avril, à la pointe du jour, il fut atteint, sur les hauteurs en avant de Vico, par la division Serrurier, qui, prenant sa revanche, le poursuivait vivement. Attaqué sur son centre par les généraux Fiorella et Dammartin, et en danger d'être tourné vers sa droite par la brigade Guyeux, l'ennemi traversa Mondovi pour aller se retrancher à Fossano sur la Stura. Il avait perdu dans la journée environ mille hommes, huit pièces de canon et onze drapeaux. Les Français eurent à regretter, de leur côté, le général Stengel, officier de la plus grande distinction, tué dans une charge qu'il exécutait à la tête de la cavalerie française.

Le 23, le général Colli fit demander au général en chef de l'armée française, une suspension d'armes, motivée sur ce que le roi de Sardaigne avait envoyé des plénipotentiaires à Gênes, pour y traiter de la paix avec la république française, sous la médiation de l'Espagne. « Le directoire exécutif, monsieur, s'est réservé le droit de traiter de la paix, *répondit Bonaparte au général Colli* : il faut donc que les plénipotentiaires du roi votre maître se rendent à Paris, ou attendent à Gênes les plénipotentiaires que le gouvernement français pourrait envoyer.

» La position militaire et morale des deux armées rend toute suspension d'armes pure et simple, impossible. Quoique je sois, en particulier, convaincu que le gouvernement accordera des conditions de paix raisonnables à votre roi, je ne puis, sur des présomptions vagues, arrêter ma marche. Il est cependant un moyen de parvenir à votre but, conforme aux vrais intérêts de votre cour, et qui épargnerait une effusion de sang inutile, et dès lors contraire à la raison et aux lois de la guerre : c'est de mettre en mon pouvoir deux des trois forteresses de Coni, d'Alexandrie, de Tortone, à votre choix. Nous pourrons alors attendre, sans hostilités, la fin des négociations qui pourraient s'entamer : cette proposition est très-modérée; les intérêts mutuels qui doivent exister entre le Piémont et la république française, me portent à désirer vivement de voir éloigner de votre pays les malheurs de toute espèce qui le menacent.»
Et l'armée française continua d'avancer. Le 24, elle occupa la ville de Béné. Le 25, le général Serrurier se porta sur Fossano, où se tenait encore Colli. On se canonna, pendant quelques heures, d'un bord à l'autre de la Stura. Pendant la nuit, l'ennemi abandonna à la division Massena, Cherasco, ville revêtue d'une enceinte palissadée, garnie de vingt-huit pièces de canon, et importante pour l'armée française, à cause de sa position au confluent de la Stura et du Tanaro, et comme un poste très-propre à l'établissement des magasins de première ligne. Colli reprit sa retraite, et gagna Carignan, tandis que la division Serrurier passant la Stura entrait à Fossano, et que celle du général Augereau s'emparait d'Alba. Le 27, l'armée française, entièrement

réunie en avant de cette dernière ville, se préparait à livrer bataille aux Piémontais, lorsque le général en chef reçut du général Colli la lettre suivante : « J'ai communiqué à la cour de Sardaigne, général, la lettre que vous m'avez écrite, en réponse de celle que je vous avais adressée pour vous notifier l'envoi d'un plénipotentiaire de la part du roi, à Gênes, chargé d'y faire des ouvertures de paix, et pour vous inviter, en attendant leur résultat, à épargner l'effusion du sang humain par une suspension d'armes.

» Je suis autorisé par sa majesté le roi à vous dire maintenant que le ministre français à Gênes, auquel le plénipotentiaire du roi s'est adressé pour lesdites ouvertures de paix, lui a déclaré n'avoir, ni personne à Gênes, aucune autorisation pour entrer en semblables négociations ; mais qu'il fallait s'adresser au directoire exécutif, à Paris, lequel seul en avait le droit.

» Sur quoi le plénipotentiaire a dit y diriger ses ultérieures démarches à l'effet dont il s'agit. En attendant que par ce moyen, qui ne peut être employé à moins que d'apporter quelque délai, on puisse arriver à une conclusion qu'on espère de l'ouvrage salutaire de la paix entre les deux états, le roi désirant toujours qu'on puisse épargner de part et d'autre les calamités de tout genre qu'entraînent les hostilités, n'a point hésité à donner son consentement à ce que la suspension d'armes proposée, que vous vous êtes montré disposé à accepter sous certaines conditions, puisse avoir lieu, et être arrêtée sans retard.

» En conséquence, sa majesté m'ordonne de vous déclarer qu'elle consentira à mettre en votre pouvoir deux de ses forteresses; savoir, celles de Coni et de Tortone, comme vous l'avez demandé, pendant que dureront les négociations dont on va s'occuper, et suivant le mode dont on conviendra ; au moyen de quoi toute hostilité cessera dès à présent jusqu'à la fin desdites négociations : et au cas que, par les difficultés qui pourraient naître de la situation actuelle de l'armée alliée, on ne pût remettre, comme dessus, la place de Tortone, sa majesté s'est déterminée d'offrir, au lieu de celle-ci, la forteresse de Desmont ; qu'à l'exception de la remise de ces deux places, les choses resteront *in statu quo* pour ce qui regarde les pays occupés par les armées respectives, sans qu'elles puissent outre-passer la ligne des limites qui sera fixée respectivement, et le tout de la manière qui sera convenue plus spécialement entre nous. » Dès le lendemain, 28, un armistice fut conclu entre la république française et le roi de Sardaigne. Ses conditions étaient, que le roi de Sardaigne ferait remettre sur-le-champ aux Français les forteresses de Coni et d'Alexandrie et le fort de Ceva, et le plus tôt possible Tortone ; que la ligne de démarcation serait tracée par le cours de la Stura jusqu'à son confluent dans le Tanaro, et de là par Asti, Nizza de la Paglia et Cassini ; qu'elle longerait ensuite la rive droite de la Bormida jusqu'à son embouchure dans le Pô ; que les officiers d'état-major, ainsi que les courriers allant à Paris et en revenant, pourraient passer par le Piémont, et par la route la plus courte ; qu'enfin le général français aurait la faculté de traverser Valence, et s'y réservait un libre passage sur le Pô.

Le traité définitif fut signé à Paris, le 15 mai suivant. Pour dispositions principales, le roi de Sardaigne y renonça à la coalition et à toute alliance offensive et défensive avec quelque puissance que ce fût, s'engageant de plus à refuser le passage sur son territoire à aucune troupe ennemie, et à l'accorder au contraire à toutes les troupes françaises. Il céda à la république française la

Savoie, les comtés de Nice, de Tende et de Beuil; et consentit, à ce sujet, que la limite entre les deux états serait établie sur les sommets des Alpes les plus avancés dans le Piémont, depuis l'extrémité des glaciers du mont Maudit, par le petit Saint-Bernard, le grand et le petit Mont-Cenis, le mont Genèvre, les monts Viso et de l'Argentière jusqu'à la Roccabarbona, sur les confins de la république de Gênes. Par ce traité encore, le pays restitué au roi de Sardaigne demeura passible de toutes réquisitions de vivres faites par l'armée française; et il fut décidé que Coni, Ceva, Tortone, l'Assiette, Château-Dauphin et Alexandrie seraient occupés par les Français jusqu'à la paix générale, et que les forts d'Exiles, de la Brunette et de Suze seraient démantelés aux frais du gouvernement piémontais.

Par cette paix d'un avantage réel, la France acquit non-seulement la Savoie et le comté de Nice situé au versant occidental des Alpes, du côté de ses frontières, mais elle établit encore ses limites sur les crêtes de ces montagnes, avec toutes les démarcations en sa faveur, situation dont l'effet était de soustraire, tant qu'elle durerait, le Piémont à l'influence des Autrichiens qui paraissaient d'ailleurs près d'être chassés de l'Italie.

Passage du Pô, et combats de Fombio et de Codogno. Effectivement, au moment même où l'on applaudissait dans Paris aux avantages de ce traité, et où l'on y admirait la rapidité des exploits militaires qui en avaient fait une nécessité au roi de Sardaigne, Bonaparte, volant de victoires en victoires, entrait dans la capitale du Milanais, après avoir entièrement conquis la Lombardie, et contraint aussi l'infant, duc de Parme, à signer la paix.

Beaulieu ne s'était cru en état de tenter un mouvement en faveur de ses alliés que dans les derniers jours du mois d'avril. Son armée, cependant, se mettait alors en marche pour tâcher de pénétrer jusqu'aux Piémontais, lorsqu'il apprit leur défaite et les négociations qui l'avaient suivie. Dans cet état de choses, il crut n'avoir rien de mieux à faire que de battre promptement en retraite jusque derrière le Pô, qui lui offrait une ligne de défense respectable, et où il espérait encore recevoir des renforts. Mais Bonaparte ne tarda point à le suivre, résolu, lui, à exécuter la seconde partie de son plan, avec autant d'activité que la première. Il n'y avait plus d'armée piémontaise; il voulait qu'on en pût bientôt dire autant de l'armée autrichienne à laquelle une première rencontre avait déjà été si funeste.

Aussitôt après la conclusion de l'armistice, l'armée française partit de sa position d'Alba. Massena marcha sur Nizza, et Augereau sur San-Stephano de Belbo; la division Laharpe se porta sur Acqui, et la division Serrurier sur Asti. Le jour suivant on marcha sur Alexandrie : les Autrichiens n'avaient pas eu le temps d'en évacuer leurs magasins qui étaient considérables; ils tombèrent au pouvoir des Français. La division Augereau se dirigea alors sur Tortone, où elle fut jointe par la division Laharpe.

Beaulieu avait repassé le Pô, le 2 mai, sur le pont de Valence. Croyant, d'après un article de l'armistice entre les Français et les Sardes, que ce serait aussi là que les premiers passeraient le fleuve, il avait établi le gros de son armée près de Valleggio, sur la Gogna. Son avant-garde se trouvait sur la Sesia, commandée par le général Wukassowich. Il avait encore détaché le général Roselmini vers Sommo, poussé jusqu'à Bufarola le général Colli, entré au service de l'Autriche depuis l'armistice, et détaché le général Liptay sur la rive gauche du Tésin. Ainsi fortifié entre le Tésin et la

Sesia, le long de la Gogna et du Terdopio, et venant d'y recevoir des renforts qui portaient son armée à trente-six bataillons et à quarante-quatre escadrons, avec cinquante-trois pièces de canon de réserve, outre l'artillerie des régimens qui montait à peu près à soixante-dix pièces, le général autrichien résolut d'attendre Bonaparte de pied ferme. Comme surcroît de précautions, il prit encore néanmoins le soin d'entourer la ville de Pavie de redoutes, et de garnir de retranchemens les bords du Tésin.

Cette position était en effet excellente si Bonaparte passait le Pô à Valence, comme l'annonçait un des articles de l'armistice, et comme le faisaient présumer quelques-unes de ses dispositions; mais tout cela n'était qu'une ruse pour jouer le général autrichien. Le véritable dessein de Bonaparte était de traverser le fleuve, non à Valence, mais beaucoup plus sur sa droite, à Plaisance : se plaçant ainsi, après le passage, sur la gauche de l'armée ennemie qui, à moins d'un prompt mouvement, pouvait même ensuite être entièrement coupée et forcée de mettre bas les armes. En conséquence, il se transporta tout d'un coup, le 6 mai, par une marche forcée, à Castello-San-Giovani, près du bord du Tidone, après avoir traversé à gué la Scrivia et la Staffora. Il n'avait avec lui que trois mille grenadiers et quinze cents chevaux; mais il était presque certain de ne point rencontrer d'obstacles sérieux, et toute son armée, sans que les Autrichiens s'en doutassent, était disposée de manière à pouvoir, sur différens points, exécuter au premier ordre la même manœuvre que lui. Il arriva le lendemain à sept heures du matin à Plaisance, sur les bords du Pô. Deux escadrons de hussards ennemis qui se trouvaient sur l'autre rive, firent mine de vouloir défendre le passage; mais ils ne le pouvaient réellement, et les premiers grenadiers français qui passèrent, ayant le général de brigade Lannes à leur tête, les mirent en fuite. Bonaparte passé avec son détachement, toutes les divisions de son armée se mirent en mouvement, gagnant au pas de course les points sur lesquels elles devaient se porter pour traverser le fleuve. Le lendemain, celles des généraux Laharpe, Massena et Augereau furent en état d'opérer sur l'autre rive.

Dupe d'une pareille ruse de guerre, il semblait que Beaulieu n'eût plus qu'à se retirer vers l'Adige; mais dans la relation de la bataille de Fleurus, nous avons vu que cet officier ne lâchait pas facilement prise : croyant apparemment qu'il y avait encore de la ressource à son malheur, ou n'en connaissant pas toute l'étendue, il marcha en toute hâte vers Corte-Olona avec dix bataillons et deux escadrons, pour arrêter le débarquement des Français sur ce point, ou essayer de les rejeter dans le fleuve s'ils l'avaient déjà passé. Le général Liptay se portait en même temps, par son ordre, avec huit bataillons et huit escadrons, entre le Lambro et l'Adda, pour couvrir la communication par Pizzighetone et Mantoue.

Le premier des deux que rencontrèrent les Français, fut le général Liptay, à Fombio. Quoique n'ayant avec lui que des troupes harassées, Bonaparte le chassa de la position retranchée où il voulait essayer d'attendre son général en chef, et le força de passer l'Adda à Pizzighetone. Présumant ensuite, en général qui savait penser pour lui-même et pour les autres, qu'apprenant que son lieutenant était attaqué, Beaulieu aurait quitté le Mincio pour venir le secourir, Bonaparte donna l'ordre au général Laharpe d'aller se placer en observation, avec sa division, à Codogno. Le reste de l'armée observait Pizzighetone à droite, et le cours du Lambro à gauche.

Beaulieu ne tarda pas en effet à arriver à Casal-Pusterlengo, dans le voisinage de Codogno. Y apprenant la défaite de Liptay, il résolut, à l'exemple de Wukassowich à la bataille de Millesimo, de tenter de réparer ce malheur par une surprise. Il faisait nuit ; il marcha aussitôt sur Codogno. Il arriva en vue de cette petite ville à deux heures après minuit. Malgré les ordres qu'il avait reçus, le général Laharpe s'y gardait mal : ses avant-postes furent surpris, et lui-même tomba bientôt mort sur la place en voulant repousser les Autrichiens à la tête d'une demi-brigade. Sa mort ayant mis le désordre parmi ses soldats, Beaulieu comptait toucher au moment d'une victoire complète, lorsque le général Berthier, accourant à toute bride, rallia les troupes françaises, rétablit le combat, et en fit tourner l'événement contre l'ennemi. Beaulieu, poursuivi jusque dans Casal-Pusterlengo, fut contraint, par suite de cette affaire, de se replier précipitamment sur Lodi, où il ordonna au reste de ses troupes, dont plusieurs corps étaient demeurés dans leurs premières positions, de venir le joindre avec la plus grande promptitude.

On a dit aussi que dans le tumulte du combat de Codogno, le général Laharpe fut tué par ses propres soldats. Suivant cette version, ceux-ci le voyant passer devant eux avec quelques hussards, à la tête desquels il venait de charger les Autrichiens, l'auraient pris lui et les siens pour un parti ennemi, et auraient tiré dessus à bout portant. Quoi qu'il en soit, cet officier, Suisse de naissance, était estimé de toute l'armée française pour ses talens et sa bravoure. *L'armée*, dit Bonaparte en parlant de sa mort, *a perdu un de ses meilleurs généraux, tous les soldats un camarade aussi intrépide que sévère sur la discipline.*

Bonaparte reçut dans Plaisance des propositions d'accommodement, de la part de l'infant, duc souverain de cette ville et de celle de Parme. On traita, et le 9 mai on conclut un armistice portant, qu'il y aurait suspension d'armes entre l'armée de la république française, et les troupes du duc de Parme et de Plaisance, jusqu'à ce que la paix eût été signée entre les deux Etats ; qu'à cet effet, le duc enverrait des plénipotentiaires à Paris, près du directoire exécutif; que ce prince payerait préalablement une contribution militaire de deux millions de francs ; qu'il donnerait douze cents chevaux de traits harnachés avec des colliers, quatre cents chevaux de dragons harnachés, et cent de selle pour les officiers supérieurs de l'armée ; qu'il ferait verser dans les magasins français à Tortone, dix mille quintaux de blé, cinq mille d'avoine, et qu'il mettrait deux mille bœufs à la disposition de l'ordonnateur en chef. La condition qui parut la plus dure fut celle par laquelle le duc se soumit à livrer, au choix du général en chef de l'armée française, les vingt plus beaux tableaux qui se trouvaient dans les deux duchés de Parme et de Plaisance. Ce fut ainsi que dans le temps de leurs triomphes, les Romains enrichirent leur patrie de tout ce que l'univers renfermait, en objets d'arts, de plus précieux. Parmi les vingt tableaux désignés par Bonaparte, se trouva la Communion de saint Jérôme, chef-d'œuvre du Dominiquin. Le duc de Parme fit offrir à Bonaparte deux millions pour la rançon de ce prisonnier intéressant que nous avons long-temps admiré dans notre Musée. Bonaparte, quoique sans autre fortune que son traitement de général en chef, refusa fièrement : *Honoré de la confiance de ma république*, répondit-il, *je n'ai pas besoin de millions. Tous les trésors des duchés ne sauraient valoir à mes yeux la gloire d'offrir à ma patrie un chef-d'œuvre du Dominiquin.*

Passage du pont de Lodi, *le 10 mai 1796*. L'armistice avec le duc de Parme et de Plaisance fut signé par Bonaparte, à Plaisance, le 9 mai : dans la soirée même, ce général partit pour aller rejoindre son armée qui était à la poursuite de Beaulieu. Le lendemain, 10, il se trouvait à son avant-garde, dont il pressait la marche, dans l'espoir d'en venir ainsi, avec son adversaire, à une affaire générale qui déciderait du sort de l'Italie. Celui-ci était en effet retranché sur l'Adda, depuis la grande route de Lodi jusqu'au confluent de l'Adda avec le Pô, au-dessous de Pizzighetone ; mais il paraît qu'en prenant cette position, où il était vraisemblable qu'il voudrait tenir, il n'avait eu que l'intention d'essayer d'en imposer assez aux Français, pour qu'ils lui laissassent le temps de recevoir les nouveaux renforts qu'il attendait d'Allemagne. Aussitôt qu'il apprit que Bonaparte marchait à lui avec toute son armée, il se retira vers Créma, laissant à dix mille hommes commandés par le général Sebottendorf, le soin de défendre le pont de Lodi. Ce pont étroit avait cent toises de longueur, et Sebottendorf pouvait le couvrir du feu d'une artillerie formidable ; il eût cependant été plus prudent et plus conforme aux règles de l'art militaire de le couper. Bonaparte ne pouvait passer l'Adda à Pizzighetone, faute d'équipage de ponts et d'embarcations ; en remontant la rivière, on trouvait un pont à Cassano, mais il ne fallait pas moins de deux jours pour s'y transporter, et c'était beaucoup de temps de perdu dans le violent désir que l'on avait de joindre l'armée ennemie pour la forcer à combattre. Bonaparte se décida donc à tenter le passage à Lodi, quand il eut reconnu avec surprise que le pont n'y était que défendu, et non coupé. Il fallut d'abord déloger de la ville qui est en avant du pont, un bataillon et quelques escadrons autrichiens que Sebottendorf y avait postés, sans qu'on sache encore pourquoi. Ensuite, tandis que deux pièces d'artillerie légère, les seules que Bonaparte eût alors à sa portée, empêchaient les travailleurs ennemis de s'occuper enfin de couper le pont, le général en chef ordonna au général Massena de former tous les bataillons de grenadiers en colonne serrée en masse. Bientôt, en même temps que l'artillerie française, mise en batterie à mesure qu'elle arrive, répond à l'artillerie autrichienne, cette redoutable colonne s'élance sur le pont, au pas de charge, ayant le deuxième bataillon de carabiniers en tête. Sebottendorf fait pleuvoir sur elle une grêle de mitraille : cette mitraille éclaircit les rangs des Français sans pouvoir les rompre; ils se serrent, se reforment, et avancent toujours. Si les premiers coups de l'ennemi les ont fait hésiter un moment, ils sont désormais inébranlables : leurs généraux à leur tête portent leurs drapeaux jusqu'alors vainqueurs. En quelques instans le pont est traversé, la première ligne de l'ennemi culbutée, et son artillerie prise. En vain veut-il, à quelque distance, reprendre position, sous la protection de sa nombreuse cavalerie, il est obligé d'abandonner entièrement le champ de bataille, pour se retirer jusque sur Crema.

Telle fut l'issue de l'attaque du pont de Lodi, et de l'imprudence qu'avait eu le général en chef de l'armée autrichienne, de ne point couper ce pont. Il y perdit dans un combat, qui ne put qu'ajouter au découragement de son monde, déjà rebuté par les défaites précédentes, deux ou trois mille gens de cœur, et vingt pièces d'artillerie. Si la cavalerie française se fût trouvée là pour tirer parti de l'événement, c'en eût peut-être été fait du corps entier du général Sebottendorf; mais cette cavalerie avait eu ordre d'aller passer l'Adda à un gué près de Mozzanica, pour attaquer ensuite en flanc, et cette opération ayant été longue et pénible, sauva les Autrichiens.

Entrée de Bonaparte dans Milan, le 15 mai. Après l'affaire de Lodi, Beaulieu se retira derrière le Mincio, ayant pour refuge, Mantoue d'un côté, et les gorges du Tirol de l'autre. Pendant que la division Augereau et la cavalerie marchaient à sa poursuite sur Crema, et que Pizzighetone, Crémone et Pavie ouvraient leurs portes, Bonaparte, faisant couvrir la marche de l'armée sur Milan, par la division Serrurrier, se disposait à prendre possession de cette dernière ville. Il y fit son entrée le 15 mai, c'est-à-dire, le jour même où l'on signait à Paris le traité de paix entre la France et le roi de Sardaigne. Dès l'avant-veille, une députation était allée lui en présenter les clefs. Il y entra par la porte Romaine, et se dirigea sur le palais Archi-Ducal, où il devait prendre son logement. Il était précédé d'un gros détachement des grenadiers vainqueurs à Lodi, entouré des officiers de son état-major et de ses guides, et suivi de la garde civique qui avait attendu son arrivée à la porte de la ville, rangée en haie et les armes baissées en signe de respect. Des musiciens français et milanais exécutaient des symphonies pendant cette marche triomphale. On servit un dîner de deux cents couverts au palais, et la journée finit par un bal brillant, dans lequel les dames du pays affectèrent de se parer des couleurs françaises. Il faut remarquer à ce sujet, que cette guerre de Bonaparte, en Italie, avait un caractère tout particulier, et que dans ses proclamations, il la peignait aux habitants comme une espèce d'entreprise faite par la république française, en faveur de la liberté des peuples qu'elle voulait mettre en position de se gouverner eux-mêmes. Il en coûta néanmoins à Milan, comme cela était arrivé au duché de Parme et de Plaisance, ce qu'il possédait de plus remarquable en objets d'arts ou de curiosité ; et il fallut encore que cette ville payât une contribution de vingt millions, et qu'elle vît tout ce que contenait ses caisses versé dans les caisses françaises.

Traité signé par le duc de Modène, le 20 mai 1796. Fuyant devant l'armée française, le duc de Modène ne tarda point à envoyer demander la paix, de Venise où il s'était réfugié. Un armistice lui fut provisoirement accordé par le général français, aux conditions suivantes : 1°. qu'il payerait à la France sept millions cinq cent mille livres, dont trois millions seraient comptés sur-le-champ, et versés dans la caisse des payeurs de l'armée, deux millions dans le délai de quinze jours, entre les mains de M. Balbi, banquier de la république française à Gênes, et le restant entre les mains du même banquier, dans le délai de ce mois ; 2°. qu'il serait fourni en outre deux millions cinq cent mille livres en denrées, poudre et autres munitions de guerre désignées par le général ; 3°. que le duc de Modène serait tenu de livrer *vingt tableaux* à prendre dans sa galerie ou dans ses états, au choix des commissaires envoyés à cet effet.

Bonaparte se prépare à poursuivre le reste de l'armée autrichienne. Les victoires de l'armée française en Italie excitaient un véritable enthousiasme dans la capitale de la France ; elles y étaient devenues l'objet de tous les entretiens. Le gouvernement s'en faisant comme un rempart contre ses ennemis, affecta de les célébrer avec grandeur et magnificence. Il ordonna qu'elles seraient, un jour entier, le sujet d'une fête solennelle. Pendant que les Français s'occupaient de cette fête, Bonaparte se préparait à en mériter de nouvelles par de nouveaux triomphes. Beaulieu, sous les murs de Mantoue, avait reçu des renforts, et pouvait en recevoir encore : le général français résolut de l'y aller attaquer, sans tarder davantage, dans l'intention cette fois de le pousser jusque dans les gorges du Tirol. Avant de la mettre en mouvement, il rappela son armée aux combats, par la proclamation suivante :

« Soldats,

» Vous vous êtes précipités comme un torrent du haut
» de l'Apennin ; vous avez culbuté, dispersé tout ce
» qui s'opposait à votre passage.

» Le Piémont, délivré de la tyrannie autrichienne,
» s'est livré aux sentimens naturels de paix et d'amitié
» qui l'attachent à la France. Milan est à vous. Le pa-
» villon républicain flotte dans toute la Lombardie. Les
» ducs de Parme et de Modène ne doivent leur existence
» politique qu'à votre générosité.

» L'armée qui vous menaçait avec tant d'orgueil, ne
» trouve plus de barrière qui la rassure contre votre cou-
» rage. Le Pô, le Tésin, l'Adda, n'ont pu vous arrêter
» un seul jour, vous avez franchi ces boulevards vantés
» de l'Italie, aussi rapidement que l'Apennin.

» Tant de succès ont porté la joie dans le sein de votre
» patrie. Vos représentans ont ordonné une fête dédiée
» à vos victoires, célébrée dans toutes les communes de
» la république. Là, vos pères, vos mères, vos épouses,
» vos sœurs, vos amantes, se réjouissent de vos succès,
» et se vantent avec fierté de vous appartenir.

» Oui, soldats, vous avez beaucoup fait ; mais il vous
» reste encore beaucoup à faire. Dirait-on de nous que
» nous avons su vaincre, mais que nous n'avons pas su
» profiter de la victoire ? La postérité nous reprocherait-
» elle d'avoir trouvé Capoue dans la Lombardie ?....
» Non, je vous vois déjà courir aux armes : un lâche
» repos vous fatigue ; les journées perdues pour la gloire
» le sont pour votre bonheur. Eh bien, partons ! Nous

» avons encore des marches forcées à faire, des ennemis
» à soumettre, des lauriers à cueillir. Que ceux qui ont
» aiguisé les poignards de la guerre civile en France,
» qui ont lâchement assassiné nos ministres, incendié
» nos vaisseaux à Toulon, tremblent : l'heure de la
» vengeance a sonné. Mais que les peuples soient sans
» inquiétudes : vous êtes amis de toutes les nations, et
» plus particulièrement des descendans des Brutus, des
» Scipions et des autres grands hommes que vous avez
» pris pour modèles.

» Rétablir le Capitole, y placer avec honneur les
» statues des héros qui le rendirent célèbre, réveiller
» le peuple romain engourdi par plusieurs siècles d'es-
» clavage; tel sera le fruit de vos victoires : elles feront
» époque dans la postérité; vous aurez la gloire immor-
» telle de changer la face de la plus belle partie de l'Eu-
» rope.

» Le peuple français, libre, respecté du monde entier,
» donnera à l'Europe une paix glorieuse, qui l'indem-
» nisera des sacrifices de toute espèce qu'il a faits depuis
» six ans. Vous rentrerez dans vos foyers, et vos con-
» citoyens diront, en vous montrant : *Il était de l'armée*
» *d'Italie!* »

Révolte de la Lombardie. A sa sortie de Milan, le 25 mai, Bonaparte fut fêté par les habitans comme il l'avait été au moment de son entrée; chacun s'empressa sur son passage, en faisant entendre, pour la gloire et la prospérité de ses armes, les vœux les plus touchans. Cependant ces belles apparences cachaient la plus noire perfidie : trois heures seulement après son départ, le tocsin de la révolte sonnait dans toute la Lombardie. Cette insurrection des Lombards contre l'armée française était, dit-on, l'ouvrage du clergé et de la noblesse, que ne pouvaient accommoder les principes mis en avant par les chefs de cette armée, et qui voyaient dans le séjour prolongé du Français en Italie, un gage assuré de leur humiliation et de leur ruine. Les ecclésiastiques intéressèrent les consciences à leur cause, qu'ils présentèrent comme celle de la religion, manœuvre qui leur réussit d'autant plus facilement que pour moins charger le peuple dans la répartition de la contribution de guerre imposée, Bonaparte avait fait enlever l'argenterie des églises et des couvens : une grande partie de ce même peuple fut aisément amenée, par ceux qui voulaient la soulever, à regarder cette mesure, moins comme un ménagement pour lui, que comme une impiété qui devait tout lui faire craindre pour ses autels. Quant aux nobles et aux gens riches en général qui avaient été, pour le même sujet, taxés arbitrairement, ils préparèrent la révolte en se défaisant du plus grand nombre de leurs domestiques, sous prétexte que leur fortune ne suffisait plus à leur état de maison. L'ancienne police autrichienne aida aussi au mouvement ; et il ne fut pas difficile d'y mêler les habitans de la campagne qui éprouvent toujours des vexations dans un pays occupé par des armées étrangères. Aussitôt que Bonaparte eut été instruit de cette révolte par le général Despinois, commandant de Milan, il rebroussa chemin avec trois cents chevaux et un bataillon de grenadiers. Tout rentra, en un moment, dans l'ordre à Milan ; mais il n'en fut pas de même à Pavie, foyer central de l'insurrection. Il fallut que le général Dammartin en fît enfoncer les portes à coups de hache. Il fit ensuite fusiller les membres de la municipalité, et conduire en France, comme ôtages, deux cents des principaux habitans. Ces actes de vigueur, et quelques mesures du même genre prescrites pour l'avenir par le général en chef, mirent fin à la révolte et comprimèrent le mécontentement.

Bonaparte pousse les Autrichiens jusque dans les montagnes du Tirol. Marchant sur l'armée autrichienne après ces soulèvemens apaisés et réprimés, Bonaparte la trouva retranchée derrière le Mincio ; le général Liptay à la droite, vers Castel-Nuovo, gardant Peschiera et les défilés du Tirol par la Chiusa ; le général Pittony à Valeggio avec une avant-garde à Borghetto ; Sebottendorf, avec trois bataillons et six escadrons, un peu plus à gauche, en intermédiaire du corps de Colli, qui, à la tête d'une partie de la garnison de Mantoue, était en position à Goëto. Mélas se trouvait avec la réserve, à Oliosi, près de Valeggio. Le front de l'armée était couvert par des retranchemens et des batteries habilement disposées. Bonaparte résolut, cette fois, de forcer le passage par le centre de la ligne. Pendant qu'un corps de troupes inquiétait les Autrichiens à leur droite, en menaçant leurs communications avec le Tirol, il porta donc, le 30 mai, à deux heures du matin, toutes les troupes de son centre et de sa droite sur Borghetto. Beaulieu avait encore laissé là un pont gardé par quelques soldats. Ces soldats en coupèrent une arche en le passant, après avoir été culbutés par les Français. Ceux-ci s'occupaient de réparer ce dommage, fortement incommodés par le feu des Autrichiens, lorsqu'un détachement de leurs grenadiers, emporté par son impatience, se jeta dans le Mincio, et se mit à le traverser, ses armes sur la tête, et ayant de l'eau jusqu'aux épaules. Ce trait d'intrépidité effraya tellement les Autrichiens, qu'il fut impossible de les tenir à leurs rangs ; ils fuirent en désordre.

Le corps de bataille de l'armée autrichienne était

posté entre Villa-Franca et Valeggio. Sur la mine qu'il fit de vouloir s'y défendre, Bonaparte conçut le projet de lui couper sa retraite du Tirol. A cet effet, la division Augereau marchait sur Peschiera, et elle en était déjà proche, lorsque Beaulieu, apprenant encore à temps son mouvement, se hâta de se retirer sur Dolce. La cavalerie autrichienne se distingua dans cette retraite; elle y exécuta plusieurs belles charges que les généraux Kilmaine et Murat repoussèrent néanmoins avec autant de valeur que de gloire. Quand Augereau arriva à Peschiera, il le trouva évacué : l'armée autrichienne avait déjà passé l'Adige, en rompant cette fois tous les ponts. On évalua la perte qu'elle avait faite dans toute la journée, à mille hommes et à cinq pièces de canon. Le prince de Cuto, lieutenant-général, commandant la cavalerie napolitaine, fut compté au nombre des prisonniers. Beaulieu se retira, le lendemain, de Dolce à Calliano. La division Massena le suivit, et, pour le contenir, prit la position avantageuse de Rivoli et de la Corona, appuyant sa droite à l'Adige et aux rochers escarpés de Montemagnone, et sa gauche au lac de Garda.

Bonaparte, débarrassé de Beaulieu, fit occuper Vérone, pour s'assurer un passage sur l'Adige. Cette ville a trois ponts, et on peut encore la regarder comme la clef de tout le cours de cette rivière depuis la Chiusa jusqu'à son embouchure, puisqu'elle est le seul point de communication du haut avec le bas Adige. Les chaînes de montagnes qui se joignent à celles du Tirol, viennent en effet aboutir à Vérone même. Il appartenait aux Vénitiens : mais ceux-ci avaient ouvert les portes de Peschiera aux Autrichiens; le général français crut, en représailles, pouvoir leur prendre Vérone.

On investit ensuite Mantoue, et on força la garnison

qui tenait des positions dans la campagne, de rentrer dans ses murs. Mais le manque d'une artillerie suffisante, et les grandes chaleurs furent cause que l'on se contenta, pour le moment, de bloquer cette place, l'une des plus fortes de l'Europe. Alors Bonaparte espérant ne pas voir, de quelque temps, reparaître les Autrichiens, se replia sur sa droite, pour achever de désarmer ou de soumettre le reste de l'Italie, afin que s'ils se représentaient plus tard, ils n'y pussent du moins compter sur le secours de personne.

Armistices signés avec le roi de Naples et le pape; occupation de Livourne; troubles apaisés et punis dans les fiefs impériaux et à Lugo; reddition du château de Milan. Le roi des Deux-Siciles faisant partie lui-même de la famille des Bourbons, et étant encore, par son mariage, avec une princesse autrichienne, beau-frère de la reine de France, ne pouvait guère se dispenser de prendre part à la coalition, à dater du moment où le roi de France fut violemment précipité de son trône, et livré ainsi que son auguste épouse entre les mains des plus cruels factieux. Effectivement, trois mille hommes de troupes napolitaines coopérèrent, en 1793, à l'expédition de Toulon. Ces troupes rentrèrent cependant dans les états du roi de Naples, après la reprise de Toulon par les républicains français; et les Napolitains, dans les campagnes de 1794 et 1795, restèrent, relativement à la France, plutôt en état d'observation qu'en état de guerre ouverte; mais ils avaient fourni un corps de quinze à dix-huit mille hommes à l'armée que venait de vaincre Bonaparte.

Le pape n'avait pu servir la coalition que de secours en argent et de bulles de réprobation contre les Français; mais ses ports pouvaient devenir, pour leurs ennemis, un lieu de débarquement que, dans la situation actuelle des choses, il était intéressant de leur interdire, et la république française avait d'ailleurs d'amples réparations à demander au souverain pontife, pour la mort de son envoyé, Basseville, publiquement assassiné dans Rome, le 13 janvier 1793.

Bonaparte se mit donc à faire toutes les dispositions nécessaires pour porter ses troupes sur Rome, sur Naples, et même sur Livourne, ville du grand-duché de Toscane, dont le port était connu depuis long-temps pour être entièrement abandonné aux Anglais. L'armée n'avait pas encore eu le temps de se mettre en marche pour cette expédition, quand le prince Pignatelli-Belmonte vint à Brescia, demander un arrangement de la part de la cour de Naples; cette démarche fut suivie d'un armistice signé le 5 juin, jour même de l'arrivée du prince Pignatelli-Belmonte à Brescia. Dans cette espèce de traité provisoire, le roi des Deux-Siciles renonça à toute coalition; s'engagea à garder une exacte neutralité; promit de ne recevoir dans ses ports aucun des vaisseaux armés appartenant aux puissances ennemies de la France, et de donner en toute occasion aide et protection aux bâtimens marchands de la république française : il fut convenu que tous les prisonniers, soit de terre, soit de mer, seraient rendus de part et d'autre. La cour de Naples s'obligea, en outre, à payer à la république une somme de huit millions, en déduction de laquelle elle livrerait une certaine quantité de munitions navales.

Le pape, ne faisant aucun mouvement qui annonçât qu'il désirait aussi sauver à l'état ecclésiastique une guerre qui ne pouvait que lui être désavantageuse, le général en chef de l'armée française résolut d'agir sans plus différer. En conséquence, la division Augereau passa le Pô, le 16 juin, à Borgo-Forte; marchant sur

Bologne. Le 18, les troupes du pape, qui formaient la garnison de cette ville, mirent bas les armes à la première sommation qui leur en fut faite, et se rendirent prisonnières de guerre, ainsi que leur état-major, tous leurs officiers, et le cardinal-légat de Bologne. Le même jour, Bonaparte envoya l'adjudant-général Vignoles, de son état-major, sommer le commandant du château d'Urbin, qui, quoique chevalier de Malte, capitula aussi promptement et aussi peu honorablement que celui de Bologne. La prise de Ferrare suivit de près celle de ces deux places; un cardinal-légat fut encore fait prisonnier dans cette dernière occasion. En même temps une colonne aux ordres particuliers du général Vaubois, marchait sur Rome, par Rubiera, San-Venanzo, le Mont-Cenere, Piaredi-Pelago, San-Marcello, et Pistoia, où elle arriva le 26 juin. Le danger devenait pressant, et bientôt on serait entièrement à la discrétion du vainqueur : le souverain pontife demanda à entrer en arrangement. Les conditions de l'armistice que le général français consentit à lui accorder, furent de la plus grande dureté. Elles imposèrent à Pie VI, alors revêtu de la pourpre romaine, l'obligation de céder à la république française les légations de Bologne et de Ferrare, les côtes de la mer Adriatique, depuis les embouchures du Pô jusques et y compris la citadelle d'Ancône, qui devait être livrée avec toute son artillerie, ses munitions de guerre et de bouche. Le pape s'engagea encore par cet armistice, à fermer tous ses ports aux bâtimens des puissances en guerre avec la république française; à donner *cent tableaux, statues, bustes et vases*, et particulièrement les bustes de Junius et de Marcus Brutus, le premier en bronze, et le second en marbre, qui se trouvaient placés au Capitole, et *cinq cents manuscrits* de la bibliothèque du Vatican, au choix des commissaires qui devaient être envoyés par Bonaparte à Rome ; enfin, vingt-un millions de livres, monnaie de France, dont quinze millions cinq cent mille livres en espèces ou lingots d'or et d'argent, et les cinq millions cinq cent mille restans, en denrées, marchandises, chevaux, bœufs, d'après une désignation qui serait faite par les agens de la république.

Il ne fut plus alors question que de marcher à Livourne. Le général Vaubois avait secrètement l'ordre de s'y tenir prêt, en paraissant se diriger par Pistoia sur Rome. Il passa l'Arno à Fuecchio le 28 juin, précédé par une avant-garde aux ordres du général Murat, et feignant encore d'en vouloir à Sienne ; mais bientôt il prit ouvertement et suivit avec beaucoup de rapidité le chemin de Livourne. Il avait ainsi pour but de surprendre dans le port les nombreux vaisseaux anglais qui s'y montraient journellement. Ceux-ci furent néanmoins avertis à temps par leurs espions, et purent se retirer. Une seule frégate anglaise y était encore, quand les généraux Vaubois et Murat se présentèrent : ils la canonnèrent, mais ne furent pas maîtres de l'empêcher de sortir. Bonaparte arrivant le soir même, fit mettre en séquestre tous les magasins appartenant aux Anglais et à l'empereur, et envoya le chevalier Spanocchi, gouverneur de la ville, prisonnier à Florence, où résidait le grand-duc de Toscane, pour que ce prince, que des traités formels liaient à la république française, fît punir cet officier, principal auteur de l'occupation du port de Livourne par les Anglais, et qui leur avait, tout récemment, laissé prendre deux bâtimens français, de la valeur de près d'un million. Le grand-duc, au reste, témoigna hautement qu'il approuvait la conduite du général en chef de l'armée française ; et maintenant l'emprisonnement du chevalier Spanocchi, promit de faire informer rigoureusement de sa conduite. L'expédition de Livourne ne parut avoir en rien altéré ses sentimens d'amitié pour la république française. Il reçut même magnifiquement Bonaparte, quand il vint entrer en explication avec lui à Florence, et le traita à sa table de la manière la plus somptueuse et la plus obligeante. Ce prince aimait ses sujets, qu'il gouvernait paternellement, et il voulait surtout leur éviter la guerre, quelques sacrifices personnels qu'il pût lui en coûter. Il était frère de l'empereur, et avait épousé une princesse issue du sang des Bourbons (Louise-Thérèse-Amélie, princesse de Naples.

Avant le mouvement de son armée dont ces différentes opérations furent l'effet, Bonaparte avait été obligé de faire marcher un corps de troupes contre les habitans révoltés des fiefs impériaux voisins de la république de Gênes. Lannes, qu'on devait voir, un jour, mourir si glorieusement à la bataille d'Essling, avec le titre de maréchal de France, mais qui venait alors d'être nommé tout récemment général de brigade, avait, en un moment, réduit ces rebelles qui parcouraient le pays en bandes armées, assassinaient les courriers français, et poussaient l'audace jusqu'à entreprendre de faire la guerre aux détachemens chargés de la police intérieure des fiefs. Naples, Rome et Livourne rentrées dans l'amitié de la république française, son général eut une nouvelle révolte à étouffer et à punir. Elle vint des habitans de la Romagne, et le foyer de l'insurrection était Lugo, petite ville enclavée dans le Ferrarais cédé à la république, mais qui appartenait à la Romagne. Les Lugois disaient, dans une proclamation, avoir pris les armes pour la défense de leurs saints protecteurs, du souverain de l'état et de la patrie. Le général Angereau, qui fut chargé de les réduire, leur donna trois heures pour poser les armes, les menaçant, en cas de désobéissance, de mettre leur ville à feu et à sang. Ils se rirent de cette menace, et affectèrent de porter en triomphe dans Lugo les têtes de cinq dragons tués par eux dans une embuscade. Augereau, après avoir encore tenté de les faire rentrer dans le devoir par la douceur, quelque dangereux qu'il pût être de pardonner cet attentat, fit marcher sur leur ville un corps composé d'infanterie, de cavalerie et d'artillerie, aux ordres du chef de brigade Pourailler. Les insurgés, organisés en bandes sous la dénomination d'armée catholique et papale, eurent la témérité de sortir de la ville pour faire tête au détachement français. On ne tarda point à se rencontrer. Pourailler, pour épargner le sang, envoya en parlementaire un officier de grenadiers vers les rebelles; mais ceux-ci tirèrent sur lui: alors on en vint aux mains. Le combat fut terrible et long: excités, dit-on, par des prêtres en habits sacerdotaux, les Lugois se battirent avec fureur et opiniâtreté. Une grande partie fut taillée en pièces sur le champ de bataille; le reste, poursuivi par les vainqueurs dans la ville, y trouva encore la mort. Cet exemple et des mesures sévères mirent fin à la révolte: elle avait été éteinte par les mêmes moyens dans la Lombardie et dans les fiefs impériaux.

Lorsque cette triste expédition fixa, pour quelques instans, l'attention du général en chef, il venait de recevoir la plus heureuse nouvelle: celle de la reddition du château de Milan, qui, assiégé depuis l'entrée des Français dans la ville, capitula enfin le 29 juin. L'artillerie qu'on y trouva, ainsi que celle qu'on avait conquise dans les états de l'Eglise, fut transportée devant Mantoue, seule place en Italie qui n'eût pas encore ouvert ses portes aux Français.

Ainsi, en moins de quatre mois, une armée, que le

petit nombre de ses soldats, la faiblesse de son artillerie, et le manque d'approvisionnemens en tout genre, faisaient juger hors d'état de résister même à une agression ordinaire, avait renversé, détruit ou dispersé en pays ennemi une armée considérable, réunissant dans son sein et autour d'elle toutes les ressources qui peuvent faciliter la victoire, et à chaque échec se renforçant de nouvelles troupes, derrière des retranchemens disposés avec art, et des fleuves larges et rapides. Il ne restait plus de cette dernière armée, que quelques débris qui ne semblaient tenir encore dans des montagnes situées hors de la contrée qu'elle avait eu à défendre, que pour y être témoin des alliances par lesquelles sa rivale triomphante et redoutée la rendait à son tour étrangère dans cette contrée à jamais effrayée de sa chute !

Mais il nous faut, un moment, quitter les vainqueurs réservés encore à de nouveaux et de nombreux combats non moins glorieux que les premiers, pour aller visiter sur les bords du Rhin d'autres Français destinés à s'immortaliser dans la même campagne par un revers que ses suites ont rendu, dans les annales militaires, plus beau que la plus belle des victoires.

ARMÉES SUR LE RHIN.

Situation des armées françaises sur le Rhin, en mai et en juin 1796. Malgré ce qui se passait en Italie depuis le commencement du mois d'avril, on ne songea à reprendre les hostilités sur le Rhin que vers le milieu du mois de mai. Le coup vint des Autrichiens. Ils dénoncèrent la rupture de l'armistice le 21 mai, pour commencer les hostilités le 31. Leur plan était, dit-on, de s'avancer, dans les premiers jours de juin, sur la Moselle et sur la Sarre.

Leurs forces étaient de cent trente-trois mille hommes

d'infanterie, et de quarante-trois mille hommes de cavalerie, divisés en deux armées, l'une montant à environ soixante-un mille hommes d'infanterie, et vingt-deux mille hommes de cavalerie aux ordres du maréchal Wurmser ; et l'autre composée à peu près de soixante-onze mille hommes d'infanterie, et de vingt-un mille hommes de cavalerie obéissant à l'archiduc Charles.

Sur le Haut-Rhin, Wurmser, en avant de Manheim, dans les positions retranchées de la Rehbac et Speyierbach, était opposé au général français Moreau, qui avait sous son commandement soixante-onze mille hommes d'infanterie, et six mille cinq cents hommes de cavalerie. L'archiduc Charles avait en tête le général français Jourdan, dont l'armée se montait à soixante-cinq mille hommes d'infanterie, et à onze mille hommes de cavalerie. Le gros de l'armée de l'archiduc, commandé par le prince en personne, était en avant de Mayence, à Baumholder, et sur la Nahe. Sa droite, aux ordres du duc de Wurtemberg, se trouvait sur la rive droite du Rhin, entre la Sieg et la Lahn, occupant, par son corps de bataille, Altenkirchen, Hachenburg et Dierdorf. Jourdan, avec le centre de son armée, était dans le Hundsruck ; sa droite, commandée par le général Marceau, et composée de la division particulière de ce général et des deux divisions Bernadotte et Poncet, devait défendre le passage de la Nahe dans le cas où il serait tenté par les Autrichiens ; son aile gauche, ayant à sa tête le général Kléber, et formée des deux divisions Lefebvre et Collaud, présentant ensemble un total d'environ dix-neuf mille fantassins et deux mille chevaux, était postée à Dusseldorf.

Ce qui arrêta le mouvement projeté par les Autrichiens, et les détermina au contraire à rester sur la défensive, ce fut l'obligation que l'on imposa bientôt au maréchal Wurmser de faire un détachement de vingt-cinq mille hommes d'élite pour le Tirol, où l'on voulait, sous son commandement, former une nouvelle armée, à laquelle on espérait devoir la délivrance de Mantoue et peut-être celle de l'Italie entière. Après le départ de ce corps de troupes, les deux partis se trouvèrent encore à peu près égaux en nombre : les Français comptaient bien dans leurs rangs quelques mille hommes d'infanterie de plus, mais les Autrichiens conservaient une immense supériorité en cavalerie, avantage qui n'est pas d'une médiocre importance.

Cependant les Français reçurent, à leur tour, l'ordre d'entrer en campagne. Suivant les instructions jointes à cet ordre, et modifiées un peu plus tard, la gauche de l'armée de Sambre-et-Meuse dut déboucher par Dusseldorf, tant pour forcer l'archiduc à quitter la rive gauche du Rhin en l'inquiétant sur ses communications, que pour faciliter à Moreau le passage du fleuve, en attirant d'un autre côté l'attention principale de l'ennemi.

Combat d'Altenkirchen, le 4 juin 1796. Le 30 mai, Kléber réunit ses troupes sur la rive droite du Rhin, et passa la Wipper. Le 31, jour de l'expiration de l'armistice, il campa entre Pfotz et le château de Bensberg. Le lendemain, il s'avança sur la Sieg. Le duc de Wurtemberg, chargé de défendre ce point des positions ennemies, tenait ses troupes divisées en plusieurs corps: le gros de son corps d'armée était à Kroppach et à Altenkirchen ; le général Frisch avait été détaché vers Neuwied avec cinq bataillons et dix escadrons ; les généraux Kienmayer et Gottasheim gardaient les bords de la Sieg avec un petit nombre de soldats.

Aussitôt que le prince de Wurtemberg fut informé de la marche des Français, il quitta Altenkirchen avec six bataillons et quatorze escadrons, pour venir renforcer le général Kienmayer. Il le rencontra en chemin, et apprit de lui qu'après l'avoir contraint à la retraite, les Français continuaient d'avancer. Attaqué vigoureusement en front par le général Lefebvre, et menacé sur son flanc gauche par le général Collaud, Kienmayer avait perdu dans cette occasion environ deux mille quatre cents hommes, dont mille faits prisonniers.

On avait cru qu'ensuite les Autrichiens entreprendraient de défendre la forte position d'Uckerad ; mais ils ne s'arrêtèrent qu'à Kroppach et Altenkirchen, où ils se rallièrent à leur corps principal. On ne tarda point à voir approcher les Français. Les hauteurs d'Altenkirchen étaient gardées par deux bataillons et quatre escadrons, et la ville par des Croates et des chasseurs; deux mille hommes en défendaient le débouché; un bataillon était posté à un village nommé Almerspach, et il y avait à Kroppach une espèce de réserve composée de cinq bataillons et de douze escadrons. Kléber mit ses troupes en mouvement, le 4 juin, à quatre heures du matin. La division du général Lefebvre marchait la première; venait ensuite celle du général Collaud, à une demi-lieue de distance, sur la gauche. Elle devait soutenir Lefebvre, en se mettant en bataille en seconde ligne, dans la position qui est en avant de Veirbusch, aussitôt qu'il attaquerait. La division du général Lefebvre s'était partagée en trois colonnes, commandées en sous-ordre par le colonel Brunet, et les généraux Soult et Leval. La colonne du centre ayant à sa tête le général Lefebvre, ne tarda point à attaquer de front les Autrichiens sur les hauteurs d'Altenkirchen, tandis que le colonel Brunet, après s'être rendu maître des villages de Schonelberg et d'Almerspach, menaçait leur gauche composée du régiment de Jordis. Ce régiment ennemi fit la plus belle résistance. Cependant il vint un moment où, accablée par des forces supérieures, et prise en tête et en flanc, l'infanterie autrichienne commença à vouloir faire retraite; mais alors le général d'Hautpoul, qui commandait la cavalerie française, et avait déjà été blessé à sa tête en combattant la cavalerie autrichienne, chargea cette infanterie étonnée et découragée avec tant de vigueur, qu'il la contraignit de mettre bas les armes. Le chef d'escadron Richepanse mérita dans ce moment d'être fait général de brigade sur le champ de bataille. Fortement blessé au bras d'un coup de sabre, et ayant eu deux chevaux tués sous lui, il s'était jeté avec intrépidité sur celui d'un chasseur pour continuer de combattre. Pendant le combat, Soult, d'une position qu'il avait prise en avant de Kroppach, avait contenu la réserve autrichienne qui y était placée. Le duc de Wurtemberg perdit dans cette action trois mille hommes tués, blessés ou prisonniers, quatre drapeaux, douze pièces de canon, une grande quantité de caissons, et la plus grande partie des équipages de son corps d'armée. Parmi les prisonniers, on compta trois bataillons entiers du régiment de Jordis, avec le colonel et tous les officiers.

Prise de Dierdorf et de Valmerode, 4 juin 1796. L'adjudant-général Ney, à la tête d'un corps de troupes légères de la division Collaud, avait eu pour commission de tourner la gauche des Autrichiens, afin d'essayer de leur enlever leurs communications. Il y avait en partie réussi, bien que combattu presque continuellement par les troupes légères autrichiennes. Il s'était même emparé de Dierdorf, où la division Collaud entra à sa suite, le même jour 4 juillet. On trouva dans cette ville des approvisionnemens considérables, que l'on distribua aux soldats pour stimuler leur zèle et augmenter encore leur ardeur. Le duc de Wurtemberg avait envoyé ordre au général Finck de quitter Neuwied, pour venir se rallier à lui à Montabaur; mais l'adjudant-général Ney arriva avant eux à cette position. Ils se retirèrent l'un et l'autre, en toute hâte, vers Limburg, derrière la Lahn. Le général Collaud prit alors position à Valmerode.

Situation dans laquelle les deux corps d'armée se trouvèrent le 5 juin. D'Hachenbourg, la division Lefebvre s'était portée sur Ober-Hadamar. Les Autrichiens ralliés se placèrent en ligne sur la rive gauche de la Lahn, occupant Nassau, Dietz, Limburg et Runkel. Le commandement passa, à cette époque, du duc de Wurtemberg au général Wartensleben, et le corps d'armée fut renforcé de six bataillons et de six escadrons. Cependant Kléber concentra aussi ses forces, et fit quelques dispositions. Le 5 juin, il réunit ses deux divisions entre Ober-Hadamar et Limburg. Il chargea ensuite le général Soult d'occuper Herborn, et d'observer Wetzlar avec un fort détachement d'infanterie et de cavalerie.

L'archiduc vient au secours des troupes de sa droite. Ce point était menacé. L'archiduc Charles y marchait en personne pour secourir les troupes de sa droite. Il s'était d'abord contenté, comme nous l'avons vu, de leur envoyer un renfort de six bataillons et de six escadrons; mais quand il sut jusqu'à quel point elles avaient été maltraitées, jugeant de grands desseins à l'ennemi, par les forces qu'il déployait dans cette attaque et la vivacité qu'il y montrait, il mit toute son armée en mouvement, la croyant apparemment compromise en entier par l'entreprise inattendue de la gauche des Français. S'étant renforcé de la division du général Hotze de l'armée du Haut-Rhin, et ayant laissé seulement vingt mille hommes pour couvrir Mayence, il se porta vers la Lahn avec trente-deux bataillons et quatre-vingts escadrons.

Le 10, il traversa le Rhin, et le 14, il était à Wetzlar. Le reste de son armée, composé de onze bataillons et de vingt-deux escadrons, l'avait devancé, se dirigeant sur Homburg, aux ordres du général Werneck.

Le général Jourdan s'avance de son côté pour soutenir son aile gauche. C'était là, ce semble, le piége où les Français avaient voulu faire tomber les Autrichiens. Il ne s'agissait principalement plus que de les y amuser assez long-temps pour que Moreau pût mettre leur faute à profit, en jetant ses troupes sur la rive droite du Rhin. Cependant Jourdan parut ne traiter la chose qu'en événement ordinaire, ayant peut-être aussi l'ordre de tenter les plus grands efforts pour s'établir sérieusement au delà du fleuve. Quoi qu'il en soit, il y passa en toute hâte avec la presque totalité de son armée, ayant seulement laissé les divisions Marceau et Poncet en face du général autrichien Werneck, qui avait été chargé par l'archiduc de couvrir Mayence.

Il bat en retraite, et repasse le Rhin. Les deux armées se trouvèrent bientôt en présence l'une de l'autre, celle de l'archiduc pouvant mettre en bataille vingt mille hommes de plus que son adversaire, et ayant sur elle une très-grande supériorité en cavalerie. Après un échec essuyé en avant de Wetzlar, Jourdan se mit en retraite, sa droite se repliant sur Montabaur, son centre sur Malzberg, et sa gauche sur Renderoth. La brigade Soult, qui se trouvait à Herborn sans communication directe, n'avait pu être instruite de ce mouvement, et elle courait cependant le risque d'être enlevée, si elle ne se retirait elle-même promptement. L'adjudant-général Ney se chargea de lui en porter l'ordre. Il le fit, en traversant la cavalerie autrichienne à la tête d'une seule compagnie de hussards français. Avant d'arriver jusqu'au général Soult, il lui fallut livrer à des détachemens de cette cavalerie une multitude de petits combats, qui furent pour lui autant de faits d'armes glorieux.

Jourdan repassa le Rhin à Neuwied avec les trois divisions Championnet, Bernadotte et Grenier, tandis qu'avec les divisions Lefebvre, Collaud et Bonnard, Kléber se repliait sur Dusseldorf par Altenkirchen.

Avant de repasser la Sieg, Kléber livre un combat à Ukerath, le 19 juin. Il paraîtrait que ce général avait ordre du général en chef de se maintenir sur la Sieg le plus long-temps qu'il le pourrait, Jourdan espérant encore, au moment où il avait donné cet ordre, éviter lui-même de repasser le Rhin avec la droite de son armée. Effectivement Kléber s'était arrêté dans la forte position d'Ukerath, lorsqu'il vit paraître, le 19, le général autrichien Kray, qui commandait l'avant-garde ennemie, forte d'environ quatorze mille hommes. Pour n'être point attaqués, les Français attaquèrent eux-mêmes, et le firent d'abord avec avantage. Les adjudans-généraux Ney et Richepanse culbutèrent la cavalerie autrichienne sur l'infanterie, et celle-ci se laissa elle-même enlever ses premières positions, ainsi que le village de Kirchreip, par l'infanterie française. Mais le combat ne tarda point à changer de face. Le nombre des Autrichiens dont on n'avait eu à combattre jusque-là que les têtes de colonnes, augmentant de moment en moment, ils reprirent bientôt l'offensive. Tandis que Milius, un de leurs généraux, chargeait vigoureusement, à la tête de quatre bataillons de grenadiers, le centre des Français, la cavalerie allemande prit la leur en flanc, et la contraignit de reculer à son tour. Kléber rentra alors dans sa position retranchée, d'où il se retira, pendant la nuit, derrière la Sieg.

L'aile gauche de l'armée de Sambre-et-Meuse ne tint pas encore long-temps dans cette dernière position. La division Bonnard ne tarda point à repasser le Rhin à Bonn et à Cologne. Pour les divisions Lefebvre et Collaud, elles se retirèrent jusque derrière la Wupper, dans la position de Benrad et d'Obladen, d'où elles couvraient Dusseldorf, au-devant duquel un camp retranché avait été établi. Mais parlons du grand mouvement qu'avait préparé, pour l'armée de Rhin-et-Moselle, l'expédition de l'armée de Sambre-et-Meuse.

Passage du Rhin par l'armée de Rhin-et-Moselle, les 23, 24 et 25 juin 1796. Le maréchal Wurmser n'avait pas encore quitté le commandement de l'armée du Haut-Rhin, quand l'archiduc fit sur la gauche de Jourdan le mouvement dont nous venons de rapporter les détails et le résultat. Ce mouvement affaiblit encore l'armée du maréchal, puisqu'il lui enleva une de ses divisions, celle du général Hotze. Le maréchal crut donc ne pouvoir plus tenir la campagne devant Moreau, et, le 8, il se retira sur la rive droite du Rhin. Un corps de dix-huit à vingt mille hommes resta seulement sur la rive gauche, retranché en avant de Manheim. Ce corps était partagé en deux divisions. La première, composée de onze bataillons et de vingt escadrons, occupait, sous les ordres du général Starray, le camp de Maudach et les retranchemens de Mundenheim; l'autre, commandée par Petrasch, et forte de sept bataillons et de douze escadrons, s'était renfermée dans les retranchemens d'Oggersheim et du canal de Frankental. Cette position était réellement respectable. Fortifiée en tous sens, on ne pouvait arriver jusqu'à elle que par les trois routes qui mènent de Spire, de Neustadt et de Turckeim à Manheim, et l'on n'avait rien négligé pour la défense de ces débouchés.

On avait obtenu de l'archiduc ce qu'on voulait, et le passage du Rhin pouvait être tenté par Moreau. Il se mit donc à en faire secrètement les préparatifs, tandis que de fausses attaques sur les vingt mille Autrichiens retranchés en avant de Manheim, poussées plus ou moins loin, occupaient l'attention en la détournant de l'opération qu'on avait véritablement en vue. Le 18, le maréchal Wurmser étant enfin parti pour l'Italie, fut remplacé par le comte de Latour, subordonné pour son commandement à l'archiduc.

Le 20 juin, à minuit, après une dernière alarme donnée au camp devant Manheim, les troupes qui devaient servir aux premiess embarquemens pour le passage du Rhin, prirent la route de Strasbourg, où se préparait et où devait s'exécuter l'entreprise. Ces troupes avaient reçu ostensiblement l'ordre de rejoindre l'armée d'Italie, et les étapes étaient même faites pour elles sur le chemin qu'il fallait suivre jusqu'à Besançon. Une partie de l'aile droite descendait au même moment le Rhin, avec le dessein apparent d'aller se réunir au reste de l'armée à Worms. Le général en chef de l'armée française n'avait qu'un bien petit nombre de confidens : la plus grande partie des généraux était amusée, comme les soldats, par de faux bruits. Les choses avaient néanmoins été réglées de manière que toutes les troupes nécessaires fussent arrivées le 23 juin au soir près de Strasbourg. Ce même jour, dans l'après-midi, on ferma les portes de cette ville. Ce qui l'avait fait principalement choisir pour le point du passage, c'était la facilité qu'on avait d'y rassembler secrètement tous les bateaux et agrès nécessaires, et de les faire filer par eau le long du canal de navigation jusque dans le bras du Rhin que l'on nomme Mabile, et de là dans le grand Rhin. L'inconvénient de ce point de passage était que les troupes ne pourraient aborder qu'à des îles marécageuses et très-fourrées, au delà desquelles il leur resterait encore à traverser différens petits bras du fleuve, non guéables. Ces difficultés vaincues, il leur faudrait encore se former dans une plaine coupée de digues et de fossés, où l'ennemi, s'il se préparait à la défense, aurait de grands avantages sur elles.

Le passage devait se faire sur deux points principaux, Kehl et Gambsheim un peu au-dessous. Il fut arrêté qu'en même temps trois fausses attaques seraient dirigées sur Missenheim, la redoute d'Isaac et Beclair. Les dix mille hommes que l'on comptait débarquer à Gambsheim, devaient prendre en flanc et à dos tout ce qui s'opposerait à l'attaque sur Kehl, et contenir les renforts ennemis que l'on pourrait envoyer de Rastadt par la vallée du Rhin. Différens obstacles firent cependant manquer le passage sur ce point.

L'on avait au reste peu sujet de redouter un grand rassemblement de forces ennemies immédiatement après le débarquement. Par suite du système de morcèlemens que suivaient les Autrichiens depuis le commencement des guerres de la révolution, et qui leur faisait toujours subdiviser à l'infini leurs corps d'armée, comme si la sûreté d'une grande étendue de terrain tenait à ce qu'elle fût, non défendue par des corps de troupes habilement placés, mais positivement couverte, pied à pied, de soldats. Les forces chargées de la défense du Rhin étaient tellement éparpillées, qu'on jugeait qu'il serait impossible aux généraux ennemis de réunir en quarante-huit heures plus de dix-sept à dix-huit mille hommes sur le point menacé, en supposant encore que chaque commandant particulier s'y portât de lui-même, et sans attendre des ordres supérieurs.

Le 23 juin au soir, on comptait seize mille hommes aux ordres du général Ferino, au polygone et sur les glacis de Strasbourg. Douze mille se tenaient également rassemblés près de Gambsheim, ayant le général Beaupuy à leur tête. Le général Desaix commandait en chef toute l'expédition.

Pour éviter la confusion, on prit le soin de partager en quatre sections les troupes que l'on voulait diriger sur Kehl, ainsi que les embarcations qui devaient les y porter. La première, composée d'environ seize cents hommes, soutenue de deux pièces de canon, et conduite par l'adjudant-général Abatucci, eut ordre de descendre au-dessous du bras d'Erlenrhin, pour s'emparer des îles boisées formées par le vieux Rhin. La seconde, forte de quinze cents hommes et de deux pièces de quatre, devait, sous les ordres de l'adjudant-général Montrichard, côtoyer l'île d'Erlenrhin, pour se saisir du petit pont de communication entre cette île et la rive droite du Rhin. La troisième, qui ne consistait qu'en deux cent cinquante hommes, commandés par l'adjudant-général Décaen, devait remonter à cinquante toises dans le bras d'Erlenrhin, débarquer sous la batterie de ce nom, et l'emporter de vive force. Quant à la quatrième, formée d'un très-faible détachement, elle n'était destinée qu'à balayer l'île des Escargots des petits postes ennemis qui pourraient s'y trouver.

A minuit, les embarcations avaient passé de la rivière d'Ill dans le bras Mabile, qu'elles remontèrent. Les soldats les attendaient avec impatience; ils s'y précipitèrent, se contenant cependant assez pour garder un profond silence. Ils étaient sur ce premier transport au nombre de deux mille cinq cents.

Le signal du départ fut donné à une heure et demie. Le passage se fit heureusement au bruit du canon des fausses attaques. Ce bruit même ne put éveiller la vigilance des postes ennemis, dont un beau clair de lune eût secondé la résistance. Ils furent tous surpris, et s'enfuirent après une unique décharge, sans avoir même le temps de détruire les petits ponts de communication, situés sur les filets d'eau qui coulaient entre les îles et la rive droite du Rhin. Il est vrai que tous ces ponts, composés seulement de deux sapins flottans à fleur d'eau, ne pouvaient être d'un grand secours aux Français. Ils furent entièrement usés avant que la totalité de l'avant-garde y eût passé. Suivant ses instructions, l'adjudant-général Decaen emporta d'emblée la batterie d'Erlen-rhin. Cette batterie ne fut défendue que par quelques coups de canon, qui ne firent presque aucun mal aux assaillans.

Pendant qu'on s'occupait d'établir des ponts volans et des ponts de bateaux, les embarcations qui avaient transporté les premières troupes sur l'autre rive du Rhin, revinrent en chercher de nouvelles. Il s'agissait en effet de porter des renforts aux débarqués, et non de leur ménager des moyens de retraite. Le cas était extraordinaire, et l'on eut lieu de se féliciter d'y avoir pourvu extraordinairement. Bientôt on vit paraître le général autrichien Stain, qui commandait un camp à Wilstett. Il accourait essayer de troubler le débarquement avec six bataillons et quelques escadrons. Mais l'infanterie française était déjà en état de résister, grâce aux fréquens voyages des embarcations ; elle tint ferme, et le repoussa, sous la protection de deux canons français, et de deux autres pièces d'artillerie qu'elle avait enlevées aux Autrichiens en débarquant.

Le 24, à six heures du matin, un pont volant était jeté de la rive gauche à l'île d'Erlenrhin. On y fit passer quelques chevaux; mais la grande difficulté fut de les conduire ensuite jusque sur la rive droite, où l'on ne pouvait arriver que par le moyen d'un petit pont de communication beaucoup trop faible. Quant à du canon, le pont volant ne put servir à en faire avancer, quoiqu'il y eût suffi : il se serait ensuite enterré dans l'île d'Erlenrhin, impraticable pour l'artillerie.

Aussitôt que le général Desaix se sentit en force sur la rive droite, il marcha contre Kehl. Ce petit fort était en très-mauvais état : les Autrichiens avaient cependant construit deux redoutes pour défendre ses débouchés principaux. La première de ces redoutes, battue par le canon de la rive gauche, fut emportée très-promptement : la seconde se défendit mieux, mais ne finit pas moins par céder. Le fils du prince de Furstemberg y fut fait prisonnier. Il n'y eut bientôt plus d'ennemis, ni dans le fort, ni dans la ville, ni dans le village de Kehl. Le passage de la Kintzig ne fut même pas ensuite disputé; et vers les dix heures du matin, on poursuivait les Autrichiens sur la route d'Offembourg.

Alors on s'occupa de la construction d'un pont plus solide, et qui établit pour le matériel de l'armée et sa cavalerie, de la gauche à la droite du Rhin, une communication sur laquelle on put véritablement compter. On plaça ce pont à environ cent cinquante toises en dessous du vieux pont, dans un endroit où le Rhin est partagé en deux bras par une île basse et sablonneuse. Commencé à six heures du soir, le 24, et continué toute la nuit, ce travail se trouva achevé le 25 juin au matin. Alors les troupes à cheval, l'artillerie légère des deux divisions, et le reste de l'infanterie du général Beaupuy, passèrent sur la rive droite, où les Français n'eurent plus à redouter que les chances ordinaires de la guerre.

Ils avaient, dans le passage, pris treize pièces de canon aux Autrichiens, et leur avaient tué de sept à huit cents hommes.

Combat de Renchen, *le* 28 *juin* 1796. Le général

Latour ne voulut d'abord voir dans le passage du Rhin par ceux des Français qui étaient opposés à son armée, qu'une simple ruse pour lui faire quitter sa position de Manheim ; et il se contenta, lorsqu'il en reçut la nouvelle, le 24 juin au soir, de détacher le général Starray avec trois bataillons et quatre escadrons, en lui donnant la commission de rassembler les troupes sur la Murg. Mais ce qu'on lui rapporta, le lendemain de ce passage, lui en ayant fait prendre une toute autre idée, il se mit lui-même en marche pour le Haut-Rhin avec sa réserve. En arrivant, il fit réunir derrière l'Elz toutes les troupes sous les ordres du général Frœlich. Son espoir, en attendant qu'il pût recevoir des secours de l'archiduc, était de contenir son ennemi, et de l'empêcher de pénétrer dans l'intérieur du pays. Dans ce dessein, il était surtout important de garder les gorges de la forêt Noire. On savait que, tant qu'il n'en serait pas maître, Moreau n'oserait s'avancer entre les montagnes Noires et le Rhin, ces montagnes donnant alors des débouchés sur ses derrières. La garde de la vallée de Kintzig et du Kniébis fut confiée au contingent de Souabe, et celle de la Rench à Starray, ayant sous son commandement dix mille hommes environ. Pour le général Latour lui-même, il se plaça à Mukensturm, derrière Rastadt, avec sa réserve, prêt à y donner la main à tous les renforts qui pourraient lui venir du Bas-Rhin.

Starray, dans les dispositions particulières qu'il avait faites, avait placé deux mille cinq cents hommes vers Oberkirch, au versant des montagnes, cinq mille au pont de Waghurst, et deux mille chevaux, ou environ, dans la plaine de Renchen. Le 28 au matin, la brigade Sainte-Suzanne, qui devançait le reste du corps d'armée du général Desaix, et qui avait pris poste à Urloffen, était déjà aux prises avec l'ennemi. Quand toutes les troupes françaises furent arrivées, l'affaire devint générale. Elles se déployèrent en avant de Zimern, la droite à Molbach, et la gauche en avant d'Urloffen. Elles avaient l'avantage du terrain; car Starray était campé sur un sol beaucoup plus bas que celui qu'elles occupaient; mais le général autrichien, en revanche, avait enfermé dans sa position des bouquets de bois qui masquaient ses mouvemens, et lui donnaient la facilité de préparer contre ses adversaires des attaques de flanc absolument imprévues. Ce fut en effet par deux de ces sortes de manœuvres qu'il essaya de s'assurer la victoire. Il commença par lancer les cuirassiers de Kavanach sur la droite des Français. Ces cuirassiers ayant été repoussés avec une grande perte par deux bataillons de la 97e. demi-brigade, des carabiniers et de l'artillerie légère, Starray fit encore tourner la gauche de ses adversaires par une partie de sa cavalerie, pendant que le reste l'attaquait en front. Mais ce mouvement n'ayant pas réussi, entraîna la défaite entière de celui qui l'avait tenté. La cavalerie autrichienne ayant été prise elle-même en tête et en flanc par la cavalerie française, et ainsi rejetée dans le défilé par lequel elle était arrivée sur les Français, mit le désordre dans tout le corps d'armée de Starray. Infanterie, artillerie, cavalerie, tout fuit pêle-mêle, abandonnant aux vainqueurs la rivière et la ville de Renchen, dix pièces de canon, avec un grand nombre de caissons, six cents chevaux, pris, tués ou blessés, beaucoup de morts restés sur le champ de bataille, et douze cents prisonniers.

Prise des gorges des montagnes Noires, le 3 juillet 1796. Le lendemain du combat de Renchen, les troupes de la gauche, qu'on avait laissées en face de Manheim, passèrent le Rhin à Kehl. Alors, pour se préparer à opérer régulièrement, le général en chef distribua nouvellement toutes les troupes de l'armée, rompue par le passage du Rhin, dans les trois corps d'usage, le centre, l'aile droite et l'aile gauche. Le commandement du centre fut confié au général Saint-Cyr, celui de l'aile droite au général Ferino, et celui de l'aile gauche au général Desaix. Moreau songea ensuite à exécuter le plan qu'il avait conçu de descendre le Rhin avec le centre, la gauche et la réserve, pour pousser devant lui les forces ennemies, et déboucher sur le Necker, pendant que la droite traverserait la forêt Noire. Mais, par les raisons que nous avons déduites plus haut, il fallait encore, pour la sûreté de ce mouvement, que les gorges des montagnes Noires, déjà mises à découvert par le combat de Renchen, fussent en la possession des Français. Le général de brigade Laroche y marcha le 3 juillet. Il eut à combattre sur la montagne du Kniébis un petit corps de Wurtembergeois, commandé par le prince de Wurtemberg en personne, et soutenu par une redoute très-forte avec un réduit casematé. Il le força néanmoins dans sa position, et lui fit deux cents prisonniers. Il réussit aussi bien, le lendemain 4, à s'assurer du revers des montagnes, en se rendant maître de la position importante de Freudenstadt, où les débris du corps wurtembergeois s'étaient retirés et réunis à une division des chasseurs le Loup. La division du général Duhesme, faisant partie du centre, s'y établit, tandis que la division Taponier, du même corps d'armée, et toute l'aile gauche, se portaient sur Gersbach et Rastadt, où le général Latour, joint par ce qu'il avait de troupes vers Manheim lors du passage du Rhin, et par quelques renforts que lui avait déjà fait parvenir l'archiduc, occupait une excellente position, couvert par la Murg.

Combat de Rastadt, *le 5 juillet* 1796. Quand les

Français se trouvèrent en présence des Autrichiens, l'armée de ces derniers, après avoir replié ses avant-postes dans la soirée du 4, était postée derrière la Murg, et avait sa droite à Rastadt, et sa gauche à Rotensohle. Un corps de flanqueurs se trouvait encore à Gersbach, et une forte avant-garde, en avant de la Murg, s'était établie dans le bois de Rastadt, à Nider-Bihel, à Kuppenheim, et sur les montagnes entre Eberstenbourg et Oberdorff. En cas d'attaque, cette avant-garde était postée de façon à pouvoir défendre le passage de la Olbach, rivière marécageuse, par laquelle son front était couvert vers le village de Nider-Bihel. En cas de non attaque, elle gardait les hauteurs comme un débouché intéressant, dont les Autrichiens comptaient se servir avec avantage contre l'armée française, aussitôt qu'ils auraient reçu la totalité des renforts qu'ils attendaient.

A Gersbach, une chaîne de montagnes boisées sépare la Murg de la Olbach, et vient aboutir aux environs de Kuppenheim. Moreau, qui ne voulait pas attaquer de front la position de l'ennemi, mais seulement le forcer de la quitter par un mouvement sur sa gauche, sentit la nécessité où il était de s'emparer avant tout de Gersbach. La droite de son aile gauche ne pouvait autrement s'avancer, sans se faire prendre en flanc par les troupes logées sur les hauteurs dont nous parlions il n'y a qu'un moment. La division Taponier fut chargée de l'attaque du poste. Elle l'attaqua, le 5, à cinq heures du matin, et l'emporta assez rapidement. Le général de brigade Lecourbe poursuivit même ceux qui le gardaient assez loin, en leur prenant une pièce de canon, deux officiers et cent soldats.

Alors la brigade de droite de l'aile gauche des Français se porta en avant pour essayer de chasser l'ennemi de Kuppenheim, et de le pousser au delà de la Murg. Ce mouvement, secondé par le général de brigade Lecourbe, qui arriva par la vallée de la Murg, réussit parfaitement. Il fallut cependant trois heures de combat, pendant lesquelles on eut affaire à des grenadiers hongrois et autrichiens qui se défendirent vaillamment. Ils tentèrent ensuite plusieurs fois de reprendre le bourg de Kuppenheim; mais ils en furent toujours repoussés, et finirent par repasser la Murg, laissant entre les mains de leurs adversaires trois cents d'entre eux.

La seconde brigade de la première division de l'aile gauche des Français, aux ordres du général Sainte-Suzanne, et la seconde division entière, commandée par le général Delmas, devaient entrer en ligne à quatre heures après midi, débouchant, l'une du bois de Sandwihr avec une partie de la cavalerie, et l'autre des bois d'Ottersdorff. Mais à l'heure dite, on ne vit paraître que la brigade Sainte-Suzanne, qui fut conséquemment écrasée par l'artillerie ennemie. La seconde division, qui n'avait été que retardée dans sa marche par quelque obstacle, arriva néanmoins sur le champ de bataille à temps pour prévenir les suites de cet engagement inégal. Il avait déjà coûté la vie à un assez grand nombre de canonniers de l'artillerie légère, et une jambe à l'adjudant-général Bellavène.

Le passage de la Olbach avait alors été emporté par la 62e. demi-brigade, ayant à sa tête le général Jobat. Le village de Nider-Bihel, et le bois de Rastadt étaient aussi occupés par les Français.

L'ennemi étant ainsi battu sur sa gauche, et voyant encore les Français commencer à prendre de l'avantage sur sa droite, se retira par le pont de Rastadt et les gués de la Murg, en arrière de cette rivière. Protégé par sa cavalerie, qui était restée intacte pendant le combat, et par une artillerie formidable qu'il avait, à l'avance, disposée sur l'autre rive, il fit cette retraite en bon ordre. Il ne put cependant couper le pont de Rastadt. Le 2ᵉ. régiment de chasseurs à cheval français s'étant aperçu qu'il en avait le dessein, l'en empêcha, en le poursuivant et le chargeant jusque dans les rues de la ville. En vain la cavalerie autrichienne voulut-elle se précipiter sur ce brave régiment de chasseurs; l'infanterie légère française, qui l'avait suivi à la course, le soutint à propos, et l'aida à sauver le pont.

Bataille d'Etlingen, *le 9 juillet* 1796. Les Autrichiens ne prirent position qu'à Etlingen, à quatre lieues de Rastadt, où ils furent joints par l'archiduc en personne. Avec les troupes que lui amenaient du Bas-Rhin et des environs de Mayence les généraux Hotze et Werneck, ce prince se trouvait à la tête d'une armée aussi forte que la nôtre en infanterie, et la surpassant en cavalerie de dix mille chevaux. Il attendait encore sept bataillons et douze escadrons de Saxons qui allaient arriver par Wildbaden. Il comptait, au moyen de toutes ces forces, écraser l'armée de Moreau en une seule bataille, et se reporter ensuite sur celle de Jourdan, si elle venait à lui donner de nouvelles inquiétudes. Il faisait marcher le gros de son armée dans la vallée du Rhin, l'infanterie s'appuyant aux montagnes, et la cavalerie remplissant la plaine. Les Saxons filant par la vallée de l'Enz, en la remontant, et gagnant la Murg vers Forbach, devaient déborder notre flanc droit, et déboucher derrière nous, en même temps qu'un autre corps de troupes de douze bataillons et de dix escadrons, qui s'était déjà posté sur les hauteurs de Rotensohle, marcherait sur Gersbach. De tous les points devaient déboucher des troupes sur nos flancs et sur nos derrières, tandis qu'une cavalerie supérieure à la nôtre se déploierait dans la plaine pour nous attaquer en front.

Ce plan était bien conçu, et le champ de bataille sur lequel il devait s'exécuter, parfaitement choisi. La perte de l'armée française en pouvait être la suite; mais Moreau, qui la commandait, y pourvut en allant au-devant de l'ennemi pour l'attaquer le 9, au lieu de l'attendre dans sa position, où il devait être attaqué par lui le 10. Ce général n'avait point perdu de temps, quoiqu'il se fût écoulé trois jours depuis le combat de Rastadt, puisqu'il avait employé ces trois jours au remplacement des chevaux et des munitions, à la recomposition de quelques cadres, comme celui de l'artillerie légère, qui avait beaucoup souffert à Rastadt, aux réparations de l'artillerie et aux reconnaissances; toutes choses également nécessaires pour un officier qui veut combattre avec une espérance raisonnable de succès, et en ne laissant à la fortune que la part qui ne peut lui être ravie par le sage dans les événemens humains.

Quand Moreau rencontra ses adversaires en se portant en avant, leur droite se prolongeait vers le Rhin jusque du côté de Durmersheim; et leur gauche, maîtresse de la vallée de la rivière d'Alb et de l'abbaye de Frawenalb, s'appuyait à Rotensohle, dont ils gardaient les hauteurs. Le général français résolut de refuser son aile gauche, et de porter, par sa droite, le point principal de la bataille sur la gauche de l'ennemi. Le général Delmas fut chargé de garder, avec deux régimens, les passages de la Pfederbach; en arrière du village d'Ettingeim, ayant l'ordre de se tenir là pour ainsi dire en observation, sans engager au moins d'affaire sérieuse. Saint-Cyr, formant la droite, reçut l'ordre de prendre de Frendenstadt et du Kniébis tout ce qu'il pourrait enlever de soldats sans trop exposer ces deux postes, et de venir se joindre, dans la vallée de la Murg, à sa seconde division, qui y avait marché précédemment, afin de déborder ensuite avec cette masse de troupes la gauche des Autrichiens, et de lui enlever toutes ses positions sur les montagnes jusqu'aux sources de la rivière d'Alb. Desaix, commandant l'aile gauche de l'armée française, dut, en côtoyant les hauteurs, se diriger sur le village de Malsch, pour contenir tout ce qui se trouverait entre les montagnes et le Rhin. Il pouvait être, en cas de besoin, secouru par la réserve de cavalerie placée entre les villages de Muckensturn et d'Ettingen, d'où elle devait observer celle de l'ennemi. Quant à l'infanterie de la réserve, on la joignit au corps d'armée du général Saint-Cyr, qu'on ne pouvait rendre trop nombreux, si l'on considère les grandes choses qu'on attendait de lui.

Ce général, pour ne point se trouver inopinément en tête plus d'ennemis à combattre que les apparences ne lui en présentaient à Rotensohle et positions environnantes, poussa devant lui, en se mettant en marche, deux demi-brigades et cent cinquante hussards, avec l'ordre de gagner l'Enz à travers les montagnes, de passer cette rivière, et de marcher sur Wildbaden. L'avant-garde de ce détachement, commandée par le général Taponier, ne tarda point effectivement à rencontrer celle des Saxons, qui venait prendre position sur l'Enz. Elle l'attaqua, la battit, lui prit un officier et plusieurs soldats, et la contraignit de se retirer sur Pforzheim, où le corps saxon resta toute la journée, presque immobile, soit qu'il n'osât point essayer d'avancer sans ordres, et que l'archiduc ne pût ou ne pensât point à lui en faire parvenir, soit que l'électeur de Saxe, dans un moment où la plus grande partie des membres du corps germanique traitaient séparément avec la France, eût recommandé à son général de ménager ses troupes, et de ne les engager que lorsqu'il se trouverait dans la nécessité absolue de le faire.

Cependant le général Saint-Cyr marchait sur le point où il devait opérer. Les Autrichiens y étaient très-forts, tant par la nature même des lieux que par les dispositions qu'ils y avaient faites. Ils avaient un avant-poste à un endroit nommé Loffenau. Leur corps principal appuyait sa gauche à une vallée escarpée et profonde près de Dobel, et avait son centre retranché sur la crête du Rotensohle, plateau le plus élevé des montagnes Noires, et dont les versans sont hérissés de bois touffus qui en rendent l'accès infiniment difficile, et sa droite appuyée au ravin de Frauenalb, près Moosbrunn. Trois bataillons de grenadiers, un de Croates, un d'infanterie légère, quatre régimens d'infanterie et quatre escadrons, tous de troupes d'élite, et de forts retranchemens bordés d'une artillerie formidable, défendaient cette position, qui ne semblait abordable que par la route de Herrenalb.

Saint-Cyr poussa d'abord devant lui l'adjudant-général Houël, chargé d'attaquer à la tête de la 84e. demi-brigade et de cent chasseurs du 2e. régiment, les positions de Herrenalb et de Frauenalb, menaçant ainsi la gauche de la position principale des Autrichiens, qu'il voulait attaquer lui-même de front. Les Autrichiens opposés à l'adjudant-général Houël se défendirent avec acharnement, et ne lui cédèrent les positions de Herrenalb et de Frauenalb qu'après un combat très-vif.

Le général Saint-Cyr se mit, de son côté, à manœuvrer de front sur la terrible position de Rotensohle, n'engageant cependant que la plus petite partie de ses troupes, tenant le reste en réserve, et cherchant ainsi à entraîner ses adversaires dans une faute dont il pût profiter. Les Autrichiens ne firent cette faute qu'au quatrième assaut qui leur fut livré par la 93°. demi-brigade. Reconduisant, comme aux trois premiers, cette demi-brigade jusqu'au pied de la hauteur, la baïonnette dans les reins, ils s'abandonnèrent cette fois un peu trop à la poursuite, et un grand nombre d'entre eux se répandit en tirailleurs dans les bois. Alors le général Saint-Cyr lança, pour une cinquième charge, sur les Autrichiens affaiblis et un peu en désordre, les 106e. et 109e. demi-brigades qu'il tenait toutes prêtes. Ce coup réussit; les deux demi-brigades gravissant avec rapidité, parvinrent jusque sur le plateau, d'où elles chassèrent l'ennemi qui, en se retirant, y laissa deux pièces de canon, beaucoup de morts, et environ douze cents prisonniers, dont douze officiers et un officier supérieur.

Tout s'était passé à notre gauche à peu près comme on l'avait prévu. L'ennemi, quoique ayant réussi, au moyen de la supériorité de sa cavalerie, à replier les Français jusqu'à Rastadt, avait été assez bien contenu par la réserve pour que son succès sur ce point ne pût compromettre le salut de l'armée.

Chacun avait conservé son champ de bataille entre les montagnes et le Rhin, sans que personne pût s'y attribuer l'avantage.

L'archiduc, qui s'aperçut de quelle perte était pour lui la prise du Rotensohle, qui établissait sur sa gauche l'ennemi dans les montagnes et sur le point le plus élevé qu'elles présentassent, se retira, le 10 au matin, par une marche forcée, sur Pforzheim.

L'archiduc se replie sur le Danube. Bataille de Neresheim, le 12 août 1796, et passage du Danube par l'archiduc, le 13 du même mois. Ce fut là, dit-on, qu'instruit aussi que l'armée de Sambre-et-Meuse avait repris l'offensive et traversé une seconde fois le fleuve, l'archiduc résolut de se replier indéfiniment, toujours prêt, suivant les occasions qui pourraient se présenter, à accabler l'une des deux armées françaises, pour reporter ensuite toutes ses forces sur l'autre. Cette retraite, pour ceux des Autrichiens qui étaient particulièrement opposés à Moreau, sous le commandement de l'archiduc, se termina le 13 août. Elle fut précédée, le 12, de la bataille de Neresheim. Jusqu'à ce moment, le prince ne s'était occupé que de son mouvement rétrograde, livrant aux Français les combats nécessaires pour qu'ils ne le serrassent pas de trop près. Tout d'un coup il marcha à eux pour tenter le sort d'une bataille avant de quitter la rive gauche du Danube. Il avait reçu des renforts considérables, et faisait en conséquence sur l'armée de Moreau l'épreuve qui devait, plus tard, lui réussir sur celle de Jourdan.

L'armée française était postée en avant de Neresheim, la droite à Dischingen, le centre à Dunstelkingen, la gauche s'appuyant vers Schweindorf, à la route qui conduit de Neresheim à Nordlingen. La réserve de cavalerie était aussi placée dans la même direction, vers le flanc gauche. Les flanqueurs de droite, au nombre de six bataillons, commandés par le général Duhesme, se trouvaient à Medlingen, vers la Brenz, et ceux de gauche, à Bopfingen.

La première colonne de gauche de l'armée autrichienne, tirée du corps de Frœlich, qui s'était retiré derrière la Gunz, dut passer le Danube à Ulm, pour agir de concert avec la deuxième colonne, commandée par le général Rièse. Celle-ci, ne comptant pas moins de dix mille hommes dans ses rangs, se divisa en deux parties inégales. La droite, composée seulement de trois mille hommes, se porta sur le flanc droit des Français, à Dischingen, ayant le général Mercantin à sa tête; la gauche, forte de sept mille hommes, conduits par le général Rièse lui-même, marcha sur Medlingen : après y avoir accablé le général Duhesme, elle devait tourner le corps de bataille de l'armée française. Le centre des Autrichiens, composé d'environ dix-huit mille hommes, fut partagé en trois corps qui devaient attaquer sur trois points différens le centre de l'armée française. Enfin la droite, se montant à quatre mille cinq cents hommes d'infanterie et quatre mille deux cents de cavalerie, forma deux attaques, voulant par l'une forcer la grande route qui mène de Nordlingen à Neresheim, et inquiéter par l'autre le flanc des Français vers Bopfingen. L'archiduc remporta des avantages à sa gauche, mais il fut repoussé de tout autre point; encore jugea-t-il ces avantages si insignifians, qu'au lieu de se montrer disposé à recommencer le combat le lendemain, il refusa d'en venir de nouveau aux mains avec les Français, qui voulaient, à leur tour, prendre l'initiative, et se retira sur la rive droite du Danube.

Opérations particulières de l'aile droite de l'armée française. Combat de Kamlach livré par elle aux émigrés, le 13 août 1796. L'aile droite de l'armée française avait été chargée de pousser devant elle la gauche des Autrichiens, composée du corps de Frœlich et du prince de Condé, qui, gardant les gorges de la forêt Noire, étaient ainsi placés sur les derrières de l'armée française, prêts à s'emparer des ponts en cas d'événement. Cette aile avait été long-temps séparée des siens ; victorieuse de ses adversaires, qu'elle poursuivit à travers les duchés de Bade et de Wirtemberg, elle avait néanmoins débouché sur le Danube bien avant le reste des troupes françaises. Le combat de Kamlach contre le corps du prince de

Condé avait été son dernier exploit. Ce combat fut une surprise tentée par les émigrés sur les républicains. Le 13 août, pendant la nuit, deux colonnes d'infanterie noble, ayant à leur tête, celle de droite, le prince de Condé, et, celle de gauche, le duc d'Enghien, et soutenues par un corps de cavalerie aussi divisé en deux colonnes, sous le commandement du comte d'Ecquevilly, étaient venues attaquer le village de Kamlach, occupé par les républicains. En même temps, des émigrés qui s'étaient glissés au milieu de ceux-ci, avaient cherché à y semer le désordre et l'épouvante par ces cris d'alarme : *Nous sommes trahis, coupés ! sauvons-nous ! sauve qui peut !* Cette attaque inopinée et cette ruse avaient eu un moment quelque succès ; mais elles n'avaient cependant pas tardé à devenir funestes à leurs auteurs. Les émigrés avaient été repoussés avec une perte de près de deux mille hommes, tant en morts qu'en blessés et en prisonniers. On trouva parmi les premiers dix-huit officiers supérieurs, et plus de cinquante chevaliers de Saint-Louis, que le général Abattucci, qui commandait les républicains, fit inhumer honorablement sur le champ de bataille.

Nouveau passage du Rhin par l'armée de Sambre-et-Meuse. En partant pour le Haut-Rhin avec une grande partie des troupes qui lui avaient servi à repousser Jourdan, l'archiduc avait laissé au comte de Wartensleben, l'un de ses officiers-généraux, une armée de trente-trois bataillons et de soixante-dix-sept escadrons, formant en tout trente-huit mille hommes, pour couvrir le Rhin. Ce général avait ordre, à tout événement, d'éviter d'en venir trop sérieusement aux mains avec son adversaire, vu la disproportion des forces. Celui-ci, au contraire, aussitôt que l'on connut à Paris le succès des opérations de l'armée de Moreau sur la rive droite du

Rhin, et de quelle manière l'archiduc s'y était formé une armée, reçut l'ordre du gouvernement français, de se porter de nouveau sur cette rive, en cherchant à chaque pas l'occasion d'attirer l'ennemi à une bataille décisive. Le reste de ses instructions était de s'élever sur la Haute-Lahn, de s'avancer ensuite sur la Kintz, puis sur le Haut-Mayn, et enfin sur la Rednitz, en s'efforçant toujours, dans ce mouvement, de déborder la droite de Wartensleben, et de la rejeter en Bohême, ou sur Ratisbonne. Il devait suivre cette droite partout où elle se retirerait, ayant constamment en vue de l'empêcher de se réunir à l'archiduc. Il lui fallait avant tout reporter de nouveau son armée sur la rive droite; il résolut cette fois de le faire par plusieurs débouchés à la fois.

L'armée de Wartensleben, déjà si faible en elle-même, était encore distribuée dans plusieurs positions. Le corps de bataille, composé d'environ quatorze mille hommes, se tenait à Neukirch, derrière la Nister, sur le plateau où se joignent les routes de Siegbourg, Siégen, Limbourg et Wetzlar; l'avant-garde, commandée par le général Kray, occupait la montagne de Kalten-Eiche, Deken, Hausen, Hassel et Erpel. Elle ne se montait pas à plus de cinq mille hommes d'infanterie et de trois mille chevaux. Un corps de sept mille hommes d'infanterie et de quinze cents chevaux était, sous les ordres du général Staader, réparti depuis Lahnstein jusqu'à Erlich, ayant sa plus grande force vers Neuwied, où commandait le général Finck. Enfin, le général Werneck était campé à Idstein, avec la réserve de grenadiers et de grosse cavalerie, formant en tout quatre mille hommes d'infanterie et trois mille deux cents chevaux. La réserve se trouvait ainsi à trois ou quatre marches du corps principal, et la distance était aussi beaucoup trop grande entre le corps de bataille et les avant-gardes. Des divisions entières, dans la distribution intérieure des positions dont la garde leur était confiée, se trouvaient morcelées en postes de hussards.

Pendant que l'aile gauche de l'armée de Jourdan, toujours commandée par Kléber, partie le 27 juin de Dusseldorf, et renforcée, les jours suivans, de la division Grenier et de la réserve du général Bonnard, s'avançait sur la Sieg, afin de fixer sur elle toute l'attention de l'ennemi, le général en chef Jourdan, à Coblentz, rassemblait sur deux points, ceux qui regardent Neuwied et Bendorf, toutes les embarcations qu'il pouvait se procurer. Dans la nuit du 1er au 2 de juillet, les divisions Poncet, Bernadotte et Championnet, qui devaient tenter le passage du Rhin, et qui se tenaient à proximité, se rendirent aux postes d'où elles devaient opérer. A deux heures du matin, on se mit en mouvement. Neuf compagnies de grenadiers de la division du général Championnet s'étant embarquées sous le commandement du général Damas, derrière l'île de Weisenthurn, abordèrent vers Neuwied, soutenues du feu de vingt-quatre pièces de canon placées avantageusement sur la rive gauche. Neuwied, quoique bien gardé, comme nous l'avons vu un peu plus haut, fut en un moment emporté par trois de ces compagnies de grenadiers, qui, à peine débarquées, se précipitèrent au pas de charge, ayant le chef de bataillon Chauchard à leur tête. Les trois qui mirent ensuite pied à terre, étant venues se joindre à celles-là, conduites par le chef de bataillon Maréchal, elles se mirent toutes six en marche sur Heddersdorf, village dont l'approche était défendue par une redoute. Heddersdorf et sa redoute eurent bientôt subi le sort de Neuwied. Alors le général Damas forma de ces six compagnies de braves, et de quelques autres compagnies d'infanterie, d'un escadron du 12e. régiment de chasseurs, et de deux pièces d'artillerie légère qui venaient de débarquer aussi, une petite colonne, à la tête de laquelle il culbuta les troupes autrichiennes qui étaient en avant de l'abbaye de Romersdorf, les rejeta sur Dierdorff, et s'avança sur la Symbach pour soutenir l'attaque du général Bernadotte. Mais cette attaque avait été couronnée, de son côté, du plus heureux succès.

D'après les ordres de Jourdan, on devait fournir au général Bernadotte assez de bateaux pour qu'il pût embarquer à la fois huit cents de ses soldats; et au moment de l'exécution, il ne se trouva cependant d'embarcations que pour quatre cents. L'entreprise n'en eut pas moins lieu, quoique ses moyens fussent ainsi diminués de moitié; et sur ce second point de la rive droite, les quatre cents grenadiers de Bernadotte, conduits par l'adjudant-général Mireur, s'emparèrent du village de Bendorf et de la redoute qui le couvrait avec presque autant de promptitude que leurs camarades en avaient mis à se saisir, sur le premier point, du village d'Heddersdorf et de sa redoute. Mais il leur fallut bientôt soutenir un combat dans Bendorf, où ils furent attaqués avec fureur par deux bataillons et quatre escadrons ennemis. Ils s'y maintinrent cependant, se servant pour cela de deux pièces de canon qu'ils avaient prises avec le village, et ils finirent même, sans recevoir aucun secours, par forcer les Autrichiens à la retraite, ceux-ci comprenant au reste que le débarquement continuant, ils ne pouvaient persister long-temps, sans danger, dans leur entreprise. Quatre nouvelles compagnies de grenadiers étant venues dans ce moment se joindre à eux, le général de brigade Simon marcha avec ce petit corps d'armée à la rencontre d'un secours que le commandant de la forteresse d'Ehreinbrestein dirigeait sur Bendorf. Dans les trois actions qui furent la suite du passage du Rhin en cet endroit, l'ennemi, outre ses morts, perdit quatre cents hommes qui furent faits prisonniers, deux pièces de canon, et une grande quantité de bagages.

Quand, à dix heures du matin, les troupes de toutes armes traversèrent le fleuve sur un pont construit par les soins du commandant Tirlet, les Autrichiens s'étaient entièrement repliés et mis hors de toute atteinte. Les événemens ayant pris ce cours, la division du général Championnet s'établit à Dierdorf, celle de Bernadotte sur les hauteurs de Hilscheit; le général Poncet se plaça en réserve à Saymbach, et Jourdan assit son quartier-général à Neuwied.

Réunion de toutes les divisions de l'armée de Sambre-et-Meuse, le 4 juillet 1796. Le 4 juillet, l'armée de Sambre-et-Meuse opéra sa réunion. La division Poncet prit poste près de Walendar, Bernadotte à Montabauer, Championnet à Freylingen et Molsberg; Grenier se joignit au corps de bataille vers Dreifelder; Collaud et Bonnard étaient placés à Hachembourg. Lefebvre, détaché avec sa division sur Siégen pour tourner les positions de l'ennemi entre la Sieg et la Lahn, se trouvait séparé du corps d'armée auquel il appartenait, par un terrain montagneux et boisé, où les communications étaient très-difficiles.

Affaire de Friedberg, le 10 juillet 1796. Nous avons dit en commençant ce récit des nouvelles opérations de l'armée de Sambre-et-Meuse, qu'à tout événement l'archiduc avait donné l'ordre au général Wartensleben, d'éviter d'avoir aucun engagement sérieux avec les Français. Fidèle à ses instructions, cet officier, du moment où il vit le Rhin traversé par ses adversaires, ne songea plus effectivement qu'à se retirer avec le moins de dommage possible, pour faire au cœur de l'Allemagne sa jonction avec l'archiduc. Quelqu'effort que fit Jourdan, dont les instructions étaient au contraire d'attirer son ennemi à une bataille décisive, Wartensleben, après quelques combats de peu d'importance, touchait déjà presque à la Nidda, lorsqu'il reçut une dépêche de l'archiduc qui lui prescrivait de défendre la position de Friedberg. Il courut aussitôt à son arrière-garde. Ses troupes légères, ignorant l'état des choses et suivant leurs anciens ordres, avaient déjà cédé à l'avant-garde française commandée par l'adjudant-général Ney, les postes qu'elles occupaient sur les hauteurs d'Ober-Merle et de Niéder-Merle, Ockstadt, Johannesberg et même la ville de Friedberg. Il leur ordonna de tourner tête et de revenir sur Ockstadt. Pendant qu'elles reprenaient effectivement ce village, ainsi qu'Ober-Merle et Niéder-Merle, ayant le général Kray à leur tête, Wartensleben lui-même rentra dans Friedberg, et marcha ensuite sur les hauteurs à gauche de cette ville. Les troupes légères du général Kray venaient enfin, par un nouvel effort, de s'emparer d'Ossenheim et de Baurnheim, lorsque l'on vit paraître sur la droite des Autrichiens, le général Lefebvre qui devait donner le signal d'une attaque générale de l'aile gauche de l'armée française. Les Français se mirent de tous côtés en mouvement au bruit de son artillerie, et en un moment le combat changea de face. L'avant-garde de Lefebvre se fit un jeu de reprendre les deux villages d'Ossenheim et de Baurnheim ; mais il n'en fut pas de même des hauteurs sur lesquelles les Autrichiens s'étaient formés en arrière du village de Fauerbach. Le général Lefebvre fut obligé de les attaquer à deux fois, et il ne les emporta qu'à la seconde, après le combat le plus vif dans lequel furent également employées, et la mitraille et l'arme blanche.

L'infanterie autrichienne, enfoncée et mise en désordre, fut contrainte de se replier sur sa cavalerie qui voulut vainement arrêter les Français. Il fallut que les deux troupes rétrogradassent, jusqu'à une assez grande distance, sur des hauteurs situées au delà de Friedberg, où elles se reformèrent, couvertes par le ruisseau d'Usbach.

C'était la droite de l'ennemi que le général Lefebvre avait ainsi battue. Le général Collaud se porta non moins vigoureusement sur le reste de leur armée, pendant qu'il faisait attaquer Ober-Merle et Niéder-Merle par trois bataillons de la brigade du général Jacopin, et quatre escadrons du onzième régiment de dragons; avec le reste de sa division et la réserve du général Bonnard, il s'avança en colonnes serrées sur la route de Friedberg. Les Autrichiens lui livrèrent en cet endroit un combat terrible, et l'événement en était encore incertain, lorsque l'avantage obtenu par Lefebvre sur la droite de l'armée ennemie, força les adversaires de Collaud à se replier en deux colonnes, l'une sur le Johannesberg, et l'autre par Friedberg. Comme nous venons de le dire à la fin du paragraphe précédent, celles des troupes autrichiennes qui avaient été opposées à Lefebvre, se rallièrent à une certaine distance en arrière de Friedberg; celles qu'avait vaincues Collaud en firent autant. Ainsi réunis sur des hauteurs, les soldats de Wartensleben parurent vouloir tenter encore une fois le sort des armes. Mais les Français qui avaient aussi fait leur jonction, ne tardèrent pas à les débusquer de cette position. Ils reprirent alors leur retraite, dans laquelle ils furent poursuivis vivement jusqu'à la nuit, par le général Richepanse et l'adjudant-général Ney. Le lendemain matin, Wartensleben avait pris position à Bergen, aux environs de Francfort, ayant ses avant-postes sur la Nidda, point d'où il était revenu la veille pour livrer le combat de Friedberg, aussi sanglant qu'inutile. Il y perdit douze cents hommes tués ou blessés, cinq cents prisonniers, dont huit officiers, trois pièces de canon et un drapeau. Nous avons vu qu'il n'avait pas été maître de sa conduite, et que c'était un ordre formel de l'archiduc qui l'avait fait revenir des bords de la Nidda sur Friedberg.

Reddition de Francfort, le 16 juillet 1796. Wartensleben ne tint pas long-temps dans sa position de Bergen. Quoique suivi avec lenteur par les Français qui étaient obligés d'attendre des approvisionnemens de vivres et de munitions, il se fut bientôt retiré derrière le Mayn par les ponts de Francfort, de Costheim, de Russelsheim et d'Offenbach, après avoir pris soin de détruire tous ceux qui se trouvaient sur la Nidda, et de laisser dans Francfort une garnison de deux mille quatre cents hommes. Des fossés pleins d'eau mettaient cette place à l'abri d'un coup de main. On garnit encore ses remparts de cent cinquante-neuf pièces de canon et de douze mortiers. C'était une tête de pont avantageuse que Wartensleben, sans certitude de ce qui se passait à l'armée autrichienne du Haut-Rhin, se conservait à tout événement sur la rive droite du Mayn. Francfort, ainsi retranché, était encore, hors le cas dont nous venons de parler, un poste qui servirait à ralentir la poursuite des Français. Les dépêches du directoire au général Jourdan lui enjoignaient de marcher sans délai sur la Kintzig, en laissant derrière lui un corps de troupes chargé d'observer Mayence, et d'occuper Francfort aussitôt que l'ennemi aurait été contraint de s'en éloigner. Cet officier, qui n'était pas plus certain que Wartensleben de ce qui se passait sur le Haut-Rhin, et qui se voyait obligé de laisser un corps d'observation devant Mayence, de tenir les deux forteresses d'Ehreinbrestein et de Cœnigstein bloquées, et d'affaiblir ainsi beaucoup son armée, jusqu'à la réduire à quarante ou quarante-cinq mille hommes disponibles, craignait de laisser derrière lui une ville d'où son ennemi pourrait plus tard, après avoir tiré dix mille hommes de la garnison de Mayence, déboucher avec cinquante mille hommes sur ses communications, pendant qu'il aurait peut-être en tête l'archiduc avec son armée. Il se résolut donc, quoi qu'il en pût arriver, à tenter de s'emparer de Francfort, avant d'exécuter les ordres du directoire.

En conséquence de cette résolution, le général Kléber, à la tête de l'aile gauche, alla se présenter devant Francfort, après avoir fait rétablir les ponts sur la Nidda par ses propres troupes. Quand la ville eut été canonnée pendant deux heures, il envoya à ses magistrats la sommation suivante : *Le sort de votre ville, messieurs, est entre vos mains ; si, au coucher du soleil, les troupes que je commande n'en trouvent pas les portes ouvertes, toutes mes dispositions sont prises pour la réduire en cendres.* Le général Monfrans, commandant les troupes autrichiennes dans Francfort, répondit : *Qu'il ne pouvait remettre la sommation aux magistrats sans l'autorisation du général en chef Wartensleben, dont le quartier-général était à une lieue de la ville ; qu'il allait envoyer auprès de lui sur-le-champ, et que dans deux heures il transmettrait sa réponse.* Aucun message n'étant arrivé de Francfort au bout de deux heures, le général Kléber augmenta et perfectionna ses batteries autour de la ville. A minuit le bombardement commença. On le continua jusqu'à cinq heures du matin, sans grand succès cependant. Un député du sénat de Francfort se présenta alors aux avant-postes français, accompagné d'un officier autrichien. Amené devant Kléber, il lui dit que le général Wartensleben avait permis qu'on entrât en négociation, mais qu'il défendait que l'on conclût rien de positif avant d'avoir l'assentiment du prince Charles. Le député du sénat de Francfort demandait en conséquence une suspension d'armes de trois jours. Renvoyé au quartier-général de Jourdan, il n'en obtint qu'une suspension d'armes *de trois heures*, avec menaces d'assaut et d'incendie. Effectivement, ce nouveau délai écoulé, le feu recommença avec une nouvelle violence, et réussit cette fois à allumer plusieurs incendies dans la ville. On laissait en même temps apercevoir des échelles aux assiégés, et les troupes françaises faisaient des mouvemens qui semblaient annoncer l'approche d'un assaut. Le colonel autrichien Murais vint demander une suspension d'armes. Après divers pourparlers, cette suspension d'armes fut accordée pour quarante-huit heures, au bout desquelles, s'il n'était pas secouru, Francfort devait se rendre. Il se rendit en effet le 16 juillet au matin, terme fatal prescrit par l'armistice. Les troupes autrichiennes en sortirent par une porte, tandis que les troupes françaises y entraient par l'autre.

Continuation de la retraite de l'armée autrichienne devant l'armée française de Sambre-et-Meuse. La suspension d'armes accordée à ceux des Autrichiens qui se trouvaient dans Francfort leur avait été commune avec le reste de l'armée autrichienne dont ils faisaient partie. Français et Autrichiens de ce point du théâtre de la guerre étaient convenus de ne plus commettre les uns envers les autres aucun acte d'hostilité avant le 16 juillet, sur les deux rives de la Kintzig, désignées pour servir de lignes de démarcation aux deux armées française et autrichienne, et depuis l'embouchure de la Kintzig dans le Mein, jusques à celle du Mein dans le Rhin. Le général Wartensleben profita de cet armistice pour se retirer sur Wurtzbourg. Il se mit en marche le 15, veille de l'occupation de Francfort; et le 19, le gros de son armée atteignit Wurtzbourg. Il réunit dans cette position quarante-deux mille hommes. Jourdan en avait quarante-six mille, mais se trouvait toujours inférieur en cavalerie. Retenu pendant quelques jours à Francfort par l'exécution d'un ordre du directoire, qui voulait qu'à l'exemple de Bonaparte, il envoyât en France les objets les plus précieux d'art et de curiosité que pouvait offrir le pays conquis, il ne mit son armée à la poursuite des Autrichiens que le 17. Deux routes se présentaient à lui, l'une se dirigeant par Gemunden sur Schweinfurt, et l'autre par Aschaffenburg sur Wurtzbourg. Jourdan préféra la première qui était la plus directe. En suivant la seconde, il se serait d'ailleurs trouvé dans la nécessité de traverser deux fois le Mein, et il manquait d'équipages de pont. Son choix s'accordait aussi avec les intentions du directoire. « N'épargnez rien pour vous emparer, le plutôt possible, de la ligne de communication d'Aschaffenburg jusques et y compris Nuremberg, lui avait écrit Carnot au nom du gouvernement. Si Wartensleben persiste à rester entre le Necker et le Mein, cela seul vous suffira pour vous donner un ascendant marqué sur lui. S'il se retire dans cette direction, poursuivez-le avec acharnement avec le centre et la droite de l'armée, tandis que la gauche, quittant les bords de la Kintzig, se dirigera sur la Saal, s'emparera de Schweinfurt, et prendra position sur le Haut-Mein, aux environs de Lichtenfels. »

La gauche de l'armée française entra effectivement dans Schweinfurt le 23, après avoir, la veille, culbuté à Gemunden un petit corps de cavalerie ennemie qui avait voulu défendre ce village.

Le 24, les coureurs de l'armée lui apprirent que le

général Wartensleben avait quitté son camp retranché de Wurtzbourg. La crainte de voir sa gauche compromise par la division Bernadotte, qui se montrait aux environs de Miltenberg, lui avait fait résoudre cette retraite. L'archiduc eût voulu au contraire qu'il se maintînt le plus long-temps possible dans sa position, pour arrêter d'autant le général Jourdan, et l'empêcher de gêner les mouvemens de l'armée autrichienne du Haut-Rhin, qui se retirait en ce moment sur le Danube.

Wurtzbourg ne fit aucune résistance ; le mauvais état de ses fortifications le voulait ainsi. Jourdan regarda cependant cette ville comme une place de dépôt fort importante. Il y établit des hôpitaux et des magasins, et plaça une garnison dans la citadelle. Ce fort dominait non-seulement Wurtzbourg, mais encore ses environs.

L'armée de Sambre-et-Meuse passa ensuite le Mein. Mais Wartensleben avait gagné du chemin sur elle, et il se retirait si rapidement que, pendant quelques jours, on perdit entièrement sa trace. Ce fut à cette époque que Jourdan connut quels étaient les succès de Moreau. Il cessa de craindre alors que Wartensleben pût le couper de la rive gauche du Rhin par un détachement dirigé sur Marceau, qui, à la tête de vingt-neuf mille hommes, occupait, pour garder les communications de l'armée de Sambre-et-Meuse, une position dans laquelle il avait à couvrir les ponts de Neuwied, à observer Mayence et Manheim, à tenir bloquées les forteresses d'Ehrenbrestein et de Kœnigstein, et enfin à garantir par des escortes la sûreté des convois. Ses troupes légères lui ayant en même temps donné des nouvelles de son adversaire, il se remit avec une nouvelle activité à sa poursuite. Les Français se croyaient sur le point d'atteindre le général autrichien à Zeil, et ils faisaient déjà toutes les dispositions nécessaires pour l'attaquer, lorsque, le 1er. août dans l'après-midi, ce général se retira sur Bamberg, résolu de remonter la Rednitz par Forcheim et Nuremberg. Ce mouvement lui avait été impérieusement prescrit par l'archiduc, qui, mécontent de l'abandon de Wurtzbourg et de la marche que suivait depuis Wartensleben, voulait qu'il se repliât sur le Danube.

Combat de Forcheim, le 7 août 1796. Marchant, quoique lentement, pour exécuter les ordres de l'archiduc, l'armée autrichienne se trouvait, le 6 août, sur les deux rives de la Rednitz, ayant sa droite commandée par Wartensleben en personne, entre Ebermanstadt et Forcheim ; sa gauche, sous les ordres de Kray, du côté de Hochstadt, et son centre vers Attelsdorf. Kléber, qui remplaçait Jourdan, malade, dans le commandement de l'armée française, attaqua généralement les Autrichiens dès le lendemain 7, les avant-gardes de ses différens corps d'armée les ayant déjà maltraités la veille. Il avait été convenu que les généraux Bernadotte, Championnet et Grenier marcheraient particulièrement contre le général Kray, sur la rive gauche de la Rednitz, pendant que les généraux Lefebvre et Collaud de la gauche de l'armée française aborderaient, sur la rive droite, le centre de l'armée autrichienne vers Forcheim. La division Grenier, après un combat assez vif, prit position derrière l'Aisch, vers Willersdorf. La division Championnet arriva presqu'en même temps sur ce point. Celle-ci, se dirigeant par Lauf, avait d'abord été repoussée ; mais secondée par la division Bernadotte et la réserve de cavalerie aux ordres du général Bonnaud, elle avait ensuite réussi dans son entreprise. Kray, tourné sur son flanc gauche par la cavalerie française, et serré de près par l'infanterie des deux divisions engagées avec lui, avait fait sa retraite sur la rive droite de la Rednitz par le pont de Hausen.

Cependant le général Lefebvre se portait sur la Wisent, vers Ebermanstadt et Pretzfeld, menaçant ainsi le flanc droit de la ligne ennemie, et en même temps le général Collaud marchait directement sur Forcheim. Le centre de l'armée de Wartensleben, ayant ce général lui-même à sa tête, occupait la plaine et les hauteurs qui avoisinent la ville. Il reçut avec vigueur l'adjudant-général Ney, qui commandait l'avant-garde de Collaud. Cet officier, déjà renommé dans l'armée pour son talent et son intrépidité, parvint cependant à se maintenir jusqu'à ce que des renforts l'eussent rejoint, quoiqu'il fût écrasé par le feu de quatorze pièces de gros canon, auquel il ne pouvait opposer que celui de deux pièces d'artillerie légère. Mais instruit de la retraite du général Kray, Wartensleben songea bientôt à faire lui-même la sienne. Il se replia pendant la nuit à Neukirchen, sur le Braud. Ney, arrivé devant Forcheim en poursuivant l'ennemi, fit sommer cette place. Elle se rendit par une capitulation, dans laquelle il fut convenu que la garnison, composée de troupes du prince-évêque de Bamberg, serait prisonnière sur parole, et que l'arsenal, les magasins et bouches à feu seraient remis aux Français. Ceux-ci trouvèrent dans Forcheim soixante-deux pièces de canon, sept cents bombes, quatre cents obus, seize mille boulets, six cents fusils, trois cents quintaux de poudre, et une grande quantité de vivres et d'objets d'équipement et d'habillement. L'adjudant-général Ney, dont la conduite avait été si brillante dans cette journée, fut fait général de brigade sur le champ de bataille.

Toujours fidèle à ses instructions, Jourdan, quand il

reparut à l'armée, le jour même de l'affaire de Forcheim, ne songea point à faire sa jonction avec Moreau, ce qui désormais n'eût pas été très-difficile ; il ne s'occupa que du soin de continuer à suivre Wartensleben, le harcelant sans cesse pour retarder sa marche, et tâcher de lui donner l'idée de s'arrêter dans une position où il pût être entièrement accablé et perdre tout moyen ultérieur de retraite. Wartensleben, au contraire, ne s'engageait jamais assez pour ne pas pouvoir sortir du combat, aussitôt qu'il le jugeait convenable, et il en sortait toujours à temps. Il en arriva encore ainsi à Amberg, où l'archiduc lui-même eût désiré qu'il pût s'établir pour quelque temps au moins. Wartensleben ne put conserver la position, mais il sauva les troupes qui la défendaient, et qui pouvaient un peu plus loin rendre à l'Allemagne le service qu'elle attendait d'elles. D'Amberg, le général autrichien se retira derrière la Nab, dont les bords escarpés offraient un point de défense, et qui fut effectivement, mais pour d'autres motifs que nous ferons connaître plus tard, le terme des triomphes de l'armée française de Sambre-et-Meuse.

Quoi qu'il en soit, à l'époque où nous quittons cette partie du théâtre de la guerre, c'est-à-dire vers le 20 août 1796, la France avait en Allemagne deux armées victorieuses, qui menaçaient la capitale même de l'Autriche d'une invasion prochaine : et ces deux armées se trouvaient à la hauteur du Tirol, d'où une troisième devait pouvoir, au premier ordre, venir seconder leurs opérations, si les secours conduits de ce côté par le vieux maréchal Wurmser n'y avaient point changé l'état des choses.

ARMÉE D'ITALIE.

Quel était l'état du siége de Mantoue, quand le maréchal Wurmser arriva de l'armée du Haut-Rhin dans le Tirol. Nous avons terminé notre dernier article sur l'armée d'Italie, en apprenant à nos lecteurs que la grosse artillerie trouvée dans le château de Milan et autres lieux de la contrée, avait été transportée devant Mantoue, pour servir à en former le siége dirigé par Bonaparte lui-même. Quand le général en chef de l'armée d'Italie eut, par le jeu terrible de ses principales batteries, prouvé pendant une nuit entière, à la garnison, qu'il était en mesures de la réduire par la force, le général Berthier, chef de son état-major, fit parvenir de sa part la sommation suivante à son commandant, le comte Canto d'Irlès. « Le général en chef de l'armée d'Italie me charge, monsieur, de vous écrire, qu'attaqué de tous côtés, vous n'êtes pas en état de défendre plus long-temps la ville de Mantoue ; qu'une opiniâtreté déplacée ruinerait entièrement cette cité infortunée ; que les lois de la guerre vous prescrivent impérieusement de rendre cette ville ; et que si, contre son attente, vous vous obstiniez à une plus longue résistance, vous seriez responsable du sang inutile que vous feriez verser, de la destruction et des malheurs de cette grande ville ; ce qui le forcerait à vous traiter avec toutes les rigueurs de la guerre. » Le commandant répondit en Spartiate à cette sommation du conquérant de l'Italie : *Les lois de l'honneur et du devoir,* lui écrivit-il, *m'imposent l'obligation de défendre, jusqu'à la dernière extrémité, la place qui m'est confiée.* Mantoue n'est pas effectivement une ville pour laquelle on puisse aussi promptement capituler. Quoique mal située, à cause des marais pestilentiels qui, pendant l'été, empoisonnent et diminuent, chaque jour, sa garnison, elle est regardée comme une des places de l'Europe qui peuvent le mieux se défendre. On comptait alors dans ses remparts qui, à la vérité, eussent peut-être eu besoin de quelques réparations, treize mille hommes, dont onze mille huit cents d'infanterie, quatre cent cinquante de cavalerie, sept cents d'artillerie, cent seize mineurs, et soixante-quatre mariniers pour les chaloupes du lac. Le nombre de ses bouches à feu était de trois cent seize : et la personne de son gouverneur ne pouvait elle-même que donner des espérances flatteuses à ceux qui avaient quelque intérêt de souhaiter que cette ville, que les Autrichiens se préparaient à secourir, ne changeât point de maître ; puisque le comte Canto d'Irlès jouissait, parmi les militaires, d'une grande réputation de bravoure et d'habileté. Cependant les Français serraient la place de près, et montraient, de leur côté, quelque espérance d'en être bientôt en possession, lorsque des événemens majeurs vinrent, pour quelques instans, la délivrer du siége même qui la tenait en danger.

Situation des Français et des Autrichiens dans le Tirol. Le maréchal Wurmser était arrivé à Trente, vers le milieu de juillet. Au moyen des vingt-cinq mille hommes d'élite par lesquels il s'était fait précéder, et des secours qu'il reçut de l'intérieur de la monarchie autrichienne, il y eut bientôt reformé une armée de soixante mille combattans. Il était en effet instant pour les Autrichiens de troubler les opérations de Bonaparte en Italie; comme nous venons de le voir, ce général pressait vivement le siége de Mantoue, et son dessein était de s'avancer ensuite par le Tirol, pour opérer en Allemagne de concert avec Moreau et Jourdan. Un corps de ses troupes en prenant position au milieu des Tiroliens en face des débris de l'armée de Beaulieu, leur avait distribué, de la part du général en chef, la proclamation suivante :

« Je vais passer sur votre territoire, braves Tiroliens, pour obliger la cour de Vienne à une paix nécessaire à l'Europe comme à ses sujets. C'est votre propre cause que je vais défendre. Depuis assez long-temps vous êtes vexés et fatigués des horreurs d'une guerre entreprise, non pour l'intérêt du peuple Allemand, mais pour les passions d'une seule famille.

» L'armée française respecte et aime tous les peuples, et plus particulièrement les habitans simples et vertueux des montagnes. Votre religion, vos usages seront partout respectés. Nos troupes maintiendront une discipline sévère, et rien ne sera pris dans le pays sans qu'il soit payé en argent.

» Vous nous recevrez avec hospitalité, et nous vous traiterons avec fraternité et amitié.

» Mais s'il en était qui connussent assez peu leurs véritables intérêts pour prendre les armes et nous traiter en ennemis, nous serions terribles comme le feu du ciel; nous brûlerions les maisons et dévasterions les territoires des villages qui prendraient part à une guerre qui leur est étrangère.

» Ne vous laissez pas induire en erreur par les agens de l'Autriche. Garantissez votre patrie déjà vexée par cinq ans de guerre, des nouveaux malheurs qui l'affligeraient. Sous peu, la cour de Vienne, obligée à la paix, rendra au peuple ses priviléges qu'elle a usurpés, et à l'Europe sa tranquillité qu'elle trouble. » Tel était à cette époque le langage de l'homme qui devait lui-même intéresser plus tard toute l'Europe à sa perte, par son ambition sans bornes, et sa passion effrénée pour la guerre.

Trois routes conduisent du Tirol en Italie ; l'une traverse à gauche les gorges de la Brenta, en faisant le grand tour par Bassano ; l'autre mène par la rive occidentale du lac de Garda sur Salo et Brescia ; enfin, le débouché principal est au centre, par la vallée de l'Adige, et par la grande chaussée de Trente à Vérone.

Le général Augereau observait la ligne de l'Adige sur laquelle la route de Bassano vient heurter de front. Le général Sauret, chargé de couvrir le flanc de l'armée, observait les débouchés de Salo, qui, praticables pour l'artillerie de campagne, conduisent sur les derrières des lignes du Mincio et de l'Adige, remparts de la Lombardie. La grande communication de Trente sur Vérone et Mantoue, en longeant la rive gauche de l'Adige, traverse plusieurs défilés, dont les plus connus sont ceux de Calliano et de la Chiusa. Le dernier, dont le nom en latin est *Porta-Claudia*, fermerait en effet hermétiquement les issues de l'Italie et du Tirol, si le petit fort en maçonnerie qui le défend n'était dominé par les hauteurs de Sainte-Anne et le Monte-Pastello. Si ce petit fort suffisait pour l'arrêter, une armée qui aurait voulu descendre l'Adige par cette route, serait obligée, pour en trouver une autre, de monter sur le plateau de Rivoli, par la rive droite de la rivière et par Incanale ; ce qui serait très-difficile en supposant le pays gardé comme il doit l'être. L'intervalle entre l'Adige et le lac de Garda, de trois lieues dans sa plus grande largeur, est couvert par les montagnes du Montebaldo : le Montemagnone, l'une d'elles, se détachant du plateau de Rivoli, laisse à peine entre sa base et l'Adige, l'espace nécessaire à la route. Plus loin, vers Ferrara, le Montemagnone se rattache au Montebaldo, contribuant ainsi à établir sur ce point une barrière presque insurmontable entre le Tirol et l'Italie.

Il faut encore remarquer qu'il n'y a qu'un seul chemin praticable pour l'artillerie dans l'espace compris entre la grande route de Trente et le lac de Garda. Ce chemin longe la rive droite de l'Adige jusqu'à Osteria della Dugana, où, arrêté par des escarpemens difficiles, il monte, à droite, sur le plateau de Rivoli, par le défilé. Des sentiers moins importans se dessinent de côtés et d'autres sur la montagne. Le général Massena, avec quinze mille hommes, avait la garde de tous ces points de Vérone, Rivoli et Montebaldo, et commençait à en couvrir les avenues par des retranchemens. Généralement parlant, dix mille hommes assiégeaient Mantoue, et trente mille couvraient ce siége. Ce corps d'observation avait sa droite appuyée à Légnago, son centre à Vérone et à Rivoli, et sa gauche vers Salo. Son champ était, suivant la marche de l'ennemi, entre Vérone et le Mincio, ou le Mincio et Brescia.

Marche des Autrichiens. Voici quel paraît avoir été à cette époque le plan du maréchal Wurmser : il avait décidé que son aile gauche, aux ordres du général Davidowich, descendrait, le long de la rive gauche de l'Adige, par Alla et Peri, sur Dolce, en même temps qu'une colonne formant l'extrême gauche de ce corps d'armée, se porterait directement sur Vérone. Le maréchal lui-même devait, à la tête du centre, se diriger entre l'Adige et le lac de Garda, sur les positions du Montebaldo ; son aile droite, conduite par le général Mélas, avait ordre d'arriver par les revers du Montebaldo, sur Lumini. Pendant que l'aile gauche, et le centre et l'aile droite de l'armée autrichienne marcheraient ainsi par trois routes différentes à l'armée française, que l'on présumait devoir se centraliser sur Mantoue, après la retraite de ses différens postes dans

le Tirol, une seconde armée, commandée par le général Quasdanowich, et forte de vingt-huit bataillons et
de dix-sept escadrons, avec vingt-quatre pièces de grosse
artillerie, outre les canons des régimens, devait descendre la rive droite du lac de Garda par Riva et Salo,
traverser ensuite les montagnes de Gavardo, et se diriger
sur Brescia, pour rompre les communications des Français avec le Milanais, et les priver ainsi de toute retraite.

*Les Autrichiens forcent la division Massena à battre en
retraite, le 29 juillet 1796.* Le 29 juillet, dès le grand
matin, les mouvemens de l'aile gauche, du centre et
de l'aile droite des Autrichiens s'exécutèrent comme ils
avaient été prévus. Ainsi attaquée sur son front et sur ses
flancs par des forces éminemment supérieures, la division Massena se replia sur Piovesano, entre Rivoli et
Castelnuovo.

*Prise du poste de Salo et de Brescia, par le général au-
trichien Quasdanowich, le même jour.* Le général autrichien Quasdanowich n'avait pas moins bien réussi à la
tête de son corps d'armée particulier. Il avait emporté
Salo après un combat assez vif. Ce poste méritait en effet
d'être défendu, car il couvrait la gauche et les derrières
de l'armée française. Maître de Salo, le général Quasdanowich avait ensuite fait marcher une partie de sa
division sur Brescia, où les Français avaient été surpris.
Quatre compagnies d'infanterie, un escadron du quinzième de chasseurs, deux généraux et quelques officiers
supérieurs qui y étaient malades, y furent faits prisonniers. La division du général Sauret se retira sur Dezenzano. En s'avançant ainsi, le général Quasdanowich
fut obligé de souffrir au milieu de son armée, le général
français Guyeux, qui, coupé avec un bataillon de la

quinzième légère à l'affaire de Salo, s'était retranché dans un grand bâtiment où il fut impossible de le forcer, quelque peine qu'on s'y donnât.

Succès des Français, le 31 juillet. Tout autre général se fût troublé à la nouvelle de pareils événemens : Bonaparte l'apprit avec sang-froid, et ne vit dans la marche audacieuse des deux généraux ennemis, qu'une occasion pour lui d'en revenir à la manœuvre qui, au commencement de la campagne, l'avait fait triompher si glorieusement des généraux Beaulieu et Colli. Isoler Wurmser et Quasdanowich, et les écraser l'un après l'autre, fut le plan qu'il conçut en un moment, et qu'on le vit exécuter avec autant d'habileté que de promptitude. Pour se mettre en état d'y réussir, il fallait sur-le-champ mobiliser toutes ses troupes : il le fit en levant le siége de Mantoue, et laissant même dans la tranchée cent quarante pièces de grosse artillerie, qui n'auraient pu que l'embarrasser dans son mouvement, et qui d'ailleurs ne faisaient point partie du matériel de son armée, puisque nous l'avons vu les faire amener pour le siége, de différens lieux de l'Italie. Il porta ensuite l'effort de ses troupes sur Quasdanowich, qu'il importait d'accabler le premier, sa pointe pouvant mettre l'armée française dans un très-grand danger, en devenant derrière elle, pour les mécontens Italiens, un signal de révolte et d'armement.

A ce moment une partie de la petite armée de Quasdanowich marchait sur Lonato, et le reste sur Montechiaro. Le général français d'Allemagne eut ordre de se porter sur Lonato. Il y rencontra le général autrichien Ocskay qui déjà en était maître, et se trouvait supérieur en forces. Cette rencontre fut suivie d'un combat terrible, dans lequel les Autrichiens, vaincus, laissèrent sur le champ de bataille un grand nombre de morts et de blessés, et six cents prisonniers. La trente-deuxième demi-brigade se distingua particulièrement dans cette affaire. Il paraît que Bonaparte se croyait sûr de la victoire partout où combattait cette demi-brigade : *J'étais tranquille*, s'écria-t-il quand on lui rendit compte du combat de Salo ; *la trente-deuxième demi-brigade était là !* La division Massena prit alors position à Lonato et à Ponte-San-Marco (le 31 juillet), tandis que le général Sauret se portant sur Salo, le reprenait et délivrait le général Guyeux, qui depuis quarante-huit heures tenait bon dans la maison où il s'était retiré avec son bataillon de la quinzième légère, quoiqu'il y fût sans cesse attaqué, et qu'il y souffrît la faim et la soif. Pour compléter ce mouvement, le lendemain premier août, la division Augereau se porta en une marche forcée sur Brescia, et en chassa les Autrichiens. L'effet de ces trois succès, et surtout de celui de Salo, était de couper promptement à Quasdanowich ses propres communications : il le sentit, et para le coup, en se repliant de Montechiaro sur Gavardo, en réoccupant en forces Salo, et portant une réserve sur Nozza dans la vallée de Sabbia.

Combats de Lonato et de Castiglione, le 3 août 1796.
Le maréchal Wurmser poursuivant sa marche après les succès obtenus sur la division Massena, dans la journée du 29 juillet, était entré fièrement dans Mantoue, regardant le départ des Français et l'abandon de leur artillerie de siége comme l'effet de la terreur qu'il leur avait inspirée, et non comme une simple manœuvre, dont ses terribles adversaires espéraient tirer avantage. Prévenu de cette idée, il attendait tranquillement dans ce poste glorieux, où chacun semblait prendre encore à tâche de l'étourdir par ses louanges et ses complimens exagérés, qu'on vînt lui apporter la nouvelle que le mouvement de Quasdanowich, par la rive droite du lac

de Garda, avait complété la défaite des Français et achevé la destruction de leur armée, lorsqu'ensuite de ce qui s'était passé réellement, il reçut l'avis que son compatriote avait été battu et forcé de rétrograder. Il résolut aussitôt d'aller à son secours, en remontant vers le lac de Garda. Cependant Bonaparte suivait, de son côté, l'exécution de son plan. Ce mouvement de celui de ses ennemis qu'il ne voulait accabler qu'en second, ne changea presque rien à ses dispositions : la réserve, aux ordres du général Kilmaine, eut seulement ordre de se mettre à la suite de la division Augereau qui, formant la droite, devait attaquer par Castiglione, pour l'aider, en cas d'événement, à repousser Wurmser qui s'avançait par Guirdizolo. Le général Guyeux, à la gauche, avait commission de se porter sur Salo, et Massena au centre, sur Lonato. La prise de Salo, comme nous l'avons déjà fait observer une fois, ne tendait à rien moins qu'à couper la retraite par le Tirol à Quasdanowich : celui-ci détacha dans la nuit la brigade du prince de Reuss, pour veiller sur ce point important de sa position, résolu qu'il était lui-même de ne point remonter la rive droite du lac de Garda, avant d'avoir essayé de se remettre en communication par Lonato avec le maréchal. Dans ce dessein, il poussa la brigade Ocskay sur cette ville. Le général Ott avait ordre de se porter sur Dezenzano.

Le général Ocskay rencontra l'avant-garde de la division Massena à la hauteur de Lonato. Cette avant-garde, emportée par son courage, quand il fallait qu'elle songeât à la disproportion des forces, engagea mal à propos le combat. Elle y eut du dessous, comme cela devait être naturellement. Le général Pigeon, qui la commandait, fut fait prisonnier, et l'ennemi se saisit de trois pièces d'artillerie légère. Cette troupe imprudente, après avoir laissé un assez grand nombre de morts sur le champ de bataille, n'échappa peut-être à une destruction totale qu'au moyen d'un canal et de quelques autres accidens de terrain derrière lesquels elle put se mettre à couvert. Elle s'y plaçait lorsque Bonaparte arriva, conduisant en personne la division. Il forma sur-le-champ les dix-huitième et trente-deuxième demi-brigades de ligne, en colonnes serrées par bataillons, et les lança au pas de charge sur le centre des Autrichiens, en prenant soin de les faire soutenir par le quinzième régiment de dragons, et de faire marcher en réserve la onzième demi-brigade de ligne et le vingt-cinquième régiment de chasseurs. Les Autrichiens s'étendirent pour déborder les ailes du corps d'armée français. Bonaparte vit avec joie cette manœuvre mal conçue qui affaiblissait le centre de ses adversaires au profit de leurs ailes, se contenta de semer quelques tirailleurs sur ses flancs, et continua à se porter sur ce centre, persuadé avec raison que, s'il venait à bout de l'enfoncer, il aurait ensuite bon marché des ailes sans point de ralliement et sans communications. Cette tactique à laquelle il a dû dans la suite deux ou trois de ses plus célèbres victoires, lui réussit complètement : bientôt Lonato eût été enlevé. Au moment où cet avantage décisif était obtenu, le quinzième régiment de dragons reprenait les trois pièces d'artillerie légère que l'ennemi avait enlevées à l'avant-garde, le général Pigeon et la plupart des Français faits prisonniers avec lui. La déroute des Autrichiens dans cette occasion fut complète. Ils se trouvèrent entièrement rompus et dispersés. Des bataillons entiers restèrent errans dans les montagnes jusqu'au lendemain. Un fort grand nombre d'entre eux, ayant été rejeté sur Dezenzano, y fut devancé par les guides de Bonaparte, le quinzième régiment de dragons et la quatrième demi-brigade légère, que le général en chef y avait, à dessein, envoyés sous les ordres du colonel Junot, l'un de ses aides-de-camp. On combattit encore en ce lieu, et il paraît que la mêlée y fut rude et sanglante. Junot, après avoir blessé le colonel d'un régiment de hulans, reçut lui-même cinq coups de sabre, et fut culbuté dans un fossé. On assure qu'avant de succomber ainsi, il avait tué de sa main six des hulans qui voulaient venger sur lui leur colonel. Il allait être fait prisonnier, lorsque des guides du général en chef et des dragons vinrent à son secours. Quoi qu'il en soit, des troupes vaincues en corps d'armée à Lonato, ne pouvaient en désordre vaincre à Dezenzano ; elles y furent bientôt écrasées, et l'arrivée de la brigade du prince de Reuss, qui, n'ayant pas trouvé d'ennemis sur la route de Salo, avait cru devoir ou pouvoir changer ainsi sa destination, sauva seule ce grand nombre de soldats autrichiens, de la nécessité de mettre bas les armes. Ils se jetèrent alors sur Gavardo, pour essayer de gagner Salo ; mais, grâce à ce même mouvement du prince de Reuss qui venait, par aventure, de les tirer d'un grand embarras, ils tombèrent sur ce nouveau point de retraite, dans un péril non moins terrible que celui auquel ils venaient d'échapper : Salo était occupé par la division Guyeux qui en avait chassé les troupes du général Ott ; le feu de cette division qui les prit en tête et celui des vainqueurs, qui, acharnés à leur poursuite, les chargeaient en queue, en firent périr la meilleure partie.

Un succès seulement douteux à Lonato eût cependant pu avoir les conséquences les plus terribles, le poste de Castiglione ayant été emporté par les troupes de l'avant-garde du maréchal Wurmser, avant que la division Augereau et la réserve fussent en mesure de le secourir. Le général Valette y avait été placé avec dix-huit cents hommes, force que l'on jugeait suffisante, et il l'avait quitté le 2 au soir, presque sans rendre de combat. Au lieu d'attaquer par Castiglione, il fallut donc que la division Augereau songeât à attaquer Castiglione lui-même qui pouvait devenir un point de communication entre les deux armées autrichiennes. Elle y marcha heureusement avec la plus grande ardeur, et sans que la surprise d'un tel malheur parût avoir jeté le moindre découragement dans ses rangs. Quand les troupes françaises arrivèrent en vue, l'avant-garde de Wurmser, commandée par le général Liptay, était postée sur les hauteurs, à droite et à gauche de Castiglione. Les soldats de Wurmser montrèrent la plus grande valeur. Repoussés des hauteurs et du château de Castiglione dans une première attaque, ils tentèrent l'événement d'un second combat, qui leur fut cependant encore plus funeste que le premier, en ce qu'il les jeta, pour leur retraite, sous le feu de la cinquante-unième demi-brigade, qui, pendant la nuit, avait tourné leur flanc gauche, et s'était embusquée sur leurs derrières. Augereau, maître de Castiglione, attaqua le pont. Il fallut là, pour vaincre, de plus grands efforts encore. Les têtes de colonnes du reste de l'armée de Wurmser commençaient à approcher; quelques renforts étaient même déjà parvenus jusqu'au général Liptay, et il défendit son poste avec toute l'opiniâtreté d'un homme qui en sent l'importance, et qui espère y être bientôt secouru; il en fut néanmoins chassé avec une grande perte. La réserve française fut entièrement engagée dans ce dernier moment de l'action. Un bataillon envoyé de Lonato par Bonaparte, y prit aussi part. Les Autrichiens paraissaient exaltés, mais les Français ne l'étaient pas moins. Le général en chef étant venu avant le combat passer la division Augereau en revue, à Monte-Chiaro, où était son poste, les officiers supérieurs se présentèrent à lui : « Venez dans nos camps, lui dirent-ils, pour le rassurer sur l'événement de la journée, dont il paraissait inquiet ; vous jugerez de l'esprit qui anime les soldats que nous commandons. — Savez-vous, mes amis, reprit Bonaparte, que vous avez devant vous vingt-cinq mille hommes de vieilles bandes autrichiennes commandés par Wurmser? — Qu'importe! s'écrièrent ces braves officiers ; général, nous n'avons jamais compté nos ennemis ; reposez-vous sur nous. Aux Pyrénées nous avons vaincu les ennemis de la France ; nous saurons encore les vaincre en Italie! » Les troupes, quand il arriva devant elles, l'accueillirent aux cris de *vive la république! vive nos braves généraux! à l'ennemi! point de retraite!* Quelques soldats, plus animés encore que les autres, se précipitèrent hors des rangs, et montrant les hauteurs de Castiglione, lui dirent : « C'est là que nous jurons de remporter la victoire ou de périr tous! — Oui, s'écria alors Bonaparte en se tournant vers Augereau, oui, je dois croire qu'avec des braves comme ceux-là, on ne peut pas être vaincu! » Et cette scène, l'une des plus belles peut-être que puissent présenter les fastes militaires, parut avoir fixé toutes ses irrésolutions, et dissipé toutes ses inquiétudes.

Les Autrichiens perdirent, dans les deux combats de Lonato et de Castiglione, trois mille hommes tués, blessés ou prisonniers, et vingt pièces de canon. Les Français eurent particulièrement à y regretter, de leur côté, l'adjudant-général Beyraud, les chefs de brigade Pourailler de la 4e. demi-brigade, Bougon, colonel du 1er. régiment de hussards, et Marmet, du 22e. de chasseurs.

Bonaparte mettait au nombre des plus éminens services celui que le général Augereau avait rendu, en reprenant Castiglione sur l'ennemi. Il le prouva plus tard, lorsque devenu à la fois empereur des Français et roi d'Italie, il érigea cette même ville de Castiglione en duché en faveur du général vainqueur et de sa famille.

Le général autrichien Quasdanowich est forcé de rentrer dans le Tirol. Bonaparte, après cette double affaire si vive et si glorieuse, résolut d'employer à décider entièrement la retraite de Quasdanowich dans le Tirol, le peu d'instans que Wurmser serait infailliblement obligé de consacrer au soin de remettre l'ordre parmi celles de ses troupes qui avaient combattu, et d'attirer à lui des renforts de Mantoue. Il ordonna donc au général Despinoy, qui se trouvait à la tête d'un petit corps d'armée rassemblé dans la Lombardie, de se porter de Brescia, par les montagnes, sur la Chièse, pour prendre en flanc l'ennemi, qui s'était de nouveau établi à Gavardo, et le contraindre à rentrer dans le Tirol, en menaçant encore une fois de l'en couper. Un détachement de la division du général Despinoy se fut bientôt emparé de San-Ozetto, situé en arrière et un peu à gauche de Gavardo. Le général Saint-Hilaire portait en même temps au général Guyeux l'ordre de faire un mouvement de Salo, situé aussi en arrière, mais un peu à droite de Gavardo. Quasdanowich, trompé par le rapport que lui avait fait la veille le prince de Reuss, croyait n'avoir rien à redouter des Français que du côté de Lonato; il fut surpris, et faillit être fait prisonnier dans son camp. Complètement battu, et forcé de céder Gavardo, qui, tourné, n'était d'ailleurs plus qu'un poste dangereux, il remonta la vallée de la Sabbia par Vobarno, et se retira sur Riva, laissant le prince de Reuss en arrière-garde sur le lac d'Ydro, vers Rocca d'Anfo et Lodrone. C'était, pour le moment du moins, tout ce que les Français demandaient de lui.

Bonaparte est surpris dans Lonato. Bonaparte, après avoir ainsi achevé de pousser Quasdanowich dans des montagnes où il pouvait le contenir avec un simple corps d'observation, se prépara à renouveler la manœuvre qu'il avait faite au commencement de la campagne, quand il fut parvenu à se débarrasser de Colli, c'est-à-dire, à reporter toutes ses forces sur la grande armée autrichienne, pour l'accabler et la détruire. Il donnait à Lonato les derniers ordres nécessaires à cette opération déjà prévue, quand il se trouva sur le point d'être fait prisonnier ou tué; ce qui eût bien changé la face des affaires. Il n'avait autour de lui, dans Lonato, que mille à douze cents hommes. Tout à coup on lui annonce un parlementaire, et on lui apprend en même temps que des avant-gardes ennemies s'approchent de tous côtés, et que la route de Brescia est déjà interceptée à Ponte-San-Marco. Le parlementaire, introduit les yeux bandés, somme le général français devant lequel on l'a amené, et qu'il ne connaît pas, de se rendre à discrétion, la ville étant cernée de toutes parts. Que faire dans ce péril pressant? Bonaparte, qui conserve sa présence d'esprit, est soudain frappé de cette idée, que la troupe autrichienne qui se présente ainsi par la route de Brescia est un débris de celle qui a été, la veille, battue et poussée sur Dezenzano et le lac de Garda; trouvant les passages fermés par les généraux français Guyeux et Despinoy, cette troupe, avant la rencontre, cherchait sans doute à rejoindre l'armée de Wurmser, en passant par Lonato : et sur cette idée, le général en chef de l'armée française prend un parti à la fois plein de finesse et de grandeur, qui peut le sauver par une surprise, et que soutiendra d'ailleurs, en cas qu'il faille en venir aux mains, la valeur éprouvée des braves qui l'environnent. Il demande du ton de l'indignation au parlementaire autrichien comment il ose ainsi venir sommer un général en chef vainqueur, au milieu de son quartier-général, et entouré de son armée. *Allez,* ajoute-t-il, *allez dire au général qui vous a envoyé, que s'il a prétendu faire une insulte à l'armée française, je suis ici pour la venger; qu'il est lui-même mon prisonnier, ainsi que ses soldats. Je sais que sa troupe n'est qu'une des colonnes coupées par des divisions de mon armée qui occupent Salo et la route de Brescia à Trente. Dites-lui que si, dans huit minutes, il n'a pas mis bas les armes, et si une seule amorce est brûlée, je le fais fusiller lui et ses gens.* Puis faisant enlever le bandeau qui couvre les yeux du parlementaire : *Voyez,* lui dit-il, *le général Bonaparte au milieu de son état-major et de l'armée républicaine. Rapportez à votre général qu'il lui est loisible de faire une bonne capture.* Pendant que l'officier autrichien retourne vers son général, Bonaparte donne ordre au général Berthier de disposer pour l'attaque ce qu'il y a de troupes et d'artillerie dans Lonato. Le chef de la colonne ennemie jugeant par la présence du général en chef qu'il a effectivement affaire à la masse de l'armée française, demande à son tour à capituler. *Non,* répond fièrement Bonaparte, *je ne puis capituler avec des hommes qui sont mes prisonniers.* Les officiers autrichiens demandent à se consulter. Le général français donne l'ordre de l'attaque : *Nous sommes tous rendus,* s'écrie alors le général ennemi. Quatre mille hommes environ mirent bas les armes, abandonnant à leurs vainqueurs trois drapeaux et quatre pièces de canon.

Bataille de Médolano, le 5 août 1796. Le 5 août, Bonaparte livra bataille à Wurmser. L'armée du maréchal, qui n'était plus que de vingt-cinq mille hommes environ, sans compter une division qui bloquait Peschiera, et quelques troupes détachées vers Mantoue et le Pô, se trouvait en bataille sur deux lignes, la gauche au mamelon de Médolano, la droite au delà de Solférino. Voici quelle fut la disposition de l'armée française. La division Augereau se forma sur deux lignes en avant de Castiglione : la réserve, commandée par le général Kilmaine, se plaça en échelons à sa droite : la division Massena se posta à sa gauche, partie déployée, partie en colonnes. Après la levée du siége de Mantoue, la division Serrurier s'était portée vers Marcaria et Pozzolo, pour assurer la communication directe de Crémone et de Plaisance. Bonaparte, vu la manœuvre de Wurmser, croyant n'avoir à craindre aucun mouvement offensif sur le Pô, avait ordonné au général Fiorella, commandant momentanément la division Serrurier, de s'avancer par Guirdizzolo. Cette division devait ainsi couper la route qui mène de Brescia à Mantoue, et tourner la gauche de l'ennemi, au moment où il serait attaqué de front par le gros de l'armée française.

Afin d'occuper les Autrichiens en attendant que cette division arrivât sur son point de bataille, et de ne pas leur laisser le loisir de concevoir à ce sujet aucun soupçon, l'avant-garde du général Augereau s'avança comme pour les attaquer, tandis que la division Massena faisait aussi quelques mouvemens qui paraissaient avoir le même but. Les Autrichiens repoussèrent et poursuivirent l'avant-garde d'Augereau, en s'étendant en même temps par leur droite pour déborder la gauche de Massena sur Castel-Venzago, et se mettre ainsi en communication avec Quasdanowich, dont ils ignoraient la dernière retraite. Bonaparte, sans attendre davantage l'arrivée du général Fiorella, se jeta aussitôt sur leur gauche. Le général Marmont (aujourd'hui duc de Raguse) se mit à battre en écharpe cette partie de l'armée ennemie avec douze pièces de position, dirigeant principalement son feu sur une redoute établie à Médolano ; et bientôt sous la protection de cette artillerie, le général Verdier enleva la redoute, à la tête de trois bataillons de grenadiers, soutenus par un régiment de chasseurs à cheval. Alors la cavalerie française, libre de déborder les Autrichiens par leur flanc gauche, se porta vers San-Cassiano, sur leurs derrières, en même temps que les divisions Augereau et Massena se préparaient à une attaque sérieuse, en continuant toujours de pousser devant elles leurs avant-gardes. Pour compléter l'embarras de l'ennemi, le général Fiorella débouchait à cet instant de Guirdizzolo. Il était si peu attendu des Autrichiens, que, dans le premier moment de la surprise, sa cavalerie légère pénétra jusqu'au quartier-général du maréchal Wurmser. Cet officier allait être pris sans les dragons de son état-major, qui, par une charge bravement exécutée, lui donnèrent le temps de monter à cheval et de se tirer de danger. L'infanterie de la division Serrurier suivait de près la cavalerie légère : son apparition acheva de déconcerter les Autrichiens. Leur vieux général essaya cependant encore de disputer la victoire à ses adversaires, en changeant ses dispositions. Il arrêta le mouvement auquel il s'était abandonné sur les avant-gardes d'Augereau et de Massena, et fit reprendre à sa première ligne sa position, pendant que la seconde marchait à la rencontre du général Fiorella. Celui-ci maltraita les troupes qui lui furent opposées, et les jeta avec perte sur Cavriana. La division Augereau attaquait au même moment avec vigueur Wurmser au centre, et la division Massena cherchait à percer entre ce centre et l'aile droite de l'ennemi. Quelques instans encore, et grâce à la nouvelle position dans laquelle le maréchal combattait, il allait être culbuté dans l'angle formé par le Mincio et le lac de Garda vers Peschiera. Il fit retirer ses troupes. Dans cette retraite, qu'il termina par le passage du Mincio, il fut vivement poursuivi et harcelé par la cavalerie française et les troupes de la division Serrurier. La rupture des ponts sur le Mincio, que le maréchal eut soin de détruire après les avoir franchis, fit seule cesser cette poursuite. Les Autrichiens perdirent dans cette bataille vingt pièces de canon, et environ deux mille hommes.

Le maréchal Wurmser est forcé de se retirer dans les montagnes du Tirol, le 6 août 1796. Dès le lendemain, 6 août, Bonaparte était encore aux prises avec Wurmser. La gauche des Autrichiens avait à Roverbella, un point de communication avec Mantoue. Leur corps de bataille occupait Valeggio, et leur droite s'était repliée dans le camp retranché devant Peschiera, entre cette ville et Cavalcassella. Tandis que le général Augereau dirigeait une fausse attaque sur Valeggio, où il faisait mine de vouloir passer le Mincio, le général Massena, après avoir traversé Peschiera, emportait le camp retranché occupé par la droite de l'ennemi, et y prenait dix pièces de canon et cinq cents hommes. Wurmser, menacé par le succès de ce mouvement d'être entièrement coupé du Tirol, prit le parti de battre en retraite sur cette province, dont les ressources sont infinies pour une armée battue, et où il savait d'ailleurs retrouver Quasdanowich, et pouvoir recevoir de nouveaux secours de l'Autriche. Il était encore important pour lui, sous un autre rapport, d'essayer, dans son malheur, de fermer au moins à Bonaparte ce passage par lequel il pouvait aller donner en Allemagne la main à Moreau et à Jourdan. Les arrière-gardes des différens corps ennemis, car l'état du pays demandait qu'on se divisât, furent toutes entamées. Une d'elles ayant voulu tenir à Rivoli, en fut chassée avec perte de deux à trois cents hommes et de son artillerie. La ville de Vérone, que traversait une autre, ayant refusé d'ouvrir ses portes, Bonaparte les fit enfoncer à coups de canon. Le gouvernement vénitien en put murmurer; mais du moment que Vérone avait admis les vaincus dans ses murs, comment les vainqueurs auraient-ils voulu souffrir qu'on les en exilât? L'investissement de Mantoue fut encore une des suites de cette affaire; cet investissement ne se fit cependant qu'à une assez grande distance. En gagnant le Tirol, Wurmser avait attiré à lui les brigades Wukassowich et Rocavina, qui faisaient partie de la garnison de la place; mais cette garnison se montait encore à quinze mille hommes : elle resta donc maîtresse de plusieurs dehors, poussant ses patrouilles jusque sur le Tartaro et l'Oglio.

Combats de Montebaldo, de la Corona, de Preabocco et de Rocca d'Anfo, les 11 et 12 août 1796. Wurmser, ayant choisi le point de retraite dont nous venons de parler, ses colonnes ne tardèrent point à se lier avec celles de Quasdanawich. Le maréchal avait pris position vers Alla, et ses avant-gardes tenaient la ligne du Montebaldo et de la Corona. Ces hauteurs dominantes mettant les Autrichiens à même de déboucher sur le Mincio quand ils le voudraient, le général en chef de l'armée française donna l'ordre à la division Massena de les y aller attaquer. Ils en furent débusqués le 11, par cette division qui, dans l'action, leur prit sept pièces d'artillerie, et leur fit quelques centaines de prisonniers. La division Augereau qui avait passé l'Adige, replia en même temps tous les postes de l'ennemi jusqu'à Alla, où se tenait, comme nous l'avons déjà dit, le gros de ses troupes. D'un autre côté, les généraux Sauret et Saint-Hilaire qui commandaient la division de gauche sur la rive occidentale du lac de Garda, délogèrent Quasdanowich des postes qu'il avait, sans utilité, conservés à Rocca d'Anfo et aux environs. Ces mesures de précaution prises, Bonaparte s'arrêta, pour donner du repos à ses troupes, pacifier quelques provinces de l'Italie, où la première nouvelle de la descente de Wurmser par le Tirol avait excité de l'effervescence et des troubles, et pour attendre surtout les renforts qui commençaient à arriver de l'armée des Alpes et de l'intérieur de la France. Quand le vainqueur de Beaulieu s'était présenté pour faire tête à Wurmser et à Quasdanowich qui, en arrivant avec soixante mille soldats, et de nombreuses intelligences dans le pays, se croyaient sûrs de la victoire, il avait à peine quarante et quelques mille hommes sous ses ordres, les combats n'avaient pu que diminuer ce petit nombre de guerriers. Il eût donc été de la dernière imprudence qu'il voulût, avant de s'être convenablement renforcé, poursuivre ses adversaires trop loin dans des montagnes d'une facile défense, et où il était probable qu'ils allaient d'ailleurs, d'un moment à l'autre, recevoir eux-mêmes des renforts de plusieurs côtés à la fois. Il faut de plus observer, pour passer dans cette occasion, quelques jours d'inaction à celui que son activité connue met suffisamment à l'abri de tout soupçon de paresse ou de négligence, qu'en s'enfonçant dans le Tirol à la suite des Autrichiens, il fallait qu'il laissât devant Mantoue un corps d'armée assez considérable pour contenir la garnison, qu'on n'avait pu encore, ainsi que nous l'avons déjà fait remarquer, contraindre à se renfermer dans la place.

Affaires intérieures de l'Italie. Crémone, Casal-Maggiore, et deux villages des environs de cette dernière ville, étaient du nombre des endroits où les complots des ennemis des Français avaient produit le plus d'effet au moment de l'irruption des Autrichiens. A Crémone on avait proscrit la cocarde française, proposé de pendre à l'arbre de la liberté ceux qui l'avaient planté et fêté, publié enfin des listes de personnes qu'on se promettait d'assassiner lors de la prochaine entrée des Autrichiens. Quelques-uns des partisans de la France ayant fui vers le Pô, avaient été poursuivis jusqu'à ce fleuve, et tous ceux qu'on avait pu atteindre sur le chemin, s'étaient vus inhumainement massacrés. A Casal-Maggiore, la garnison fut égorgée par la populace ameutée. Le commandant se sauvait avec sa femme et sa fille dans un bateau ; on tira sur eux. Tous trois se jetèrent dans les flots ; le feu des meurtriers les y suivit : le commandant fut mortellement atteint ; sa femme et sa fille y échappèrent et gagnèrent l'autre rive, secourues à temps par des témoins de leur malheur.

Les commissaires français chargés à Rome du choix des tableaux et statues cédés par le souverain pontife à la république française, furent assaillis en plein jour à coups de pierres et de bâtons, et ne durent la conservation de leur vie qu'au zèle et à la fermeté d'un lieutenant de Sbires. Cette circonstance pouvait donner à penser que ces excès étaient entièrement étrangers au gouvernement de l'Etat ecclésiastique, et que celui-ci, malgré les échecs essuyés de prime abord par les Français, persistait dans leur alliance. Cependant, on avait vu, à la nouvelle de ces échecs, un vice-légat se présenter dans Ferrare, pour en reprendre possession, au nom du saint père, quoique cette province eût été solennellement cédée par lui à la France. Ce fut le peuple au contraire qui témoigna dans cette occasion de l'attachement pour les

Français. La garde nationale et la municipalité vinrent arracher les armes papales que ce vice-légat avait fait arborer, et remirent en place les armes de la république française.

Dans bien d'autres lieux encore les Français avaient trouvé des amis. La Lombardie proprement dite leur fut entre autres fidèle. Les habitans de Milan se prononcèrent en leur faveur avec la plus grande énergie. Au bruit des premiers succès des Autrichiens, on les vit courir chez le commissaire du directoire exécutif de France, Salicetti, pour lui demander des armes et l'honneur de combattre dans les rangs des Français. En attendant qu'on eût reçu des nouvelles de l'armée, la garde civique fit, pour contenir les agitateurs, le service, avec autant de zèle qu'on aurait pu en attendre d'une garnison française. Les Milanais reçurent à ce sujet, la lettre suivante de Bonaparte : « Lorsque l'armée battait en retraite, que les fauteurs de l'Autriche et les ennemis de la liberté la croyaient perdue sans ressources ; lorsqu'il était impossible, à vous-mêmes, de soupçonner que cette retraite n'était qu'une ruse, vous avez montré de l'attachement pour la France, de l'amour pour la liberté : vous avez déployé un zèle et un caractère qui vous ont mérité l'estime de l'armée, et vous mériteront la protection de la république française. — Chaque jour, votre peuple se rend plus digne de la liberté ; il acquiert, chaque jour, de l'énergie : il paraîtra sans doute, un jour, avec gloire sur la scène du monde. Recevez le témoignage de ma satisfaction, et du vœu sincère que fait le peuple français pour vous voir libres et heureux. » C'était toujours comme un libérateur, un ami, que Bonaparte se présentait aux Italiens. Il avait pris ce caractère dès les premiers momens de l'invasion, et il le conservait avec soin. Rien de ce qui s'y rattachait, même indirectement, ne lui échappait. En jetant, par l'établissement des municipalités et des gardes nationales, les bases d'une nouvelle forme de gouvernement, il ne manquait aucune occasion de donner à entendre que ce gouvernement, si les Italiens l'obtenaient par suite d'une guerre avantageuse pour les Français, serait préférable, sous tous les rapports, à celui qu'il remplacerait, et satisferait mieux aussi les intérêts de chaque individu. Il affectait surtout d'encourager les sciences et les arts, et de protéger avec éclat ceux qui les cultivaient. On l'avait vu écrire de son quartier-général de Milan, la lettre la plus flatteuse à l'astronome Oriani. « Les sciences qui honorent l'esprit humain, disait dans cette lettre le général en chef de l'armée française en Italie, les arts qui embellissent la vie et transmettent les grandes actions à la postérité, doivent être spécialement honorés dans les gouvernemens libres. Tous les hommes de génie, tous ceux qui ont obtenu un rang distingué dans la république des lettres, sont Français, quel que soit le pays qui les ait vus naître.

» Les savans, dans Milan, ne jouissaient pas de la considération qu'ils doivent avoir : retirés dans le fond de leur laboratoire, ils s'estimaient heureux que les rois et les prêtres voulussent bien ne pas leur faire de mal. Il n'en est pas ainsi aujourd'hui ; la pensée est devenue libre dans l'Italie...... Il n'y a plus ni inquisition, ni intolérance, ni despotisme. J'invite les savans à se réunir, et à me proposer leurs vues sur les moyens qu'il y aurait à prendre, ou les besoins qu'ils auraient, pour donner aux sciences et aux beaux-arts une nouvelle vie et une nouvelle existence. Tous ceux qui voudront aller en France, seront accueillis avec distinction par le gouvernement. Le peuple français ajoute plus de prix à l'acquisition d'un savant mathématicien, d'un peintre de réputation, d'un homme distingué, quel que soit l'état qu'il professe, que de la ville la plus riche et la plus abondante. Soyez donc, citoyen, l'organe de ces sentimens auprès des savans distingués qui se trouvent dans le Milanais. » Et le savant Oriani et ses confrères furent payés libéralement de leurs appointemens, de leurs pensions, et de leurs gratifications que l'on augmenta encore au nom de la république française.

La municipalité de Pavie et de Milan avait aussi, dans le même esprit, reçu de Bonaparte la lettre suivante : « Je désire, messieurs, que l'université de Pavie, célèbre à bien des titres, reprenne le cours de ses études. Faites donc connaître aux savans professeurs et aux nombreux écoliers de cette université, que je les invite à se rendre de suite à Pavie, et à me proposer les mesures qu'ils croient utiles pour activer la célèbre université de Pavie, et lui redonner une existence plus brillante. »

Grâce à cette conduite politique, dans les endroits où la révolte avait éclaté avec le plus d'audace, elle n'avait point atteint le corps nombreux de la bourgeoisie, et n'avait mis en mouvement, à force de beaucoup d'or peut-être, que des gens obscurs et sans considération aucune, qui disparurent aussitôt que les premiers échecs essuyés par les Autrichiens eurent été connus. Le pape parut aussi désavouer la conduite de ceux des siens qui s'étaient montrés, dans cette circonstance, contraires aux Français; et, pour le moment du moins, ce désaveu suffit au gouvernement français et à son général.

Nouveau plan de campagne du maréchal Wurmser. Le maréchal Wurmser, après s'être suffisamment renforcé, songea de nouveau à tenter le secours de Mantoue. Parmi tous les plans qu'on lui présenta, il s'arrêta à celui-ci, qui lui fut, dit-on, apporté de Vienne par le général Lauer, nommé son chef d'état-major. Lui-même, à la gauche de son armée, se chargea de descendre par les vallées de Sugana et de la Brenta, sur Bassano, avec les divisions Sébottendorf, Quasdanowich et Mezaros, fortes d'environ vingt-six mille hommes, pour tâcher de s'avancer ensuite par les ponts de Legnago sur Mantoue; pendant que le général Davidowich, à la droite, inquiéterait les Français vers le haut Adige, à la tête de vingt mille hommes, se tenant prêt à déboucher du Tirol sur les derrières de leur ligne de défense, s'ils marchaient contre la gauche de l'armée impériale, et sur leur flanc gauche, s'ils prenaient le parti d'attendre le maréchal sous Mantoue. C'était à peu près la manœuvre qu'il avait si tristement essayée dans la première partie de la campagne, de concert avec Quasdanowich. Si Davidowich ne devait pas déboucher d'abord, c'est que, ne pouvant descendre par la rive occidentale du lac de Garda, il fallait qu'il attendît, pour le faire par la rive orientale, que les Français avançant sur Wurmser se fussent ainsi mis dans une position à être tournés de ce point. A cette manœuvre, Bonaparte opposa encore celle qui l'avait déjà fait triompher de deux armées autrichiennes; il se disposa à écraser l'un des deux corps d'armée, pour se porter ensuite sur l'autre, et lui faire éprouver un peu plus tard un pareil sort, remarquant, pour se confirmer dans cette résolution, que dans leur mouvement, Wurmser et Davidowich allaient placer entre eux les chaînes de montagnes de Sette-Communi et du Monte-Molare qui les mettraient presque dans l'impossibilité de communiquer. Cela rentrait bien dans le plan du vieux maréchal; mais il fallait encore que ce fût la gauche et non la droite des Autrichiens que Bonaparte se résolut à attaquer la première : or, qui eût pu faire cette gaucherie avec quelque expérience de la guerre? C'eût été, dans la position où l'entreprise de Wurmser plaçait Bonaparte, renoncer à toutes les chances favorables pour s'abandonner, sans illusion, à toutes les chances malheureuses. Le général français eut bientôt mis son armée en marche contre Davidowich. Pour qu'il tirât le parti convenable de ce mouvement, il fallait que le coup se frappât avec la plus grande célérité, et que l'expédition ne languît pas.

Prise de San-Marco et du camp de Mori par les Français, le 4 septembre 1796. La division Vaubois se trouvait sur la rive occidentale du lac de Garda ; elle entra dans la vallée de l'Adige par Riva et Torbole, c'est-à-dire, en longeant l'extrémité supérieure du lac. En même temps, sur la rive orientale, la division Massena formant le centre, passa l'Adige au pont de Polo, et se dirigea par la grande route de Trente sur Alla, où était l'ennemi. La division Augereau partie de Vérone, se portait à droite, sur les montagnes de Monte-Molare, entre Lugo et Rovère, pour observer Wurmser vers Bassano et Vicence, et seconder au besoin Massena ; la brigade Guyeux, qui avait traversé le lac dans des embarcations, se réunit à Torbole à la division Vaubois.

Ce fut l'avant-garde de la division Massena qui rencontra, le 3 septembre, les premiers postes des Autrichiens à Alla. Le lendemain 4, la division eut ordre d'attaquer, sur la rive gauche de l'Adige, San-Marco, où s'était repliée l'avant-garde ennemie commandée par le général Wukassowich, tandis que la division Vaubois, sur la rive droite, essayerait de forcer les Autrichiens dans leur camp de Mori. Pendant ce double combat, Augereau, dont le corps n'avait point changé de destination, devait, couvrant la droite de l'armée française, faire le guet sur les hauteurs qui longent la vallée d'Arsa. Wukassowich, accoutumé à combattre vaillamment, défendit sa position avec opiniâtreté, et ne se décida à battre en retraite qu'après le combat le plus terrible. Il fut particulièrement forcé par le général Dubois, qui le chargea vigoureusement à la tête d'un corps de cavalerie française; mais il en coûta la vie à ce général, qui tomba blessé mortellement de trois balles de fusil, au moment où le plus brillant succès couronnait ses efforts. Le général en chef, passant dans cet instant auprès du héros expirant : *Je vais mourir,* lui dit celui-ci; *mais que j'aie au moins le temps de savoir si la victoire est complète.* Ces nobles vœux furent exaucés; Dubois ne rendit le dernier soupir qu'après la défaite entière des Autrichiens, qui de San-Marco et du camp de Mori se retirèrent sur Rovérédo, après avoir perdu douze ou quinze cents hommes et trois pièces de canon.

Combat de Caliano, le 4 septembre 1796. Le général Davidowich avait réuni son armée dans la position de Caliano. Wukassowich s'y rallia à lui, après avoir éprouvé une perte assez considérable en traversant Rovérédo. La position que Davidowich occupait à Caliano, serrée d'un côté par l'Adige, et de l'autre par des montagnes à pic, forme une gorge d'environ quarante toises de largeur, fermée par le village, un château assez élevé et une forte muraille, qui de la montagne s'étend jusqu'à la rivière. L'artillerie des Autrichiens battait ce défilé : point de moyens de le tourner; il fallait l'enlever de vive force. Bonaparte fit placer huit pièces d'artillerie légère sur un plateau d'où elles prenaient la gorge en écharpe, tandis qu'il envoyait l'infanterie légère sur la droite, et que, par son ordre encore, trois cents tirailleurs engageaient la fusillade des bords de l'Adige. Trois demi-brigades, se formant en colonnes serrées par bataillons, entrèrent alors dans le défilé, qu'elles enlevèrent aux Autrichiens écrasés par le feu des huit pièces d'artillerie légère, et incommodés par les tirailleurs qui s'avançaient avec audace. Après ce premier avantage, l'ennemi ne suffisant même pas à défendre ses retranchemens, ne tarda pas à être mis dans une déroute complète. Dans cette action, le capitaine Lemarois, aide-de-camp du général en chef, fit des prodiges de valeur à la tête d'une cinquantaine de hussards; Bessières, commandant les guides de Bonaparte, avec six de ces derniers, s'empara de deux pièces de canon. Les Autrichiens perdirent en tout, vingt-cinq bouches à feu, cinquante caissons et sept drapeaux. On leur fit de six à sept mille prisonniers. Le désordre était si grand parmi eux, que la plupart, après le combat, fuyaient à vau-de-route, sans savoir où ils se ralieraient, ni même où ils allaient. Davidowich eut beaucoup de peine à rassembler la moitié de ses soldats sous les murs de Trente.

Prise de Trente, et combat de Lavis. Dans la nuit qui suivit le combat de Caliano, la division Vaubois passa l'Adige, et se joignit au reste de l'armée qui entra dans Trente, le 5 septembre, à huit heures du matin, après un faible engagement avec l'arrière-garde ennemie. Davidowich s'était retranché derrière le Lavis. De cette position, il pouvait encore nuire aux desseins de Bonaparte; le général en chef de l'armée française vint en présence l'y attaquer. Pour arriver jusqu'à lui, il fallut livrer un combat comme celui de Lodi, c'est-à-dire, traverser un pont sous un feu meurtrier d'artillerie. Ce combat tourna cependant à l'avantage de l'armée française, grâce au courage de ses soldats et à l'habileté de ses généraux, et Davidowich se retira avec précipitation sur Salura et Neumarck. Il allait être tourné par le général Murat qui avait passé la rivière à gué. On vit dans cette affaire le plus brillant succès couronner un trait d'intrépidité et d'audace. Pendant que l'on attaquait le pont, l'adjudant-général Leclerc, avec trois chasseurs, et le colonel de la légion des Allobroges, Desaix, avec douze carabiniers, se jetèrent à la nage, et allèrent se mettre en embuscade à plus d'un quart de lieue, dans un défilé que devait suivre l'ennemi en se retirant, s'il était battu. Effectivement, au moment de la retraite, deux détachemens, l'un d'infanterie et l'autre de cavalerie, donnèrent dans cette embuscade, et y mirent bas les armes devant nos dix-sept Français, dont la nuit favorisait le stratagème. Les Autrichiens étaient au nombre de cent hussards, et trois ou quatre cents fantassins. Du côté des Français, l'adjudant-général Leclerc fut seul blessé. C'est le même officier qui, plus tard, beau-frère de Bonaparte devenu premier consul, mourut en commandant une expédition contre les Nègres révoltés de Saint-Domingue.

Bonaparte reporte toutes ses forces sur la gauche de l'armée autrichienne. Le moment était venu pour Bonaparte, vainqueur de Davidowich, d'exécuter la partie de son plan qui regardait Wurmser. Il ne lui restait d'ennemis en Tirol que les faibles débris du corps de Davidowich, repoussés en désordre au delà du Lavis, et qui se composait encore pour un bon nombre de leurs soldats, de Tiroliens levés extraordinairement et armés à la hâte. En même temps que Bonaparte excitait ces derniers à rentrer dans leurs foyers, où il leur promettait bienveillance et protection, il plaça la division Vaubois dans une position sur le Lavis, d'où elle pourrait facilement observer et contenir Davidowich et ceux qui lui resteraient fidèles. Ne pensant plus ensuite qu'à la continuation de son opération si heureusement commencée, il se replia par sa droite sur la vallée de la

Brenta, se jetant ainsi sur les derrières de Wurmser, qui se trouvait absolument dans la position où il avait voulu mettre l'armée française. Le maréchal descendait alors tranquillement la vallée de la Brenta, tout plein de ses projets, et sans penser, suivant toute apparence, que le général français pût les faire tourner contre lui. Le 6 septembre, son avant-garde, commandée par le général Mezanos, se trouvait déjà au delà de Vicence, occupant le village d'Olmo, et poussant des postes jusques à Montebello. Ce même jour, les divisions Augereau et Massena, formant à elles seules la petite armée française, sur laquelle reposaient de si grandes espérances, s'avançaient sur ses derrières par Borgo-val-Sugana et Val-Soivas.

Combat de Primo-Lano, le 7 septembre 1796. Ce fut l'avant-garde d'Augereau, aux ordres du général Lanusse, qui rencontra, la première, l'ennemi. Trois bataillons de Croates étaient retranchés dans le village de Primo-Lano, pour couvrir la vallée de la Brenta. Ils avaient leur gauche appuyée à la Brenta, et leur droite à des montagnes à pic. Chassés, en un moment, du village, leur colonel, nommé Cavasini, les rallia dans le petit fort de Covolo, qui ferme la route. Mais attaqués de front et en flanc, et menacés pour leur retraite dans ce nouveau poste, ils ne tardèrent pas à l'abandonner aussi. Ils se retiraient à travers la campagne, harcelés en queue par l'infanterie française, lorsque le cinquième régiment de dragons et un détachement du dixième de chasseurs à cheval, parvinrent à gagner leur tête et à les mettre ainsi entre deux feux. Il leur fallut alors poser les armes, et livrer en même temps aux vainqueurs huit pièces de canon, quinze caissons et trois drapeaux; heureux présage des succès que l'on espérait obtenir sur le corps d'armée entier de Wurmser. Parmi les officiers recommandés par le général en chef, comme s'étant le plus distingués dans cette affaire, on remarqua le colonel Milhaud, du cinquième de dragons; le capitaine d'artillerie Duroc, qui devint, dans des temps plus éloignés, grand-maréchal du palais de Bonaparte empereur; le capitaine de la cinquième demi-brigade légère, Storck; le capitaine Julien, aide-de-camp du général Saint-Hilaire, et le jeune Augereau, aide-de-camp de son frère.

Bataille de Bassano, le 8 septembre 1796. Bonaparte passa la nuit qui suivit le combat de Primo-Lano, au bivouac, à Cismone, et le lendemain il traversa le reste des gorges de la Brenta. Les Français se trouvèrent avoir fait vingt lieues en deux jours, à travers des défilés pénibles et hérissés de postes retranchés. Wurmser apprit en même temps les malheurs éprouvés par Davidowich, et ceux qui le menaçaient lui-même. Il est probable qu'il ne s'était fait jusque-là aucune idée d'un pareil ordre de choses; car il en parut tout à fait déconcerté, et résolut de tenter le sort d'une bataille pour en prévenir les suites. Dans ce dessein, il s'arrêta à Bassano. Son quartier-général fut établi dans la ville même. Les divisions Quasdanowich et Sébottendorf prirent position sur un rideau, en avant de Bassano, à deux mille pas de la Brenta, et parallèlement à cette rivière. Le maréchal jeta encore en avant-garde, trois bataillons à Campo-Lungo, et trois autres à Solagna.

Cette avant-garde ne pouvait arrêter long-temps l'armée française. Elle résista néanmoins avec beaucoup d'acharnement, quand elle fut attaquée le 8 septembre, à deux heures du matin. Mais, mise entièrement en déroute à la fin de l'action, elle fut renversée sur les corps autrichiens qui étaient postés en avant de Bassano, et y sema un tel désordre, que les Français n'eurent bientôt plus, pour achever leur victoire, qu'à forcer le quartier-général établi, comme nous l'avons dit plus haut, dans Bassano même. Le général Augereau y entra de front au pas de charge, tandis que Massena s'y présentait par la droite. En un moment le pont de la Brenta et l'artillerie qui le défendait se trouvèrent au pouvoir des Français. Les grenadiers autrichiens, chargés de protéger la retraite du quartier-général, voulurent vainement ensuite tenir bon ; ils ne tardèrent pas à être enfoncés et culbutés, ayant à peine pu donner le temps au maréchal de sortir de Bassano. Ce vieux guerrier, qui voyait ainsi sa fortune et son génie éclipsés par ceux d'un jeune homme à peine âgé de vingt-six ans, se dirigea sur Fontaniva, où il passa la Brenta, résolu, au risque de se faire faire prisonnier, d'essayer de pénétrer jusqu'à Mantoue pour prolonger sa résistance, et ménager ainsi à la cour de Vienne la ressource d'un nouvel effort. La division Quasdanowich, gagnée par sa gauche, se retirait en même temps avec perte sur le Frioul. Les Autrichiens perdirent à la bataille de Bassano, trois ou quatre mille hommes, cinq drapeaux, trente pièces de canon toutes atelées, un égal nombre de caissons, deux équipages de pont, et plus de deux cents fourgons renfermant une partie de leurs bagages.

Wurmser, défait, parvient à se retirer dans Mantoue. Bonaparte, informé du chemin que le maréchal suivait, se mit aussitôt à sa poursuite. Il ne se proposait rien moins que de le faire prisonnier sur la route de Mantoue, et deux circonstances tout à fait indépendantes de ses dispositions sagement faites, sauvèrent seules en effet le général autrichien. Les Autrichiens marchaient rapidement sur Legnago, où leur dessein était de passer l'Adige. Les précautions que l'on se vit obligé de prendre dans le cas où le projet de Wurmser n'aurait pas été effectivement de se retirer sur Mantoue, mais bien après avoir détourné l'attention par ce faux mouvement, de s'échapper dans la direction de Venise et de Trieste, par Castel-Baldo, n'ayant pas permis de songer à le couper de Legnago, vers lequel il se portait d'ailleurs avec toute la célérité possible, on voulut du moins ne rien négliger pour le contraindre à mettre bas les armes entre cette ville et Mantoue. Dans cet espace de terrain, les canaux, les ruisseaux et les prairies marécageuses se succèdent presque sans interruption. En détruisant les ponts et utilisant toutes les difficultés du terrain, suivant l'ordre qu'on lui en fit parvenir, le général Sahuguet, à qui l'on avait confié le soin du blocus de Mantoue, pouvait, avec quelques détachemens bien conduits, arrêter la tête de colonne du maréchal, assez long-temps pour que les généraux Massena et Augereau pussent arriver sur sa queue et sur ses flancs, et le mettre ainsi dans la nécessité de se rendre prisonnier, ou de risquer un combat dont l'issue ne pouvait être que la destruction de sa petite armée, qui se montait tout au plus à quatorze ou quinze mille hommes harassés et découragés.

Le 10 au soir, la division Massena, arrivée à Ronco, y passa l'Adige, devant ensuite se porter à sa gauche sur Sanguinetto, pour prendre en flanc, ou même attaquer en tête, l'ennemi, lorsqu'il déboucherait de Legnago, dont il avait fait un poste fortifié. Ce qui sauva Wurmser dans cette occasion, ce fut l'ignorance ou la perfidie d'un guide des Français, qui, au lieu de les mener par la route directe de Ronco à Sanguinetto, les conduisit par un chemin beaucoup plus long. L'avant-garde seule, à la tête de laquelle combattaient les généraux Murat et Pigeon, arriva assez tôt pour barrer à Cerca, la route de Mantoue aux Autrichiens: mais la disproportion des forces était trop grande; les Autrichiens se firent jour l'épée à la main, en faisant éprouver une grande perte à l'avant-garde française.

Ce coup de parti manqué, la division Massena se mit à suivre les Autrichiens, pour les prendre en queue, au moment où ils rencontreraient sur le Tione et le Tartaro, les troupes du blocus de Mantoue, laissant cependant derrière elle une de ses brigades, celle du général Victor. Cette brigade eut pour commission d'investir, sur la rive droite de l'Adige, Legnago, que la division Augereau tenait déjà assiégé, sur la rive gauche, depuis vingt-quatre heures. Wurmser y avait logé dix-huit cents hommes environ.

La division Massena ne put joindre l'ennemi. S'apercevant qu'il était suivi de près, il avait forcé de marche pendant la nuit du 11 au 12; et, le 12 au matin, il était déjà arrivé à Nogara. Wurmser apprit dans ce village que les ponts sur la Molinella étaient coupés, à l'exception d'un seul, celui de Villimpenta, et qu'il était attendu par des troupes du blocus de Mantoue à Castellaro. Sur cette nouvelle, il régla une manœuvre à laquelle il dut son salut : ayant affecté de montrer son avant-garde devant Castellaro, il se porta vivement avec le reste de ses troupes sur Villimpenta, où il passa la Molinella, sans que personne songeât à l'inquiéter ; son avant-garde prit ensuite la même direction, devenant de cette manière son arrière-garde.

Sahuguet, coupable, relativement au pont de Villimpenta, d'une négligence impardonnable, ne sut même pas réparer sa faute. Au lieu de se jeter en forces sur les derrières de l'ennemi pour le retarder dans sa marche, et donner ainsi le temps au général en chef qui conduisait la division Massena, d'arriver, il n'y détacha que trois cents hommes environ de la douzième demi-brigade légère, qui, bientôt entourés par un régiment de cuirassiers autrichiens, furent réduits à se rendre, après avoir vu tomber mort, au milieu d'eux, le général Charton qui les commandait.

Wurmser entra le lendemain, 13 septembre, dans Mantoue. Sans le guide qui trompa les Français à Ronco, et le pont de Villimpenta, il est hors de doute qu'il eût été fait prisonnier sur le chemin. On n'en doit pas moins des éloges à sa mémoire pour le projet généreux qu'il forma de prolonger, par sa présence et celle du renfort qu'il amenait avec lui, la défense de la seule place que son souverain possédât encore en Italie; et l'activité et l'habileté qu'il mit dans l'exécution de ce projet lui font aussi le plus grand honneur.

Le même jour, Legnago se rendit au général Augereau. La garnison resta prisonnière de guerre, et on trouva dans la ville trente-deux pièces de canon de campagne, avec leurs caissons et leurs attelages, et cinq cents prisonniers français faits au combat de Sanguinetto.

Combats autour de Mantoue, les 14 et 15 septembre. Wurmser est forcé de se renfermer dans la ville. C'était une véritable armée qui formait la garnison de Mantoue, depuis que Wurmser avait réussi à y introduire les débris de la sienne, et une armée commandée par l'un des généraux les plus célèbres de l'Europe. Il fallait au moins la forcer à se renfermer dans la place. Combien aurait-elle encore été plus incommode, si elle se fût trouvée maîtresse des dehors, au moment où une nouvelle armée autrichienne se serait présentée par le Tirol, pour essayer de reconquérir l'Italie; ce qui probablement ne pouvait tarder beaucoup!

Les Français suivaient Wurmser de près. Ils parurent en vue de Mantoue, le même jour que le général autrichien y entra, c'est-à-dire le 13 septembre. Augereau arriva par Governolo, débouché important sur le bas Pô et le Séraglio, dont il était important de s'assurer, et par lequel Wurmser eût pu autrement s'échapper, si son dessein n'eût pas été de lier sa destinée à celle de Mantoue. Massena, au centre, se porta sur Castellaro, et Sahuguet se dirigea, d'un autre côté, sur la Favorite. Il y obtint d'abord quelque avantage ; mais les Autrichiens finirent par le repousser, en lui reprenant trois pièces de canon qu'il leur avait enlevées dans le premier moment.

Treize bataillons et vingt-quatre escadrons autrichiens étaient campés hors de la place, faisant sans cesse des excursions sur tous les points. Dès le 14 au matin, Massena réussit à les surprendre. Ses troupes arrivèrent, sans être aperçues, jusqu'au camp des Autrichiens, à l'instant où l'infanterie faisait la soupe, et où la cavalerie était allée aux fourrages, à la ville. Cette surprise n'eut cependant pas toutes les suites qu'elle aurait pu avoir. L'avant-garde de Massena ne chargea point avec assez d'impétuosité, ou ne fut pas suffisamment soutenue. Les plus braves d'entre les officiers autrichiens eurent le temps de réunir quelques bataillons pour l'arrêter. La cavalerie autrichienne revenant au même moment des fourrages, chargea si vivement les Français, quoiqu'elle fût à cheval sans selles, qu'elle les chassa du camp dans le plus grand désordre. Massena, qui n'était pas en forces sur ce point, eut beaucoup de peine à rallier son monde. Le vingtième régiment de dragons, amené par le général Kilmaine, rendit dans cette circonstance les plus grands services.

Le 15, cependant, une affaire décisive eut lieu en faveur des Français. Les Autrichiens, encouragés par leurs succès de l'avant-veille et de la veille, étaient tous sortis de Mantoue, pour entreprendre dans la campagne un grand fourrage. Ils occupaient la Favorite et Saint-Georges, et appuyaient leur droite à la route de Legnago vers Motella, et leur gauche à celle qui, vers Saint-Antoine, conduit de Mantoue à Vérone. Leur cavalerie couvrait leur front.

Du côté des Français, la droite se composant de la division de blocus aux ordres du général Sahuguet, était à cheval sur la route qui mène de la citadelle à Roverbella; la division Massena masquée par ses avant-postes, formait le centre à la hauteur de Due-Castelli; la gauche, composée de la division Augereau, et ayant momentanément à sa tête le général Bon, était partie de Governolo, où elle avait laissé un poste, et marchait sur Saint-Georges, en longeant la rive gauche du Mincio par Formigosa.

La droite et la gauche de l'armée française attaquèrent d'abord par ordre du général en chef, pour attirer l'ennemi sur elles. Ce fut quand Wurmser, donnant dans le piège, eut ainsi jeté ses principales forces sur ses ailes, croyant tour à tour que l'une d'elles devenait le point de la bataille, que la division Massena marcha avec impétuosité sur le centre affaibli, et l'enfonça. La droite et la gauche des Autrichiens n'eurent que le temps de se retirer très-précipitamment, en se rejetant vers la citadelle. Sans le feu de cette citadelle, qui protégea leur retraite et leur rentrée dans la ville, les Autrichiens étaient perdus; Bonaparte ayant fait avancer toute la cavalerie pour soutenir sa droite, cherchait à se jeter entre eux et la place, et il y réussit pour plusieurs corps qui furent entièrement coupés et faits prisonniers.

Les deux partis perdirent beaucoup de monde dans les

journées du 14 et du 15 septembre. Les généraux français, Victor, Saint-Hilaire, Bertin et Mayer, y furent blessés en donnant l'exemple aux troupes.

Wurmser ainsi repoussé dans Mantoue, les Français se fortifièrent à Saint-Georges et à la Favorite, assez bien pour n'y avoir à redouter aucune entreprise des assiégés. Le maréchal fut néanmoins encore maître, pendant quelque temps, du Séraglio, district fertile situé entre le bas Mincio et le Pô. Il réunissait sous ses ordres de vingt-huit à trente mille hommes, parmi lesquels il fallait cependant compter quelques malades. Le nombre de ces derniers s'augmenta bientôt de jour en jour, par les fatigues, les privations, et surtout l'air pestilentiel des lacs marécageux au milieu desquels Mantoue se trouve placée. A la fin du mois, la garnison de cette place ne se composait déjà plus que de seize mille combattans : neuf mille hommes languissaient dans les hôpitaux, et le reste avait péri.

Voilà donc, avec quelques débris poussés d'un côté dans le Tirol, et de l'autre dans le Frioul, tout ce qui restait, au bout de deux mois seulement, et de l'ancienne garnison de Mantoue, et des deux armées avec lesquelles l'un des meilleurs généraux autrichiens avait entrepris de délivrer cette place; car rappelons-nous, qu'avant la seconde tentative, Wurmser avait renforcé et recréé, en quelque sorte, son armée! Nous avons parlé avec admiration de la première conquête de l'Italie; que dirons-nous maintenant! Ces bataillons, ces escadrons nombreux regardés comme l'élite de l'armée autrichienne, et envoyés pour cette raison où le danger avait semblé le plus pressant, n'avaient, en quelque sorte, fait que paraître et disparaître, dévorés par le génie d'un capitaine français, et le courage de ses soldats. Quelle époque pour la gloire militaire d'un peuple, que celle où il fait avec autant de facilité des choses aussi difficiles! Le Français, conquérant ainsi son indépendance politique sur les autres nations, plus jalouses de son antique splendeur, qu'ennemies de ses nouvelles institutions, était Hercule accomplissant les douze travaux, pour arriver par eux à la possession de l'épouse chérie qui devait être le prix de sa force et de son intrépidité. Oh! si les héros qui ont cessé de vivre, prennent encore quelque part aux grands actes de la vie humaine, ne durent-elles point s'agiter sous les pas des vainqueurs, les cendres de ces anciens Romains, si fiers de leur patrie, et si terribles quand il s'agissait de la garantir du joug étranger! Même intrépidité dans les combats, même patience dans les privations et les fatigues, même grandeur dans les sentimens civiques et belliqueux: entre les soldats des deux peuples, quels rapprochemens glorieux! quels rapports sympathiques qui sembleraient supérieurs à la mort même, si rien de ce qui se rattache à la terre pouvait lui échapper! Bonaparte fut à cette époque, comme dans quelques autres momens, un général extraordinaire; mais ils n'étaient pas non plus des hommes ordinaires, les guerriers qui, simples soldats en Italie, firent triompher, par leur valeur et leur dévouement, l'audace de ses plans et la science de ses manœuvres. Quelle foule auguste suivait, dans cette expédition, les chefs renommés chargés de transmettre ses ordres et d'en détailler habilement l'exécution! Cette foule déjà à demi oubliée par ses contemporains, mais dont la postérité chantera la gloire et les vertus, ne prétendait à aucun honneur, n'était exaltée par l'espoir d'aucune récompense. Un mot des chefs de l'armée parlant au nom de la patrie, la précipitait, tête baissée, dans les dangers, et un mot des chefs de l'État devenait ensuite le prix des services qu'elle y avait rendus; bouclier de la France, elle repoussait les coups portés à cette mère commune de tous les Français, parce que tel était son devoir, et sans en concevoir ni orgueil, ni prétentions ambitieuses. L'aide-de-camp Dutaillis ne la peignait-il pas bien, lorsqu'en présentant au directoire les drapeaux arrachés par elle à l'ennemi, il faisait ainsi son portrait : « Citoyens directeurs, nous avons à regretter la perte de braves et intrépides camarades ; mais ils sont morts dignes de la cause sacrée qu'ils défendaient. J'en ai vu au lit d'honneur, sur le champ de bataille, blessés à mort et près d'expirer, arrêter leur dernier soupir pour crier à leurs camarades : *Courage, mes amis ! la victoire est à nous.* Un autre, grièvement blessé, porté par ses camarades, et voyant passer le général, suspendit le cri que lui arrachait la douleur, pour faire entendre celui de, *mon général, vive la république!*

». Citoyens directeurs, que ces drapeaux, que ces trophées, scellés du sang républicain, soient le gage de l'assurance que la seule et noble ambition de l'armée d'Italie, et du général qui la commande, est d'anéantir, jusqu'au dernier, les ennemis de la république, et que leur plus douce récompense sera d'avoir acquis quelques droits à la reconnaissance nationale. » Au profit de quelque gouvernement qu'ils tournent, ces sentimens chez des militaires sont au-dessus de tous les éloges.

Mais nous avons laissé au sein de l'Allemagne, deux autres armées françaises aussi victorieuses : voyons si, comme l'armée d'Italie, elles se seront maintenues au poste où il était intéressant, à toutes trois, qu'elles restassent. Mais, hélas ! à la date où nous sommes arrivés, ces deux armées avaient déjà perdu l'ascendant de la victoire. Nous avons à rapporter d'elles aussi de grands traits de courage et d'habileté militaire, mais en même temps de grands malheurs.

ARMÉES FRANÇAISES EN ALLEMAGNE.

Armée de Sambre-et-Meuse.

Retraite de l'armée de Sambre-et-Meuse. Malheureux dans la tentative qu'il avait faite, le 12 août, contre l'armée de Moreau, à Néresheim, mais toujours constant dans son plan, en lui-même fort sage, l'archiduc n'avait pas eu plutôt mis le Danube entre l'armée française de Rhin-et-Moselle, et lui, que laissant trente-six mille hommes au général comte de la Tour, il avait repassé le fleuve pour aller joindre Wartensleben avec un corps de vingt-quatre bataillons et de cinquante escadrons, et se mettre ainsi en mesure d'écraser Jourdan. Le général autrichien Nauendorf, vers Neumarck, avec huit bataillons et quatorze escadrons, formait le point intermédiaire des deux armées impériales. L'armée de Jourdan se trouvait, depuis le 20 août, sur la Naab, entre Naabourg et Schwandorf. La division Bernadotte, occupant Neumarck, couvrait le flanc des Français. Le 22, le général Bernadotte, s'apercevant que des forces supérieures s'avançaient sur lui, se mit en défense, en même temps qu'il fit avertir le général en chef. Celui-ci se préparait alors à traverser la Naab, pour continuer sa pointe en Allemagne. Il ne songea bientôt plus qu'à battre en retraite. Cependant avant de s'y déterminer entièrement, il voulut consulter Moreau, ne sachant pas encore que c'était l'archiduc en personne qui venait renforcer Wartensleben, et témoignant seulement à son collègue la crainte que le prince ne pût le faire un peu plus tard. Moreau répondit à Jourdan, qu'il avait passé le Danube à Dillingen, et saurait bien empêcher l'archiduc d'opérer sa jonction avec Wartensleben. Cette réponse induisit en erreur Jourdan, qui crut pouvoir garder sa position sur la Naab.

Combat de Teining, 22 août. L'éloignement de Bernadotte donna à l'archiduc l'espoir de l'attaquer avec succès ; mais le général français eut le temps de faire ses dispositions, et sut profiter habilement de la faute qu'avait faite le général Hotze, qui s'était contenté d'envoyer quelques partis par Aichstadt, Kupfenberg et Kuting, jusqu'à la route de Nurenberg. Bernadotte attaqua les Autrichiens à Teining et Telwang, les défit et coupa leurs communications avec l'avant-garde du général Nauendorf. Malgré cet avantage, il crut nécessaire d'évacuer le poste de Telwang, pendant la nuit du 20 au 21 ; il n'avait avec lui que six mille fantassins et douze cents cavaliers ; il se concentra donc dans la position de Teining, sur la Laber, ruisseau marécageux qui couvrit son front, tandis que sa droite s'appuyait à Traumfeld, et sa gauche à Leydenbach. Le 22, ayant pu juger des forces de l'archiduc, qui s'était avancé, et convaincu que les marais de la Laber ne pouvaient le mettre à couvert, il fit replier ses avant-postes sur Teining, et se retrancha sur les hauteurs qui dominent ce village. Les Autrichiens attaquèrent cette position de front et avec beaucoup de vigueur ; mais reçus avec une vigueur égale, ils furent bientôt repoussés. L'archiduc changea alors ses dispositions : il forma ses troupes sur trois colonnes ; trois bataillons, protégés par une batterie placée sur le Teiningersberg, attaquèrent le village par la chaussée ; deux autres bataillons et six escadrons inquiétèrent la droite par une fausse attaque ; et la troisième colonne tenta de pénétrer par le défilé, entre Teining et Leichtenbach. Ces nouvelles dispositions ne furent pas plus avantageuses à l'archiduc que les premières : les Français se défendirent avec courage, et restèrent dans les positions qu'ils occupaient. Malgré ce succès, Bernadotte, craignant d'être écrasé par les forces réunies de l'archiduc, jugea prudent de se replier encore sur Neumarck; il évacua Teining pendant la nuit, et vint se poster sur les hauteurs boisées, en arrière de Neumarck; son avant-garde occupa la ville même; et il plaça sa droite derrière Pœtting, et sa gauche derrière Blanhof.

Combats de Neumarck, 23 *août*. Au point du jour, le prince Jean de Lichtenstein s'avança avec la cavalerie, et canonna Neumarck pendant que l'infanterie du général Hotze se formait. Aussitôt qu'elle fut en ligne, le prince se prolongea à gauche avec ses escadrons, dans la vue de tourner le flanc droit des Français. Ce mouvement exécuté, Hotze ploya ses troupes en colonne, emporta Neumarck, traversa le marais qui était en arrière, et se mit en bataille au pied des hauteurs. Le général Nauendorf vint se placer à droite; leurs troupes étaient sur deux lignes. La première marcha en bataille contre les hauteurs qu'elle enleva, mais après avoir perdu un temps précieux, dont Bernadotte, qui connaissait l'immense supériorité de l'ennemi, profita habilement, pour se replier par la forêt sur les hauteurs de Perg. Les Autrichiens firent de vains efforts pour s'opposer à ce mouvement rétrograde, qui s'effectua dans le plus grand ordre. La cavalerie, restée sur la lisière du bois pour protéger cette retraite, quoiqu'en butte au feu meurtrier de l'artillerie autrichienne, en imposa assez aux troupes qu'elle avait devant elle, pour donner à l'infanterie le temps d'occuper la position de Perg. Alors les nombreux bataillons ennemis se déployèrent de nouveau; après avoir débouché, la cavalerie autrichienne inonda la plaine entre la forêt et la position qu'occupaient les Français. Une vive canonnade s'engagea de part et d'autre jusqu'à la nuit. Bernadotte, qui ne devait plus songer qu'à échapper à des forces trop supérieures, profita des ténèbres pour se retirer sur Altorf, en avant de Lauf. Hotze le suivit avec six bataillons et onze escadrons seulement, et vint s'établir à Hochdorf. L'archiduc détacha le prince de Lichtenstein sur Nurenberg, avec ordre de s'emparer de cette ville et de la route qui mène à Wurtzbourg. Nauendorf marcha avec huit bataillons et vingt escadrons à Castel, sur la route d'Amberg. L'archiduc resta avec le gros de l'armée à Neumarck, d'où il informa le général Wartensleben des avantages qu'il venait de remporter, lui recommandant d'être attentif aux mouvemens de Jourdan, et de passer la Naab aussitôt qu'il lui verrait commencer sa retraite; il lui prescrivit, dans tous les cas, d'attaquer l'armée française le 24 au matin, lui donnant l'assurance que l'armée impériale déboucherait ce jour-là par Castel, sur le flanc droit de l'ennemi.

La position de Jourdan serait devenue très-fâcheuse, s'il fût en effet resté jusqu'au 24 sur les bords de la Naab; mais dès le 22, instruit des dangers que courait Bernadotte, il avait donné ordre à la division de cavalerie du général Bonnaud de marcher à son secours, le lendemain 23. Ce mouvement éprouva les plus grands obstacles : les chemins étaient horribles, et les troupes légères ennemies battaient déjà le pays. Jourdan essaya vainement de faire parvenir au général Bonnaud l'ordre de se replier. Toutes communications étaient déjà interceptées; les détachemens qu'on lui envoya furent enlevés. Jourdan sentit la nécessité de faire sa retraite sur-le-champ. Le prince Charles réunissait alors soixante-dix mille hommes, dont vingt mille de cavalerie; l'armée française ne s'élevait pas à plus de quarante-deux mille combattans, et encore une partie se trouvait déjà compromise. Il fallait prévenir l'attaque simultanée de l'archiduc et de Wartensleben, où l'armée républicaine devait nécessairement être entièrement défaite. Jourdan commença sa retraite dans la nuit du 23 au 24 : l'armée quitta à onze heures du soir les rives de la Naab, précédée de son artillerie et de ses équipages, et alla prendre position au matin, avec son aile droite, composée des divisions Grenier et Championnet, en arrière d'Amberg, sur la rive droite de la Vils. Collaud s'établit à gauche de cette ville sur l'autre rive : la brigade de Ney, placée en avant-garde dans la plaine, couvrait cette position. La division Lefebvre se retira de Naoburg sur Sulzbach. Le 24 au matin, on apprit que la division Bonnaud débouchait par la droite, sur la route de Castel, après avoir fait replier tous les partisans ennemis qui avaient coupé les communications, et qu'elle était poursuivie par une forte colonne d'infanterie et de cavalerie. C'était celle de Nauendorf, soutenue de la majeure partie des forces de l'archiduc, qui parties de Neumarck avant le jour, avaient déjà passé les défilés de Castel. On vit aussi arriver les colonnes du corps de Wartensleben, par la route de Schworzenfeld, et le combat s'engagea bientôt.

Combat d'Amberg, le 24 août 1796. Cependant l'intention du général Jourdan n'était pas d'accepter le combat : il se trouvait dans une position trop désavantageuse, et cela par suite du secours qu'il avait été obligé de porter à sa réserve. Il donna l'ordre de continuer le mouvement sur Sulzbach; mais les dispositions de l'archiduc étaient déjà prises pour commencer l'attaque.

La droite de Wartensleben, aux ordres de Kray, forte de dix bataillons et de vingt-quatre escadrons, marcha de Schwarzenfeld par Estdorf et Aschach, sur les hauteurs de la Sainte-Trinité, à gauche d'Amberg. Le centre, fort de quatorze bataillons et trente-deux escadrons, commandé par Wartensleben lui-même, se porta sur la route de Schwarzenfeld à Amberg. La gauche, aux ordres du général Staader, forte de neuf bataillons et vingt-un escadrons, marcha de Schwandorf dans la direction de Lengfeld, pour y passer la Vils, et se joindre à l'armée de l'archiduc.

Jourdan hâtait sa retraite ; le plus grand avantage qu'il pouvait retirer était d'échapper à l'attaque, pour ne pas compromettre l'armée entière. Il n'y eut que la colonne du centre des troupes autrichiennes qui atteignit l'avant-garde du général Championnet, formant alors l'arrière-garde, au moulin d'Hazemülh, près de Kofering, et qui réussit à l'en déposter. Par cette attaque, cette avant-garde, que commandait le général Klein, se trouva séparée de la division, et forcée de se rejeter loin de l'armée, sur la gauche, pour venir passer la Pegnitz vers Hersbruck. Le centre de Wartensleben put alors se lier avec les troupes de l'archiduc. Ce prince, de son côté, après avoir débouché les défilés de Castel, avait repoussé la division de Bonnaud, chargée par le général en chef de couvrir la retraite de l'armée.

La division Grenier et celle de Championnet, excepté son avant-garde qui s'en trouvait séparée, exécutaient leur retraite avec ordre et précision. Malheureusement la division Collaud, qui n'avait pas encore entièrement passé la Vils quand l'ordre de la retraite fut donné, se trouva poursuivie avec tant de chaleur, qu'elle eut beaucoup de peine à effectuer ce passage. Le général Ney, qui commandait l'arrière-garde de cette division, tomba sur les Autrichiens avec une telle impétuosité, qu'il les contint assez de temps pour que cette division se tirât du danger où elle se trouvait. L'intrépide Ney se retirait lui-même en bon ordre, toujours en combattant, lorsqu'il se vit tout à coup, au sortir d'Amberg, entouré par l'innombrable cavalerie autrichienne qui accourait sur les derrières de l'armée française. Ecrasé par cette multitude, il redouble ses efforts et fait des prodiges de valeur ; mais le courage ne suffit pas contre une force trop supérieure : convaincu qu'il ne peut sauver l'infanterie qu'il a sous ses ordres, il réunit ses escadrons, fit une charge impétueuse sur ceux qui l'environnaient, et parvint à se faire jour le sabre à la main.

Cette infanterie, qui restait au milieu des ennemis, ne consistait qu'en deux bataillons de la vingt-troisième demi-brigade; mais elle était commandée par le chef de bataillon Deshayes, un de ces guerriers français qui ne connaissent rien au-dessus d'une mort glorieuse. Dès qu'il se voit réduit à lui-même, il forme sa petite troupe en bataillon carré. *Camarades*, s'écrie-t-il, *il ne nous reste qu'à rendre les armes ou à mourir ; jurez de mourir!* Sa voix se faisait entendre à des cœurs aussi généreux que le sien, et dans l'instant le serment de mourir plutôt que de se rendre, s'échappe de toutes les bouches. Dès ce moment, il n'y a plus ni crainte ni espoir ; il ne s'agit que de détruire le plus qu'il est possible d'ennemis, et chaque fois que la cavalerie autrichienne s'avance, elle est aussitôt arrêtée par un feu terrible qui jonche la terre d'hommes et de chevaux. Dans leur désespoir héroïque, ces guerriers français ramassent les corps de ceux qu'ils ont tués, les amoncèlent les uns sur les autres, et s'en forment des remparts d'où ils foudroient sans cesse l'ennemi épouvanté de leur défense. Il fallut de l'artillerie pour battre en brèche cette noble et horrible forteresse. Enfin cet obstacle écarté, et la plus grande partie de ces braves abattus dans la poussière, le général Werneck, à la tête d'un régiment de cuirassiers, tomba sur ce carré qui ne pouvait plus être formidable, et sabra tous ceux que le canon avait épargnés. Sept cents braves, la plupart criblés de blessures, couverts de sang et dans l'impossibilité de se défendre encore, se trouvèrent au pouvoir de l'ennemi. Deshayes lui-même eut la douleur de se voir prisonnier ; mais il était expirant, et quelques jours après il n'existait plus.

Ce combat avait donné le temps au général en chef de faire prendre position à son armée sur les hauteurs en avant et en arrière de Sulzbach. La division Grenier fut détachée sur Pachetsfelden pour couvrir la droite ; celle de Championnet s'établit sur le plateau à droite de Sulzbach ; et celle de Collaud resta en avant de la ville. L'armée autrichienne bivouaqua à Amberg et aux environs. Les Français perdirent près de deux mille hommes dans cette journée.

Le prince Charles avait toujours le projet de gagner le flanc droit de l'ennemi. Par ce mouvement, il eût empêché Jourdan d'opérer sa jonction avec le corps de siége de Mayence, et rejeté son armée dans les défilés du Vogelgebirgs. Ses forces, bien supérieures à la petite armée française, lui en donnaient les moyens ; mais la circonspection qu'il apporta dans toutes ses opérations, permit au général Jourdan de se tirer du mauvais pas où il se trouvait.

Nous ne suivrons pas la retraite des Français dans tout le détail de ses mouvemens. La route de Nurenberg ayant été occupée par l'ennemi, l'armée se dirigea sur Bamberg, et de-là sur Schweinfurt. Les Autrichiens la poursuivaient toujours pied à pied, et arrivèrent à Wurtzbourg le 1er. septembre. Il y avait cependant un assez grand espace entre les deux armées. Jourdan profita de l'avance qu'il avait obtenue par ses marches forcées pour faire reposer ses soldats, le 31 août, à Schweinfurt, dix lieues au-dessus de Wurtzbourg. Depuis leur départ des rives de la Naab, ils avaient presque toujours manqué de vivres; ils n'avaient eu que la ressource de quelques pommes de terre trouvées sur le terrain où ils avaient bivouaqué. Le général en chef employa ce jour de repos à s'assurer des subsistances, et à réorganiser ses divisions. Dans l'intention où il était de se retirer sur la Lahn, il pouvait facilement poursuivre sa retraite par Hamelsburg; c'était la route la plus sûre et en même temps la plus directe; mais, instruit du passage du Lech par Moreau, et des succès que ce général avait obtenus à Friedberg, il crut que c'était le moment d'arrêter les Autrichiens dans leur poursuite; l'archiduc allait nécessairement se trouver forcé de renvoyer une bonne partie des troupes qu'il avait amenées pour les opposer aux progrès des Français au delà du Danube; et l'armée de Sambre-et-Meuse, revenant sur ses pas, seconderait ainsi les efforts de Moreau. Dans cette persuasion, Jourdan crut devoir revenir attaquer l'ennemi à Wurtzbourg. L'armée française marcha donc sur Kintzingen et Dettelbach; mais le général autrichien Hotze avait, dans la journée du 1er. septembre, gagné l'avance sur le général Jourdan, et occupait le pont de Kintzingen sur le Mein. Aussitôt six bataillons autrichiens et neuf escadrons avaient été dirigés sur Wurtzbourg. La faible garnison française qui se trouvait dans cette ville, se vit contrainte de se réfugier dans la citadelle. La place fut occupée par deux bataillons ennemis; et le général Kienmayer passa sur la rive gauche du Mein pour bloquer le fort. Le reste du corps de Hotze prit position au Galgenberg. Le général Starray campa à Repperndorf; Lichtenstein, avec les troupes légères, à Ribergan et Enerfeld. L'archiduc, de son côté, marcha le premier à Oberschwarzach; Kray à Geroldshafen; les généraux Staader et Elsintz observèrent la route de

Schweinfurt. Les Autrichiens restèrent, le 2, dans cette position, étant loin de croire que Jourdan voulût revenir de Schweinfurt sur Wurtzbourg.

Ce ne fut que le soir du 1er. septembre que le général français apprit les mouvemens de l'armée autrichienne ; il ignorait encore que l'ennemi se fût emparé de Wurtzbourg, et tînt la citadelle bloquée. L'occupation de Kintzingen par Hotze le força à faire avancer l'armée par le défilé de Kornach. La réserve de la cavalerie eut ordre de marcher pendant la nuit sur Wurtzbourg, de chercher à en défendre les approches, si l'ennemi n'en était pas maître, et de rétablir la communication avec la garnison, si déjà elle se trouvait bloquée. La division Grenier s'avança dans la même direction, et fut remplacée par la division Lefebvre, qui resta à Schweinfurt, sans aucune utilité pour l'armée. La réserve de la cavalerie, commandée par Bonnaud, rencontra l'ennemi au village d'Estenfeld ; elle le chargea, le fit replier, et se mit en bataille en attendant l'arrivée de l'infanterie qui la suivait : cette infanterie, qui faisait partie de la division Bernadotte, arriva vers le milieu de la journée. Le général en chef fit attaquer Lengfeld et le mamelon de Steinberg, d'où l'on pouvait découvrir ce qui se passait alors dans Wurtzbourg.

Lorsque le prince Charles fut informé du mouvement de l'armée française, dans la soirée du 2, il fit partir sur-le-champ le général Kray pour Stadtschwarzach, où l'on jetait un pont, que sa division devait passer, dans la nuit du 2 au 3, pour aller soutenir Starray. Ce dernier, informé de l'approche des Français, s'était avancé sur Rottendorf pour se lier avec Hotze. Le 3 au matin, l'archiduc se rendit de sa personne au pont de Schwarzach, lequel, à son grand étonnement, n'était pas encore achevé. Il y accéléra le passage des troupes du général Kray.

Bataille de Wurtzbourg, 3 *septembre* 1796. Jourdan ignorait encore que son adversaire eût passé le Mein avec la plus grande partie de son armée; il croyait n'avoir affaire qu'à l'avant-garde qu'il avait déjà combattue à Burg-Eberach, et ses dispositions furent faites en conséquence. De son côté, l'archiduc ignorait également s'il était en présence d'une arrière-garde ou de toute l'armée. Un brouillard épais avait jusque-là empêché les deux partis de distinguer leurs mouvemens.

Avant d'aller plus loin, il est bon de remarquer quelle différence considérable existait entre les forces des Français et celles des Autrichiens. Jourdan, comme nous l'avons déjà dit, n'avait guère sous ses ordres que quarante-deux mille hommes; comme il avait détaché la division de Lefebvre, forte de onze mille hommes, pour la laisser à dix lieues de là, à Schweinfurt, il ne lui en restait donc plus, devant Wurtzbourg, qu'environ trente mille; c'était tout ce qu'il pouvait opposer à une armée de près de soixante mille Autrichiens. La partie n'était pas égale.

Ce ne fut que sur les onze heures que le brouillard se dissipa. L'archiduc s'aperçut alors que Jourdan manœuvrait avec le gros de son armée contre les flancs de Starray, qui disputait le terrain pied à pied. Tout à coup Starray fit sortir toutes ses troupes d'un ravin où il les avait formées en colonnes, et attaqua avec impétuosité les hauteurs de Langfeld, occupées par la division Bernadotte. Etonnés d'une attaque aussi brusque, les Français s'ébranlèrent et cédèrent bientôt le terrain. Le général de brigade Simon, qui commandait cette division en l'absence de Bernadotte, qui était malade, se concentra sur une hauteur, en arrière de Langfeld, la droite sur le mamelon qui domine le moulin, la gauche à Estenfeld, le front sur le ruisseau qui arrose les champs de ce village. Cette disposition arrêta les progrès du général

Starray, qui essaya vainement, à plusieurs reprises, de déposter son adversaire. Le général Simon le tint en échec pendant toute la journée.

Pendant ce temps, Hotze était descendu des hauteurs de Galgenberg, et manœuvrait dans la plaine. La division Championnet vint aussitôt attaquer et repousser les troupes qui se trouvaient en avant du bois de Steinfeld, et se porta ensuite sur Steinfeld même, força l'ennemi à se retirer derrière un ruisseau qui coule d'Enerfeld à Rottendorf; et se trouva ainsi établie sur le flanc droit de l'ennemi; mais cette disposition donnait aux troupes de Championnet une trop grande extension. Le général Jourdan, qui craignit que les Autrichiens ne profitassent de cette faiblesse de nombre, ordonna au général Grenier de venir soutenir cette division. La division de cavalerie de réserve devait en même temps pénétrer jusqu'à Rottendorf, pour prendre à dos les généraux Hotze et Starray. Grenier, partant d'Ober-Bleichfeld, devait s'avancer jusqu'à Selingenstadt. Cette manœuvre ne put être exécutée.

L'archiduc, ayant reconnu les forces des Français, ordonna aussitôt au général Kray, qui se trouvait en colonne dans le vallon en face de Dettelbach, de longer le Mein à la faveur des hauteurs, et de déboucher vivement sur Neusetz, contre le flanc gauche des Français, tandis que le corps de bataille de Wartensleben, qui passait sur le pont et au gué du Mein, se déployait dans le vallon, près d'Enerfeld, derrière le prince de Lichtenstein. Il se prolongea vers la droite, pour gagner aussi le flanc gauche des Français, étant soutenu par la réserve de grosse cavalerie. Ce fut en ce moment même que le général Grenier, qui était en marche sur Selingenstadt, aperçut la cavalerie impériale se développer dans la plaine. Cette vue lui fit sentir la nécessité de changer l'ordre qu'il avait reçu : il ne fit partir qu'un seul régiment d'infanterie, deux escadrons de dragons, et partie de son artillerie légère, et resta avec le gros de sa division à Ober-Bleichfeld, qui était l'endroit d'où il pouvait le mieux couvrir la communication de Schweinfurt et la route de retraite. Cette immense colonne de cavalerie qui avait donné l'alarme, était composée des troupes des généraux autrichiens, Kray et Wartensleben, qui, après avoir passé le Mein, marchaient, les premiers, sur Brosselsheim pour tourner la gauche des Français, et les autres, sur Enerfeld, dans l'intention de se lier à la droite de Starray.

Instruit de ce mouvement de l'ennemi, le général en chef ordonna à la réserve de cavalerie et au général Simon de renforcer Championnet ; il voulut en même temps faire parvenir à Lefebvre l'ordre de détacher une partie de sa cavalerie sur Wipfeln, pour soutenir la gauche de l'armée et sauver ses communications, persuadé qu'il était que l'archiduc, pour composer un corps de troupes aussi considérable que celui qui se montrait, avait affaibli celles qui observaient Schweinfurt ; mais cet ordre utile ne put parvenir à sa destination, la route de Wurtzbourg à Schweinfurt étant déjà interceptée.

Kray ne tarda pas effectivement à faire marcher une colonne sur Diepbach, afin d'envelopper la gauche de l'armée. Pour arrêter cette colonne, le général Grenier jeta en avant de la forêt d'Heiligenthal deux bataillons et cent chevaux. Bientôt il lui fallut détacher encore de sa division, trois bataillons et un régiment de dragons, pour soutenir son avant-garde, qui avait été vivement attaquée et poussée sur Ober-Bleichfeld. Ce secours, qui parut fort à propos sur une hauteur à droite du village, suffit pour contenir l'ennemi et l'empêcher d'avancer davantage. Quelques escadrons de hussards n'en pénétrèrent pas moins sur les derrières de la division, où ils se saisirent de quatre ou cinq bouches à feu ; ils auraient enlevé tout le parc dans le moment de la surprise, sans quatre compagnies d'infanterie française qui, sans s'inquiéter de leur nombre, firent sur eux un feu terrible, et les contraignirent ainsi à se retirer.

Cependant Championnet, voyant les cuirassiers autrichiens se déployer la droite en arrière d'Euerfeld et la gauche en avant d'Erfeludorf, pendant qu'à leur gauche les grenadiers de la réserve de leur nation se formaient en bataille sur deux lignes, renonça prudemment à s'avancer davantage, et fit un mouvement sur sa droite, pour se lier avec le général Simon, et procurer en même temps à son infanterie l'appui de bois et de taillis contre la cavalerie autrichienne. Le général Bonnaud arrivait alors en arrière du bois de Sperler, à la gauche de la division Championnet. Le général en chef, qui avait choisi le champ de bataille de cette division pour son poste, parce qu'il croyait que c'était dans ce moment le plus important et le plus périlleux, ordonna au nouvel arrivé de prendre le commandement de toute la cavalerie française, réunie sur ce point, et de charger vigoureusement à sa tête la cavalerie autrichienne. Au moment où, pour exécuter cet ordre, ce général débouchait entre deux petits bois, la cavalerie légère de Championnet et celle de Grenier, qui se tenaient en avant et sur la gauche, étaient vivement ramenées : lui-même fut attaqué par une masse de cuirassiers, lorsqu'il avait à peine eu le temps de former la tête de sa colonne. La cavalerie française se mettant en bataille à mesure qu'elle débouchait, soutint cependant ce choc inattendu avec le plus grand courage : elle parvint même à repousser à une certaine distance la première ligne des cuirassiers autrichiens; mais leur seconde ligne s'étant alors précipitée sur les cavaliers français, les mit à leur tour en déroute. Le général en chef, malgré tout le mal qu'il s'y donna, ne put les rallier que derrière l'infanterie, qui les sauva par sa contenance imposante et son feu bien nourri. Jourdan, convaincu, par la tournure que prenaient les choses, qu'il n'avait plus rien à espérer d'une lutte aussi inégale, ordonna la retraite; elle se fit sur Arnstein. Les Français se retirèrent en bon ordre, et sans éprouver dans ce moment de pertes considérables. Ce fut la réserve de cavalerie qui forma l'arrière-garde jusqu'à la forêt. Les différentes divisions se réunirent à Arnstein, dans la nuit du 3 au 4 septembre; elles n'avaient pas perdu en tout plus de deux mille hommes, dont environ mille prisonniers. L'ennemi leur avait cependant pris sept pièces de canon. Les Autrichiens engagèrent dans ce combat trente-un mille hommes d'infanterie et treize mille de cavalerie; le nombre des combattans du côté des Français ne monta qu'à vingt-sept mille hommes, dont moins de quatre mille de cavalerie.

Retraite de l'armée de Sambre-et-Meuse sur la Lahn. L'archiduc, à la suite de ce combat, devenu maître de la communication de Wurtzbourg à Francfort, pouvait en profiter pour isoler Jourdan du corps d'armée de Marceau et des ponts sur le Rhin; le général en chef de l'armée de Sambre-et-Meuse n'avait donc rien autre chose à faire que de gagner cette rivière par le chemin le plus court. L'urgence était d'autant plus grande à cet égard, qu'il se voyait prêt à manquer de munitions. Dès le lendemain du combat, c'est-à-dire le 4 septembre, l'armée française quitta les environs d'Arnstein, et alla camper derrière la Saal, près de Hamelburg. Le 5, elle se porta sur Bruckenau, et s'arrêta sur la rive droite de la Sinn. Le 6, elle passa la Kintzig. Le 7, d'après l'avis qui fut donné au général en chef, qu'on voyait l'ennemi sur toutes les communications qui de la Kintzig et du Mein aboutissent à la Lahn, il fit des dispositions particulières. Les adjudans-généraux Ney et Mireur furent cependant les seuls qui rencontrèrent quelques troupes légères autrichiennes; ils les dissipèrent facilement. Le 8, les environs de Butzbach étaient occupés par les divisions Grenier, Championnet et Bernadotte; Lefebvre avait pris position en arrière de Bergstadt; la réserve de cavalerie et quelques escadrons de troupes légères étaient à Friedberg, et le détachement de Ney à Lich. Le 9, on arriva sur les bords de la Lahn. Les divisions Grenier et Championnet la passèrent à Wetzlar, et prirent position sur la rive gauche de la Dille, la gauche à Kintzinbach, et la droite dans la direction de Wetzlar; Ney, à la tête de l'avant-garde de la première, resta en avant de Giessen. L'adjudant-général Mireur fut envoyé de Butzbach sur Weilbourg, par le général Simon, avec huit escadrons, deux bataillons et trois pièces d'artillerie légère. Le gros de la division Bernadotte passa aussi la Lahn à Wetzlard. Lefebvre et Bonnaud restèrent, en arrière-garde, sur la rive gauche, en avant de Wetzlar. Dans cette retraite, l'armée française ne perdit pas une seule pièce de canon. Elle n'eut au reste à repousser que des coureurs ennemis, et quelques paysans qui s'armèrent çà et là à la nouvelle de ses revers. Il paraît, d'ailleurs, que l'archiduc voulant seulement l'inquiéter pour lui ôter l'idée de prendre trop sérieusement position en route, ne la faisait suivre que par deux petits corps de troupes aux ordres du général Elsnitz et du prince de Lichtenstein.

Mort du général Marceau, le 19 septembre. Pour l'archiduc lui-même, le 4, pendant que la garnison de la citadelle de Wurtzbourg se rendait, faute de vivres, il passa le Mein sur un pont construit à Zeil, et marcha par Aschaffenbourg sur Francfort, où il entra le 8. L'effet de ce mouvement fut de débloquer Mayence et Ehrenbrestein. Le général Marceau, qui commandait de ce côté, fit sa retraite en bon ordre, sur quatre colonnes, qui arrivèrent, le 10, à Nassau, à Dietz et à Limbourg. Ce corps étant repoussé sur la Lahn, au moment où le reste de l'armée y atteignit, fournissait le renfort le plus opportun sur le point où l'on aurait pu craindre d'avoir été prévenu par l'ennemi. Six mille hommes arrivaient en même temps de l'armée du Nord, sous les ordres du général de division Castelverd. Un peu plus tôt, ce dernier secours eût peut-être permis à Jourdan de reprendre avantageusement l'offensive; il remplaçait du moins en partie ses pertes, et le mettait en état de soutenir sa retraite jusqu'au Rhin, si elle devenait nécessaire. On ne tarda pas effectivement à en juger ainsi. Un faux mouvement du général Castelverd ayant rendu les Autrichiens, toujours supérieurs en nombre aux Français, maîtres du débouché de Limbourg et de Diest, que Marceau avait défendu avec autant d'habileté que de valeur, le général en chef résolut de se retirer en arrière d'Altenkirchen sur la Wiedbach, pour gagner ensuite, de là, le Rhin lui-même. Le plus grand malheur de ce nouveau mouvement de retraite, fut la mort du jeune général, que ses belles qualités faisaient alors chérir de toute l'armée. Quand on fut arrivé à la vue d'Altenkirchen, le 19, Marceau reçut de Jourdan l'ordre de retenir l'archiduc qui poursuivait l'armée française, en escarmouchant avec lui, tandis que les autres divisions passeraient le défilé. Il s'acquitta de cette mission avec son zèle et son talent ordinaires. Averti ensuite que l'armée prenait ses positions, il se mit en route pour les rejoindre. Son arrière-garde fut vivement attaquée. Il y combattait en personne, et sa présence animait tellement ce petit corps d'armée, que l'ennemi ne put l'entamer, malgré la grande supériorité de ses forces. Cependant on approchait du défilé : on craignit que les Autrichiens, qu'on n'avait pas cru devoir le suivre de si près, ne parvinssent, par un dernier effort, à le renverser sur le peu de troupes qui attendaient encore leur tour pour passer le défilé, ce qui, de proche en proche, eût pu mettre le désordre dans l'armée entière. Le général en chef lui envoya donc dire de s'arrêter de nouveau, un moment, pour ralentir la marche de l'ennemi, promettant, au reste, de le faire promptement soutenir. Marceau place aussitôt sur deux mamelons qui commandent la sortie de la forêt de Hostenbach qu'il vient de traverser, six pièces d'artillerie légère. Il fait en même temps rétrograder le gros de ses troupes pour appuyer son arrière-garde. Il se jette ensuite parmi ses éclaireurs, accompagné seulement du capitaine du génie Souhait, et suivi de deux ordonnances, pour mieux reconnaître et observer l'ennemi qui s'avance. Hélas ! ce moment où il montre un zèle si louable, doit être le plus funeste de sa vie ! Pendant qu'un hussard autrichien du régiment de Kayser caracole devant lui, pour attirer ses regards et le tenir en place, un chasseur tirolien, caché derrière une haie, l'ajuste, lui tire un coup de carabine, et l'atteint. Marceau fait quelques pas ; mais bientôt sentant qu'il est blessé à mort, il demande qu'on le descende de cheval. Des grenadiers formèrent un brancard de leurs armes, et prirent avec ce précieux fardeau la route d'Altenkirchen. Jourdan, qui, à cette triste nouvelle, s'empressa d'accourir sur le champ de bataille, pour prendre lui-même le commandement de sa division, si importante dans ce moment, le rencontra comme on le transportait ainsi. Des pleurs coulèrent des yeux des deux généraux. Marceau montra cependant dans ses derniers momens beaucoup de fermeté. Arrivé à Altenkirchen, il souffrit avec autant de calme que de courage, le mal que lui firent les chirurgiens en élargissant sa plaie. Tout le monde fondait en larmes autour de lui : *Mes amis*, dit-il, *je suis trop regretté; pourquoi me plaindre ? je suis trop heureux de mourir pour ma patrie*. Il n'eut pas même la douceur d'expirer au milieu des Français. Il fallut bientôt quitter Altenkirchen ; et comme il n'était en état de supporter le transport d'aucune manière, on fut obligé de le laisser sous la garde de l'officier prussien qui commandait dans la ville. Deux officiers d'état-major, deux chirurgiens et deux hussards d'ordonnance restèrent cependant auprès de lui, par ordre du général en chef, avec des lettres adressées aux généraux ennemis. Ces lettres de recommandation n'eussent pas été nécessaires : Marceau était aussi estimé dans l'armée autrichienne que dans l'armée française. Dès le matin du 20 septembre, un capitaine de hussards autrichiens, commandant aux avant-postes, vint s'informer de l'état où il se trouvait. Bientôt on vit paraître pour le même motif, et le général Haddick, et le vieux général Kray, regardé comme le vétéran de l'armée autrichienne. Ce dernier avait, plus d'une fois, combattu Marceau, à peine âgé de vingt-sept ans; il témoigna prendre à son sort le plus tendre intérêt. Il pressa dans les siennes ses mains à demi glacées, et les baigna de larmes. Il semblait qu'il ne pût détacher ses regards tristes et abattus de la figure déjà décolorée du jeune général français. Les officiers des hussards de Blankenstein et de Barco, en face desquels il s'était souvent trouvé sur les champs de bataille, se firent honneur d'envoyer une députation pour le visiter. Mais de toutes les visites, la plus honorable pour deux personnes à la fois, fut celle du prince Charles, qui, en se retirant, laissa son chirurgien auprès du blessé, afin que, pour le sauver, si cela était possible, il unît ses talens à ceux des chirurgiens français. Tous ces soins furent inutiles. Marceau avait passé la nuit du 20 au 21, dans un délire presque continuel. Sur les cinq heures du matin, ce délire se calme. Les yeux de Marceau se fixent sur le général autrichien Elnitz, qui est, à cet instant, près de son lit; il le reconnaît, le nomme, tombe en faiblesse, et rend le dernier soupir.

Les officiers français que Jourdan avait laissés près de lui, demandèrent à l'archiduc, qu'il fît remettre son corps à ses frères d'armes, afin qu'ils eussent la consolation de lui rendre les derniers devoirs. Le prince y consentit sans difficulté, et, d'après ses ordres, un nombreux détachement de cavalerie autrichienne escorta, par honneur, ce corps jusqu'à Neuwied. Il fut inhumé dans le camp retranché de Coblentz. Le jour de la pompe funéraire, les deux armées française et autrichienne prirent les armes en même temps, et honorèrent, par de communes salves d'artillerie, la mémoire du héros. Long-temps après, ses restes furent transférés dans le fort de Pétersberg, qui en prit le nom de fort Marceau. On lui éleva encore une colonne à la place même où il avait reçu le coup mortel, et une pyramide à Messeinhem, lieu où il s'était particulièrement distingué.

Marceau n'avait dans le caractère rien de cette rudesse et de cette dureté propres à quelques-uns de ceux qui s'élevèrent aux honneurs dans le même temps que lui. Constamment aimable et obligeant avec tout le monde, on le vit quelquefois se faire remarquer, au péril de sa vie, par des traits qui annonçaient une grande âme et un cœur sensible. A l'époque où il avait un commandement dans la Vendée, il sauva une jeune Vendéenne qui s'était mise sous sa protection dans le moment d'une déroute de son parti. Il avait failli être victime de cette noble action ; en même temps qu'on traînait son infortunée protégée à l'échafaud, on le plongeait dans les fers, et l'on disposait tout pour que son procès lui fût fait avec rigueur..... Un représentant du peuple qu'il avait arraché des mains des Vendéens, dans une bataille, accourut de Paris dans l'endroit où il allait être jugé, demanda à la commission militaire les pièces de la procédure, et les déchira en présence de tous les membres de cette commission : c'était une belle action devenant la récompense de deux autres faites dans deux partis différens, c'est-à-dire, par un sentiment général d'humanité et de générosité. Quelque danger que Marceau eût couru pour la Vendéenne, il ne se la rappelait cependant jamais, que pour déplorer son sort, et le malheur qu'il avait eu de ne pouvoir la sauver entièrement. Il versait alors des larmes amères, et l'horreur et le désespoir se peignaient dans tous ses traits.

S'il savait commander la reconnaissance par ses belles actions, il en éprouvait aussi le doux pouvoir. Une femme du peuple l'avait aimé dans son enfance, et lui en avait donné toutes les petites preuves qu'en peut recevoir un enfant. Marceau ayant, vingt ans après, remporté une victoire, et se trouvant seul, le soir, avec sa sœur et un ami, il fut question entre eux de sa conquête, et de la gloire qu'elle lui procurait. L'espoir de la paix le flatte un moment ; il s'occupe de la petite fortune qu'il ne doit qu'à ses exploits. Tout d'un coup sortant d'une profonde rêverie, il dit à sa sœur : « Sais-tu ce que nous ferons en arrivant à Chartres ? Nous irons chez la bonne mère Francœur (ainsi s'appelait cette femme) ; il y a si long-temps que je ne l'ai vue ! »

Quelque concert de louanges méritées que la vérité

fit retentir autour de lui, il montra toujours la modestie la plus parfaite. Un homme distingué par son mérite le complimentait sur ses victoires du Mans et de Savenay : *Ce n'est pas moi*, lui répondit-il, *qu'il faut complimenter ; c'est Kléber, à qui je dois tout.* Un ministre l'engageait à solliciter un commandement : *Je me garderai bien*, dit Marceau, *de vouloir commander en chef ; je n'ai pas assez d'expérience.*

Pourquoi la mort vint-elle sitôt trancher le cours d'une vie qui promettait aux compatriotes de Marceau, tant de beaux exemples et tant de services glorieux !

L'armée française repasse le Rhin le 20 septembre, et change de commandant. Dans la journée du 19, la division Marceau, commandée par Jourdan en personne, continua de faire sa retraite avec le plus grand ordre, quoique profondément affligée du cruel événement qui venait de la priver de son général. Elle prit position à la droite de celle du général Bernadotte. L'archiduc s'arrêta à Freilingen, occupant par son avant-garde le village et la forêt d'Hostenbach ; le général Neu se porta sur la Niubach à Romesdorf.

Le 20, les divisions Grenier et Championnet passèrent la Sieg et l'Agger, et se postèrent, à la nuit, de la manière suivante : le général Grenier ayant sa droite en arrière de Mundorf, et sa gauche vers Eschmar ; Championnet, son centre à Troisorp, son avant-garde en avant de Siegberg, et sa gauche parallèlement au cours de l'Agger. La réserve de cavalerie se plaça en seconde ligne des deux divisions. Le général Poncet, commandant la division Marceau, passa le Rhin sur le pont volant de Bonn, et alla camper, relativement aux Autrichiens, en arrière de cette ville. Les généraux Lefebvre et Bernadotte vinrent s'établir en avant d'Ukerad;

Bernadotte ayant sa droite appuyée à des marais, et Lefebvre sa gauche à la Sieg.

Le lendemain, 21 septembre, les troupes qui, par suite des derniers mouvemens, se trouvaient sur la rive gauche du Rhin, étendirent leur gauche jusqu'au château de Biusberg, qu'elles occupèrent fortement. On porta le centre à Portz, et la droite demeura appuyée au Rhin. On ne changea rien à la position des autres divisions : les troupes légères furent seulement placées en avant du front du camp, de façon à pouvoir observer tout ce qui déboucherait sur l'Agger et sur la Sieg.

Depuis long-temps, le général en chef, piqué du rôle que le directoire lui avait fait jouer dans cette campagne, où il avait été sacrifié à un plan mal conçu, sollicitait la permission de se démettre du commandement. Bournonville arriva enfin à cette époque pour le remplacer. Jourdan partit le 29 septembre, emportant avec lui, au sein de sa famille, les regrets de tous les militaires qui avaient combattu sous ses ordres. Ses derniers revers n'avaient pu, en effet, lui ravir leur estime. Sa retraite s'était faite avec habileté et avec gloire, et il n'y avait été réduit que par un accroissement inattendu et considérable des forces ennemies qui lui étaient opposées. L'armée de Sambre-et-Meuse avait conservé l'ascendant de la victoire, aussi long-temps qu'elle n'avait pas été accablée; et pour lui rendre toute la justice qu'elle mérite, il faut se souvenir, qu'arrivant victorieuse de la Belgique, qu'elle avait étonnée par ses exploits, ce fut encore elle qui, au moyen d'une diversion faite habilement et à propos, donna à l'armée de Moreau la facilité de passer le Rhin (1).

---

(1) Au moment où se termine l'impression de cet article, on produit au jour, sous le titre de *Mémoires pour servir à l'his-*

Sous le successeur de Jourdan, son armée n'eut à faire aucun mouvement important. Après s'être disputé quelque temps le poste de Neuwied, les Français de cette armée et les Autrichiens conclurent un armistice qui suspendit indéfiniment les hostilités. Mais voyons quel effet ses revers avaient dû nécessairement produire sur l'autre armée française, qui, lorsqu'ils commencèrent, avait déjà planté ses drapeaux victorieux sur la rive gauche du Danube.

---

toire de la Campagne de 1796, un ouvrage que l'on attribue au maréchal Jourdan, et dans lequel on se plaint de l'espèce de dédain avec lequel quelques auteurs ont parlé de la retraite de ce général en 1796. Pour nous, nous ne croyons pas avoir mérité ce reproche. Nous avons vu cependant quelques militaires, dont le nom semble faire autorité, blâmer le général en chef de l'armée de Sambre-et-Meuse, au sujet de la bataille de Wurtzbourg, livrée, suivant ces militaires, dans une position désavantageuse, et contre l'intérêt de l'armée qui ne devait songer alors qu'à gagner promptement la Lahn. S'il faut s'en rapporter aux *Mémoires* en question, il paraît qu'un grand motif détermina le maréchal Jourdan dans cette circonstance, et qu'il ignorait même le nombre des adversaires qu'il allait avoir à combattre. Il suspendit sa marche pour livrer cette bataille, dont le gain lui eût permis de se reporter en avant, à la nouvelle du mouvement victorieux de l'armée de Rhin-et-Moselle, au delà du Lech, et croyant, avec beaucoup de ses lieutenans-généraux, que les succès soutenus de cette armée pourraient bien avoir déterminé l'archiduc à détacher, au secours du général Latour, une grande partie du renfort qu'il avait amené à Wartensleben. Cette opinion était si peu déraisonnable, qu'il fut prouvé, par la suite, que l'archiduc jugeant le danger existant, quoique moindre, avait, à cette époque, envoyé la division Nauendorf renforcer le général Latour. C'est d'ailleurs dans ce sens que nous avons parlé de la bataille de Wurtzbourg.

ARMÉE DE RHIN ET MOSELLE.

Il paraît que le général Moreau ignora pendant plusieurs jours la manœuvre par laquelle l'archiduc avait grossi tout d'un coup l'armée de Wartensleben pour accabler Jourdan. Quand cette manœuvre vint à sa connaissance, il craignit de perdre l'avantage de sa position en allant au secours de son collègue. Il chercha seulement à réattirer l'archiduc, en s'avançant dans la Bavière, qui le mettait tout à la fois, et sur la route de Vienne, et sur celle du Tirol, par lequel il pouvait aller prendre à revers les Autrichiens en Italie, et donner la main à Bonaparte. L'archiduc, au reste, tout rempli de son plan dont il se promettait, non sans raison, le plus favorable succès, n'en pouvait être facilement dérangé. On l'avait entendu adresser ces paroles remarquables au général Latour, en le quittant : *Que Moreau aille jusqu'à Vienne, peu m'importe, pourvu que je batte Jourdan.* Battant effectivement Jourdan, il ne pouvait donc rétrograder, quelques inquiétudes que s'efforçât de lui donner le général en chef de l'armée de Rhin-et-Moselle. Il se contenta d'envoyer d'Amberg la division du général Nauendorf renforcer le général Latour.

Le 19 août, Moreau avait passé le Danube à Hochstadt, Dillingen et Lauingen, et pris position derrière la Zusam. Le 20 il avait passé cette rivière, et s'était établi sur la rive gauche de la Schmutter, son corps de bataille étant placé d'Engelhofen à Truisheim, par Langweid, et la seconde division de son aile droite en avant de Mindelheim. C'était précisément à ce moment que l'archiduc s'était détaché de son armée avec un corps de vingt-huit mille hommes, pour aller joindre Wartensleben.

Les forces du général Latour étaient, à la manière ordinaire des Autrichiens, que plus d'une expérience malheureuse n'avait encore pu corriger, disséminées sur une grande étendue de terrain. L'aile gauche, commandée par le général Frœlich, et composée de neuf mille hommes d'infanterie et de deux mille huit cents chevaux, était placée depuis Schongau jusqu'aux montagnes qui séparent la Souabe du Tirol. Le général Wolf défendait le Voralberg avec cinq bataillons et deux escadrons. Le général Mercantin, commandant l'aile droite, forte de quatre mille sept cents hommes d'infanterie et de deux mille six cents de cavalerie, occupait entre Rain et Pesenbruck, les bords du Lech, dont il défendait le passage ; six bataillons et douze escadrons formant le centre aux ordres du général Latour, avaient pris position vers Friedberg ; trois compagnies de tirailleurs et six escadrons de cavalerie légère, avaient été placés en avant-postes sur le Lech. Le prince de Condé occupait Landsberg avec trois mille cinq cents fantassins et quinze cents cavaliers.

Passage du Lech, 24 *août* 1796. Quoique la position du général Latour, près de Friedberg, fût très-avantageuse, Moreau se décida à diriger contre lui sa principale attaque, et le 24 août, il disposa son armée à passer le Lech. Le général Férino, commandant la seconde division, passa la rivière près d'Haustetten à un gué que l'ennemi ne connaissait pas, et qu'il avait par conséquent négligé de faire garder. Mais la rivière était tellement rapide en cet endroit-là, que le passage opposa de très-grandes difficultés. Les soldats avaient de l'eau jusqu'aux aisselles, et étaient obligés de porter leurs gibernes et leurs fusils sur leurs têtes. Les généraux Abatucci et Montrichard, le chef de brigade Cassagne et l'aide-de-camp Savary, mirent pied à terre, et pour animer les soldats par leur exemple, se jetèrent dans l'eau les premiers. La rapidité du courant entraîna le premier peloton, qui eût infailliblement péri tout entier si on ne lui eût donné de prompts secours ; mais heureusement peu d'hommes furent noyés, et cet accident, loin de décourager les autres soldats, donna lieu à une infinité de bons mots et de plaisanteries. Le général Saint-Cyr effectua son passage près de Lechausen, et la plus grande partie de l'aile gauche à Langweid. La réserve fut rassemblée entre Augsbourg et Haustetten, également à portée des deux passages principaux.

Aussitôt que la 3e. demi-brigade d'infanterie légère, la quatre-vingt-neuvième de ligne, le quatrième de dragons, et partie du huitième de hussards, furent parvenus sur l'autre rive et se furent formés sous la protection de deux pièces d'artillerie légère, ils se portèrent sur Kussing et sur les hauteurs de Mevringen, et ces deux positions furent bientôt en leur pouvoir. Les Français s'avançaient rapidement vers Othmaring, quand l'ennemi, qui d'abord ne leur avait opposé que quelques pelotons de cavalerie, parce qu'il ne s'était pas imaginé qu'ils pussent passer en force sur ce point, s'étant aperçu de leur nombre, envoya contre eux, par les hauteurs, deux bataillons d'infanterie, et par la plaine, huit escadrons, soutenus d'une compagnie d'artillerie à cheval. L'attaque fut vive, et l'ennemi eut d'abord l'avantage ; mais bientôt repoussé par les Français, qui reçurent quelques renforts, il fut forcé de se retirer.

Pendant que l'infanterie combattait ainsi sur les hauteurs de Cassing, la cavalerie, qui était déjà passée, et à laquelle s'étaient réunis les onzième et douzième régimens, tirés de la réserve, s'avançait à travers la plaine qui s'étend entre le Lech et la Paar, vers la chapelle Saint-Affra et le grand pont d'Augsbourg. Un corps d'infanterie, suivant la gauche du Lech, appuyait ce mouvement, dont le but était de joindre la gauche de l'aile droite avec le centre, et de faciliter son déploiement, devenu si nécessaire pour attaquer vigoureusement, sur les hauteurs de Friedberg, le flanc gauche de l'ennemi, qui s'y trouvait coupé.

L'aile droite n'eut pas plutôt passé le torrent et gagné les hauteurs de Kussing, que le général Saint-Cyr dirigea sur les Autrichiens une fusillade et un feu d'artillerie si bien soutenus, qu'il les força à s'éloigner des rives et des deux ponts du Lech. La vingt-unième demi-brigade d'infanterie légère, la trente-unième de ligne, le deuxième régiment de chasseurs et le neuvième de hussards passèrent ensuite la rivière à deux gués qui se trouvent au-dessus et au-dessous de Lechhausen, et où le courant est tellement rapide, que plusieurs soldats et officiers furent entraînés : de ce nombre fut l'adjudant-général Honel, officier très-distingué, qu'on ne put sauver. Aussitôt qu'elles eurent atteint l'autre rive, les troupes chassèrent les ennemis des bois qui bordent le Lech, et s'emparèrent du village de Lechhausen, où elles trouvèrent cinq pièces de canon que les Autrichiens y avaient abandonnées. Tout ce que le général Latour avait rassemblé vers le grand pont, ayant été aussi forcé de se retirer, les Français pénétrèrent dans le bois jusqu'à Hochzell et se lièrent avec l'aile droite. On se hâta de réparer les ponts, et en peu de temps l'artillerie et le reste des troupes franchirent la rivière, et on se disposa à attaquer le camp de Friedberg.

Combat de Friedberg, 1er. septembre 1796. L'infanterie continuait de se battre vers Othmaring ; mais les avantages se balançaient, et rien n'annonçait, de part ou d'autre, un succès décisif. Le centre, en se déployant en avant de Lechhausen, fit changer les choses de face ; pendant qu'il s'ébranlait pour marcher sur les hauteurs de Friedberg et de Wulfretzhausen, les troupes de l'aile droite firent un effort sur Othmaring, et en chassèrent l'ennemi. Près d'être tournés, les Autrichiens voulurent faire leur retraite par Ratisbonne et Munich; mais trouvant le passage intercepté par l'avant-garde, aux ordres du général Abatucci, et pris de front par le général Saint-Cyr, ils furent rompus, mis en déroute, rejetés dans le bois, et perdirent toute leur artillerie.

Friedberg et les hauteurs environnantes furent occupées par la division du centre, pendant que la cavalerie et l'artillerie légère se déployaient dans la plaine. Quelques pelotons de hussards français, serrant de trop près les dragons de Waldeck et les hussards de Ferdinand, chargés de protéger la retraite, furent repoussés un instant; mais reprenant bientôt le dessus à l'aide de la cavalerie légère, qui se trouva déployée, ils repoussèrent à leur tour les ennemis, et les poursuivirent vigoureusement: en même temps l'infanterie de l'aile droite arriva sur la route de Munich; le désordre se mit alors dans tous les rangs autrichiens, et leur retraite ne fut plus qu'une déroute complète.

Le gué qui se trouve en avant de Langweid était si mauvais, qu'on ne put y faire passer l'artillerie; mais le reste des troupes ayant traversé la rivière, tomba à l'improviste sur l'ennemi, qui avait cru le passage bien plus difficile, lui prit vingt-cinq hussards, et l'obligea d'abandonner ses postes. S'avançant ensuite, sans trouver de résistance, jusque sur la route de Neubourg à Friedberg, ils ramassèrent cent prisonniers, trente chevaux et six caissons. La cavalerie légère, guidée par le général Vandamme, poursuivit les ennemis dans la vallée de Paar, tant que les hommes et les chevaux purent marcher; mais la fatigue les força de s'arrêter. Les Français, dans cette journée, prirent aux ennemis dix-sept pièces de canon, deux drapeaux et deux mille prisonniers, au nombre desquels se trouvèrent deux majors de hussards, et un bataillon tout entier du régiment de Schrœder, avec le commandant et tous ses officiers.

Après le combat de Friedberg, le général Moreau plaça son armée ainsi qu'il suit : le général Férino occupa Dachau, et l'avant-garde Schleshaim et Mosach ; le centre, commandé par le général Saint-Cyr, fut placé à Pfaffen, Hoffen, et à Gundersried, derrière l'Inn, son avant-garde à Wolnzach ; le général Desaix s'établit entre la Paar et la forêt de Gundersried, et son avant-garde à Puech, Geisenfeld et Reichertshofen ; le général Delmas prit position entre Nenburg et Ingolstadt, et la division Laborde à Kempten.

Combat de Greisenfeld, 1er. *septembre* 1796. Le projet de Moreau était d'attaquer le général Latour, et d'empêcher par-là les ennemis de déboucher par Ingolstadt, où le prince Charles avait laissé des forces, avant de se diriger sur l'armée de Sambre-et-Meuse.

De son côté, le général Latour, qui avait été renforcé par la division du général Nauendorf, prenait la résolution d'attaquer les Français, et cette attaque avait été fixée au 1er. septembre. Ce jour-là, les Autrichiens se mirent en mouvement à trois heures du matin, au moment même où les Français s'ébranlaient pour attaquer. Les deux avant-gardes se rencontrèrent auprès de Greisenfeld ; celle des Français fut repoussée, et un corps considérable de cavalerie ennemie pénétra jusque sur la route qui conduit à Reicherzotten. On fit promptement revenir au corps de bataille les troupes qui avaient été détachées de l'aile gauche, et qui a leur tour repoussèrent la cavalerie autrichienne, et la poursuivirent sans cesser de la charger sur cette même route, où un insant auparavant elle était victorieuse. Le corps du général Delmas fut chargé de garder la tête du pont d'Ingolstadt, et d'assurer la gauche de l'armée.

Pendant ce temps-là, la dixième demi-brigade d'infanterie légère soutenait, dans le bois de Greisenfeld, une lutte terrible avec l'ennemi, et eût peut-être été forcée de céder, si la cavalerie de la réserve et le corps de bataille de l'aile gauche ne fussent arrivés à son secours. Le général Desaix prit position entre Puech et la chapelle Saint-Gast, et alors il s'engagea un combat dans lequel les deux armées montrèrent autant de valeur que d'acharnement. La chapelle et les hauteurs tombèrent au pouvoir des Autrichiens, et l'aile droite des Français, écrasée par l'artillerie établie sur ces mêmes hauteurs, fut forcée de se replier. La principale attaque des ennemis était dirigée vers Langenbruck. Ce village, dont les Français et les Autrichiens occupaient chacun une partie, était dominé par une hauteur dont les Français étaient maîtres. L'infanterie ennemie, formée en colonne d'attaque, tenta vainement, à différentes reprises, d'emporter cette hauteur; chaque fois elle fut repoussée et mise en désordre.

Le général Latour, qui avait déployé, entre Langenbruck et Greisenfeld, sa nombreuse cavalerie composée au moins de quatre mille chevaux, chercha à faire tourner la gauche des Français et à s'emparer de la grande route. Cette cavalerie s'avançant dans les prairies marécageuses, et passant un petit ruisseau qui traverse la grande route, se disposa à une charge générale. Les généraux Desaix et Beaupuy firent aussitôt marcher un bataillon de la soixante-deuxième demi-brigade, le premier régiment de carabiniers, le sixième de dragons et le huitième de chasseurs, avec une compagnie d'artillerie légère, pour soutenir la gauche affaiblie par les troupes qui en avaient été détachées. La cavalerie ennemie n'ayant pas aperçu ce mouvement que lui déroba une hauteur, s'avança avec audace sous le feu de quatre pièces de canon tirant à mitraille, sur quelques pelotons épars qui se montraient dans la campagne. Marchant ensuite avec impétuosité sur la batterie, elle s'en approcha jusqu'à vingt-cinq pas. Chargée alors de front par le premier régiment de carabiniers qui se montra tout à coup, elle fut, malgré son immense supériorité en nombre, jetée en désordre dans les endroits les plus marécageux de la prairie. Le sixième de dragons et le huitième de chasseurs la prirent alors en flanc, et ne lui ayant pas permis de regagner le chemin par où elle était entrée, la forcèrent à défiler devant la soixante-deuxième qui lui tua plus deux cents chevaux. Les Autrichiens ne furent pas plus heureux dans les autres tentatives qu'ils firent sur le village de Langenbruck.

Le général Desaix, ayant repris l'offensive avec la droite de son corps de bataille, fit enlever la chapelle Saint-Gast par un bataillon de la quatre-vingt-dix-septième, qui s'empara aussi, à la vue d'un régiment de cuirassiers, d'un obusier et d'un caisson. L'ennemi, découragé par tant de mauvais succès, fit sa retraite en assez bon ordre jusque dans le bois de Greisenfeld. La nuit vint arrêter l'infanterie, qui s'était mise à sa poursuite.

La dixième demi-brigade de ligne et le quatrième régiment de chasseurs, repoussèrent avec perte une colonne ennemie qui s'était dirigée sur Reicherzotten, dans l'intention de forcer le passage de la Paar, et de s'emparer de ce village. Les Autrichiens perdirent au combat de Greisenfeld, quinze cents hommes au moins, tués, blessés ou faits prisonniers, et un assez grand nombre de chevaux.

Le centre de l'armée occupé à l'attaque de Freysing ne prit aucune part à l'action. Le général Latour dut regarder comme une circonstance bien favorable pour lui, la disposition des vents, qui soufflant en sens contraire ne permirent pas que le canon fût entendu de ce côté-là ; car on l'eût mis dans une position bien critique, si on eût porté un corps un peu considérable sur ses derrières. Une division de l'aile gauche jointe à la cavalerie de la réserve, eut à supporter les efforts réunis des généraux Latour, Nauendorf et Mercantin, les repoussa malgré leur immense supériorité, leur tua ou blessa douze cents hommes au moins, leur fit trois cents prisonniers, et leur prit cent chevaux et un obusier. Le même jour, l'avant-garde du général Férino s'avança dans les environs de Munich, pour chasser entièrement les Autrichiens de la rive gauche de l'Iller.

Trois bataillons autrichiens et neuf cents chevaux, couvrant Freysing, furent, le 3 septembre, attaqués par l'avant-garde du centre de l'armée française, qui les repoussa avec tant de vivacité, qu'ils n'eurent pas le temps de couper les ponts de l'Iser ; les Français s'en emparèrent et devinrent par-là maîtres du passage. Moreau en profita, pour faire passer la rivière à son armée, le 5 septembre.

L'aile droite éprouva le même jour un revers. Le major Wolfskehl, envoyé par le général Frœlich pour parcourir, avec six escadrons, le pays qui se trouve entre l'Iser et le Lech, inquiéter les reconnaissances des Français et attaquer leurs postes faibles, tomba inopinément sur celui de Duchau, culbuta la garde et s'empara de toute l'artillerie, de plusieurs caissons, et d'un nombre assez considérable de voitures chargées de munitions et de vivres. Cet événement ne fut pas plutôt connu du général Férino, qu'il mit le général Abatucci à la poursuite des Autrichiens. Mais ceux-ci avaient gagné assez de terrain pour ne pouvoir être atteints ; ils restèrent maîtres du parc.

Pendant qu'une partie de l'aile gauche se disposait à attaquer la tête du pont d'Ingolstadt, l'avant-garde de l'aile droite chassa l'ennemi de Mosbourg, fit quelques prisonniers et s'empara du pont de l'Iser. Les Autrichiens furent délogés par le centre de Maimbourg, où ils perdirent quatre cents hommes et une pièce de canon. Neustadt tomba au pouvoir de l'aile gauche.

L'expédition de l'archiduc contre l'armée de Sambre-et-Meuse commençait cependant à donner de l'inquiétude au général Moreau. Ne recevant aucune nouvelle de Jourdan, il chercha à rétablir ses communications avec lui, et détacha Desaix avec une partie de ses troupes dans la direction de Nuremberg. Mais l'armée de Sambre-et-Meuse était alors à une distance de soixante lieues derrière la Lahn, et ce mouvement ne pouvait lui être d'aucune utilité. Cependant, le 10 septembre, l'aile gauche passa le Danube à Neubourg et se dirigea sur Aichstett; le centre prit sur la rive gauche une position intermédiaire à Unterstatt; la division Delmas resta sur la rive droite vers Zell pour couvrir Neubourg. Le général Férino se replia derrière la Paar, vers Friedberg, pour se rapprocher du centre et couvrir les ponts du Lech. Ce mouvement fut suivi par les ennemis, qui se placèrent, savoir : le corps du général Latour à Schrobenhausen ; celui de Nauendorf, sur la rive gauche du Danube; et celui du général Frœlich, sur Landsberg.

Combat de Neubourg, 14 *septembre* 1796. Le général Latour, ne profitant pas des avantages que pouvait lui donner la division des forces de Moreau, se contenta de faire suivre le général Desaix par le général Nauendorf, qui manœuvra pour intercepter ses communications, et d'ordonner au général Mercantin de forcer le centre de Moreau à Neubourg. Mercantin, s'avançant à la faveur d'un brouillard extrêmement épais, qui dérobait sa marche, attaqua à l'improviste six bataillons du général Delmas, qui se trouvaient à Pruck et dans la plaine de

Zell, et les culbuta. Pendant que la cavalerie du général Delmas cherchait à rallier l'infanterie, le général Oudinot, chargeant l'ennemi avec le dixième de dragons et le septième de hussards, était parvenu à l'arrêter. Les escadrons du général Mercantin se déployèrent en ce moment et attaquèrent les Français avec un très-grand avantage. Malgré leur infériorité, les généraux Delmas et Oudinot soutinrent les efforts des ennemis jusqu'à quatre heures du soir. Blessés l'un et l'autre, ils auraient infailliblement été forcés de céder, si le général Duhem ne fût arrivé avec sa division à leur secours et n'eût rétabli le combat. Ranimées par ce renfort, les troupes qui avaient commencé à céder le terrain revinrent à la charge et obtinrent quelque avantage. L'ennemi, pris en flanc par trois bataillons du général Duhem, et de front par le général Delmas, fut repoussé et forcé d'abandonner la plaine; mais les renforts qu'il reçut au village de Pruck lui donnèrent une telle supériorité, que les Français cédèrent à leur tour, et firent leur retraite sous la protection du général Oudinot, qui, malgré sa blessure, contint les Autrichiens avec deux régimens. Les Français perdirent quelques centaines d'hommes, faits prisonniers.

Moreau, sentant enfin que la marche de Desaix, qui s'était avancé jusqu'à Heydeck, était non-seulement trop tardive, mais pouvait même compromettre sa division, lui donna l'ordre de rétrograder et de se rapprocher de l'armée.

Le centre et une partie de l'aile gauche repassèrent le Danube le 15 septembre, et vinrent prendre position entre Rornfeld et Neubourg. Les Français attaquèrent les Autrichiens dans les bois de Zell et de Pruck, et les repoussèrent jusqu'à Weihering; mais bientôt après un détachement français, qui de Pattmes s'était retiré à

Pruck, fut culbuté sur Singming, et ne put empêcher les ennemis de pénétrer sur la route de Rain à Neubourg, où ils enlevèrent un commissaire des guerres, un courrier et quelques charrettes de vivandiers.

Commencement de la retraite de Moreau. Le corps de Desaix ayant repassé le Danube le 16, toute l'armée se trouva réunie sur la rive droite de ce fleuve; la gauche vers Neubourg; le centre à Walden. Le général Moreau apprit à cette époque, indirectement cependant, la retraite de l'armée de Sambre-et-Meuse. Dès lors il se décida à faire un mouvement rétrograde et à se rapprocher du Rhin. Menacé sur la droite par le général Frœlich, sur la gauche par le général Nauendorf, il sentait que ce dernier ne manquerait pas de se porter sur Ulm aussitôt qu'il verrait la retraite prononcée. Résolu de le prévenir, il ordonna au général Montrichard de s'emparer de cette ville pendant que l'armée passerait le Lech, et se rapprocherait de l'Iller.

Attaque de Kehl, le 18 septembre. Pendant tous ces mouvemens, il se passait sur les derrières de Moreau un événement très-important. Moreau, en s'avançant sur le Necker, après la bataille d'Eltingen, avait laissé le général Scherb avec la soixante-huitième demi-brigade et deux escadrons du dix-neuvième régiment de dragons, pour observer les garnisons de Manheim et de Philipsbourg. Tant que les Français eurent l'avantage, ce corps ne fut nullement inquiété; mais aussitôt après les premiers succès du prince Charles, le général Scherb se vit menacé d'être enlevé ou écrasé.

Pour prévenir l'attaque combinée de la garnison de Philipsbourg, avec une portion de celle de Manheim, et une colonne considérable de paysans, Scherb attaqua lui-même le 4 septembre, à Obstadt, les ennemis, qu'il culbuta, et qu'il força, l'épée dans les reins, à rentrer dans leurs places, après avoir perdu beaucoup de monde. Il les repoussa également dans une nouvelle tentative qu'ils firent le 6.

Pendant ce temps-là, il se préparait une affaire plus sérieuse; l'archiduc, ramenant un corps considérable de sa grande armée, devait se joindre aux garnisons de Manheim et de Philipsbourg, repousser la division du général Scherb, s'emparer de vive force de Kehl, et enlever à l'armée française toutes communications par les vallées de la Renchen et de la Kintzig. Déjà la cavalerie composant l'avant-garde, et commandée par le colonel Merfeld, était arrivée. Le général Scherb, instruit de toutes ces dispositions, se mit à faire sa retraite sur Kehl, quand, le 13 septembre, les petits corps détachés sur ses flancs furent attaqués et forcés de se retirer sur le corps principal. En se retirant, dans la nuit du 13 au 14, le général Scherb fut obligé de se frayer un passage, à la pointe de l'épée, à travers les ennemis qui l'avaient précédé au village de Grumbach, sur la route de Durlach. Il les rencontra de nouveau à Weingarten, et après un engagement qui dura une heure, les força de se retirer. Sans cesse harcelé en queue et en flanc, n'ayant pas le temps de prendre un instant de repos, le petit corps d'armée continua sa retraite, et arriva à Kehl, le 15, à onze heures du soir. Les manœuvres habiles de son chef purent seules le préserver de sa perte, qui paraissait presque assurée.

Après le passage du Rhin, les Français avaient travaillé à relever les fortifications de Kehl, et avaient même commencé un camp retranché, qui devait augmenter ses défenses. Mais ni les uns ni les autres de ces travaux ne pouvaient mettre à l'abri d'un coup de main cette place, dont la vingt-quatrième demi-brigade et quelques débris de la cent quatrième composaient toute la garnison. Il était d'ailleurs probable que le corps envoyé au secours de Kehl, et qui était parti de l'armée le 8 septembre, n'arriverait pas à sa destination; car sur le bruit de son départ, le lieutenant-colonel Daspre avait était détaché par le général Pétrasch pour occuper avec deux bataillons les vallées de la Renchen, et y faire des abattis qui devaient les rendre impraticables. La vallée de la Kintzig était aussi éclairée par trois divisions de cavalerie.

Le 18 septembre, les Autrichiens s'avancèrent vers Kehl, formés sur trois colonnes. La première, qui était la principale, aux ordres du lieutenant-colonel Ocskay, après avoir passé la Kintzig et avoir gagné les digues du Rhin au-dessus de Kehl, au moyen d'un grand détour, se fit diriger par les paysans qui avaient travaillé aux ouvrages, et pénétra jusque dans l'ouvrage à corne du Haut-Rhin, où elle s'introduisit par une gorge encore embarrassée de jardins et de maisons. Le major Busch, commandant la seconde colonne, s'empara du village de Kehl, et la troisième colonne, composée de trois compagnies de Serviens et d'une division de hussards de Blankenstein, fut chargée de faire une fausse attaque. Le colonel Pongratz devait soutenir avec une réserve les colonnes les plus avancées.

Tous les ouvrages de la ville, du village et même du fort de Kehl, furent en un instant au pouvoir des ennemis, et leurs tirailleurs arrivèrent en même temps à la culée de l'ancien pont de pilotis et à celle du pont du petit bras du Rhin. Une erreur de la part des Autrichiens fut en cette circonstance bien favorable aux Français. Quand, l'avant-veille, on avait remonté ce dernier pont à cinquante toises plus haut, on n'avait pas pris le temps de détruire la culée ; les soldats ennemis, un peu enivrés d'eau-de-vie, et encore dans les ténèbres, s'arrêtèrent à cette culée, qu'ils prirent pour celle du pont véritable, et laissèrent par conséquent libre un pont bien essentiel, et dont la destruction eût intercepté au fort tout secours en hommes et en munitions. Le général Scherb, dont les troupes étaient sous les armes long-temps avant l'attaque, fut cependant surpris par les Autrichiens, qui arrivèrent sur ses derrières, et furent dans Kehl avant qu'il eût pu s'y rendre. La cavalerie fut presqu'entièrement détruite par les balles, qui l'assaillirent au pont de la Kintzig et dans la grande rue qu'elle voulut traverser pour se sauver. Parmi le petit nombre de cavaliers qui se sauvèrent, on remarqua un officier du quinzième régiment de cavalerie, nommé Ferry. Fait prisonnier, cet officier était gardé dans une cave par sept Autrichiens. S'étant aperçu que les Français reprenaient l'avantage, il en imposa tellement à ses gardes, qu'après avoir obtenu que son sabre lui fût remis, il les fit tous sept ses propres prisonniers.

Guidée par le général Siscé, la soixante-huitième, traversant à gauche la Kintzig, dont les eaux étaient basses, et bravant le feu des ennemis, tourna le fort du côté du Rhin, et vint se présenter devant Kehl. Trois fois elle fut repoussée ; cependant elle supporta le feu de quatre pièces de canon qui enfilaient la grande rue, et tous les efforts d'un ennemi bien supérieur en nombre, jusqu'à sept heures, où sa valeur fit enfin changer la face des choses. Les Français ayant alors repris le dessus, firent prisonniers dans ce fort, le lieutenant-colonel Ocskay et deux cents hommes du régiment de Ferdinand. Le général Schawembourg ramena à la charge un bataillon qui s'était jeté sur les ponts du Rhin et prenait la fuite. Les Français, par ce moyen, se trouvèrent en état de repousser l'attaque impétueuse des Autrichiens : ceux-ci, après avoir perdu beaucoup de monde et s'être épuisés par un combat si opiniâtre, se trouvaient sans chef, le major Dallos, commandant sous Ocskay, ayant reçu une blessure mortelle.

A Strasbourg, qui se trouvait sans garnison, et où l'alarme s'était répandue, on arma les ouvriers des ateliers et des magasins militaires, et on en forma un bataillon, qui, accouru au secours de Kehl avec les grenadiers, les chasseurs et les canonniers de la garde nationale, décida la victoire en faveur des Français. L'ennemi se battit encore quelque temps dans le village de Kehl ; mais ses réserves n'arrivant pas, le désordre se mit dans ses rangs et il se retira. Le bataillon de Manfrédini étant arrivé au moment où les Autrichiens étaient encore dans la redoute étoilée, ils tentèrent sans succès une nouvelle attaque, et à onze heures, les Français étaient maîtres du fort, de la ville, du village de Kehl et de tous les ouvrages.

Tel fut le résultat de cette journée mémorable, dont le succès fut dû au calme intrépide du général Siscé, au zèle et à l'activité des généraux Moulin et Schawembourg, à la soixante-huitième demi-brigade, et au dévouement de la garde nationale et des ouvriers militaires de Strasbourg. Ce combat dura, avec acharnement, pendant sept heures ; les ennemis, bien supérieurs en nombre aux Français, perdirent six cent cinquante hommes tués, trois cents prisonniers, un obusier et quelques caissons. La perte des Français, quoique moindre, fut cependant considérable ; les chefs de brigade Boutron et Forty furent faits prisonniers. La perte de Kehl pouvait avoir des suites bien funestes pour l'armée du Rhin.

Après le mauvais succès de cette tentative, les généraux Pétrasch et Merfeld portèrent leurs forces dans les différens défilés où l'armée française pouvait passer ; ils envoyèrent aussi très-loin en avant des partis qui enlevèrent des ambulances, des équipages et des administrations.

Arrivée de l'armée française sur l'Iller, 24 *septembre* 1796. Le général Latour poursuivait avec beaucoup de circonspection l'armée française, qui était arrivée sans obstacle sur l'Iller, et s'y était établie le 24 septembre. Moreau devait d'abord passer quelques jours dans cette position; mais il crut devoir se hâter de gagner le Rhin, parce que, ne recevant d'autres nouvelles de France, ni de l'armée de Sambre-et-Meuse, que celles qui lui parvenaient par les gazettes allemandes, il craignait que l'archiduc ne manœuvrât sur ses derrières; il savait d'ailleurs que le général Nauendorf s'avançait rapidement sur Ulm, pour déborder sa gauche et se lier avec le général Pétrasch.

Continuation de la retraite de l'armée de Rhin-et-Moselle. L'armée se porta en trois marches de sa position de l'Iller en arrière du lac de Fédersée, où elle arriva le 28. Le gros du corps de Férino, qui avait rejoint vers Zell les brigades Paillard et Tarreau, se posta sur les hauteurs derrière la Schussen, entre Rain et Rawensbourg. Le centre fut placé près de Steinhausen, entre le lac et l'abbaye de Schussenried. Desaix passa le Danube à Ehingen; son arrière-garde tint ferme dans Ulm, résista à la canonnade de Nauendorf, et n'évacua la ville que dans la nuit du 26 au 27. Cette aile prit position entre le lac de Fédersée et le Danube. Moreau établit son quartier-général à Sulgan.

Les Autrichiens avaient constamment suivi tous les mouvemens de l'armée française; mais le général Nauendorf s'avança sur le Necker jusqu'à Tubingen, parce qu'il vit combien il était important de gagner le flanc des Français pour se lier avec le général Pétrasch et se mettre en communication avec l'archiduc. Le général Latour continua à s'attacher aux pas de Moreau, et le corps du général Frœlich, réuni aux brigades de Wolf et de Saint-Julien, pressa la droite des Français.

Le 30 septembre, le général Latour s'avança par Steinhausen jusqu'à Schussenried ; là, il s'engagea un combat assez vif, qui s'étendit bientôt sur toute la ligne ; le général Saint-Cyr fit soutenir son avant-garde par son corps d'armée. Le général Desaix fut aussi attaqué près de Rawensbourg, à la gauche, et le général Férino à la droite ; mais les ennemis furent repoussés partout et perdirent trois cents prisonniers, parmi lesquels se trouvaient cinq officiers.

Après ce combat, le général Latour répartit son armée ainsi qu'il suit : le général Baillet, formant avec quatre mille deux cents hommes le centre de bataille, fut placé en avant de Steinhausen ; l'aile gauche, commandée par le général Mercantin, forte d'environ dix mille hommes, occupait Winterstetten et s'étendait derrière Holzreuth ; le général Kospoth, commandant la droite, composée de six mille hommes, était vers Scafflangen, et devait éclairer Oggelshausen et Siekirch ; le général Latour campa avec deux mille deux cents hommes sur les hauteurs de Groth ; le général Frœlich observait, comme il a été dit plus haut, la droite des Français, et le général Nauendorf était isolé à Tubingen. Parmi les vingt-trois mille hommes qui composaient l'armée autrichienne, on en comptait six mille cinq cents de cavalerie.

Cette armée, inférieure en nombre à celle des Français, était dans une position peu favorable, soit pour attaquer, soit pour se défendre ; tous ses corps étaient de plus séparés de manière à ne pouvoir se soutenir mutuellement, et la défaite de l'un devait être nécessairement suivie de celle des autres. Les Français, au contraire, dont les forces étaient concentrées, avaient le grand avantage de pouvoir se porter en masse contre les ennemis. Cependant l'armée se trouvait pressée et ne pouvait continuer sa retraite, ni forcer les passages des montagnes Noires, qu'après avoir éloigné l'ennemi, au moins momentanément. Moreau résolut donc de profiter de la situation des troupes autrichiennes, et de se débarrasser du général Latour, qui le serrait de plus près. Il avait observé, d'ailleurs, que le corps de ce général, adossé au ravin de la Ryss, n'avait qu'un seul débouché par la ville de Biberach.

Bataille de Biberach, 2 octobre 1796. En conséquence, le 2 octobre, à deux heures du matin, l'armée française se mit en mouvement. D'après les dispositions arrêtées par le général en chef, le général Férino devait laisser un détachement devant l'Argen, attaquer vigoureusement les ennemis sur Ober-Essendorff, et prévenir toutes leurs communications. Ce mouvement, bien calculé, n'eut pas lieu, parce que l'officier chargé de porter l'ordre au général Férino se trompa de chemin et arriva trop tard.

Les généraux Saint-Cyr et Desaix devaient, l'un, attaquer les ennemis dans leur position de Steinhausen et Groth, et tâcher de les repousser jusqu'à Biberach; l'autre, porter ses efforts du côté du lac de Féder, assaillir la droite des Autrichiens par la route de Riedlingen à Biberach, et les prévenir sur les hauteurs qui se trouvent entre Buhren et Warthausen.

Le centre de l'armée fut divisé en trois colonnes; le général Gérard, dit *Vieux*, se porta avec sa brigade sur le village d'Ogerlshausen; la brigade du général Lecourbe et la réserve furent dirigées par la route qui conduit de Reichenbach à Biberach; le général Duhem marcha avec une partie de la première division contre le général Mercantin, en suivant les bois qui se trouvent entre Schussenried et Holzreuth; le général Laboissière devait, avec le reste de cette division, contenir l'ennemi sur la droite de Schussenried.

Le général Saint-Cyr commença l'attaque à sept heures et demie du matin, avec les centième et cent sixième demi-brigades. L'infanterie du général Baillet fut forcée dans les bois de Steinhausen; la cavalerie s'étant portée rapidement au secours de l'infanterie, s'avança jusqu'au village et fit une charge vigoureuse; mais les grenadiers de la cent sixième, soutenus par le neuvième de hussards, reçurent le choc avec fermeté, et repoussèrent cette cavalerie qui, après plusieurs tentatives inutiles, fut forcée de se retirer, avec le centre de l'armée, sur les hauteurs de Groth, où il se réunit avec la réserve du général Latour. Les corps de Mercantin et du prince Condé suivirent ce mouvement rétrograde sur Winterstetten. Le général Saint-Cyr qui, mal informé, craignait d'être inquiété sur sa droite par une colonne ennemie débouchant par Michelwand, au lieu de pousser l'ennemi sur la vallée de la Ryssbach, se contenta de déployer ses forces entre Muttensweiler et Wattenweiler. Ce mouvement, suite d'une erreur, permit au général Latour de mettre en sûreté son parc d'artillerie, et tout se termina de ce côté par une canonnade qui dura jusqu'à cinq heures du soir.

Pendant l'attaque du général Saint-Cyr, le général Desaix avait traversé la forêt, et, s'avançant par la route de Riedlingen pour prendre l'ennemi sur le flanc droit, avait rencontré au débouché de Mittel-Biberach le corps de Kospoth qui, après avoir quitté Schafflangen, s'était retiré dans la position bien plus avantageuse du Galgenberg. Le combat fut bientôt engagé, et pendant que, profitant de sa supériorité numérique, Desaix tournait la position des Autrichiens, les dixième légère, dixième et cent troisième de ligne les attaquaient en front. Le mont Lidenberg, près de Biberach, fut en un instant emporté par la gauche. La colonne de droite marcha par Oberndorf sur Mittel-Biberach. Les troupes de Kospoth, culbutées dans le ravin par l'attaque de front, furent forcées de défiler en colonne entre les deux divisions de Desaix. La tête de l'infanterie et le gros de la cavalerie parvinrent à se faire jour, mais cinq bataillons furent coupés et forcés de mettre bas les armes, après avoir fait des efforts inutiles.

Le général Latour, qui, après avoir senti le tort qu'il avait eu d'engager une action décisive dans une position si défavorable, avait, à l'instant du faux mouvement du général Saint-Cyr, fait filer ses parcs et sa réserve d'infanterie de Groth sur Umendorf, ordonna au général Mercantin de se retirer sur Eberhardszelle; au prince de Condé, de prendre position à Schweinhausen et aux généraux Baillet et Kospoth, de se retirer par Biberach, derrière la Ryss; mais, à ce moment même, le général Saint-Cyr, rassuré sur son flanc droit, et sans doute instruit des succès de l'aile gauche, avait ordonné d'attaquer Groth. La brigade de Gérard, dit *Vieux*, marchant pour tourner cette position par Reuth, pendant que les quatre-vingt-quatrième et cent sixième de ligne, soutenues par le neuvième de hussards et le neuvième de cavalerie, l'attaquaient de front. Le général Baillet se retira en combattant dans les bois de Rindemoos. En vain il essaya de se reformer vers Gretschweiler; suivi en queue par le général Saint-Cyr, et trouvant Desaix maître de Biberach, il ne dut plus songer qu'à se faire jour à travers les masses du second. La moitié de la colonne de Baillet y réussit; mais le reste tomba au pouvoir des Français ou se sauva dans les bois. Le général Mercantin, sur la gauche, gagna tranquillement Eberhardszelle; mais les dix-septième et centième demi-brigades poursuivirent le corps du prince de Condé jusque sur Appendorf, en lui faisant éprouver beaucoup de perte. Les Français s'arrêtèrent sur les bords de la Ryssbach, où ils bivouaquèrent pendant la nuit du 2 au 3. Le général Latour profita de l'obscurité pour rassembler ses troupes derrière Ringschneid, et faire avancer le général Baillet jusqu'à Lautheim.

Les belles dispositions du général Moreau furent couronnées par une victoire aussi complète que brillante; les généraux Desaix et Saint-Cyr le secondèrent merveilleusement. Quatre mille prisonniers, au nombre desquels on comptait soixante-cinq officiers, dix-huit pièces de canon et deux drapeaux, furent les trophées de cette journée. Elle eût coûté bien plus cher aux Autrichiens sans le contre-temps éprouvé par l'officier dépêché au général Férino. Cet accident seul sauva l'armée du général Latour.

La victoire de Biberach était sans doute bien complète et bien décisive; cependant elle ne suffisait pas pour dégager l'armée française et assurer sa retraite. Se dirigeant par Tubingen et Hechengen, le général Nauendorf avait rejoint le général Pétrasch à Rotweil, et réunissant une armée de vingt-cinq mille hommes, avait occupé Rotweil, Villengen, Doneschingen et Neustadt. Il pouvait, avec ces forces, arrêter la retraite de Moreau jusqu'à l'arrivée du prince Charles, qui s'avançait, avec une partie de l'armée du Bas-Rhin, pour se joindre au corps du général Latour; il avait déjà même fait passer le Rhin à Manheim à la division Hotze. Le but de ce mouvement était peut-être de s'emparer de Landau; mais, quoi qu'il en soit, des partis s'étaient montrés dans les environs de Fribourg et de Vieux-Brisach, s'étaient emparés du général Tomé et de la garnison de cette dernière ville, et avaient jeté l'alarme dans l'Alsace. Il est vrai que cette incursion fut arrêtée par le général Marescot, qui se trouva sur ce point, et força le général Hotze à repasser le Rhin.

L'approche de l'archiduc décida Moreau à renoncer au projet de se retirer sur Strasbourg par la vallée de Kintzig, que l'ennemi gardait déjà avec soin, et qui, d'ailleurs, était trop rapprochée des corps d'armées qui venaient du Mein. Se contentant donc de laisser une forte arrière-garde pour contenir le général Latour, il prit le chemin direct du val d'Enfer. Il fit passer le Danube à son armée, vers Riedlingen, et se porta sur Friedlingen et Stockach. Son avant-garde eut, le 6 octobre, avec les détachemens de Neuendorf et de Pétrasch, un engagement à la suite duquel elle s'empara des postes de Villingen et de Rothwiel; les équipages et les parcs, escortés par une demi-brigade, suivirent les villes frontières, et filèrent sur Huningue. Le général Saint-Cyr reçut ordre de forcer, avec le centre, le passage du val d'Enfer. La droite dut tenir tête au général Latour, vers Tuttlingen, et la gauche, contenir le général Nauendorf, près de Rothweil.

Passage du val d'Enfer, le 12 octobre 1796. On ne sera pas fâché d'avoir une idée de ce fameux val d'Enfer. Dans les montagnes noires de Neudstadt à Fribourg, est une vallée sombre, étroite et resserrée, qui se termine par des rochers à pic, éloignés seulement de quelques toises. Le jour jette à peine quelques faibles clartés dans cet affreux défilé de deux lieues de longueur. Un torrent roule ses eaux au fond de cette crevasse; sur ses bords se trouve un chemin étroit, glissant et fangeux. L'horreur de cet endroit lui a fait donner le nom de *val d'Enfer*. Invité par l'électeur de Bavière à franchir ce passage que les plus grands capitaines avaient regardé comme impraticable, le maréchal de Villars répondit : *Cette vallée de Neudstadt que vous me proposez, c'est ce chemin que l'on appelle le val d'Enfer; eh bien! que votre altesse me pardonne l'expression, je ne suis pas diable pour y passer.*

Le général Gérard, dit *Vieux*, chargé d'éloigner le colonel d'Aspre, commandant deux bataillons qui occupaient la vallée de Neudstadt, les culbuta, leur fit une centaine de prisonniers, leur prit une pièce de canon, les rejeta sur Emmendingen, et après avoir surmonté tous les obstacles que présentait la nature du pays, força ce passage, et traversa cette vallée si effrayante. Le génésal Saint-Cyr entra le 12 octobre à Fribourg, sans avoir éprouvé d'autre résistance. L'armée entière passa ensuite tranquillement le défilé. Les généraux Tarreau et Paillard, chargés de couvrir la marche des équipages, eurent quelques combats peu importans avec l'arrière-garde du général Frœlich. Le général Latour, se souvenant de la journée de Biberach, ne chercha pas à empêcher le passage des défilés, et se porta par sa droite vers Hornberg, au-devant de l'archiduc.

Ainsi, cette brave armée, sur le sort de laquelle l'Europe entière avait les yeux fixés, échappa, par les savantes combinaisons du général, l'intelligence des officiers, et la valeur et la constance des troupes, à l'ennemi, qui s'était flatté de la prendre tout entière. Après une marche pénible de cent lieues, elle se retrouva sur les frontières couverte de lauriers et de trophées glorieux qui ont mérité, à cette retraite, d'être mise au nombre des plus brillantes opérations dont les annales militaires fassent mention.

Après le passage du val d'Enfer, Moreau avait l'intention de se porter sur Kehl, parce que, protégé par ce fort, il espérait pouvoir se maintenir sur la rive droite du Rhin, et passer ce fleuve avec sécurité quand il y serait forcé. Son plan ainsi conçu, il ordonna au général Desaix de se porter, avec la gauche de l'armée, sur Emmendingen, et au centre, commandé par le général Saint-Cyr, de s'avancer dans les montagnes, vers Waldkirch. La droite fut placée en observation dans la vallée de San-Peter. Les soldats, sans souliers, pouvant à peine se soutenir dans des chemins que les pluies continuelles avaient rendu impraticables, surtout pour l'artillerie, et peut-être plus encore la difficulté de déloger l'ennemi des positions avantageuses qu'il occupait, empêchèrent le général Saint-Cyr de réussir dans ses attaques sur Eltzach.

L'archiduc, voulant arrêter la marche de l'armée française avant son arrivée à Kehl, s'avança avec rapidité pour s'opposer à sa retraite. Le général Pétrasch opéra le 15, à Ettenheim, sa jonction avec l'archiduc, et ensuite se dirigea sur Mahlberg, pour faciliter la réunion des trois corps de Nauendorf, de Latour et de Frœlich. Le général Nauendorf se rendit, le même jour, à Eltzach, où il lia sa droite au corps de l'archiduc. Le général Latour fit sa jonction le 17, entre Ettenheim et Herbolzheim, et les corps de Frœlich et du prince Condé se rendirent, le 18, à Neudstadt. Le général Wolf se trouvait le même jour à Waldshut. Le général Férino s'était maintenu dans la vallée de San-Peter, malgré tous les efforts du général Frœlich.

Pendant que l'archiduc se disposait à attaquer Moreau, pour le forcer à repasser sur-le-champ le Rhin, et que la fatigue de ses troupes l'engageait, seul, à différer cette attaque jusqu'au 19, le général français faisait aussi des préparatifs, et eût prévenu l'archiduc, si les pluies qui ne cessaient de tomber, depuis un mois, n'eussent retardé la marche de son armée.

Combats sur l'Elz, les 19 et 20 octobre 1796. Les troupes de l'archiduc furent divisées en quatre corps principaux. Le prince de Furstenberg, commandant celui de droite, composé de cinq bataillons et de quatre mille cinq cents chevaux, avait ordre de contenir la gauche des Français, en menaçant le passage de Riegel. Le second, commandé par le général Latour, dut se diviser en deux colonnes, et marcher sur Kondringen, par Heimbach et Malterdingen. Treize bataillons et trois mille chevaux, formant le corps du centre aux ordres du général Wartensleben, furent subdivisés en trois colonnes, qui devaient, en prenant des chemins différens, se porter vers les hauteurs en avant d'Emmendingen et les emporter. Le général Nauendorf, commandant le quatrième corps qui occupait le ravin de Simonswaldt, et communiquait à Saint-Mergen avec le prince de Condé, fut chargé de déboucher de Biberach sur Waldkirch, et de culbuter la droite des Français.

Les dispositions de Moreau différaient peu de celles de l'archiduc. Le général Delmas dut diriger sa division sur Rigel et Hecklingen. La garde des hauteurs de Malterdingen et de Kondringen fut confiée au général Beaupuy. La première division du centre occupa Emmendingen. Le général Saint-Cyr avait ordre d'attaquer vers Bleibach, par la vallée de l'Elz, la gauche des Autrichiens, de la tourner et de la chasser de toutes les positions qu'elle occupait entre les montagnes et le Rhin.

Le général Férino gardait, à l'extrême droite, les débouchés de la forêt Noire.

Près d'en venir aux mains, les généraux en chef des deux armées étaient loin de se douter des intentions et de la position où ils se trouvaient l'un et l'autre. La division du général Saint-Cyr s'avançant par la vallée d'Elz sur Bleibach, au même moment où un détachement descendait dans ce village par ce ravin, prévint le général Nauendorf, qui formait sa colonne le 19, vers les neuf heures du matin, força le Kandelberg et Simonswaldt, et repoussa les troupes qui défendaient ces deux postes jusqu'à Niederwinden. Le général Saint-Cyr ne s'étant pas aperçu qu'il découvrait son flanc gauche, en voulant inquiéter celui du général Nauendorf, se vit bientôt assailli sur ce même flanc et sur ses derrières, par deux bataillons et deux escadrons qui avaient été envoyés, la veille, pour s'assurer des sommités à droite et à gauche de la vallée de l'Elz, et qui reçurent du général Nauendorf l'ordre de se glisser par le ravin qui débouche sur l'Elz, près de Kolnau, de garnir de tirailleurs les bois qui dominent la vallée, et de le harceler. Saint-Cyr ne connut le danger auquel il s'était exposé, qu'à l'instant où la mousqueterie se fit entendre sur les hauteurs de Kolnau. Renonçant alors à l'attaque de Bleibach, il fit sa retraite par les sommités du Kandelberg, et les Autrichiens rentrèrent dans cette position et dans celle de Simonswaldt.

Le général Nauendorf, qui avait suivi le général Saint-Cyr, le serrait de près dans la gorge de Waldkirch; mais, voyant sa résistance opiniâtre, il le fit prendre en flanc par un bataillon et un escadron qu'il détacha à Buchholz tandis que deux autres bataillons le pressaient de front. Cette attaque était appuyée par de l'artillerie placée sur la hauteur et une nuée de tirailleurs. Les Français furent obligés de se retirer dans les bois de Langendenzlingen, après avoir perdu beaucoup de prisonniers.

Sur les midi, le combat s'engagea entre le général Beaupuy, placé sur les hauteurs, entre Kondringen et Malterdingen, et le général Latour, dont les mauvais chemins avaient retardé la marche. Un boulet de canon enleva, dès le commencement de l'action, le général Beaupuy, l'un des chefs les plus braves de l'armée (1). Les soldats, qui l'aimaient beaucoup, furent consternés de sa mort, et cependant continuèrent de soutenir vigoureusement le combat. Pendant ce temps-là, le général Férino était forcé d'abandonner sa position, et il devenait très-dangereux d'engager une action générale, ayant à dos la rivière d'Elz, et en flanc le corps du général Frœlich; le général Moreau, qui le sentit bien, expédia à Beaupuy l'ordre de se retirer derrière Amwasser. Cet ordre n'ayant pas été connu des troupes, elles continuèrent de se battre avec un courage surprenant, et cependant, vers le soir, elles furent forcées d'abandonner Malterdingen et Kondringen, que le général Latour fit occuper.

La première et la seconde colonne du centre des Autrichiens, que commandait le général Wartensleben, fut long-temps arrêtée dans les bois de Landeck; mais le prince d'Orange étant arrivé avec la troisième colonne sur le flanc droit des Français, le général Wartensleben se mit à la tête des troupes, et après un combat très-vif, dans lequel il fut blessé au bras et à la cuisse, décida l'évacuation d'Emmendingen. Les Français se retirèrent en bon ordre près de Thenningen et d'Amwasser, derrière

---

(1) Le général Duhem, dans un rapport au gouvernement, disait en parlant de Beaupuy : « Ecrivains patriotes, orateurs chaleureux, je vous propose un noble sujet, l'éloge du général Beaupuy, de Beaupuy, le Nestor et l'Achille de notre armée. Vous n'avez pas de recherches à faire; interrogez le premier soldat de l'armée du Rhin-et-Moselle, ses larmes exciteront les vôtres. Ecrivez alors ce qu'il vous en dira, et vous peindrez le Bayard de la république française.

l'Elz, dont ils détruisirent les ponts. Les Autrichiens perdirent quatre cents prisonniers, mais ils en firent six cents.

Dans la nuit du 19 au 20, l'archiduc fit rétablir les ponts sur l'Elz, et réunissant son avant-garde au corps du général Nauendorf, vint dès le matin attaquer, à Langendenzlingen, la droite du général Saint-Cyr. Le combat fut vif; les Français résistèrent long-temps, mais le prince, qui plus d'une fois se montra à la tête des combattans, parvint à les repousser. N'ayant pas de forces suffisantes pour suivre ce dernier succès, il s'arrêta en avant de Gundelfingen.

Pendant ce temps-là, le général Latour s'était formé en avant de Tenningen, et son avant-garde s'était avancée en face de Nimbourg, sur le ruisseau de Klotter. La cinquantième demi-brigade et un bataillon de la soixante-deuxième parvinrent long-temps à arrêter les ennemis; mais, sur le soir, Desaix, qui avait repoussé toutes les attaques des Autrichiens, retira ses troupes, et le général Latour passa le Klotter : le gros de sa division passa la nuit le long du ruisseau.

L'armée de Rhin-et-Moselle continue sa retraite, et repasse le Rhin le 20 octobre 1796. Après tous ces désavantages, Moreau renonça au projet de s'avancer sur le Brisgaw, et résolut de se retirer sur Huningue. Abandonnant donc ses positions, il se rapprocha de cette place, pendant que le général Desaix repassa le Rhin, dans la nuit du 20 au 21, avec une partie de ses divisions. Le pont de bateaux qui avait servi à son passage fut levé aussitôt après.

L'archiduc s'avançant, le 21 octobre au matin, pour présenter le combat, apprit que le général Moreau avait marché la nuit pour passer le Rhin; il se décida sur-le-champ à le poursuivre, et son avant-garde se jeta dans

Fribourg : l'arrière-garde du général Saint-Cyr s'était formée derrière cette ville, et chercha à s'y maintenir, avec d'autant plus de raison, qu'elle attendait au pont de Treisam la droite de l'armée française, aux ordres du général Férino : suivie de près, dans sa retraite, par le général Frœlich et le prince de Condé, il était à craindre que l'un des deux corps ne fût devancé par l'ennemi ; mais la réunion s'effectua à l'heure et au point nommé, ce qui fut d'autant plus heureux, que, presqu'au même moment, les corps de Frœlich et de Condé, débouchant du val d'Enfer, engagèrent une forte canonnade. Les Français se retirèrent en bon ordre par les hauteurs de Pfaffenweiler, sous la protection de leur artillerie et d'une réserve placée à Saint-Georges.

Moreau, bien persuadé des dangers qu'il courait sur la rive droite du Rhin, se décida à repasser le fleuve, et pour faciliter son opération, il fit, le 22, prendre à son armée la position de Schliengen, bien décidé d'ailleurs à accepter encore le combat, quoiqu'avec des forces très-inférieures en nombre.

Bataille de Schliengen, 24 *octobre* 1796. La vallée du Rhin est coupée, au sud de Mulheim, par un groupe de hauteurs escarpées, qui s'étendent depuis la montagne de Hohenblau jusqu'au fleuve. Cet endroit se trouve encaissé à gauche par le Rhin, et à droite par le ruisseau de Kander. Le ruisseau de Schliengen couvre le front du côté du nord. Moreau, appuyant sa gauche au Rhin, son centre vers Liel, et sa droite au défilé de Kandern, attendit l'archiduc sur ces hauteurs formidables.

L'archiduc, après avoir renforcé de six bataillons et de douze escadrons le corps qu'il avait placé devant Kehl, vint camper en avant de Neubourg et de Mulheim. Son armée était divisée en quatre colonnes principales. Le prince de Condé, renforcé de quelques escadrons, formait la première, qui était celle de droite. La seconde, forte de neuf bataillons et de trente escadrons, était commandée par le prince de Furstenberg. Le général Latour dirigeait la troisième, composée de treize bataillons et d'une forte division de cavalerie. La quatrième, aux ordres du général Nauendorf, et forte de dix bataillons et de quinze escadrons, était chargée de lier la seconde et la troisième par Fauerbach.

Deux de ces colonnes devaient inquiéter l'aile gauche des Français, et les deux autres attaquer vigoureusement leur centre, et en même temps tourner leur aile droite.

Le temps était si affreux, et les chemins si mauvais, que la cavalerie et l'artillerie ne furent d'aucun secours. L'attaque, qui devait commencer à la pointe du jour, fut retardée jusqu'à près de neuf heures. La colonne du prince de Condé, rassemblée à Neubourg, se porta sur Steinstadt, en délogea les avant-postes français, et s'y maintint au moyen d'une forte canonnade, qui tint en échec le colonel Nansouty, commandant la brigade de gauche du général Saint-Cyr.

Le prince de Furstenberg s'avança jusque sur les hauteurs en avant de Schliengen, et fut constamment repoussé du village.

Le général Latour eut d'abord des avantages vers Feldberg; sa droite repoussa de ce côté-là les avant-gardes de Duhem jusque dans les vignes, et sa gauche chassa d'Eckenheim les Français, qu'elle attaqua ensuite sur les hauteurs boisées qui se trouvent au delà du ravin. Mais les vingt-unième légère et trente-unième de ligne, soutenues par une forte batterie, l'arrêtèrent par une résistance aussi glorieuse que meurtrière. Cependant le général Latour parvint à les déloger des vignes, et à les forcer à se retirer derrière Liel.

Retardé par les mauvais chemins, le général Nauendorf, qui, plus éloigné que les autres du champ de bataille, ne s'était mis en marche que le 23, pendant la nuit, s'empara, dès leur arrivée, des hauteurs de Burcklen et de Feldberg. Se faisant ensuite précéder par un détachement, il partit sur les midi avec une plus forte colonne. Il se porta contre le général Férino, chargé de défendre les hauteurs qui se trouvent entre le ravin de Sizenkirch et celui de Kandern. Les Français, accablés par le nombre, cédèrent le terrain : le général Férino, ayant rallié ses troupes à quelque distance de Kandern, par où le général Nauendorf déboucha, les généraux Abatucci et Montrichard firent, avec les troisième demi-brigade légère, cinquante-sixième et quatre-vingt-neuvième de ligne, une résistance héroïque ; mais enfin, forcés de céder, ils se retirèrent en bon ordre, et à la vue des vainqueurs, sur les hauteurs qui sont à la droite de Liel, et s'y maintinrent toute la journée. La colonne commandée par le général Meerfeld chassa les Français des hauteurs boisées à droite de Sizenkirch, et de toutes les positions qu'ils occupaient entre ce village et celui de Fauerbach. Ainsi se trouva parfaitement établie la communication de la gauche du général Latour, avec la droite du général Nauendorf. Un violent orage, survenu à l'entrée de la nuit, qu'un brouillard très-épais rendait plus obscure, mit fin au combat. L'archiduc, voulant recommencer l'attaque le lendemain, bivouaqua sur le terrain, et fit passer à son armée la nuit sous les armes. Mais Moreau, qui ne pouvait plus tenir contre des forces si supérieures, ayant appris que les équipages et les parcs étaient passés heureusement au pont d'Huningue, résolut définitivement de se retirer sur la rive gauche du Rhin. Abandonnant donc ses positions pendant la nuit, il se porta sur Hertingen, et le lendemain, il effectua son passage à Huningue, sans que les Autrichiens cherchassent à inquiéter les généraux Laboissière et Abatucci, commandant l'arrière-garde.

Cette retraite couvrit de gloire le général Moreau, et mit au grand jour ses talens militaires. On y admira surtout l'à propos et la précision des manœuvres. Qu'une de ces manœuvres eût en effet souffert du retard, et l'armée française aurait été coupée. On a fait l'observation, que cette armée était plus nombreuse que celle qui la suivait, ce qui, a-t-on dit, diminue beaucoup le mérite de la retraite; mais on n'a pas considéré que Moreau, en se retirant, eut à combattre en tous sens, en flanc, en tête et en queue, des ennemis qui le tenaient resserré, et le contraignaient à en venir aux mains quand ils le voulaient, tandis qu'eux-mêmes étaient constamment libres de leurs mouvemens, s'étendaient autant qu'ils le jugeaient convenable, et se montraient et disparaissaient à leur gré, pour reparaître ensuite dans des positions plus redoutables, où il fallait que le général français les forçât avant de continuer sa retraite. Il y avait encore tant de points sur lesquels il convenait que Moreau se tînt à la fois en garde, qu'il ne pouvait jamais porter qu'une partie de son monde sur celui du combat, et cette continuelle disposition des choses rétablissait, à son désavantage, l'égalité des forces dans chaque action. Quand l'archiduc, après avoir repoussé l'armée de Sambre-et-Meuse, fut venu faire sa jonction avec l'armée qui poursuivait Moreau, ce ne fut d'ailleurs plus du côté des Français, encore au delà du Rhin, que se trouva réellement la supériorité des forces.

Le général que nous avons vu s'élever peu à peu à tant de gloire, était né en 1761, à Morlaix, département du Finistère. Sa famille ne le destinait point aux armes; il étudiait le droit à Rennes au moment de la révolution. L'agitation de ces temps en fit, parmi les jeunes gens qui défendaient le parlement de Bretagne contre le ministère, une espèce de chef de parti, prudent, réservé, mais remarqué par son courage et ses dispositions. Aussi, après avoir présidé, en janvier 1790, la confédération de la jeunesse bretonne à Pontivi, Moreau fut nommé commandant du premier bataillon de volontaires, qui, de cette partie de la France, s'élança vers nos frontières menacées. Il tourna alors toutes ses vues du côté de l'état militaire, pour lequel il s'était toujours senti une forte inclination, et en peu de temps il fut regardé comme un des meilleurs officiers supérieurs de l'armée. En 1793, il fut nommé général de brigade, et en 1794, général de division. C'est en cette qualité que nous avons commencé à le connaître à l'armée du Nord.

L'ordre des temps nous rappelle maintenant en Italie, où nous allons trouver de glorieux sujets de consolation pour les revers dont nous avons été obligés d'entretenir, pendant quelque temps, nos lecteurs.

ARMÉE D'ITALIE.

Campagne de 1796.

Formation des républiques Cispadane et Transpadane. Quand Wurmser eut été resserré dans Mantoue, Bonaparte, ne se sentant pas assez fort pour tenir cette place bloquée, et aller en même temps, à travers le Tirol, attaquer l'empereur d'Allemagne jusque dans le centre de sa puissance, songea à s'affermir lui-même en Italie. Laissant donc, pour quelques instans, le commandement de son armée à ses lieutenans, il partit pour Milan. Les instructions qu'il avait reçues du directoire portaient qu'il favoriserait de tout son pouvoir l'établissement de républiques dans cette contrée : ce moyen, par l'appât qu'il présentait à la multitude, paraissait le plus propre à faire des partisans aux Français, et à leur assurer pour jamais une grande influence chez les Italiens. Nous avons vu comment Bonaparte avait cherché à se concilier l'estime et la bienveillance des savans du pays, et des personnes en général qui y attachaient un juste prix à la propagation des lumières : nous devons penser que lui et le commissaire du directoire exécutif employèrent encore d'autres moyens secrets, pour disposer les esprits à la grande révolution politique qu'ils étaient chargés d'opérer. Quoi qu'il en soit, et de quelque manière que la chose eût été préparée et amenée, elle éclata d'abord dans la Lombardie, et à Milan même. Le duché de Modène fut ensuite le premier des Etats voisins qui se laissa entraîner à cet exemple. Le 26 août, la ville de Reggio se révolta contre le duc de Modène, chassa ses troupes, nomma une administration municipale, et se mit sous la protection de l'armée française, dont elle arbora les couleurs, et à laquelle elle envoya des députés. Les légations de Bologne et de Ferrare, cédées à la France par l'une des clauses de l'armistice conclu précédemment avec le pape, complimentèrent les Modénois, et leur promirent de les soutenir de toutes leurs forces.

Le conseil de régence, qui administrait le duché de Modène, sans examiner quelles mains pouvaient avoir secrètement préparé de telles entreprises, parut vouloir se mettre en défense, et ordonna entre autres qu'on réparât les fortifications de Modène. Cet acte de rigueur fut le signal de sa perte. Déclarant l'ordre dont nous venons de parler, une violation de la neutralité promise par le duc, dans son traité avec la France, le général en chef de l'armée française fit aussitôt marcher des troupes sur Modène. Ces troupes étant entrées sans difficulté, le

9 octobre, le conseil de régence fut cassé, et l'on conduisit ses membres prisonniers à Tortone. Un comité de gouvernement, composé d'habitans du pays, reçut la commission d'administrer provisoirement le duché au nom de la république française : c'était ouvrir la porte à tous les changemens que l'on voudrait faire. Aussi, immédiatement après son installation, ce comité fit-il inviter les habitans des légations de Bologne et de Ferrare, à envoyer des députés à Modène, afin qu'on pût s'y concerter avec eux. La première opération de l'assemblée générale qui eut lieu ensuite de cette invitation, fut de déclarer solennellement permanente et indissoluble l'union des quatre provinces de Modène, Reggio, Ferrare et Bologne. Bientôt une nouvelle assemblée convoquée à Reggio, ne fit des deux duchés et des deux légations qu'un seul Etat, sous le nom de *république Cispadane* (1). La réponse de Bonaparte à la notification qui fut faite à ce sujet, nous donnera la mesure du rôle qu'il jouait dans cette révolution. Il y parlait en protecteur, et l'on pourrait même presque dire, en maître. Voici quelle fut cette réponse : « J'ai appris avec le plus vif intérêt, que les républiques cispadanes se sont réunies en une seule, et que prenant pour symbole un faisceau, elles sont déjà convaincues que leur force consiste dans l'amitié et l'indivisibilité. La malheureuse Italie est depuis long-temps effacée du tableau des puissances de

---

(1) Cette réunion ne fut prononcée qu'à une époque, plus éloignée, dans un second voyage de Bonaparte, et après qu'il eut, une première fois, repoussé l'armée du général Alvinzi, dont nous allons nous occuper tout à l'heure ; mais nous avons cru devoir, pour plus d'intérêt, donner de suite ce récit de la révolution politique qui se fit en Italie, vers la fin de l'année 1796, et dans les premiers jours de l'année 1797.

l'Europe. Si les Italiens de nos jours sont dignes de recouvrer leurs droits, et de se donner un gouvernement libre, on verra leur patrie figurer avec gloire parmi les puissances de la terre. N'oubliez pas cependant que les lois sont nulles sans la force. Vos premiers regards doivent se fixer sur votre organisation militaire. La nature vous a tout donné; et après la concorde et la sagesse que l'on remarque dans vos délibérations, il ne vous manque, pour parvenir au but, que d'avoir des bataillons aguerris et animés du saint enthousiasme de la patrie. Vous vous trouvez dans une situation plus heureuse que le peuple français : vous pouvez parvenir à la liberté sans secousses révolutionnaires. Les malheurs qui ont affligé la France avant l'établissement de sa constitution, seront inconnus parmi vous; l'unité qui lie les diverses parties de la république cispadane sera le modèle constamment suivi de l'union qui régnera entre toutes les classes de ses citoyens; et les fruits de la correspondance de vos principes et de vos sentimens, soutenue par votre courage, seront la république, la liberté et le bonheur. »

Dans les premiers momens, des excès avaient été commis à Bologne. Ils attirèrent de la part du général en chef de l'armée française, la sortie suivante : « Un peuple qui se livre à des excès, est indigne de la liberté; un peuple vraiment libre, est celui qui respecte les personnes et les propriétés. L'anarchie amène la guerre intestine et toutes les calamités publiques. Je suis l'ennemi de la tyrannie, mais, avant tout, l'ennemi juré des scélérats, des brigands qui les commandent lorsqu'ils pillent. Je ferai fusiller ceux qui, renversant l'ordre social, sont nés pour l'opprobre et le malheur de leurs concitoyens...... Peuple de Bologne, voulez-vous que la république française vous protège; voulez-vous que l'armée française vous estime et s'honore de faire votre bonheur ; *voulez-vous que j'attache du prix à l'amitié que vous me témoignez?* Réprimez le petit nombre des scélérats ; faites que personne ne soit opprimé. Quelles que soient ses opinions, nul ne peut être arrêté qu'en vertu de la loi.... Faites, surtout, que les propriétés soient respectées. »

La Lombardie adopta en même temps, pour nouveau gouvernement, les formes républicaines, sous le nom de *république Transpadane*. Ce fut Bonaparte qui régla l'uniforme des troupes des deux républiques; il voulut qu'il fût absolument semblable, et l'on ne tarda pas à voir un corps de ces troupes se faire remarquer, dans l'armée française, par son zèle et sa valeur. Milan, lorsque Bonaparte était arrivé de Mantoue, avait sollicité, pour ses concitoyens, cet honneur de combattre dans les rangs français, comme une faveur insigne.

Plus d'ennemis donc en Italie ; les Italiens devenaient au contraire, pour les conquérans, des alliés utiles. Il y eut cependant encore dans l'état de Gênes quelques remuemens, quelques entreprises excités par les envoyés d'Autriche et d'Angleterre ; mais la répression en fut prompte et facile. Le peuple de Gênes, depuis long-temps tenu dans une espèce de servitude par la noblesse, montrait lui-même beaucoup de penchant pour les principes alors en vigueur chez les Français, et il les aurait, en général, plutôt secondés que combattus.

Reprise de l'île de Corse sur les Anglais. Ce qui préluda de plus près encore qu'une partie de ces événemens, dont plusieurs sont ici racontés par avance, aux nouvelles victoires de l'armée d'Italie sur les Autrichiens, ce fut son expédition en Corse, d'où elle chassa les Anglais. Cette île, conquise par les Français en 1769, leur avait été ravie, en 1793, par les Anglais, soutenus de Paoli, homme célèbre dans le pays , qui avait d'abord semblé vouloir rendre sa patrie indépendante, mais qui, dans le fait, ne prétendait qu'à s'y assurer à lui-même, sous la protection d'un peuple puissant par sa marine, des honneurs et des richesses. Les Anglais n'avaient pas tardé néanmoins à donner de grands sujets de plaintes à cet ami imprudent, et ils avaient même fini par le forcer à s'expatrier. Les Corses étaient mécontens, et du mauvais traitement qu'ils avaient vu faire à celui qu'ils reconnaissaient pour leur chef politique et leur généralissime, et des vexations que bien d'autres encore que lui éprouvaient chaque jour de la part des Anglais. Aussitôt qu'ils virent Bonaparte, qui était aussi leur compatriote, puisqu'il avait pris naissance à Ajaccio, jouer un aussi grand rôle en Italie, ils le firent inviter de la manière la plus pressante à venir à leur secours. Dès qu'il le put, Bonaparte réunit, dans le port de Livourne, tout ce qui était nécessaire pour justifier cette marque de confiance. Il confia le commandement en chef des troupes de débarquement au général Gentili, Corse de naissance. Celui-ci, en attendant qu'on eût pu se procurer toutes les embarcations convenables, fit partir en avant le général Casalta, également Corse, avec un faible détachement, pouvant figurer l'avant-garde de la troupe qui allait bientôt se montrer, et plusieurs réfugiés de l'île, dont on pouvait tirer un grand secours. Le commissaire du directoire, Salicetti, que ce même pays avait encore vu naître, s'y était déjà fait transporter, depuis deux jours, avec deux officiers d'artillerie et de génie, afin de tout préparer pour l'attaque et l'expulsion des Anglais. Ceux-ci ne jouissaient plus, dans l'île, que d'une autorité très-précaire. On refusait ouvertement de leur payer les impôts. Leur vice-roi, Elliot, avait été enlevé, dans une tournée, par une troupe de partisans, et n'avait pu se faire relâcher, que sous la condition de retirer les troupes anglaises de l'intérieur des terres ; et ces troupes en étaient venues à ne posséder réellement plus que le littoral de la Corse.

Le général Casalta aborda en Corse le 19 octobre. A peine eut-il mis pied à terre, qu'un grand nombre d'habitans de l'île vint se joindre à lui. Il marcha alors sur Bastia, capitale du pays, en vue de laquelle il arriva le 21. Maître des hauteurs, et ayant des intelligences avec les habitans, il fit aussitôt sommer la garnison anglaise. L'épouvante s'empara de cette garnison, quoiqu'elle ne fût pas composée de moins de trois mille hommes, et elle s'empressa de s'embarquer sur les bâtimens qu'elle avait dans le port. Casalta et les siens pénétrèrent dans la ville pendant cet embarquement, et firent sept à huit cents prisonniers à l'arrière-garde.

Le 22, le même général, après avoir forcé les gorges de San-Germano, chassa encore les Anglais de St.-Florent. Les débris de la garnison de cette ville, et celle de Bastia, se réfugièrent avec le vice-roi à Porto-Ferrajo, dans l'île d'Elbe, qui était encore devenue la proie de l'Angleterre.

Le général Gentili, qui avait aussi débarqué, se portait en même temps sur Ajaccio et s'en rendait maître, sans coup férir, les Anglais ayant fui à son approche. Trois ou quatre jours suffirent donc pour reconquérir l'île de Corse à la France et à ses lois, sans que cela pût donner la moindre inquiétude à l'armée d'Italie, appelée en ce moment même à de bien plus grands périls et à de bien plus hautes destinées.

Une quatrième armée autrichienne se prépare à disputer la possession de l'Italie aux Français. La retraite de Wurmser sur Mantoue était, pour la cour de Vienne, un appel à de nouveaux efforts : elle l'entendit, et y satisfit avec toute la diligence possible. Des troupes furent, de tous les points de la monarchie autrichienne, expédiées sur le Tirol. On fit aussi avancer la division qui avait, jusque-là, couvert le Voralberg, les succès obtenus en Allemagne par l'archiduc, à la fin d'août, et au commencement de septembre, permettant cette disposition. Vers la fin d'octobre, l'armée autrichienne dans le Tirol était déjà en état de reprendre l'offensive. C'était le général Alvinzi, connu avantageusement en qualité de lieutenant-général, qui devait la mener au secours de Wurmser. On évaluait sa force active à quarante-cinq mille hommes, parmi lesquels on comptait plus d'un régiment aguerri.

Bonaparte, qui avait à la fois à faire tête à cette armée, et à contenir le corps de troupes, encore assez considérable, renfermé dans Mantoue avec le vieux maréchal autrichien, ne réunissait pas sous ses drapeaux au delà de trente-sept à trente-huit mille combattans. Le gouvernement français abandonnait ainsi celle de ses armées qui, jusqu'alors, lui avait donné le plus de sujet de satisfaction, et entre les mains de laquelle semblait remis le salut de l'Etat. La pacification de la Vendée rendait cependant un assez bon nombre de soldats français disponibles : mais ces soldats devaient être employés à un débarquement en Irlande, où l'on croyait avoir des intelligences certaines; expédition qui ne pouvait, dans aucun cas, valoir des succès aussi instamment utiles que ceux de l'armée d'Italie, prête, par suite de ses victoires précédentes, à marcher sur la capitale de l'Autriche. Bonaparte avait fait augmenter les défenses de Peschiera, de Legnago en première ligne, et de Pizzighitone en seconde. La division du général Serrurier, commandée dans le moment par le général Kilmaine, bloquait Mantoue. La division Augereau était en réserve à Vérone. Celle du général Massena, sur la Brenta, vers Bassano et Trévise, observait le corps principal d'Alvinzi; le général Vaubois gardait les débouchés du Tirol sur le Lawis.

Après la journée de Rovérédo, le corps de Davidowich s'était replié entre Neumarck et Botzen. Après la bataille de Bassano, Quasdanowich, coupé de Wurmser, s'était retiré dans le Frioul, sur Goritz. Ce fut là que le général Alvinzi prit le commandement de la nouvelle armée. Son projet était de se porter de sa personne sur Bassano, d'y traverser la Brenta, et de marcher ensuite sur Vérone, où il devait être joint par Davidowich, qui, pour arriver jusque-là, aurait, à la tête de l'aile droite de l'armée autrichienne, repoussé les Français, de Trente, de Rovérédo, et des positions retranchées de Rivoli.

Ce plan avait le défaut de ceux que Bonaparte avait précédemment si bien déconcertés, et était peut-être encore pire : un espace de trente lieues séparait les deux points d'où les deux corps d'armée devaient partir pour opérer. Bonaparte se prépara à y opposer la même manœuvre : il résolut de marcher lui-même sur le corps d'Alvinzi, pour le détruire, pendant qu'un de ses lieutenans contiendrait Davidowich, qui aurait ensuite son tour ; mais les événemens en décidèrent autrement.

Marche du corps de troupes autrichiennes, particulièrement commandé par le général Alvinzi. Le corps commandé par le général Alvinzi en personne, ayant le plus long chemin à faire, se mit le premier en marche. Avant la fin du mois d'octobre, il avait traversé le torrent du Tagliamento, et il passa la Piave les 1er. et 2 novembre. Il s'avança sur la Brenta le 4, partagé en deux colonnes, chacune de douze bataillons, Quasdanowich commandant celle de droite, et Provéra celle de gauche. La colonne de gauche, marchant par Citadella, prit position à Fonteniva, poussant son avant-garde, aux ordres du général Liptay, au delà de la Brenta sur Carmignano. Quasdanowich, avec la colonne de droite, se posta en avant et à gauche de Bassano, et poussa une de ses brigades, commandée par le général Mitrowski, sur le château de la Scala et sur Primolano, pour s'assurer, à tout événement, des débouchés de la vallée de la Brenta. L'armée autrichienne s'arrêta dans ces positions, tant pour prendre quelque repos, sa marche à travers des torrens débordés ayant été pénible, que pour attendre des nouvelles de Davidowich.

Echec essuyé les 2 et 3 novembre par la division française du général Vaubois. Pour ôter à Quasdanowich la possibilité de joindre Alvinzi par les gorges de la Brenta, le général Vaubois avait ordre de chercher à le chasser de ses positions entre le Lawis et la Brenta, afin de le rejeter plus loin encore dans le Tirol. Les Autrichiens étaient en forces supérieures. Vaubois, pour exécuter son ordre avec plus de sûreté, crut devoir diviser ses troupes en deux colonnes. Le général Guyeux, à la tête de la première, attaqua l'ennemi le 2 novembre, lui enleva le poste de Saint-Michel, lui prit trois cents hommes, et détruisit en partie le pont qu'i avait sur l'Adige. Davidowich, dans le dessein de faire diversion à cette attaque, porta alors une colonne de Cembra vers Ségonzano. Le général Vaubois envoya la brigade Fiorella combattre cette colonne. Fiorella, voulant gagner les Autrichiens de vitesse, se jeta sur le chateau de Ségonzano, situé dans le fond de la vallée, sans prendre la précaution nécessaire de débusquer d'abord les Autrichiens des hauteurs de Bedole ; aussi, pendant qu'il était occupé à faire enfoncer les portes du château, le général Wukassowich descendit de Bedole, repoussa la brigade française et la culbuta, avec beaucoup de perte, dans un ravin. Dans le même temps, Davidowich, parti de Neumarck avec le reste de ses troupes, se réunissait en face de Bedole aux troupes qui s'y trouvaient, et traversait le ravin en avant de la Piazza. Le 30, on le vit s'étendre sur les hauteurs qui dominent Sévignano. Le général Vaubois, ainsi débordé, se replia jusque bien au delà de Trente, dans la position des châteaux de la Piétra et de Bassano, qui domine le défilé de Calliano, que traverse la chaussée de Trente à Rovérédo. Sa gauche s'appuyait à l'Adige vers Nomi, et sa droite à des montagnes inaccessibles. Un ruisseau encaissé couvrait son front.

Descendant ainsi à la poursuite du général Vaubois, Davidowich favorisait le plan de Bonaparte; il ne manquait plus à celui-ci que de défaire Alvinzi, pour venir ensuite, par les gorges de la Brenta, écraser Davidowich, comme il avait fait précédemment de Wurmser, après la défaite de Davidowich lui-même.

Combats d'Ospital et de le Nove, le 6 novembre. Le général en chef de l'armée française poussa, le 6 novembre, la division Massena sur Citadella, tandis que lui-même marchait avec celle d'Augereau sur Bassano : ces deux points étaient occupés par le corps d'armée du général Alvinzi. Le combat commença entre Carmignano et Ospital di Brenta, où Massena rencontra l'avant-garde autrichienne, commandée par le général Liptay. Le général Provéra, passé sur la rive droite de la Brenta, s'avançait, pour soutenir cette avant-garde en même temps que Quasdanowich faisait filer deux détachemens par Marostica et le Nove, pour tourner la division Massena et la pousser sur lui. Heureusement pour la division française, les premières troupes de Quasdanowich rencontrèrent à le Nove la division Augereau, qui, comme nous l'avons dit ci-devant, se dirigeait sur Bassano.

Chargées avec vigueur, elles furent repoussées de le Nove, sans avoir même eu le temps de se former en bataille. Ayant cependant reçu quelques renforts, elles ne tardèrent pas à reprendre l'offensive et pénétrèrent de nouveau dans le Nove; mais ce triomphe fut de courte durée, la division Augereau y mit bientôt un terme par la reprise du village. Alors les troupes autrichiennes se replièrent sur le gros de la division Quasdanowich, occupant la position qui, des montagnes de Sette-Communi, s'étend, par Marostica, jusqu'à Punta. Quasdanowich se maintint dans cette position, quoiqu'il y fût attaqué avec une sorte de fureur. Pour Provéra, il fut forcé par la division Massena de repasser la Brenta; mais la poursuite des Français s'arrêta là, Provéra ayant pris soin de détruire le pont de Fontaniva, après s'en être servi lui-même.

L'affaire était ainsi restée indécise; c'était tout ce qu'il fallait pour que Bonaparte fût obligé de renoncer à son projet. En supposant que la fortune dût le favoriser dans une nouvelle tentative, la prudence ne voulait pas qu'il en courût les risques, ne fût-ce que pour Davidowich, qui, pendant ce temps-là, poussant ses premiers avantages, pouvait arriver sur Mantoue, s'y réunir à Wurmser, et mettre à son tour l'armée française dans la position la plus triste. Le devoir du général en chef de cette armée était désormais de réunir ses troupes sur un point d'où il pût, à la fois, secourir Vaubois contre Davidowich, et Kilmaine, bloquant Mantoue, contre Alvinzi. Il fit donc, dans la journée du 7, un mouvement rétrograde sur Vérone. Cette position était la seule qu'il lui convînt de prendre, dans le double but dont nous venons de parler.

Prise de Trente par les Autrichiens, le 4 novembre; retraite des Français sur la position de la Corona et de Rivoli, le 8 du même mois. Le général Vaubois avait effectivement encore perdu du terrain ; entré à Trente le 4 novembre, Davidowich avait aussitôt jeté un pont sur l'Adige. Les généraux Ocskay et Laudon s'en aidèrent pour aller manœuvrer sur la rive droite, tandis que le général Wukassowich s'avançait sur la rive gauche jusqu'à la tête des défilés de Calliano, menant à sa suite un corps de troupes considérable. Le 6, Davidowich, à la tête de la division Wukassowich, tenta inutilement d'emporter de vive force les châteaux de la Piétra et de Bassano ; il fut repoussé avec perte. Le lendemain 7, même tentative : pour seconder l'attaque, le général Ocskay avait fait placer près de Nomi, sur la rive droite de l'Adige, plusieurs pièces d'artillerie qui battaient les positions des Français ; elles furent toutes prises et reprises dans la journée, et il semblait que l'événement allait rester incertain, lorsqu'une terreur panique s'étant emparée des troupes françaises, elles se mirent tout d'un coup à fuir. Trois bataillons qui arrivaient de Mori et de Rovérédo rétablirent cependant le combat ; mais le général Vaubois, jugeant, aux mouvemens des Autrichiens, qu'ils cherchaient à le tourner, chose que leur supériorité numérique leur donnait la facilité de faire, ne profita de ce secours, venu si à propos, que pour battre en retraite avec moins de désavantage. Le lendemain, Davidowich vint asseoir son camp en avant de Rovérédo. Le général Vaubois s'arrêta sur la rive droite de l'Adige, dans la position formidable de la Corona et de Rivoli.

Bataille de Caldiero, le 12 novembre. Fier d'avoir fait reculer Bonaparte devant lui, et le tenant pour entièrement défait, Alvinzi se mit à sa poursuite aussitôt qu'il lui eut vu prendre le chemin de Vérone. Le 9, les Autrichiens campèrent à Montebello. Informé dans ce campement des succès de Davidowich, Alvinzi se porta le

11 sur Villa-Nova, pour attendre sur ce point que son lieutenant eût forcé les positions de la Corona et de Rivoli, et se présentât du côté de Bussolingo et de Campara. Son dessein était de repasser alors l'Adige de vive force, pour faire sa jonction avec lui, et marcher ensuite sur Mantoue. L'intérêt de Bonaparte voulait qu'il ne laissât pas ce général s'approcher autant des lieux qui pouvaient, un peu plus tard, devenir ceux de sa réunion avec Davidowich. Il fit donc sortir son armée de Vérone, résolu de combattre Alvinzi partout où il le rencontrerait. Les troupes de celui-ci avaient déjà dépassé Villa-Nova ; leur gauche occupait Caldiero et la chaussée ; leur droite s'était établie sur la crête du mont Olivetto, au village de Colognola. Leur corps de bataille était encore à Villa-Nova ; mais aussitôt qu'Alvinzi vit ses avant-postes attaqués, il lui ordonna de venir en toute hâte joindre le reste de l'armée.

Le 12 novembre, les Français se mirent en mouvement pour livrer bataille. La division Massena s'étendant sur sa gauche, devait attaquer la droite des Autrichiens ; la division Angereau était opposée à leur gauche. Le général Angereau réussit d'abord à se rendre maître du village de Caldiero, et Massena à se placer sur le flanc droit de l'ennemi, par Illassi et Lavagna ; mais la réserve autrichienne étant accourue à ce moment, changea la face du combat. La supériorité des forces était trop grande en faveur des Autrichiens : ajoutez à cela, que le froid étant extrême, la pluie, qui tombait par torrens depuis le matin, se changea tout d'un coup en un grésil, que le vent poussait dans la figure des soldats français. Ces soldats étaient harassés des marches et contre-marches qu'ils avaient précédemment faites. Bientôt la gauche de Massena, prise à revers par une colonne ennemie, recula en désordre : la confusion allait peut-être se mettre dans l'armée, sans la soixante-quinzième demi-brigade, qui, tenue jusqu'alors en réserve, s'avança pour soutenir le choc, et fit si bonne contenance, qu'elle arrêta les Autrichiens. Vers la fin de la journée, Bonaparte fit replier ses troupes sur Vérone.

Bataille d'Arcole, les 15, 16 et 17 novembre. Il était évident qu'il ne tarderait pas à y être attaqué, et les progrès de Davidowich, derrière lui, ne pouvaient qu'augmenter ses inquiétudes à ce sujet. Une idée capable de déranger tous les projets des Autrichiens, et d'amener même leur ruine, le frappa tout d'un coup; ce fut celle de passer sur la rive droite de l'Adige à Vérone, avec les divisions Augereau et Massena, pour repasser ensuite cette rivière à Ronco, fondre, par Villa-Nova ou San-Bonifacio, sur les derrières d'Alvinzi, et lui enlever ses magasins et sa seule communication. Bonaparte, quelle que fût l'infériorité de ses forces, pouvait beaucoup sur ce point où il n'était pas attendu. Après avoir attiré à lui sept mille hommes des troupes du blocus de Mantoue, il se mit donc en mouvement pour exécuter la seule manœuvre qui parut alors pouvoir sauver l'Italie. Dans la nuit du 13 novembre, les divisions Massena et Augereau passèrent l'Adige à Vérone, et se dirigèrent sur Ronco. Le général Kilmaine, à la tête des trois mille hommes enlevés au siége de Mantoue, resta pour garder Vérone, que couvrait d'ailleurs contre Davidowich le général Vaubois, encore en position à la Corona. Après avoir repassé l'Adige sur un pont que l'on établit à Ronco, le 15 novembre, la division Augereau marcha droit à Arcole, tandis que la division Massena prenant à gauche se dirigeait sur Porcil.

Le village d'Arcole se trouve situé au milieu d'un marais vaste et profond, coupé dans tous les sens par des canaux et des ruisseaux. Plusieurs digues ou chaussées facilitent les communications. Les principales, sont celle qui mène de Ronco, à droite, à Arcole, et celle qui, à gauche, conduit à Porcil et à Caldiero, où elle aboutit à la route de Vérone à Vicence. La première est coupée par l'Alpon, que l'on passe sur un pont de bois étroit et élevé, au delà duquel sont quelques maisons. L'ennemi avait crénelé ces maisons.

Plusieurs bataillons croates et hongrois avaient été postés par Alvinzi à Arcole et à Albaredo, sous les ordres du colonel Brigido, pour surveiller le cours de l'Adige; le pont d'Arcole, sur l'Alpon, était défendu par du canon et barricadé. Là s'établit véritablement le point de la bataille, et il fut d'autant plus impossible de l'empêcher, que, dès les premiers mouvemens, des troupes autrichiennes rappelées de la vallée de la Brenta vinrent renforcer les Croates et les Hongrois. Bonaparte sentait combien il aurait été important pour lui de forcer ce pont en un instant; une longue résistance y faisait avorter tout son projet. Voyant qu'un grand nombre de généraux français y ont été blessés inutilement en voulant donner l'exemple aux troupes, et qu'Augereau y a échoué comme les autres, il s'y porte lui-même, et se montrant à la tête de la colonne : *Eh quoi!* dit-il aux soldats; *n'êtes-vous donc plus les guerriers de Lodi! qu'est devenue cette intrépidité dont vous avez donné tant de preuves!* Et ce peu de mots ayant paru relever leur courage, il donne le signal d'une nouvelle tentative, marchant à la tête des troupes, un drapeau à la main. Chacun se précipite sur ses pas. Le général Lannes, déjà blessé de deux coups de feu à une attaque précédente, reparaît à ses côtés; mais une nouvelle blessure le met hors de combat. Le feu de l'ennemi est terrible : il emporte des files entières; l'adjudant-général Belliard et quelques officiers de l'état-major cherchent à faire un rempart de leur corps au général en chef. De simples grenadiers se précipitent aussi au-devant de ses pas pour recevoir la mort à sa place. Muiron, l'un de ses aides-de-camp, est tué roide à ses côtés. Une blessure grave atteint aussi le général Vignolle à ce poste d'honneur. La constance des soldats français se lasse; ils s'épouvantent du grand nombre de leurs officiers et de leurs camarades qu'ils voient tomber de toutes parts: ils se mêlent, tourbillonnent, et prennent la fuite. Bonaparte veut en vain les retenir par son exemple et ses discours; entraîné il est obligé de rétrograder aussi. Arrivé de cette manière au bout du pont, il remonte à cheval pour se faire plus facilement voir et entendre : une décharge à mitraille l'entoure de morts et de blessés; son cheval effrayé se cabre, et se jette avec lui dans les marais. Les Autrichiens qui poursuivent les Français, l'ont bientôt dépassé de plus de cinquante pas. Le danger est pressant; un regard des vainqueurs sur les marais, et l'homme, qui est dans ce moment l'espoir de la France, tombe au pouvoir de l'ennemi. L'adjudant-général Belliard s'en aperçoit, et le sauve par une nouvelle marque de dévouement. Il fait faire volte-face à quelques grenadiers qui, combattant encore, ferment la marche, et les lance sur les Autrichiens, en leur apprenant quel service ils peuvent rendre à l'armée. Ces grenadiers, chargeant avec fureur, forcent leurs adversaires à reculer, et les contiennent assez long-temps pour que le général en chef puisse sortir du marais où il est tombé, et venir se remettre à la tête des troupes.

Le général Guyeux, détaché, quelques instans auparavant, avec sa brigade, vers Albaredo, pour y passer l'Adige, et tourner Arcole, arrivait alors sur ce village. Il l'eut même bientôt emporté : mais il était trop tard; les troupes par lesquelles on avait fait attaquer le pont s'étaient trop tôt découragées. Les troupes autrichiennes, chassées momentanément d'Arcole par ce général, se replièrent vers San-Bonifacio, où elles se rallièrent à la division du général Mitrowski, qui y tenait poste, renforcée de quatorze bataillons et de seize escadrons envoyés par Alvinzi. Ce n'était pas là les seuls ennemis que ce général comptât opposer à Bonaparte sur le nouveau champ de bataille qu'il s'était choisi. Occupé des préparatifs d'une attaque de Vérone, et d'un passage de l'Adige à Zevio, il n'avait pas plutôt appris le mouvement des Français sur ses communications, que, détachant le corps dont nous venons de parler sur San-Bonifacio, et un autre de six bataillons sur Porcil, il avait fait exécuter à son armée un changement de front en arrière, afin de la mener tout entière sur ces deux points de l'attaque des Français.

Les six bataillons poussés vers Porcil, sous les ordres du général Provéra, n'avaient cependant pu le sauver. La division Massena les rencontra en route, les culbuta, et s'empara ensuite de Porcil, où elle fit un assez grand nombre de prisonniers.

Ainsi, maître de Porcil et d'Arcole, à la fin de la journée, Bonaparte battit néanmoins en retraite. La position de l'armée française, réduite à combattre des troupes dont le nombre allait toujours croissant, où elle avait cru faire une surprise, n'était rien moins que bonne. Engagée sur des digues étroites, elle avait l'Adige à dos, et pouvait être, pendant la nuit, culbutée dans les marais de l'Alpon. Il la reporta donc sur la rive droite de l'Adige, la formant à droite et à gauche du village de Ronco, dont il fit garder le pont pour conserver le passage de la rivière. Les Autrichiens occupèrent, par des avant-gardes, Arcole et Porcil.

Le lendemain, 16 novembre, à la pointe du jour, comme les troupes françaises repassaient l'Adige pour recommencer l'attaque, elles rencontrèrent les avant-gardes ennemies, déjà sorties de Porcil et d'Arcole pour attaquer aussi. Elles se dirigeaient sur Ronco. Alvinzi détachait en même temps une partie de sa cavalerie sur Albaredo, pour que l'entreprise faite si heureusement la veille, par le général Guyeux, ne pût pas se renouveler. Ceux des Autrichiens qui débouchaient de Porcil furent rejetés sur ce village, avec perte de sept à huit cents prisonniers, de six pièces de canon et de trois drapeaux. Les Autrichiens qui marchaient sur la chaussée du centre, ne furent pas moins maltraités par le général Robert: cet officier les culbuta dans les marais. Quant à ceux qu'Augereau rencontra, il les repoussa sur Arcole; mais le général en chef ayant voulu qu'à la suite de cet avantage, on fît une nouvelle tentative sur le pont, cette tentative fut aussi malheureuse que celle de la veille. Sept généraux ou officiers supérieurs y furent blessés inutilement.

Bonaparte, pour se procurer un passage moins difficile, s'était porté de sa personne vers l'embouchure de l'Alpon, afin d'y faire construire un pont de fascines. La garnison de Legnago avait, en même temps, reçu l'ordre d'inquiéter l'ennemi, et l'adjudant-général Vial devait remonter l'Adige avec une demi-brigade, pour chercher un gué qui le mît à même de tourner la gauche des Autrichiens. Vial ne trouva point de gué. Pour le général en chef, il reconnut que l'Alpon était trop rapide pour supporter un pont de fascines, et il ordonna d'y en construire un de chevalets. Cette opération fut pénible, et coûta du monde. De nombreux tirailleurs autrichiens faisaient un feu continuel de la rive opposée. Plusieurs officiers de l'état-major général furent tués ou blessés, en dirigeant ou accélérant le travail. On compta parmi les premiers, le capitaine Elliot, aide-de-camp de Bonaparte. C'était un officier du plus grand mérite.

Alvinzi avait voulu mettre son centre en mouvement, pour le porter en partie sur la rive droite de l'Alpon, et sur les digues qui longent ce ruisseau; mais une batterie de quatre pièces d'artillerie, placée par le général en chef lui-même, avait suffi pour contenir les Autrichiens sur ce point, où leur entreprise pouvait devenir très-dangereuse.

La nuit arrivait : les troupes des deux partis se replacèrent, comme elles l'avaient fait la veille, à la fin de la journée, Bonaparte étant bien résolu à revenir à la charge le lendemain.

On travailla, toute la nuit, au pont de chevalets sur l'Alpon. Un accident qui arriva à celui de Ronco, le 17 au matin, au moment où l'armée française commençait à passer l'Adige, donna d'abord de grandes inquiétudes. Un des bateaux, dont ce pont était formé, s'enfonça dans l'eau, mettant ainsi obstacle au passage des troupes. Les Autrichiens s'ébranlaient alors pour charger la douzième demi-brigade qui était restée de l'autre côté de la rivière, à la tête de la garde du pont. Qu'allait faire cette demi-brigade à laquelle il était impossible de porter, dans l'instant, aucun secours? L'artillerie française la sauva. Son feu fut si bien dirigé de la rive droite, qu'il contint les Autrichiens tout le temps qu'il fallut mettre à réparer le pont. L'armée, une fois passée, repoussa, comme les deux jours précédens, l'ennemi sur Arcole et sur Porcil.

Massena n'avait marché sur Porcil qu'avec la dix-huitième demi-brigade de ligne. Le reste de la division, placé convenablement, était destiné à soutenir l'effort principal qui allait se faire par la droite à l'embouchure de l'Alpon, du point où il avait été établi un pont de chevalets. La trente-deuxième, aux ordres du général Gardanne, fut embusquée dans le bois qui est à droite de la digue; la dix-huitième légère prit poste près du pont de Ronco, en soutien de la douzième de ligne, à qui la garde de ce pont appartenait toujours; la soixante-quinzième, au centre, faisait face au pont d'Arcole.

Ces dispositions ne tardèrent pas à être de la plus grande utilité. La soixante-quinzième demi-brigade dont nous venons de parler, avait, conduite par le général Robert, poursuivi l'avant-garde autrichienne jusqu'au pont d'Arcole. Elle fut ramenée vivement par des troupes fraîches et nombreuses qui débouchèrent d'Arcole, et vint en désordre chercher un refuge derrière la division Augereau en marche; quelques pelotons de cette division prenant l'épouvante, se mirent à fuir vers Ronco.

Les Autrichiens, fiers de cet avantage, et voulant le pousser aussi loin qu'il pouvait aller, s'avançaient à grands pas vers l'Adige, lorsque la dix-huitième marcha droit à eux sur la digue, tandis que la trente-deuxième, sortie de son embuscade, les prenait en flanc. Le général Massena, pour seconder ce mouvement, revint en même temps, au pas de charge, de Porcil, et fondit sur la queue de la colonne autrichienne. Ainsi, pris sur trois sens à la fois, les Autrichiens furent renversés en partie dans le marais à gauche. Plus de trois mille d'entre eux restèrent prisonniers.

C'était Augereau qui avait dû déboucher par le pont de chevalets établi vers l'embouchure de l'Alpon. Peu gêné par le moment de désordre qu'avait mis parmi quelques-uns des siens la retraite de la soixante-quinzième demi-brigade, il s'était ensuite avancé sur la gauche des Autrichiens. Cette gauche se trouvait couverte par un marais qu'on ne pouvait essayer de tourner sans les plus graves inconvéniens. Bonaparte, par une ruse de guerre assez singulière, au lieu d'envoyer sur ce flanc de l'ennemi une troupe véritable, qui, dans sa marche, eût été dangereusement serrée entre le marais lui-même et l'Adige, y jeta seulement vingt-cinq de ses guides, commandés par le lieutenant Hercule. Cet officier avait ordre, lorsqu'il serait arrivé à la portée des Autrichiens, de fondre sur eux avec impétuosité, en faisant sonner la charge par plusieurs trompettes. Cette ruse eut un plein succès : les Autrichiens se croyant pris en flanc par une colonne entière de cavalerie, montrèrent de l'hésitation; le général Augereau, qui avait le mot, se précipita aussitôt sur eux. Ils ployèrent. Ils se retiraient cependant sans confusion et sans désordre, quand la garnison de Legnago parut débouchant sur San-Gregorio. Les Autrichiens accélérèrent alors leur retraite, craignant d'être débordés et pris à revers.

A ce moment, Massena, après avoir reporté une de ses brigades et quelque cavalerie sur Porcil, pour le reprendre et couvrir ainsi les communications des ponts, marchait au centre sur Arcole. Dès que les Autrichiens furent en pleine retraite, il les poursuivit sur San-Bonifacio, et se lia ensuite par sa droite à la division Augereau. L'armée française passa la nuit; la gauche en devant d'Arcole, et la droite à San-Gregorio. Pour Alvinzi, ayant ainsi perdu son champ de bataille, il se retira le lendemain sur Montebello, d'où il gagna Vicence. La bataille d'Arcole, reprise à trois fois différentes, dura soixante-douze heures. Les Autrichiens y perdirent huit mille hommes tués, blessés ou prisonniers, dix-huit pièces de canons, quatre drapeaux La perte des Français, quoique moindre, fut aussi très-grande; outre les officiers que nous avons déjà nommés, dans la dernière journée les généraux Robert et Gardanne furent blessés, et l'adjudant-général Vaudelin fut tué. Bonaparte, après cette bataille, écrivit les deux lettres suivantes :

Au général Clarke.

« Votre neveu Elliot a été tué sur le champ de bataille d'Arcole. Ce jeune homme s'était familiarisé avec les armes ; il a plusieurs fois marché à la tête des colonnes ; il aurait été un jour un officier estimable. Il est mort avec gloire et en face de l'ennemi ; il n'a pas souffert un instant. Quel est l'homme raisonnable qui n'envierait pas une telle mort ? Quel est celui qui, dans les vicissitudes de la vie, ne s'abonnerait pas pour sortir, de cette manière, d'un monde si souvent méprisable ? Quel est celui d'entre nous qui n'a pas regretté cent fois de ne pas être ainsi soustrait aux effets puissans de la calomnie, de l'envie, et toutes les passions haineuses, qui semblent presque exclusivement diriger la conduite des hommes ? »

A madame Muiron.

« Muiron est mort à mes côtés sur le champ de bataille d'Arcole. Vous avez perdu un mari qui vous était cher : j'ai perdu un ami auquel j'étais depuis long-temps attaché ; mais la patrie perd plus que nous deux, en perdant un officier distingué, autant par ses talens que par son rare courage. Si je puis vous être bon à quelque chose, à vous ou à son enfant, je vous prie de compter entièrement sur moi. »

Bonaparte se porte en forces contre Davidowich, et le pousse vivement. Ainsi débarrassé d'Alvinzi, Bonaparte songea à porter tout l'effort de son armée sur Davidowich, afin de le mettre désormais hors d'état de nuire à ses projets. Il était réellement instant de toutes manières qu'il marchât à ce général autrichien : il avait fait de nouveaux progrès depuis que nous avons parlé de lui à nos lecteurs. Le général Vaubois avait été réduit en dernier lieu à se retirer jusque derrière le Mincio ; et le 18 de novembre même, c'est-à-dire, précisément à l'instant où Alvinzi se repliait sur Vicence, Davidowich s'avançait jusqu'à Castelnovo et Passago, poussant des partis sur Vérone.

Pendant que la réserve de cavalerie poursuivait Alvinzi sur Vicence, avec ordre de se conduire de façon à faire croire qu'elle était suivie de l'armée entière, le général en chef, le 18 aussi, reportait la division Massena sur la rive droite de l'Adige. Il la dirigeait sur Villafranca, où elle devait se rallier au général Vaubois, qui repassait, à ce moment, le Mincio à Borghetto. Ces deux divisions étaient destinées à attaquer l'ennemi de front. Tandis qu'elles seraient aux prises, le général Augereau devait déborder la gauche des Autrichiens, en marchant de Vérone sur San-Martin et la vallée de Panthena, pour gagner ensuite les hauteurs de Sainte-Anne, et descendre dans la vallée de l'Adige, vers Dolce. Ce dernier mouvement ne tendait à rien moins qu'à couper entièrement la retraite aux Autrichiens. Toutes les dispositions du général en chef de l'armée française semblaient propres à assurer la perte de l'armée ennemie. Celle-ci n'échappa qu'en regagnant précipitamment les montagnes, quand elle eut appris, le 19, la retraite d'Alvinzi. Encore ne fut-ce pas sans perte qu'elle exécuta cette marche rétrograde. Les régimens d'Ehrbach et de Lattermann ayant été atteints par les Français à Campara, perdirent beaucoup de monde. Un bataillon entier du premier fut fait prisonnier.

Mouvement du général Alvinzi. Alvinzi, s'apercevant

qu'il n'était suivi, sur Vicence, que par un détachement de la cavalerie française, et apprenant en même temps quel sort on cherchait à faire à son aile droite, ne tarda point à s'avancer de nouveau jusqu'à Villanova, après avoir jeté quelques bataillons dans les montagnes de Molare. Il croyait surprendre Bonaparte; il le rencontra en chemin, qui, vainqueur de Davidowich, avait deviné l'intention du reste de l'armée autrichienne, et venait pour déconcerter ses plans. Prévenu ainsi par son infatigable adversaire, Alvinzi, dont les troupes avaient besoin de repos, et peut-être de renforts, quoique déjà plus nombreuses que les troupes françaises, mit son armée en cantonnemens sur la Brenta, la gauche vers Padoue, le quartier-général à Bassano, et la droite vers Trente, se liant, dans cet endroit, au corps de Davidowich.

Sortie tentée par Wurmser, le 23 novembre. Wurmser, faute de communications par lesquelles on pût l'instruire, à mesure, des momens favorables, n'avait pu seconder ni Alvinzi, ni Davidowich. Il tenta une seule sortie le 23 novembre, parce qu'à l'avance on en était, par une voie secrète, convenu avec lui. On vient de voir dans quelle situation se trouvaient alors, et Alvinzi, et Davidowich. Le général Kilmaine était déjà de retour devant Mantoue, avec les troupes qu'on avait, un moment, détachées du blocus, et établies à Vérone; il força la garnison à rentrer dans la place, après avoir essuyé une perte assez considérable.

Trait de grandeur de Bonaparte. Le général en chef de l'armée française ne se montra nullement disposé à troubler les cantonnemens des Autrichiens. Il attendait lui-même des renforts, et savait, d'ailleurs, jusqu'à quel point étaient fatigués les soldats, avec lesquels il venait de déconcerter tous les projets de l'ennemi par des marches et contre-marches multipliées. Il en avait acquis, par lui-même, une preuve indubitable, pendant la nuit qui suivit le gain de la bataille d'Arcole. Cette nuit-là, il parcourait son camp sans les marques de son grade. Il y trouve une sentinelle endormie, prend le fusil du factionnaire coupable, sans l'éveiller, et se met à faire le guet à sa place. Le soldat, quand il r'ouvre les yeux, pousse des cris de terreur en voyant son fusil entre les mains d'un officier : mais il est tout à fait consterné, lorsque, considérant l'officier, il reconnaît en lui son général : *Je suis perdu !* s'écrie-t-il.—*Non*, lui répond Bonaparte avec douceur ; *rassure-toi, mon camarade ; après tant de fatigues, il est bien permis à un brave comme toi de s'endormir; mais, une autre fois, choisis mieux ton temps.* Ce trait est un de ceux de la vie de Bonaparte que les soldats français aiment le mieux à citer. Il y a de la bonté, de la grandeur, et de cet esprit militaire qui plait dans les chefs des armées, et leur concilie l'admiration et l'amitié des gens de guerre.

Affaires intérieures de l'Italie. En attendant qu'on revînt l'attaquer ou qu'il fût en état d'attaquer lui-même, Bonaparte voulut profiter du relâche que lui laissaient les opérations militaires pour donner ordre aux affaires intérieures de l'Italie. Il revint donc à Bologne, et ce fut à cette époque que s'y assembla le congrès qui fit des deux duchés et des deux légations une seule république. La cour de Rome était devenue presque incertaine. Espérant que l'expédition du général Alvinzi, en Italie, finirait par l'expulsion des Français, et jalouse de coopérer à un événement dont elle devait tirer un grand avantage, cette cour semblait se tenir prête à seconder les Autrichiens, aussitôt qu'elle croirait pouvoir le faire avec sûreté. Bonaparte attira à lui de la Lombardie et des différens corps de son armée, de petits détachemens, composant en tout quatre mille hommes, force suffisante pour contraindre le pape à quitter l'attitude menaçante qu'il avait prise; et il allait faire marcher cette petite armée sur Rome, quand des courriers de ses lieutenans lui apprirent que les Autrichiens, considérablement renforcés, sa mettaient de nouveau en mouvement. On était alors au 10 janvier 1797.

Situation des deux armées dans les premiers jours de janvier 1797. Depuis la bataille d'Arcole, l'armée française avait toujours occupé à peu près les mêmes positions : dix mille hommes bloquaient Mantoue, et trente mille, en observation, couvraient le siége. La division Joubert, la plus forte de toutes, avait son poste à la Corona et à Rivoli; celle de Massena, en seconde ligne, à Vérone, se liait, par sa gauche, avec la précédente, et par sa droite, à celle d'Augereau, chargée de surveiller Legnago et le le Bas-Adige. Le général Rey, nouvellement arrivé à l'armée avec quelques renforts, était à la tête d'une petite réserve, vers Dezenzano, et éclairait la rive droite du lac de Garda, vers Salo. C'était toujours à la division Serrurier que le blocus de Mantoue était confié.

Avec les nouvelles troupes qu'on lui avait fait parvenir, l'armée du général Alvinzi ne s'élevait pas à moins de quarante-cinq mille hommes, non compris la garnison de Mantoue. Quelques détachemens de vieilles troupes, un assez grand nombre de compagnies tiroliennes et de jeunes volontaires autrichiens pleins d'ardeur, et qui portaient au milieu d'eux un étendard brodé par l'impératrice elle-même, composaient les renforts que cette armée avait reçus.

Alvinzi s'arrêta à ce plan, qu'il s'avancerait avec le plus grand nombre de ses troupes entre l'Adige et le lac de Garda, pendant que le général Provéra, dont les talens et la bravoure avaient déjà été éprouvés, marchant par Padoue et par Legnago, irait, à la tête de 8 à 9000 hommes, débloquer Mantoue.

Premiers mouvemens des Autrichiens, les 7, 8, 10 *et* 12 *janvier.* Le 7 janvier, le centre de l'armée autrichienne se mit en chemin de Bassano ; il levait aller, à travers les gorges de la Brenta, se réunir au corps de Davidowich, vers Rovérédo, pour descendre ensuite par la vallée de l'Adige. — Le 8, c'est-à-dire le lendemain, le général Provéra, avec les huit à neuf mille hommes qu'on lui avait confiés, s'avança sur la Fratta. Son avant-garde, commandée par le comte de Hohenzolern, rencontra vers Bevilaqua l'avant-garde de la division Augereau. Cette dernière avant-garde, qui eut bientôt affaire à tout le corps ennemi, trouva néanmoins le moyen de faire sa retraite sur San-Zeno, et ensuite sur Legnano, ayant donné, par sa résistance, le temps à la division à laquelle elle appartenait, de faire contre les Autrichiens les dispositions convenables.

Lorsque Bonaparte eut été instruit, à Bologne, de cette attaque des Autrichiens, il envoya deux mille des soldats qu'il avait appelés auprès de lui pour réduire la cour de Rome, renforcer la division Augereau, et lui-même se mit aussitôt en route pour Vérone. Il y arriva le 12, après avoir passé à la vue de Mantoue, pour donner les ordres nécessaires aux troupes du blocus. La présence du général en chef à Vérone devenait de moment en moment plus urgente. Alvinzi avait réussi à faire sa jonction, vers Rovérédo, avec le corps de Davidowich, et s'était avancé, le 10, avec trente-six bataillons sur Alla, pour écraser la gauche des Français. Une autre colonne, composée de six bataillons et d'un escadron, commandée par le général Bayalitsch, arrivant par Bassano, menaçait Vérone. Elle avait déjà attaqué les avant-postes français, et forcé le général Massena de faire sortir sa division sur elle.

Bataille de Rivoli, le 14 janvier 1797. Les Autrichiens ne s'étaient rien moins proposé que la destruction entière de l'aile gauche de l'armée française. Ils continuèrent leur mouvement sur elle dans les journées des 11, 12 et 13 janvier. Ils espéraient, vu la grande supériorité de leurs forces, la tourner et lui couper ainsi toute retraite. Cette aile, commandée par Joubert, et composée de la division de ce général, forte de dix mille hommes environ, évita ce malheur par l'habileté de son commandant, qui, pendant ces trois jours, déjoua successivement toutes les manœuvres de flanc de l'ennemi, et sut toujours se retirer à propos, quoiqu'arrêtant de temps en temps la marche des Autrichiens par des combats dont le but était sans doute de donner le temps au général en chef, d'être instruit de ce qui se passait, et d'y pourvoir. Mais enfin se retirer, quoiqu'avec art, c'était perdre du terrain, et il était précieux alors à l'armée d'Italie, qui devait craindre de se laisser trop serrer d'aucun côté sur Mantoue. Le 13, à dix heures du soir, après avoir attendu toute la journée des nouvelles de Bonaparte, Joubert se mettait cependant en route pour se replier par Campare, sur Castelnovo, c'est-à-dire, qu'il abandonnait entièrement les montagnes, lorsqu'une ordonnance lui annonça la prochaine arrivée du général en chef, et lui remit en même temps l'ordre de tenir ferme en avant du plateau de Rivoli. Il mit aussitôt les trente-troisième, trente-neuvième, quatorzième et quatre-vingt-cinquième demi-brigades de ligne en position en avant de Rivoli; la droite sur la direction d'une redoute dite de Castello, et la gauche appuyée au pied des hauteurs de Marogne. Son avant-garde se fixa sur les hauteurs de Zoane; les quatrième et vingt-deuxième légères, placées dans les retranchemens et en avant d'Osteria, occupaient encore, par des postes, Serpole et les sommets du Montemagnone. La dix-septième légère s'étendait à la gauche jusqu'à Zoane, Brenzone, Montalto, Beticelli, et la vingt-neuvième légère, en seconde ligne, sur les hauteurs de Zoane-Montagna.

Le général Alvinzi, ignorant absolument de quel ordre supérieur cette disposition était l'effet, et ne se doutant pas surtout qu'il allait avoir affaire à la moitié de l'armée française, commandée par son général en chef, rit de la présomption de Joubert, qui osait ainsi l'attendre; et le regardant comme une proie assurée pour le lendemain, il fit tous les nouveaux préparatifs qu'il jugea convenables cette fois pour l'envelopper. La première colonne, aux ordres du général Lusignan, marchait par les hauteurs de Malsesena et de Castelletto, le long du lac de Garda, afin de prendre la ligne des Français à revers, et de leur couper la retraite : elle reçut l'ordre de poursuivre sa marche. La deuxième colonne qui se trouvait vers Caprino, devait communiquer, par sa droite, avec la première, tout en contribuant à une attaque de front contre Joubert sur les hauteurs de Zoana et de Trombalora. Ocskay, à la tête de la quatrième colonne, eut pour consigne de gravir le Montebaldo, et de se réunir à la troisième, destinée à attaquer Saint-Martin et les hauteurs de San-Marco. On ordonna à Quasdanowich de suivre la rive droite de l'Adige pour déboucher par Osteria della Dugana, sur le flanc droit des Français, avec la cinquième colonne, le parc d'artillerie et la cavalerie. Enfin le général Wukassowich, conduisant la sixième colonne, eut pour tâche de marcher, par la rive gauche de l'Adige, sur la Chiusa, de se rendre maître de ce défilé, et d'y placer de fortes batteries pour prendre en écharpe les colonnes françaises qui se montreraient sur la rive opposée.

En même temps que Bonaparte envoyait au général

Joubert l'ordre de tenir bon, il lui préparait des secours. Une partie de la division Massena s'avançait vers Rivoli, laissant un petit corps sous Vérone, pour observer le général autrichien Bayalitsch. La réserve du général Rey se portait aussi, en une marche forcée, de Dezenzano par Peschiera, sur Rivoli.

Le général en chef y arriva lui-même dans la nuit du 13 au 14. Après avoir reconnu l'état des choses, il ordonna qu'on fît aussitôt un mouvement en avant, car il jugea qu'il était instant de prévenir l'ennemi, pour le mettre hors d'état de déboucher sur le plateau de Rivoli, seul point où ses colonnes pussent se réunir, se déployer et faire usage de toutes leurs armes. Il pensa que la prompte exécution de cet ordre était d'une telle importance, qu'il voulut que Joubert l'exécutât avec sa seule division, sans attendre les renforts qui étaient en marche ; il tenait surtout à ce qu'il reprît sur-le-champ le poste de San-Marco, dont l'ennemi s'était emparé au commencement de la nuit. Ce poste est la clef de la position du plateau de Rivoli.

En un moment les avant-gardes ennemies eurent été repoussées. Cependant les trente-deuxième et soixante-quinzième demi-brigades de ligne, le vingt-deuxième de chasseurs, le quinzième de dragons et le premier régiment de cavalerie approchaient de Rivoli, sous la conduite de Massena : le général Rey, avec sa réserve, s'avançait par Campara et Carmisino, et la dix-huitième demi-brigade se fortifiait dans le débouché de Garda.

Les Autrichiens étaient aussi en mouvement : le corps de Quasdanowich paraissait du côté d'Incanale, dans la vallée de l'Adige ; une brigade avait pris poste en avant de Dolce, où était établi le quartier-général ; Wukassowich s'avançait dans la direction qui lui avait été prescrite, et la colonne du général Lusignan débouchait sur Pezzena.

Ce fut au sujet du poste de San-Marco que l'affaire s'engagea; la gauche de l'armée française qui l'attaquait, plia. L'ennemi se porta alors sur le centre. Encouragée par le général Berthier, chef de l'état-major, la quatorzième demi-brigade y combattit avec une valeur extraordinaire, et sauva, peut-être, l'armée entière par sa courageuse résistance. Les Autrichiens redoublaient d'efforts pour enlever les canons placés devant cette demi-brigade; un capitaine s'élança au-devant de l'ennemi, en criant: *Quatorzième, laisserez-vous prendre vos pièces?* Vingt braves s'élancèrent sur ses pas et repoussèrent les Autrichiens. Pendant que l'intrépidité d'une poignée de braves maintenait ainsi le centre, qui est toujours, dans une armée, le point principal, le général Massena, arrivant à la tête de la trente-deuxième demi-brigade, ralliait la gauche, et enlevait aux Autrichiens les positions qu'ils lui avaient prises dans leur moment de succès.

Il était temps; la colonne de Quasdanowich, la plus considérable des colonnes autrichiennes, menaçant la droite et le centre, marchait droit au plateau de Rivoli pour l'enlever, et la colonne de Lusignan se déployait sur le flanc et sur les derrières de l'armée. Bonaparte fit avancer sur Quasdanowich une partie de sa cavalerie aux ordres du général Leclerc, tandis que Joubert, ayant repris, avec les positions de la gauche, San-Marco, en faisait aussi descendre sur les Autrichiens plusieurs bataillons. L'escadron des dragons d'état-major, et un bataillon de Gemmingen étaient les seules troupes que Quasdanowich eut jusqu'alors pu pousser sur le plateau de Rivoli; le reste était encore en masse dans le défilé d'Osteria, par lequel la colonne arrivait. La tête se trouva ainsi assaillie de toutes parts, sans pouvoir être convenablement secourue : l'infanterie du général Joubert l'attaquait sur son flanc droit, la cinquante-neuvième demi-brigade sur son flanc gauche, et la cavalerie sur son front. Elle fut culbutée et jetée dans le défilé, où le désordre devint d'autant plus grand, que l'artillerie et presque toute la cavalerie autrichiennes s'y trouvèrent encombrées. Le choc avait été violent. Joubert, démonté, avait continué de combattre à la tête de ses grenadiers, un fusil à la main.

D'après la tournure que prenaient les événemens, le mouvement de la colonne du général autrichien, Lusignan, n'avait rien qui fût réellement bien dangereux. Pris isolément, Bonaparte en avait d'avance calculé l'effet. Il ne s'agissait que d'occuper ce général, qui croyait conquérir la victoire à son parti, assez long-temps pour que Rey, avec sa réserve, arrivât par Orza. Deux bataillons de la dix-huitième demi-brigade, et un bataillon de la soixante-quinzième, soutenus d'une batterie de pièces de douze, y suffirent. Ils auraient même pu se passer de Rey. Lusignan battait déjà en retraite quand ce dernier parut : mais la défaite du général autrichien fut alors complète. Attaqués de front par les généraux Brune et Monnier, à la tête des dix-huitième et soixante-quinzième, et chargés à revers par le général Rey, ses soldats n'eurent bientôt plus rien à espérer que de la générosité des vainqueurs ou de la fuite. Un détachement de douze cents hommes, en voulant se retirer sur Garda, ayant rencontré dans les défilés une partie d'un bataillon de la dix-huitième demi-brigade, et croyant, dans le moment de la surprise, avoir affaire à un bien plus grand nombre d'ennemis, mit bas les armes.

Quasdanowich, avec les débris de son corps, se retira,

en remontant l'Agide, sur Rivalta et Péri. Le centre des Autrichiens se trouva abandonné à ses seules forces, dans la position qu'il avait prise derrière le Tasso, vers Pazzone, après avoir été lui-même très-maltraité lors du rétablissement de la gauche et du centre de l'armée française. La bataille de Rivoli, par ses conséquences, fut un des plus beaux succès de la campagne d'Italie. Les Autrichiens y perdirent plusieurs milliers d'hommes, des drapeaux et de l'artillerie.

Bataille de la Favorite, le 16 janvier 1797. Bonaparte, pour rendre sa victoire encore plus complète, allait faire attaquer le centre des Autrichiens, quand on vint lui apprendre que Provéra, après avoir passé l'Adige, se portait rapidement sur Mantoue avec ses dix mille hommes. Il lui sembla que l'œil du maître était encore là nécessaire. Laissant donc au général Joubert le soin d'achever la défaite d'Alvinzi, il partit à l'instant même avec la division Massena, quelque fatiguée que fût cette troupe.

Provéra avait passé l'Adige à Anghiari, dans la nuit du 13 au 14 janvier. Le 14, il s'avança par San-Guinetto sur Nogara, où il bivouaqua. Il marchait avec la plus grande célérité, son unique intention étant de gagner Mantoue, pour en renforcer la garnison, et la mettre ainsi en état d'entreprendre quelque chose sur les derrières de l'armée française, qu'il jugeait engagée dans des combats désavantageux contre Alvinzi et Davidowich. Le général Augereau, chargé, comme nous l'avons dit plus haut, de surveiller Legnago et le Bas-Adige, rassembla ses forces, et courut à la rencontre du général autrichien qu'il espérait combattre vers Anghiari et Roverquiera; mais celui-ci, vu le train qu'il allait, avait déjà fait du chemin, et Augereau ne put atteindre que la queue de sa colonne. Le général français regardait encore cela comme un moyen d'arrêter son ennemi ; mais il reconnut bientôt qu'il s'était trompé. Provéra, sachant faire un sacrifice utile, continua et accéléra même sa marche, sans s'inquiéter de ce que deviendrait son arrière-garde ; elle fut entièrement défaite ; on lui prit deux mille hommes et quatorze pièces de canon, et on brûla son pont sur l'Adige (1) : de ce côté donc, plus de retraite pour Provéra. Cet officier parut le 15 devant Saint-Georges : c'était là qu'il avait compté joindre Wurmser sans difficulté ; mais, par prévoyance, le général en chef avait fait de Saint-Georges un poste très-fortifié. Provéra essaya cependant d'effrayer le général Miollis, qui y commandait ; il le somma : *Je sais me battre*, répondit fièrement le Français, *et non me rendre*. L'Autrichien ne pouvait faire un siége ; il lui fallut songer à tenter la fortune sur un autre point. Il trouva moyen de communiquer avec Wurmser, et ils convinrent ensemble, que, tandis que la garnison ferait une sortie, lui, Provéra, attaquerait du côté de la Favorite. Il comptait encore trouver ce poste dégarni, et était loin de penser surtout qu'il dût y rencontrer Bonaparte et une petite armée.

Bonaparte, arrivé dès le 15 au soir avec tous ses renforts, se préparait de son côté à le cerner de manière à le

---

(1) A ce combat, le commandant des hussards autrichiens se présenta avec sa troupe à un escadron du neuvième régiment de dragons français, et lui cria de se rendre. *Si tu es brave, viens me prendre*, lui répondit le nommé Duvivier, qui commandait l'escadron français. Les deux corps s'arrêtèrent alors, et un combat singulier eut lieu entre les deux chefs. L'officier autrichien y fut vaincu et blessé de deux coups de sabre. Les deux troupes s'étant alors chargées, les hussards autrichiens succombèrent comme leur chef, et demeurèrent prisonniers des dragons français.

faire prisonnier, s'il formait cette seconde tentative. Il avait chargé le général Dumas, qui commandait la réserve du blocus à Saint-Antoine, de veiller à ce que la citadelle ne pût faire aucune sortie : quinze cents hommes, ayant à leur tête le général Serrurier, occupaient le poste de la Favorite lui-même. Les trente-deuxième et soixante-quinzième demi-brigades de la division Massena devaient se tenir prêtes à se porter, pendant le combat, partout où leur présence pourrait devenir utile. Dès le point du jour, le général Victor se mit en route avec les dix-huitième et cinquante-septième demi-brigades, pour aller à la rencontre de Provéra, l'attaquer et le tourner. Enfin, la division Augereau, qui, depuis le combat d'Anghiari, suivait de près les Autrichiens, avait ordre de déboucher par Castellaro sur Saint-Georges, pour les prendre en queue.

Les Autrichiens attaquèrent les postes de la Favorite et de Saint-Antoine, le 16, à cinq heures du matin. Wurmser, qui concourait à cette attaque, comme il en était convenu avec Provéra, obtint d'abord quelques avantages ; mais il finit par être obligé de rentrer avec perte dans la citadelle de Mantoue. Alors tout l'effort du combat retomba sur Provéra ; le général Victor eut en un moment tourné sa gauche. La colonne autrichienne, qui voyait manœuvrer de toutes parts des troupes sur elle, où elle avait cru n'en trouver presque aucune, ne tarda point à s'ébranler ; quelques-uns de ses corps jetèrent même leurs armes. Le général Miollis augmenta encore son effroi en faisant une sortie de Saint-Georges. Enfin elle perdit tout à fait courage quand elle vit les trente-deuxième et soixante-quinzième demi-brigades compléter son investissement en arrivant sur elle au pas de charge d'un côté, tandis que de l'autre, la division Augereau débouchait par la route de Castellaro. Elle capitula et se rendit prisonnière avec son général. Elle comptait encore dans ses rangs environ six mille hommes, parmi lesquels figuraient particulièrement les volontaires de Vienne. Elle remit vingt pièces de canon aux Français. C'était la seconde fois, dans cette même guerre d'Italie, que Provéra, mal engagé par ses supérieurs, était fait prisonnier par les Français.

Défaite du centre de l'armée d'Alvinzi, le 15 janvier. En quittant Joubert, le général en chef avait laissé l'ordre d'attaquer le centre de l'armée autrichienne dans sa position défensive, aussitôt que les troupes auraient pris le repos nécessaire, et lui-même avait réglé l'attaque. Le général Vial devait se préparer à tourner l'ennemi, en longeant avec sa brigade les crêtes du Montemagnone. Le général Baraguay d'Hilliers avait pour tâche d'attaquer Saint-Martin avec les trente-troisième et cinquante-huitième demi-brigades; et le général Vaux, longeant à la gauche le revers du Montebaldo, à la tête des vingt-neuvième légère et quatre-vingt-cinquième de ligne, devait écraser la droite des Autrichiens, et arriver avant eux à la Corona, par où il fallait qu'ils se retirassent. Une petite colonne de deux bataillons de la vingt-deuxième légère et d'un bataillon de la cinquante-huitième marchait sur Ferara par le Montebaldo, pour ôter toute retraite à l'ennemi. Dès la veille, le général en chef avait ordonné au général Murat d'embarquer à Salo la douzième demi-brigade d'infanterie légère, pour venir mettre pied à terre avec elle à Tore, gagner Montagna et les crêtes du Montebaldo, et aider ainsi au mouvement des généraux Vial et Vaux.

A minuit, Murat entrait à Montagna, et le 15, au point du jour, il était sur la crête du Montebaldo, à Pozzalagune, d'où il marcha sur la Corona par les Collonelli. Joubert était déjà aux prises avec les Autrichiens. Le général Vial avait commencé son mouvement deux heures avant le jour, avançant aussi vite que le pouvaient permettre l'obscurité, la fatigue des troupes et la résistance de l'ennemi. Les Autrichiens avaient commencé au même moment à battre en retraite. La colonne du centre, commandée par le général Baraguay d'Hilliers, les attaqua alors dans la vallée, et les chassa de Saint-Martin, en leur prenant deux pièces de canon et quelques centaines d'hommes. Ce n'était qu'en les harcelant ainsi partout où l'occasion s'en présentait, qu'on pouvait donner le temps au général Vaux de gagner le terrain nécessaire pour faire ce qu'on attendait de lui. Il fit, à Pravassar, sa jonction avec Murat, tandis que la brigade Vial marchait sur le Spiazo et la Corona. Cette partie des ordres du général en chef exécutée avec succès, les Autrichiens ne pouvaient que se trouver dans la plus triste situation. Le plus grand désordre se mit parmi eux : beaucoup, en voulant joindre la route de Rivalta, roulèrent du haut des rochers qui longent la vallée de l'Adige ; un grand nombre furent faits prisonniers en essayant de s'échapper par Pravassar et l'escalier de la Madona.

Jonction des divisions Massena et Joubert par les gorges de la Brenta. Bonaparte, ainsi vainqueur à Rivoli et à la Favorite, de l'armée qui avait voulu, encore une fois, lui disputer la possession de l'Italie, en fit poursuivre les débris qui se retiraient d'un côté sur Rovérédo, et de l'autre sur la Brenta. Les arrières-gardes autrichiennes étaient commandées, vers le Tirol, par le comte de Laudon, et vers Bassano, par le général Bayalitsch. Elles furent poussées de poste en poste, l'une par le général Joubert, jusqu'à Lavis, et l'autre par le général Massena, jusqu'au delà de Prado. Les deux divisions françaises ayant alors leur jonction assurée par la vallée de Sugana, s'arrêtèrent, et prirent position, Augereau couvrant, avec sa division, leur extrême droite par l'occupation de Trévise.

Guerre contre le Pape; paix de Tolentino, le 19 février.
Les malheurs éprouvés par les armées françaises de Moreau et de Pichegru, repoussées jusqu'en de-çà du Rhin, devaient rendre Bonaparte plus circonspect que jamais sur la manière dont il entrerait en Allemagne. Quoique devant conserver peu d'espérance d'être désormais secouru, Wurmser tenait encore dans Mantoue; le général en chef de l'armée française résolut sagement d'attendre, avant de se porter en avant, que la reddition de la place eût réuni à son armée la division que le blocus occupait. Des troupes de l'armée du Rhin étaient en marche pour venir le renforcer; il fallait aussi différer toute grande opération jusqu'à leur arrivée. Mais ce qui était possible et même convenable sur le moment, c'était que Bonaparte achevât de s'assurer de l'Italie, en forçant à la signature d'un traité définitif, la cour de Rome, qui, entre tous les autres états italiens, affectait pour la république française un mépris dangereux, et armait même publiquement contre elle. On en avait eu la preuve authentique dans une correspondance entre le cardinal Busca, secrétaire d'état du pape, et le prélat Albani, son nonce à Vienne, saisie sur un courrier; dans l'inexécution des articles de l'armistice, par lesquels le pape s'était engagé à payer différentes contributions, et à donner une certaine quantité d'objets d'art et de curiosité; dans la nomination au commandement des troupes papales, de plusieurs officiers jusqu'alors au service de l'Autriche; et enfin dans une tentative faite par ces troupes sur Bologne. Aussitôt qu'il le put, Bonaparte reprit donc contre cette cour les préparatifs que les derniers mouvemens offensifs d'Alvinzi et de Davidowich lui avaient fait suspendre; et le 2 février, il fit entrer la di-

vision Victor dans Imola, en publiant de Bologne la déclaration et la proclamation qui suivent :

Déclaration.

Article Ier. Le pape a refusé formellement d'exécuter les articles VIII et IX de l'armistice, conclu le 20 juin à Bologne, sous la médiation de l'Espagne, et ratifié solennellement à Rome le 23 juin.

II. La cour de Rome n'a cessé d'armer, et d'exciter, par ses manifestes, les peuples à la croisade; ses troupes se sont approchées de Bologne jusqu'à dix milles, et ont menacé d'envahir cette ville.

III. La cour de Rome a entamé des négociations hostiles contre la France, avec la cour de Vienne, comme le prouvent les lettres du cardinal Busca, et la mission du prélat Albani à Vienne.

IV. Le pape a confié le commandement de ses troupes à des généraux et officiers autrichiens envoyés par la cour de Vienne.

V. Le pape a refusé de répondre aux avances officielles faites par le citoyen Cacault, ministre de la république française, pour l'ouverture d'une négociation de paix.

VI. Le traité d'armistice a donc été violé et enfreint par la cour de Rome. En conséquence je déclare que l'armistice conclu le 20 juin, entre la république française et la cour de Rome, est rompu.

Proclamation.

« L'armée française va entrer sur le territoire du pape : elle sera fidèle aux maximes qu'elle professe; elle protégera la religion et le peuple.

» Le soldat français porte d'une main la baïonnette, sûr garant de la victoire, et offre de l'autre, aux différentes villes et villages, paix, protection et sûreté..... Malheur à ceux qui la dédaigneraient, et qui, de gaieté de cœur, séduits par des hommes profondément hypocrites et scélérats, attireraient dans leurs maisons la guerre et ses horreurs, et la vengeance d'une armée qui a, dans six mois, fait cent mille prisonniers des meilleures troupes de l'empereur, pris quatre cents pièces de canon, cent dix drapeaux, et détruit cinq armées!

» Article Ier. Tout village ou ville qui, à l'approche de l'armée française, sonnera le tocsin, sera sur-le-champ brûlé, et les municipaux seront fusillés.

» II. La commune sur le territoire de laquelle sera assassiné un Français, sera sur-le-champ déclarée en état de guerre; une colonne mobile y sera envoyée; il y sera pris des ôtages, et il y sera levé une contribution extraordinaire.

» III. Tous les prêtres, religieux, et ministres de la religion, sous quelques noms que ce soit, seront protégés et maintenus dans leur état actuel, s'ils se conduisent selon les principes de l'Evangile; et s'ils sont les premiers à les transgresser, ils seront traités militairement, et plus sévèrement que les autres citoyens. »

La division du général Victor trouva au delà d'Imola trois à quatre mille hommes des troupes du pape, retranchés sur la rivière de Senio. Ils étaient protégés par de fortes batteries. Le chef de brigade Lahoz, commandant une légion lombarde qui faisait partie de la division, forma ses grenadiers en colonne serrée, et marcha à leur tête sur les batteries. Ce mouvement fut parfaitement soutenu; la légion lombarde, qui voyait le feu pour la première fois, ne montra pas la moindre hésitation, et quoiqu'assaillie à la fois par la mitraille et la mousqueterie, enleva les batteries à l'arme blanche. L'ennemi, après avoir perdu quatre à cinq cents hommes, prit la fuite, abandonnant aux vainqueurs quatorze pièces de canon, huit drapeaux et mille prisonniers.

Cette affaire fut, à proprement parler, la seule de l'expédition ; il n'y eut plus ensuite qu'à marcher pour conquérir l'état de l'Eglise. Dès le 18, les Français étaient maîtres de toute la Romagne, du duché d'Urbin, de la marche d'Ancône, de l'Ombrie et des petites provinces de Pérugia et de Camerino de Macerata, ville considérable de la marche d'Ancône. Bonaparte, pour amener à des négociations qui ne répugnassent pas trop à la dignité du saint siége, écrivit la lettre suivante au cardinal Mattei, dont l'esprit conciliateur lui était connu. Cette lettre, au reste, paraît être une réponse à une missive dans laquelle ce cardinal aurait demandé quelque explication sur la conduite du général français.

« J'ai reconnu dans la lettre que vous vous êtes donné la peine de m'écrire, M. le cardinal, cette simplicité de mœurs qui vous caractérise ; vous verrez, par l'imprimé ci-joint, les raisons qui m'ont engagé à rompre l'armistice conclu entre la république française et sa sainteté.

» Personne n'est plus convaincu du désir que la république française avait de faire la paix, que le cardinal Busca, comme il l'avoua dans sa lettre à M. Albani, qui a été imprimée, et dont j'ai l'original dans les mains. On s'est rallié aux ennemis de la France, lorsque les premières puissances de l'Europe s'empressaient de reconnaître la république, et désiraient la paix avec elle ; on s'est bercé de vaines chimères, et on n'a rien oublié pour commencer la destruction de ce beau pays. Il reste encore néanmoins à sa sainteté un espoir de sauver ses états, en prenant plus de confiance dans la générosité de la république française, en se livrant tout entier et promptement à des négociations pacifiques.

» Je sais que sa sainteté a été trompée ; je veux bien encore prouver à l'Europe entière la modération du directoire exécutif de la république française, en lui accordant cinq jours pour envoyer un négociateur muni de pleins pouvoirs, qui se rendra à Foligno, où je me trouverai, et où je désire de pouvoir contribuer en mon particulier à donner une preuve éclatante de la considération que j'ai pour le saint siége..... etc., etc. »

Cependant l'armée marchait sur Rome : tout y était confusion et désordre : les plus proches parens du pape fuyaient dans l'état de Naples, emportant leurs effets les plus précieux. Le souverain pontife, ainsi que nous venons de le voir, excité par Bonaparte à la confiance, lui adressa dans cette extrémité quatre députés, porteurs de la lettre que l'on va lire :

« Cher Fils,

» Salut et bénédiction apostolique.

» Désirant terminer à l'amiable nos différends actuels avec la république française, par la retraite des troupes que vous commandez, nous envoyons et députons vers vous, comme nos plénipotentiaires, deux ecclésiastiques, M. le cardinal Mattei, parfaitement connu de vous, et monseigneur Galeppi, et deux séculiers, le duc don Louis Braschi, notre neveu, et le marquis Camille Massimo, lesquels sont revêtus de nos pleins pouvoirs, pour concerter avec vous, promettre et souscrire telles conditions que nous espérons justes et raisonnables, nous obligeant, sous notre foi et parole, de les approuver et ratifier en forme spéciale, afin qu'elles soient valides et inviolables en tout temps. Assurés des sentimens de bienveillance que vous avez manifestés, nous nous sommes abstenus de tout déplacement de Rome, et par là vous serez persuadé combien grande est notre confiance en vous. Nous finissons en vous assurant de notre plus grande estime, et en vous donnant la paternelle bénédiction apostolique. »

Bonaparte avait alors son quartier-général à Tolentino, à douze postes seulement de Rome. La paix y fut signée le 19, entre le général en chef de l'armée française et les plénipotentiaires du pape, sauf la ratification du directoire exécutif et du saint père. Dans le traité, le pape s'obligea à renoncer à toute alliance avec les ennemis de la France, à leur fermer ses ports, et à licencier toutes ses nouvelles levées ; il céda pour jamais Avignon et le comtat Vénaissin, renonça aux légations de Bologne et de Ferrare, ainsi qu'à la Romagne, et consentit à l'occupation d'Ancône jusqu'à la paix générale. Il s'obligea en outre à faire payer de suite trente millions, au lieu de seize qui restaient dus sur les sommes imposées par l'armistice ; à livrer tous les objets d'arts qui y étaient mentionnés, à désavouer solennellement le meurtre de l'ambassadeur Basseville, et à payer enfin trois cent mille francs, à titre de dédommagement, aux personnes qui avaient souffert de cet attentat.

Bonaparte fit suivre la signature de ce traité d'une réponse au pape, conçue en ces termes :

Bonaparte, général en chef de l'armée d'Italie, à sa sainteté, le pape Pie VI.

« Très saint Père,

» Je dois remercier votre sainteté, des choses obligeantes contenues dans la lettre qu'elle s'est donné la peine de m'écrire.

» La paix entre la république française et votre sainteté vient d'être signée ; je me félicite d'avoir pu contribuer à son repos particulier.

» J'engage votre sainteté à se méfier des personnes qui sont à Rome, vendues aux cours ennemies de la France, ou qui se laissent exclusivement guider par les passions haineuses qui entraînent toujours la perte des états.

» Toute l'Europe connaît les inclinations pacifiques et les vertus conciliatrices de votre sainteté. La république française sera, j'espère, une des amies les plus vraies de Rome.

» J'envoie mon aide-de-camp, chef de brigade, exprimer à votre sainteté l'estime et la vénération parfaite que j'ai pour sa personne ; et je la prie de croire au désir que j'ai de lui donner, dans toutes les occasions, les preuves de respect et de considération avec lesquelles j'ai l'honneur d'être........ »

Cette lettre, et celle qui, adressée au cardinal Mattei, avait servi d'ouverture aux négociations, firent dans le temps, en France, le plus grand honneur à Bonaparte auprès des personnes honnêtes et sensibles. Elles crurent y reconnaître un héros, qui pour sauver la religion catholique dans la personne de son chef, l'enveloppait de ses lauriers, et lui en faisait un véritable rempart. Effectivement le directoire exécutif n'eût peut-être pas mieux demandé que de voir son général de l'armée d'Italie gouverner les choses de telle manière qu'il pût, sans trop de scandale, renverser la chaire de saint Pierre ; et ce fut une conduite toute contraire que tint Bonaparte, puisqu'il aplanit lui-même les difficultés qui s'opposaient aux premiers pourparlers, et y encouragea le vaincu. Quant à la rigueur de certaines clauses du traité, on l'attribua aux précautions qu'exigeait la sûreté de l'armée d'Italie, et il est certain que sous ce rapport on ne pouvait mieux faire.

Cet hommage rendu par le jeune conquérant à la religion dans laquelle il avait été élevé, ne lui avait cependant pas fait perdre un seul instant de vue les principes politiques, sous l'empire desquels brillaient les premières années de sa gloire militaire. Voici le discours qu'un envoyé de lui adressa en son nom aux régens de la petite république de **Saint-Marin**, enclavée dans le duché d'Urbin.

« Citoyens Régens,

» La liberté, qui, dans les beaux jours d'Athènes et de Thèbes, transforma les Grecs en un peuple de héros; qui, dans les temps de la république, fit faire des prodiges aux Romains; qui, depuis, et pendant le court intervalle qu'elle a lui sur quelques villes d'Italie, a renouvelé les sciences et les arts, et illustré Florence; la liberté était presque bannie de l'Europe : elle n'existait que dans Saint-Marin, où, par la sagesse de votre gouvernement, et surtout par vos vertus, vous avez conservé ce dépôt précieux à travers tant de révolutions, et défendu son asile pendant une si longue suite d'années.

» Le peuple français, après un siècle de lumières, rougissant de son long esclavage, a fait un effort, et il est libre.

» L'Europe entière, aveuglée sur ses propres intérêts, et surtout sur les intérêts du genre humain, se coalise et s'arme contre lui; ses voisins conviennent entre eux du partage de son territoire, et déjà de toutes parts ses frontières sont envahies, ses forteresses et ses ports sont au pouvoir de ses ennemis; et, ce qui l'afflige le plus, une partie de lui-même allume la guerre civile, et le force à frapper des coups dont il doit ressentir toutes les atteintes.

» Seul au milieu de cet orage, sans expérience, sans armes, sans chefs, il vole aux frontières; partout il fait face, et bientôt partout il triomphe.

» De ses nombreux ennemis, les plus sages se retirent de la coalition; d'autres, forcés par le succès de ses armes, implorent successivement une paix qu'ils obtiennent. Enfin il ne lui en reste plus que trois; mais ils sont passionnés, et ne prennent de conseil que de l'orgueil, de la jalousie et de la haine. Une des armées françaises, en entrant en Italie, détruit, l'une après l'autre, quatre armées autrichiennes, ramène à sa suite la liberté dans ces belles contrées, et s'y couvre, presque sous vos yeux, d'une gloire immortelle.

» La république française, affligée de tant de sang qu'elle ne verse qu'à regret, et contente d'avoir donné un grand exemple à l'univers, propose une paix, lorsqu'elle pouvait dicter des lois.

» Le croirez-vous, citoyens! partout ses propositions ont été rejetées avec hauteur, ou éludées avec astuce.

» L'armée d'Italie, qui veut conquérir la paix, est donc obligée de poursuivre un de ses ennemis, et de passer tout près de vos états.

» Je viens de la part du général Bonaparte, au nom de la république française, assurer l'antique république de Saint-Marin, de la paix et d'une amitié inviolable.

» Citoyens régens, la constitution politique des peuples qui vous environnent peut éprouver des changemens. Si quelque partie de vos frontières était en litige, ou même, si quelque partie des états voisins, non contestée, vous était absolument nécessaire, je suis chargé, par le général en chef, de vous prier de lui en faire part; ce sera avec le plus grand empressement qu'il mettra la république française à portée de vous donner des preuves de sa sincère amitié..... »

C'est ainsi que Bonaparte rallia peu à peu à lui les hommes de toutes les opinions, adoptant chacune d'elles jusqu'au point marqué par la raison, et paraissant disposé et propre à tirer de toutes, de quoi composer un état de choses favorable à l'universalité des hommes : paraissant ami de l'ordre, mais partisan de la liberté ; protecteur de la religion, mais ennemi de la superstition et de la mysticité qui en sont la lèpre, et ne faisant la guerre qu'en soupirant après la paix : grand homme en effet, s'il eût toujours été tel qu'il sembla être de temps en temps, et que la guerre ne fût pas devenue chez lui une passion, et son amour pour la liberté et pour l'ordre, un sentiment sans fixité qui devait, dans son double sens, fléchir, plus d'une fois, sous le joug honteux des circonstances et de l'intérêt.

Il reçut, au reste, à cette époque, des régens de la république de St.-Marin, une leçon qui eût dû lui profiter pour l'avenir ; on remarqua cette phrase dans leur réponse à son envoyé : « ..... Dites-lui que la république de St.-Marin, contente dans sa médiocrité, craint d'accepter l'offre généreuse qu'on lui fait d'agrandir son territoire, ce qui pourrait par la suite exposer sa liberté....... »

Prise de Mantoue, le 2 février. Pendant que Bonaparte marchait en personne pour soumettre le pape qui avait compromis la fortune de l'Église en se faisant guerrier contre tous ses devoirs, les remparts de Mantoue tombaient devant un de ses lieutenans ; le vieux maréchal autrichien Wurmser se rendait au général français Serrurier, commandant le blocus. Sa défense avait été aussi longue qu'elle pouvait l'être. Elle durait depuis six mois. La moitié de la garnison de Mantoue était dans les hôpitaux, on avait succombé à la misère et aux maladies pestilentielles produites par les marais des environs de la place. Le reste vivait depuis long-temps de la chair des chevaux de la cavalerie dont il ne pouvait encore user qu'avec beaucoup de sobriété. Dans cette capitulation, le vainqueur respecta le vaincu : Bonaparte ayant, pour la réputation militaire du vieux maréchal autrichien, et pour sa belle défense dans Mantoue, des égards généreux que ne commandait pas la situation présente de ce dernier, qui eût été bientôt forcé de se rendre à discrétion, voulut qu'il sortît librement de la ville avec tout son état-major, deux cents hommes de cavalerie, cinq cents autres hommes à son choix, et six pièces de canon avec leurs canonniers, munitions et attelages. Pour la garnison, elle déposa les armes, et resta prisonnière de guerre jusqu'à échange. Elle montait encore à treize mille hommes.

L'armée française recueillit dans Mantoue plus de cinq cents pièces de canon, tant de position que de campagne, un équipage de pont, et cinquante à soixante drapeaux ou étendards, que le général Augereau fut chargé d'aller présenter au directoire exécutif à Paris.

Un soin bien différent de ceux qui, depuis long-temps, remplissaient tous ses momens, occupa ensuite le général en chef. Le village de Piétole, situé dans le Séraglio, près de Mantoue, est cet ancien lieu d'Andes, patrie de Virgile. Les champs qui l'environnent avaient été donnés au prince des poëtes latins par Auguste : quoique négligés, et confondus dans la masse des terres, ils conservaient encore le nom de *Champs Virgiliens*. Bonaparte ordonna qu'ils fussent désormais séparés avec honneur du reste du territoire, et qu'on dédommageât, avant tout, leurs colons des pertes que la guerre avait pu leur occasionner. Bientôt, grâce à lui, on vit dans le village de Piétole s'élever, au milieu d'un bois de chênes, de myrtes et de lauriers, un obélisque destiné à rappeler aux voyageurs amis du génie et des lettres, le droit particulier de ce village à fixer leur attention. Sur la première face de son piédestal, on lit ces propres vers de Virgile :

> Primus ego in patriam mecum, modò vita supersit,
> Aonio rediens deducam vertice musas :
> Primus Idumæas referam tibi, Mantua, palmas.

Sur la seconde, ces mots puisés à la même source :

> Nec spes libertatis erat.

Sur la troisième, ce vers si connu des admirateurs du poëte latin :

> O Melibæe ! Deus nobis hæc otià fecit.

Sur la quatrième, cette inscription propre à faire connaître l'objet du monument :

> Natal. pub. Virgilii maronis sacrum.

En même temps qu'il rendait cet hommage à celle des sciences qui jette le plus de charme sur la vie de l'homme, Bonaparte, en rappelant à son armée les exploits éclatans par lesquels elle s'était déjà illustrée, la disposait aux nouveaux efforts qu'il espérait d'elle : « Soldats, lui disait-il dans une proclamation, la prise de Mantoue vient de finir une campagne qui vous a donné des titres éternels à la reconnaissance de la patrie.

» Vous avez remporté la victoire dans quatorze batailles rangées et soixante-dix combats ; vous avez fait plus de cent mille prisonniers, pris à l'ennemi cinq cents pièces de campagne, deux mille de gros calibre, et quatre équipages de pont.

» Le pays que vous avez conquis, a nourri, entretenu et soldé l'armée pendant toute la campagne ; et vous avez envoyé trente millions au ministre des finances pour le soulagement du trésor public.

» Vous avez enrichi le Muséum de Paris, de plus de trois cents objets, chefs-d'œuvre de l'ancienne et de la nouvelle Italie, et qu'il a fallu trente siècles pour produire.

» Les républiques Lombarde et Cisalpine vous doivent leur liberté ; les rois de Sardaigne, de Naples, le pape et le duc de Parme se sont détachés de la coalition de nos ennemis, et ont brigué notre amitié ; vous avez chassé les Anglais de Livourne et de la Corse. Mais vous n'avez pas encore tout achevé..... De tant d'ennemis qui se coalisèrent pour étouffer la république à sa naissance, l'empereur seul reste devant vous : se dégradant lui-même du rang d'une grande puissance, ce prince s'est mis à la solde des marchands de Londres. Nous ne trouvons d'espérance pour la paix, qu'en allant la chercher dans le cœur des états de la maison d'Autriche : vous y trouverez les ministres de l'empereur corrompus par l'or de l'Angleterre ; vous y trouverez un brave peuple qui gémit sous le poids de la guerre ; vous respecterez sa religion et ses mœurs ; vous protégerez ses propriétés, et c'est la liberté que vous porterez à la brave nation hongroise, etc., etc. » Cette proclamation a le défaut du plus grand nombre de celles de Bonaparte ; elle renferme contre des nations ou leur gouvernement, des injures faites pour laisser des traces profondes, et rendre entre les peuples belligérans les rapprochemens difficiles. Le ton en est aussi très-haut. Après être retournés, un moment, sur le Rhin, nous verrons cependant si, par sa conduite, Bonaparte ne soutint pas ce ton, très-propre en lui-même à animer des soldats que l'on veut préparer à des choses difficiles.

ARMÉE DE RHIN-ET-MOSELLE.

Siége de Kehl, du 22 novembre 1796 *au* 10 *janvier* 1797. Après avoir forcé les Français à repasser le Rhin, l'archiduc, qui voulait acquérir le titre de libérateur de l'Allemagne, laissa devant Huningue le prince de Furstemberg avec treize bataillons et douze escadrons, et porta le reste de ses forces devant Kehl. Le général Moreau chargea le général Férino d'observer les ennemis sur Huningue, et s'avança avec le reste de l'armée dans les environs de Strasbourg.

Le fort de Kehl est un carré fortifié par le maréchal de Vauban, et construit autant pour la défense de Strasbourg que pour s'assurer du passage du Rhin. Par le traité de Bâle, il fut, en 1736, cédé à l'Autriche et démoli. On trouvait encore les traces des anciens revêtemens, mais l'angle flanqué du bastion qui regarde le Rhin était écroulé. Les Français avaient rétabli les parapets, et creusé au pied du revêtement un fossé de dix-huit à vingt pieds. On ne s'imaginait pas que les Autrichiens voulussent faire le siége en règle de ce fort, qu'on avait bien cherché à mettre à l'abri d'un coup de main, mais dont les ouvrages avancés, seulement ébauchés, n'étaient encore palissadés qu'en partie, ainsi que le camp retranché qu'on avait commencé. Cependant, vers le milieu de novembre, on ne douta plus de leurs intentions, et on vit clairement que le siége était résolu; la direction en fut confiée au général Latour. Bientôt une armée formidable se rassembla autour de la ville, et on y compta cinquante-cinq bataillons, quarante-six escadrons et une artillerie sans nombre. Le général Moreau chargea de la défense de Kehl le général Desaix, dont il connaissait l'intrépidité et le génie. Ce général, ayant à ses ordres quarante bataillons, commença par perfectionner les ouvrages qu'il voulait défendre ; il fit rétablir en fascinage les ouvrages à corne du haut et bas Rhin, et élever des retranchemens dans plusieurs îles ; il eut aussi soin de faire achever le camp retranché. Outre tous ces travaux, auxquels les troupes étaient occupées sans relâche, Desaix fit établir de nombreuses batteries, qui, avantageusement placées, prenaient à revers les travaux des ennemis, les ralentissaient beaucoup et gênaient leurs communications. L'ennemi, de son côté, ne perdait pas un instant pour perfectionner ses lignes de contrevallation, élever des redoutes, former des places d'arme et rassembler ses pièces de siége.

Pendant tout ce temps-là, les deux armées ne s'étaient nullement inquiétées ; seulement, le général autrichien ayant refusé de retirer ses avant-postes, qu'il avait trop approchés d'une redoute étoilée, et d'éviter par là le tiraillement inutile des sentinelles, le général Vandamme sortit avec un détachement de hussards et d'infanterie légère, repoussa les avant-postes, et rentra à Kehl, conduisant avec lui quatre-vingts prisonniers.

Lorsque les ouvrages furent assez avancés pour ne rien craindre d'une attaque, Desaix résolut de faire une tentative audacieuse, qui devait forcer l'ennemi à lever le blocus, ou du moins lui en imposer.

Le 21 novembre, au moment où les Autrichiens ouvraient la tranchée sur la rive droite de la Kintzig, les troupes françaises débouchèrent de l'île d'Ehrlenrhin et de la gauche du camp retranché, et marchèrent avec intrépidité contre la gauche des lignes de contrevallation, entre la Kintzig et le Rhin. Les deux premières redoutes qui appuyaient ces lignes aux bras du Rhin, furent forcées sur-le-champ par une colonne, pendant qu'une autre y pénétrait vers le centre, et s'emparait de Suntheim et des deux redoutes contiguës à ce village ; mais six bataillons ennemis employés aux tranchées s'étant présentés, et d'ailleurs le reste des troupes destinées à soutenir l'expédition n'étant pas arrivé assez tôt, les Français ne purent enlever trois autres redoutes intermédiaires, et après un combat aussi vif que meurtrier, qui dura quatre heures, furent obligés de se retirer dans leur camp retranché. Les Autrichiens perdirent dans cette attaque sept cents prisonniers, sept pièces de canon et deux obusiers. Les Français enclouèrent quinze bouches à feu, qu'ils ne purent ramener. Le terrain sur lequel se passa l'affaire était tellement étroit, que la majeure partie des troupes, la cavalerie surtout, ne put se se déployer, et par conséquent ne prit aucune part à l'action.

Cette sortie épouvanta tellement les Autrichiens, que toutes leurs forces se mirent en mouvement ; le général Latour et l'archiduc se portèrent en personne à la trouée. Aux obstacles que rencontrèrent les Français sur un terrain marécageux, se joignit un brouillard épais, qui les empêchait de se reconnaître, et qui favorisait beaucoup les ennemis. Cette affaire, qui n'eut pas tout le succès qu'on en avait espéré, fut très-meurtrière ; le général Moreau reçut une balle morte à la tête ; un de ses aides-de-camp, nommé Lelée, fut dangereusement blessé ; le général Desaix eut un cheval tué sous lui et une forte contusion à la jambe, et il y eut de part et d'autre un très-grand nombre de blessés. Les généraux et les soldats déployèrent toute la valeur et l'intrépidité naturelles aux Français ; mais il fallut céder. Dès ce moment, le sort de Kehl fut fixé. Aucun secours extérieur ne pouvait plus arriver ; l'ennemi serrait tellement la place, qu'il ne restait plus aux Français aucun espoir de forcer ses retranchemens. Le fort devait donc succomber sous une attaque lente et régulière, et tous les efforts des assiégés ne pouvaient que retarder la reddition de Kehl. Cette certitude devait nécessairement décourager les soldats et même les chefs, et cependant n'altéra, ni leur constance, ni leur opiniâtreté.

Dans la nuit du 21 au 22 novembre, les Autrichiens ouvrirent deux tranchées; la première, qui n'était qu'une attaque secondaire destinée à protéger la véritable, eut lieu sur la droite de la Kintzig; et la seconde, sur la gauche, entre la Schutter et le Rhin. Les ouvrages commencés pendant cette nuit, et perfectionnés le 24, contenaient une étendue de deux cent trente toises.

Les Français, après avoir disposé leur artillerie, commencèrent, le 24 novembre, à faire jouer leurs canons sur les travaux des assiégeans, et continuèrent, pendant quatre jours, un feu terrible, auquel l'ennemi ne répondit pas. Le 28, il démasqua en même temps toutes ses batteries, qui tirèrent jusqu'au soir avec une vivacité extraordinaire. Quelques bateaux du pont militaire furent endommagés, et un de ceux du grand pont fut entièrement submergé. Une batterie dirigée sur ce pont l'incommodait tellement, qu'il fut impossible de le rétablir, et dès ce moment il devint impraticable. Les avant-postes français placés à l'entrée du village de Kehl, repoussèrent d'abord vigoureusement les ennemis qui cherchèrent à s'y loger; mais sur la fin du jour ils furent forcés de céder.

Le feu continua de part et d'autre avec beaucoup de vivacité jusqu'au 6 décembre. Dans les premiers jours, quelques maisons de la grande rue de Kehl furent incendiées. Presque toutes les nuits les assiégés faisaient des sorties, et se portaient au delà de la Kintzig pour détruire les ouvrages des ennemis; mais toutes leurs tentatives, en promettant d'abord du succès, se terminaient, sans aucun résultat, par le moyen d'une singulière tactique adoptée par les Autrichiens. A l'approche des Français, ils abandonnaient sans résistance leurs premiers ouvrages, allaient se rallier derrière les secondes lignes, prenaient des renforts, et revenant ensuite, repoussaient ainsi toutes les attaques. Les grenadiers français eurent beaucoup à souffrir, pendant les sorties, de la mitraille partant des plates-formes qu'ils avaient établies dans leurs tranchées.

Les Autrichiens, qui poussaient vigoureusement leurs ouvrages, firent, le 6 au matin, jouer à la fois toutes les nouvelles batteries qu'ils avaient construites; et vers les quatre heures de l'après-midi, attaquèrent l'île Touffue. Cette île, défendue seulement par trois cents hommes, auxquels on ne pouvait porter des secours que par le moyen d'un bateau, tomba au pouvoir des ennemis, qui pour y parvenir n'avaient à passer qu'un gué presque sec. Ils y firent quelques prisonniers, et s'y établirent. Ils s'emparèrent aussi de l'ouvrage dit *le Bonnet de Prêtre*, gardé par un poste de vingt hommes. Dès ce jour, ils ralentirent considérablement leur force sur la rive droite de la Kintzig, et dirigèrent tous leurs efforts entre la Schutter et le Rhin, autour d'Ehrlenrhin et de la redoute des Trous de Loup; on vit alors clairement que l'intention de l'archiduc était de se rendre maître de la rive du Rhin, pour pouvoir battre avec avantage le pont de bateaux, et intercepter la communication entre Kehl et Strasbourg. Les avant-postes français retranchés dans les masures de la maison des postes et de l'église du vieux Kehl, furent attaqués dans la nuit du 9 au 10 décembre : on se battit avec une opiniâtreté peu commune ; les Autrichiens, commandés par l'archiduc en personne, furent repoussés trois fois. Restés maîtres des postes, ils en furent chassés le lendemain, après avoir perdu trois cents hommes et un officier de marque. Ils ne furent pas plus heureux dans différentes attaques qu'ils tentèrent le jour suivant; particulièrement sur le bras d'Ehrlenrhin, où la soixante-seizième demi-brigade leur fit beaucoup de mal, et les repoussa. Les brûlots (1) qu'ils avaient lancés au point du jour, pour incendier le pont de bateaux, ne réussirent pas; le danger fut écarté par la vigilance des pontonniers.

Les Autrichiens, sentant que la prise du plus petit ouvrage des Français leur coûtait trop cher, en la tentant de vive force, résolurent de se conduire avec plus de circonspection. Ils marchèrent à la sape sur les masures du vieux Kehl, sur la redoute des Trous de Loup, et sur l'île d'Ehrlenrhin. Ils environnèrent ces mauvais postes, de tranchées, élevèrent autour des batteries, et firent à chacun d'eux, pour ainsi dire, les honneurs d'un siége. Cette méthode lente, mais sûre, ne ressemblait guère à l'impétuosité des Français, qui à chaque instant s'exposaient à de nouveaux dangers.

On rapporte que le général Duhesme entendant un jour murmurer des soldats qui avaient vu périr trois

---

(1) Ces brûlots, faits en forme de nacelles, et composés de poudre, de bombes chargées et d'autres matières inflammables, étaient surmontés d'un mât auquel étaient adaptées deux détentes qui, au moindre choc, devaient partir, mettre le feu à la poudre, et causer une explosion dont les suites pouvaient être très-funestes. Ces machines furent arrêtées et conduites à terre bien au-dessus du pont. Les Autrichiens envoyèrent encore à plusieurs reprises des radeaux de différentes formes, chargés d'artifices, de pétards, de boîtes de réjouissance et de toutes sortes d'incendiaires. Mais toutes ces tentatives, qu'on peut à juste titre leur reprocher, n'eurent aucun succès, et ne parvinrent jamais jusqu'au pont de bateaux.

de leurs camarades en se portant sur un rideau où l'on ne pouvait parvenir qu'à découvert, sortit des retranchemens, et marcha droit au rideau. Revenu sain et sauf après avoir tout examiné, et donné ses ordres sous une grêle de mitraille et de balles, qui n'avait pas discontinué un seul instant, il dit aux soldats dont il avait entendu les murmures : *Eh bien! grenadiers, notre sort est-il écrit là-haut?* Le 18 décembre, les Allemands firent un feu terrible sur les masures de l'église et la maison de poste, en délogèrent les Français, et lièrent leurs tranchées en avant du camp retranché avec celles du village de Kehl.

Depuis plusieurs jours on parlait d'une attaque qui devait avoir lieu le premier jour de l'an, et tout concourait à le faire croire. Les batteries de l'ennemi dans l'île Touffue, et à la maison de poste, étaient terminées et armées aussi bien que celles destinées à foudroyer la redoute des Trous de Loup; des déserteurs assuraient même que l'archiduc donnait depuis quelques jours de l'argent aux troupes, et leur tenait des discours tendant à enflammer leur courage. En effet, le 1er. janvier 1797, à quatre heures du soir, la redoute des Trous de Loup, et la partie droite du camp retranché, furent attaquées par douze bataillons ennemis, qui en chassèrent les Français, se logèrent dans les fossés, prirent cinq pièces de bataille et un pierrier, et restèrent maîtres de ces positions, dont on ne put faire approcher les réserves, parce que deux bateaux du pont avaient été coulés bas dès le commencement de l'action. Victorieux sur un point, les Autrichiens attaquèrent l'île d'Ehrlenrhin, forcèrent, par le feu de leur artillerie, les Français à abandonner les boyaux en avant de l'ouvrage à corne, les repoussèrent jusqu'au réduit de la tête du pont volant, et pénétrèrent même jusqu'au bastion de droite de l'ouvrage à corne.

Dans ce moment désespéré, le général Lecourbe renvoie le pont volant à la rive gauche du fleuve, et s'adressant à ses soldats, il leur dit : *Voici le Rhin, et voilà l'ennemi ; il faut vous noyer ou vous battre !* Saisissant alors un drapeau, il marche vers l'ennemi ; un bataillon déjà en désordre, se rallie à sa voix, le suit, attaque les Autrichiens avec impétuosité, et les repousse dans leur tranchée. Ce fut ainsi que, par sa présence d'esprit, le général Lecourbe conserva l'île d'Ehrlenrhin, dont la prise eût hâté de quelques jours celle de Kehl. Les Impériaux conservèrent les boyaux et les petits rideaux de la tête de l'île, mais l'ouvrage à corne resta au pouvoir des Français.

Avec un pied dans l'île, si l'on peut nommer île un lieu que la gelée et la sécheresse avaient rendu accessible de toutes parts, les ennemis furent encore contenus pendant cinq jours, qu'ils employèrent à élever des batteries, par l'ouvrage à corne, qui n'avait jamais été achevé, et dont le relief avait été presque effacé par le dégel et l'artillerie.

Les têtes de sapes des Autrichiens touchaient presque aux ouvrages que conservaient encore les Français ; le feu de leur artillerie redoublait, et gênait les communications jusque dans l'île du Rhin, où l'on vit tomber plusieurs obus ; une branche du camp retranché avait encore été emportée et de nouvelles batteries avaient été construites. Enfin, on apprit que l'archiduc préparait une nouvelle attaque pour le jour des Rois. Le général Saint-Cyr, considérant l'état où se trouvaient tous les ouvrages de l'île, qu'on ne pouvait plus secourir que par le pont volant, et bien persuadé qu'en persistant à garder plus long-temps Ehrlenrhin, il ne ferait que compromettre le salut des troupes, et exposer à une perte presque certaine quatorze bouches à feu employées à la défense de ce poste, ordonna d'évacuer, dans la nuit du 5 au 6 janvier, et l'île, et la tête du pont; il voulut seulement que deux cents grenadiers y restassent, avec une pièce de petit calibre, pour retarder, autant que possible, l'établissement de l'ennemi, et faciliter la rentrée du pont volant; il eut soin de faire laisser sur la rive droite des bateaux sur lesquels les grenadiers devaient se retirer. La retraite, dont on déroba la connaissance à l'ennemi, au moyen de deux pièces de canon, qui ne cessèrent de tirer pendant toute la nuit, s'effectua paisiblement et heureusement.

Les îles de l'Estacade et des Escargots étaient les seules que les Français eussent conservées à la droite de leur ligne de défense.

Dans la journée du 6, l'ennemi fit jouer sans discontinuer toutes ses batteries, et sur les six heures du soir, attaqua vigoureusement la partie gauche du camp retranché, la redoute du Cimetière et l'ouvrage à corne du Haut-Rhin; il s'empara d'abord de toutes ces positions, mais les dixième et soixante-deuxième demi-brigades le chassèrent bientôt des deux dernières, où il perdit sept cents hommes : la partie gauche du camp retranché resta en son pouvoir. Les Français eurent encore à regretter le chef de bataillon de la dixième demi-brigade, officier très-distingué, qui fut tué en combattant aux premiers rangs.

Les 7 et 8, les Autrichiens avancèrent leurs ouvrages, et perfectionnèrent deux batteries destinées à détruire le pont de bateaux. L'une de ces batteries ayant commencé à jouer le 8 après midi, coula bas deux bateaux et endommagea considérablement plusieurs autres. Pendant la nuit, on répara le mal, et tout resta tranquille jusqu'au lendemain; mais, dès la pointe du jour, l'ennemi recommença son feu avec tant de vigueur, qu'à neuf heures, cinq bateaux étaient coulés bas, et que, parmi tous les autres, il en restait à peine quelques-uns qui n'eussent pas été endommagés. Comme il fut impossible de réparer ce pont, toute communication se trouva interrompue sur ce point. On chercha vainement à rétablir un nouveau pont au bas de l'autre ; le canon de l'ennemi foudroyait tout. Le général Desaix voyant clairement qu'il ne pouvait garder plus long-temps avec honneur un fort mis hors d'état de supporter une attaque sérieuse, dont presque toutes les palissades étaient renversées, les fossés comblés par l'éboulement des parapets, et qui ne pouvait plus recevoir de secours que très-difficilement ; craignant d'ailleurs de s'exposer à perdre inutilement les troupes et l'artillerie qu'il avait sous ses ordres ; le général Desaix, dis-je, alla lui-même proposer au général Latour l'évacuation de Kehl, et obtint des conditions fort honorables. Il fut stipulé que les Français auraient, le 10 janvier jusqu'à quatre heures du soir, époque où les autrichiens en prendraient possession, la liberté d'enlever tous les objets qui avaient servi à la défense de Kehl. On travailla sur-le-champ à rétablir le pont, et on mit tant d'activité au transport de tous ces objets, qu'en vingt-quatre heures on dégarnit le fort de manière à ce qu'il n'y restât absolument que de la terre et des ruines ; on n'y laissa pas une seule palissade : canons, boulets, bois de plates-formes, et jusqu'aux éclats de bombes et d'obus, tout fut enlevé.

Telle fut la fin de ce siége, l'un des plus mémorables et des plus célèbres dont l'histoire fasse mention, et qui couvrit de gloire l'armée de Rhin-et-Moselle. Ce ne fut qu'après cinquante jours de tranchée ouverte et cent quinze d'investissement, que l'Autriche obtint ce monceau de cendres et de sables, qui lui coûta six mille hommes de ses meilleures troupes, quatre-vingt-treize mille boulets de tous calibres, trois mille boîtes à mitraille, trente mille bombes ou obus, et autant d'artillerie et de munitions qu'il en eût fallu pour le siége d'une place de première ligne. La longue résistance du général Desaix, dans Kehl, lui fit le plus grand honneur.

Siége de la tête du pont d'Huningue, du 27 octobre 1796 au 5 février 1797. L'archiduc, qui, comme nous l'avons dit, avait, pendant le siége de Khel, laissé le prince de Furstemberg avec treize bataillons et douze escadrons devant la ville d'Huningue, dirigea bientôt tous ses efforts sur l'ouvrage à corne qui couvrait le pont, seule position qui restât aux Français sur la rive droite du Rhin. Après la retraite de l'armée, Moreau en avait confié le commandement au général Abatucci, et avait destiné à sa défense les troisième demi brigade d'infanterie légère, cinquante-sixième et quatre-vingt-neuvième de ligne. Une de ces demi-brigades seulement était de garde dans la tête du pont ; elles s'y relevaient alternativement tous les dix jours. Une attaque de vive force aurait suffi, dans les commencemens, pour enlever les faibles ouvrages qui défendaient Huningue. Cette place est bâtie sur la rive gauche du Rhin, qui en baigne les murs un peu au-dessous de la petite rivière de Wiessen. La tête du pont, placée dans une île du Rhin, vis-à-vis de la ville, dont la protection faisait sa principale force, n'était séparée de la rive droite que par un bras de dix toises de largeur. Un plateau, élevé de quinze toises au moins, au dessus de la plaine qui s'étend le long de la Wiessen et de la rive droite du Rhin, dominait le front de cette tête de pont, et donnait la facilité d'établir une batterie dont le feu plongeant pouvait foudroyer les fortifications. Le Rhin formait sur le flanc un coude rapide, présentant, par sa convexité, un emplacement commode pour détruire le pont de communication entre le fort et la ville. Il est aisé de voir par-là combien la position d'Huningue était défavorable aux assiégés et avantageuse pour les assiégeans. Toute la défense de la tête du pont consistait alors dans un ouvrage à corne, d'une médiocre capacité, qui, d'abord démoli, avait été relevé sur ses anciens fondemens, et qu'on avait entouré, sur la rive gauche du Rhin, au-dessus et au-dessous d'Huningue, d'un assez grand nombre de batteries. Pendant les succès de l'armée de Rhin-et-Moselle, on avait travaillé aux fortifications; mais elles étaient si peu avancées, que, comme nous l'avons déjà dit, elles ne mettaient pas Huningue à l'abri d'un coup de main. Cependant le prince de Furstemberg employa près d'un mois à se retrancher sur le plateau de Weil et d'Haltingen. Profitant ensuite de la nature du terrain, il tira une ligne de contrevallation, de la Wiessen à la route de Fribourg, en couronna la crête d'un retranchement, et y construisit deux batteries formidables; il fit ensuite ouvrir plusieurs boyaux conduisant à quatre autres batteries élevées le long du Rhin, et destinées à submerger le pont d'Huningue. Pendant tous ces préparatifs, les Français perfectionnèrent leurs ouvrages, placèrent en avant des forts une grande lunette qu'ils armèrent de deux petites flèches, et ne cessèrent de foudroyer les travaux des assiégeans. Malgré cela, les Autrichiens poussèrent vivement leurs ouvrages; et leurs nouvelles batteries étant terminées le 24 novembre, ils firent, depuis la pointe du jour jusqu'à la nuit, un feu terrible sur la tête du pont, et submergèrent plusieurs bateaux. Mais ce mal fut promptement réparé et la communication rétablie. Le 28, le prince de Furstemberg fit au général Abatucci une sommation, à laquelle ce général répondit en Français; alors les assiégeans foudroyèrent les ouvrages des assiégés et la tête du pont d'une manière si terrible, que quatorze bateaux furent submergés tout à la fois. Les cordages qui liaient le pont s'étant rompus, on en vit les débris flotter au loin sur le Rhin, sans qu'il fût possible d'empêcher la destruction totale.

Après cet événement, le prince de Furstemberg fit à la place une seconde sommation, et reçut la même réponse qu'à la première. Ce qu'il y a de surprenant, c'est que le soldat, loin d'être découragé, se disposa avec intrépidité à repousser l'attaque à laquelle il dut nécessairement s'attendre.

Plusieurs jours se passèrent sans aucun mouvement de la part des assiégeans; mais le 30, on se canonna avec fureur de part et d'autre; sur les onze heures du soir, six mille hommes des régimens de Bender, de Wenckeim et Ferdinand, divisés en trois colonnes, s'avancent avec impétuosité contre les Français. La colonne de droite, profitant de l'obscurité, se précipite sur le flanc gauche sur la grande lunette, et en coupe les palissades pendant que la colonne du centre, dirigée sur le sailleur, en escaladait les faces. La mêlée devint terrible, on se battit corps à corps. Les canonniers français assommèrent à coups de leviers plusieurs Autrichiens qui voulaient s'emparer de leurs pièces; ceux de la compagnie d'artillerie légère de Foy, ne pouvant plus se servir de leurs canons, aussitôt que l'ennemi fut parvenu dans les fossés, prirent des obus, en allumèrent les fusées, les roulèrent par-dessus les parapets, et les firent tomber dans les fossés, où ils cherchèrent à exterminer les Autrichiens. Tous ces prodiges de valeur furent inutiles; et, forcés de céder au nombre, les Français abandonnèrent la lunette, et se retirèrent dans l'ouvrage à corne. L'ennemi, en les poursuivant, pénétra jusqu'à la barrière; mais il chercha vainement à la forcer; tous ses efforts échouèrent devant le général Abatucci qui la défendait. La colonne de gauche, qui devait seconder l'attaque du grand ouvrage, s'égara pendant la nuit très-obscure, et se dispersa, de manière qu'une partie seulement arriva au lieu du combat; cette colonne, après avoir perdu le colonel Nesliger, qui la commandait, se retira en désordre.

Aussitôt que tous les Français furent rentrés dans l'ouvrage à corne, ils firent sur les Autrichiens un feu violent qui leur tua beaucoup de monde. Cependant, le général Abatucci, voyant qu'ils se maintenaient dans la lunette, et qu'ils commençaient même à s'y loger, se mit à la tête de la garnison, sortit de l'ouvrage à corne, les attaqua avec impétuosité, les repoussa partout, et continuait à les charger, quand un coup mortel vint le frapper aux premiers rangs, où il combattait avec intrépidité. Ce général mourut quelques jours après, emportant l'estime des ennemis et les regrets de toute l'armée. Bien jeune encore, il joignait à une grande connaissance de l'art militaire, une bravoure à toute épreuve. Moreau, quelques années après, fit élever à sa mémoire un monument destiné à perpétuer le souvenir de ses exploits. Après avoir perdu leur chef, les Français s'arrêtèrent, et rentrèrent victorieux dans Huningue. Les Autrichiens perdirent dans cette attaque meurtrière, où le chef de brigade Vigne fut blessé, dix-huit cents hommes, tués ou blessés, et une centaine de prisonniers.

La canonnade, qui continua les jours suivans, incendia quelques maisons dans la ville, et un magasin à fourrages.

Des bateaux, profitant des ténèbres pour traverser le Rhin, étaient, depuis la rupture du pont, le seul moyen dont on pût se servir pour relever les troupes et leur fournir des vivres et des munitions. Cette communication était singulièrement inquiétée par les Autrichiens, qui ne laissaient passer aucun bateau sans le couvrir du feu de toute leur artillerie. Les Français, pour remédier à cet inconvénient, construisirent, en avant de la digue qui va d'Huningue vers Neudorff, une forte contre-batterie qui, en forçant l'ennemi à se garantir lui-même, leur procura quelque relâche. Jusqu'au 16 janvier, les assiégeans travaillèrent à perfectionner leurs travaux et à ouvrir des communications. Les assiégés, de leur côté, firent des tranchées blindées, et des abris pour un hôpital, des munitions et des vivres.

Les Autrichiens, qui n'avaient encore que canonné, et même d'assez loin, la tête de pont, reçurent à cette époque une partie de l'artillerie qui avait servi à Kehl, et commencèrent un siège en règle. Dans la nuit du 18 au 19 janvier, ils ouvrirent la tranchée et firent leur première parallèle, qu'il perfectionnèrent jusqu'au 21. Les Français, de leur côté, fortifiaient l'ouvrage à corne, et flanquaient la droite de leurs ouvrages, de deux nouvelles batteries.

Les assiégeans s'avancèrent, le 21 janvier, en avant de leur première parallèle, et en commencèrent une seconde, qui, le 26, fut jointe à la première par plusieurs boyaux de communication. Les assiégés, par un feu de mitraille continuelle, contrarièrent et retardèrent beaucoup la confection de tous ces travaux. Douze cents hommes, divisés en deux colonnes, sortirent, dans la nuit du 28 au 29, à quatre heures moins un quart du matin, et s'avancèrent sur les ouvrages des assiégeans. La première colonne, après avoir, sur la gauche, chassé l'ennemi de ses deux parallèles, pénétra jusqu'aux batteries de Ferdinand, prit deux pièces de sept, en encloua plusieurs, et fit une quarantaine de prisonniers, parmi lesquels se trouva le chef des travailleurs. Le capitaine Martin et le lieutenant Sagget se distinguèrent dans cette sortie. La seconde colonne parvint, avec beaucoup de difficulté, à la première parallèle, et fut bientôt forcée de se retirer. Elle avait un peu endommagé les ouvrages des assiégeans, avait brisé les roues de deux pièces de canon, et fait quatre prisonniers.

Capitulation de la tête du pont d'Huningue. Dans la nuit du 30 au 31 janvier, les assiégés, divisés en deux colonnes, firent une nouvelle sortie. La première pénétra dans les batteries ennemies, prit deux pièces de canon, en encloua plusieurs autres, endommagea les tranchées et deux redoutes, et se retira. La seconde colonne manqua son expédition, parce que l'officier qui la commandait reçut, auprès de la première parallèle, une blessure dont il mourut.

Jusqu'au 1er. février, les Autrichiens perfectionnèrent leurs ouvrages, construisirent de nouvelles batteries destinées à recevoir la grosse artillerie et les mortiers à longue portée qu'ils avaient fait venir de Kehl; ils commencèrent aussi à pousser un nouveau boyau en avant de la seconde parallèle.

La position de la tête du pont devint alors telle, qu'en persistant à vouloir la défendre, on s'exposait à perdre trois mille hommes et trente-deux pièces de canon, sans autre espoir que de retarder de quelques jours la reddition de la place. On se décida donc à proposer une capitulation qui fut acceptée et signée le 5 février, et dont les conditions ne furent pas moins favorables que celle de Kehl. Les Français purent, jusqu'à midi, enlever l'artillerie et toutes les munitions. Ils n'avaient d'autre moyen de transport que quelques bateaux, et cependant, là comme à Kehl, ils ne laissèrent que des monceaux de terre.

Après cet événement, qui termina une campagne aussi brillante que glorieuse, les Français se trouvèrent au même point d'où ils étaient partis ; mais, outre les occasions qu'elle fournit au chef de faire connaître ses grands talens militaires, et aux officiers et soldats de signaler leur bravoure, elle favorisa les nombreuses victoires remportées en Italie, et ménagea les ressources de la France, en épuisant celles de l'ennemi, aux dépens de qui l'armée vécut pendant toute sa durée.

ARMÉE D'ITALIE.

Campagne de 1797.

Premiers mouvemens de l'armée française en Italie. Les succès de l'archiduc en Allemagne, contre les deux armées françaises de Rhin-et-Moselle et de Sambre-et-Meuse, l'avaient rendu l'espoir de son pays. On s'empressa, dans l'état où étaient les choses du côté du Tirol, de la Carinthie et du Frioul, de lui confier la défense de tous ceux des états de la maison d'Autriche qui tiennent à l'Italie. Il accourut aussitôt se mettre à la tête des restes de l'armée d'Alvinzi, sans attendre les renforts qui y étaient envoyés de toutes parts, ni même ceux qui, par ses propres ordres, se mettaient alors en route de l'armée autrichienne du Haut-Rhin.

Depuis leurs dernières victoires, les Français tenaient la rive gauche du Larisio, jusqu'à son confluent avec l'Adige, et la rive droite de la Piave, depuis sa source, dans les Alpes, jusqu'à la mer Adriatique. L'archiduc, aussitôt son arrivée, se mit à rassembler les Autrichiens entre le Tagliamento et la Piave.

Bonaparte ne voulait plus avoir à combattre pour la défense de l'Italie. Ayant lui-même reçu les dix-huit mille hommes qu'il attendait depuis long-temps des armées françaises sur le Rhin, il résolut de prévenir la réunion de toutes les troupes qui devaient composer la nouvelle armée autrichienne, et de se faire jour à travers celles qui étaient déjà réunies, pour aller attaquer l'empereur d'Allemagne jusque dans le centre de ses possessions.

Quand il songea à se porter en avant, l'archiduc avait le gros de ses forces sur le Tagliamento, et son aile droite, commandée par les généraux Kerpen et Laudon, derrière le Lawis et la Noss. La brigade Lusignan, postée à Feltre, derrière le Cordevole, gardait l'espace qui se trouvait entre ces deux masses principales. Le général Hohenzollern observait la Piave avec l'avant-garde. Ce dernier ne devait point engager d'actions sérieuses ; sa consigne était de se replier sur l'armée, si les Français se présentaient en forces pour l'attaquer.

Vers la fin de février, Bonaparte réunit sous ses ordres immédiats quatre divisions dans la marche Trévisane. La division Massena était à Bassano ; celle Serrurier à Castel-Franco ; la division Guyeux à Trévise ; le général Bernadotte à Padoue. Joubert, avec l'aile gauche, composée de sa division et de celles des généraux Delmas et Baraguay d'Hilliers, faisait face dans le Tirol aux corps des généraux autrichiens Kerpen et Laudon.

Avant d'arriver au cœur de l'Autriche, il fallait que l'armée française franchît les longs défilés des Alpes noriques et juliennes, laissant sur sa gauche le Tirol, dont les habitans s'armaient alors même en faveur de l'empereur, et sur sa droite, les places vénitiennes, sur les habitans desquelles on ne pouvait compter, et où les Français ne pouvaient cependant, sans trop s'affaiblir, mettre garnison. Cette disposition des choses était effrayante, et pouvait donner lieu à de graves réflexions ; elle n'intimida cependant pas Bonaparte, qui, à cette époque, montrait une grande hardiesse et une grande tenacité dans ses projets ; il se mit en mouvement le 12 mars.

La division Massena, formant la gauche du corps de bataille destiné à se diriger sur le Frioul, fut chargée de déposter le petit corps de Lusignan, et de tourner, par les montagnes, le flanc droit de la ligne autrichienne, pendant que les trois autres divisions l'attaqueraient de front. Cette manœuvre réussit parfaitement, et les avant-gardes ennemies furent culbutées sur tous les points. Au passage de la Piave, une vivandière, attachée à la cinquante-unième demi-brigade de ligne, se jeta dans les flots, pour en retirer un soldat qui, entraîné par le courant, était près de se noyer. Le général en chef lui fit présent d'un collier d'or, auquel il fit suspendre une couronne civique, avec le nom du soldat qu'elle avait sauvé.

L'arrière-garde du général autrichien Lusignan ayant été atteinte et cernée à Longara, fut obligée de mettre bas les armes. Le général Lusignan fit lui-même partie des prisonniers.

Bataille et passage du Tagliamento, le 16 mars. L'archiduc paraissait disposé à défendre le passage du Tagliamento. Bonaparte se dirigea sur cette rivière par Valvasone, avec les divisions Guyeux, Bernadotte et Serrurier. Les Autrichiens occupaient Torrida, Rivis, Gradisca, Pozzo, Gorizia et Codroipo, à l'endroit où les longues gelées avaient rendu le fleuve guéable ; leur cavalerie s'était formée sur deux lignes dans la plaine, entre Codroipo et Camino.

Bonaparte porta la division Guyeux sur la gauche, entre Torrida et Rivis, et la division Bernadotte, sur la droite, en face de Codroipo, les faisant soutenir toutes deux par une batterie de douze pièces de canon. La division Serrurier, précédée de la cavalerie, débouchait de Valvasone. Cette division se plaça de manière à servir de réserve aux généraux Guyeux et Bernadotte. La cavalerie alla se ranger en bataille derrière ce dernier.

Arrivés sur les points où ils devaient tenter le passage, les généraux Guyeux et Bernadotte ployèrent leurs demi-brigades en colonnes serrées sur le centre. Ils placèrent aussi chacun à la tête de leur division, une demi-brigade d'infanterie légère, soutenue de deux bataillons de grenadiers appuyés eux-mêmes par deux escadrons. L'artillerie et les tirailleurs ayant ouvert leur feu, ces deux espèces d'avant-gardes se jetèrent dans le Tagliamento, ayant celle de la division Guyeux, les généraux Duphot et Bon à sa tête, et celle de la division Bernadotte, les généraux Murat et Chabran. Le gros des deux corps d'armée les suivait de près. Ces troupes, dans leurs subdivisions, étaient des masses qui se flanquaient entre elles, et ne laissaient ainsi aucune prise à l'ennemi. Aussi l'archiduc les fit-il vainement charger, à plusieurs reprises, par sa cavalerie, au moment où elles sortaient de l'eau. Voyant cette manœuvre rester inutile, il essaya de déborder la division Bernadotte par son flanc droit ; mais il rencontra en son chemin les adjudans-généraux Kellermann et Mireur, qui, à la tête l'un de la réserve de cavalerie, et l'autre d'une colonne d'infanterie, le repoussèrent rudement. Les escadrons autrichiens furent entièrement culbutés dans une charge, où ils laissèrent, entre les mains des Français, le général Schalz qui les commandait.

L'ennemi se mit alors en pleine retraite. Les Français le poursuivirent sur la route de Palma-Nova, jusqu'à trois ou quatre milles du champ de bataille. Ils lui avaient pris six pièces d'artillerie, et tué cinq cents hommes pendant l'action.

Cependant, la division Massena manœuvrant toujours pour tourner, par les montagnes, le flanc droit des Autrichiens sur ce point du théâtre des opérations militaires, continuait son mouvement. On ne tarda point à la voir maîtresse d'Osopo et de Gemona, ce qui lui donnait entrée dans la vallée de la Fella, d'où, en trois ou quatre marches, elle pouvait se venir poster à Villach, point de réunion des grandes communications de l'ennemi.

Passage du Lisonzo, et prise de Gradisca. Le 18 mars, les divisions Guyeux et Bernadotte arrivèrent sur la Torre, après être entrées, sans tirer un seul coup de fusil, dans la place de Palma-Nova, où l'archiduc, pour ne point ralentir sa retraite, avait été obligé d'abandonner trente mille rations de pain, et des magasins considérables de farine. La droite de l'armée marcha ensuite sur Gradisca. Il paraît, qu'en disposant ainsi de ses troupes, le général en chef avait le dessein de gagner l'extrême gauche de l'archiduc, pour le devancer, par Dorenberg ou Cerniza, sur la route de Leybach, afin de le rejeter dans les gorges du haut Lisonzo, dont Massena pouvait fermer toutes les issues. Avant d'arriver à Gradisca, il fallait passer le Lisonzo. Cette rivière, par suite des gelées, se trouvait guéable partout, ce qui dérangea les plans de l'archiduc, qui avait compté que, dans cette saison, comme dans celle des grandes eaux, elle ne serait praticable qu'entre Gorizia et Montefalcone. Bonaparte résolut de la passer à la vue même de Gradisca. On avait construit des ouvrages de campagne en avant de cette ville, située sur la rive droite, pour qu'elle servît d'appui à la gauche des Autrichiens, que l'on avait supposés devoir défendre le passage dans une toute autre position, et on y avait placé une garnison de quatre bataillons. Bonaparte conçut le projet d'enlever cette troupe. Le général Bernadotte arriva donc devant cette ville par la route de Palma-Nova, pendant que le général Serrurier s'avançait par celle de Montefalcone, vis-à-vis de San-Pietro, dans l'intention de traverser le Lisonzo au-dessus du pont de Casseliano, et de remonter par la rive droite jusqu'à Gradisca pour l'investir. L'ennemi s'était préparé à défendre le passage de la rivière sur ce point, et y avait posté quelques troupes et de l'artillerie. Mais elles n'y purent tenir à l'attaque qui fut dirigée contre elles par le colonel d'artillerie Andréosi, et bientôt Gradisca se trouva abandonné à ses propres forces. Alors, tandis que le général Bernadotte amusait la garnison par une fausse attaque, le général Serrurier se hâta d'aller prendre position sur les hauteurs qui dominent la place au nord et à l'est. A un certain moment, la fausse attaque, d'abord sans importance, se changea en une attaque véritable : le général Bernadotte fit mettre en batterie quatre pièces de canon pour enfoncer la porte du côté de Palma-Nova ; une simple flèche la couvrait. La garnison, voyant en même temps le général Serrurier paraître sur les hauteurs derrière la ville, comprit qu'il n'était plus temps de résister : sommée, elle se rendit. Deux mille cinq cents prisonniers, dix bouches à feu et huit drapeaux, furent, pour les Français, le prix de cette journée, moins importante par elle-même que par ses résultats. Gradisca rendu, Bonaparte marcha sur Gorizia, avec les divisions Serrurier et Bernadotte, et dirigea, le 21 mars, la division Guyeux sur Cividale.

Retraite de l'archiduc. Le passage rapide du Lisonzo, et la prise soudaine de Gradisca, avaient trompé tous les calculs, et déconcerté tous les plans de l'archiduc. Le parti que prit ensuite le général en chef de l'armée française, acheva de jeter le prince dans le plus grand embarras. Pour faire sa retraite sur Villach, où il comptait recevoir ses renforts, et d'où il espérait pouvoir, dans tous les cas, couvrir la communication directe de Vienne, et se lier par Lienz, avec le corps d'armée du Tirol, l'archiduc avait partagé son armée en deux colonnes. Avec sa gauche et les troupes du prince de Reuss, il marchait de sa personne par Laybach et Kraimbourg : sa colonne de droite, commandée par les généraux Gontreuil et Bayalitsch, ayant avec elle le gros du matériel de l'armée, devait remonter les vallées du Natisone et du Lisonzo, pour déboucher par les passages de Caporetto, d'Ober-Preet et de Tarvis. Ces deux parties de l'armée autrichienne étaient, dans ce moment, séparées l'une de l'autre par la chaîne entière des Alpes carniques, et conséquemment exposées à être accablées successivement par les Français, faute que les adversaires de Bonaparte n'avaient pas encore commise impunément.

Le général autrichien Bayalitsch est réduit à mettre bas les armes avec son corps d'armée. Effectivement, le général français n'eut pas plutôt appris la double direction que suivait l'armée autrichienne, que chargeant Bernadotte de poursuivre la colonne de l'archiduc, il se prépara à couper la retraite au général Bayalitsch, en marchant, avec la divison Serrurier, par Canale sur Caporetto, et poussant en même temps la division Guyeux dans la vallée du Natisone. Massena, culbutant quelques détachemens qui avaient essayé d'arrêter sa marche, occupait au même moment Tarvis, et le général Guyeux refoulait Bayalitsch dans les gorges de Caporetto, après l'avoir battu à Pufero. Dans quelle situation fâcheuse se trouvait déjà le général autrichien ! En vain, instruit de son embarras, l'archiduc envoya ordre aux généraux Ocskay et Gontreuil, qui étaient ceux que Massena avait maltraités dans sa route, de faire un effort pour reprendre Tarvis ; ils en furent repoussés avec perte. Cependant, le général Guyeux, ayant en seconde ligne la division Serrurier, poussait Bayalitsch jusqu'à la Chiusa-di-Pletz. Celui-ci, en arrivant aussi tristement à la vue de ce fort, occupé par des troupes autrichiennes, croyait qu'au moins il lui servirait d'appui pour continuer tranquillement sa marche : le fort fut soudainement emporté d'assaut par les généraux français, Bon et Verdier, à la tête des quatrième et quarante-troisième demi-brigades; ainsi mise à découvert au moment où elle croyait être protégée, la colonne autrichienne ne tarda point encore à rencontrer un corps de troupes, que le général Massena envoyait de Tarvis au-devant d'elle. Il fallut alors, après avoir essayé un moment de résister, que, prise en tête et en queue, elle mît bas les armes. Elle se composait de quatre généraux et de trois à quatre mille hommes. Elle traînait au milieu d'elle vingt-cinq pièces de canon et quatre cents chariots de bagage.

Position des deux armées belligérantes, au 28 mars. A cette époque, l'archiduc se vit renforcer des divisions Mercantin et Kaim, qui lui venaient du Rhin ; mais il était trop tard pour que ces divisions pussent le mettre à même de prendre l'offensive : à peine suffirent-elles à remplacer les pertes qu'il avait déjà faites depuis l'ouverture de la campagne. Il le sentit si bien, qu'après avoir recueilli les détachemens d'Ocskay et de Gontreuil à Villach, il passa la Drave, et laissant la division Mercantin à Klagenfurth, se retira avec les divisions Kaim et Reuss jusqu'à Saint-Veit.

Les Français ne tardèrent pas à venir prendre eux-mêmes possession de Villach. Le 28 mars, les divisions Massena, Serrurier et Guyeux se réunirent dans cette ville, d'où elles poussèrent des postes dans la direction de

Lienz, pour préparer les voies à la jonction de l'aile gauche, alors occupée dans le Tirol, sous les ordres du général Joubert. La division Bernadotte, après un engagement avantageux à Camigna, avec l'arrière-garde du prince de Reuss, arriva à Laybach, par Vipacco, Prewald et Adelsberg. Elle avait en chemin poussé un de ses détachemens sur Idria. On trouva dans cette ville, renommée pour ses mines de vif-argent, des matières préparées pour deux millions. Le 23 mars, la brigade de cavalerie commandée par le général Dugua était entrée dans Trieste, le seul port considérable qui appartînt à l'empereur, sur la mer Adriatique.

Jonction de l'aile gauche de l'armée française avec le centre et l'aile droite, et ses opérations particulières. L'aile gauche de l'armée française d'Italie fit alors sa jonction, avec le reste de cette armée, par Villach. Nous avons laissé cette division dans le Tirol italien, en face des généraux autrichiens Kerpen et Laudon. Le premier, à gauche, était cantonné en arrière du Lavis, dans les vallées de Fiemme et de Cavalèse, se joignant avec l'armée du prince Charles à Bellune, par les gorges du Cordevole et de la Piave; le second, à droite, occupait la rive gauche de la Noss, depuis son confluent dans l'Adige, poussant son extrême droite jusqu'à Ponte-de-Legno, dans le val di Sole.

Le général Joubert, commandant les Français, était en position à Trente, s'éclairant par les gorges de la Brenta jusqu'à Primolano et Cismone. Il attaqua les Autrichiens chargés de défendre le Tirol, au même moment où Bonaparte franchissait, de son côté, le Tagliamento. Il paraît que ce mouvement n'avait sérieusement pour objet que d'occuper cette partie des troupes ennemies appuyées d'un grand nombre de Tiroliens armés, afin qu'elles ne pussent, en aucune manière, nuire aux opérations du général en chef sur le Tagliamento. Quand Joubert fut donc instruit que tout avait parfaitement réussi de ce côté, il ne songea plus qu'à joindre le centre et la droite de l'armée française, ce qu'il fit, comme nous venons de le dire, en descendant par Lienz à Villach.

Il avait, dans les premiers momens, battu les deux divisions autrichiennes ; celle du général Kerpen, le 20 mars, sur le plateau de Cembra ; et celle du général Laudon, le 22, à Neumarck. La prise de plusieurs pièces de canon et d'un certain nombre d'hommes avait été la suite de ces avantages.

Suite des opérations de l'armée française. Ouvertures de paix faites par Bonaparte au prince Charles. Proclamation aux habitans de la Carinthie. Cependant Bonaparte poursuivit sa marche, tirant droit à Vienne. Le 29 mars, il avait son quartier-général à Klagenfurth, ville capitale de la Carinthie, et le 30, il le transféra à Saint-Veit, où l'armée prit position. De Klagenfurth, il avait écrit la lettre suivante à l'archiduc :

« Monsieur le général en chef,

» Les braves militaires font la guerre, et désirent la paix : celle-ci ne dure-t-elle pas depuis six ans ? Avons-nous assez tué de monde et fait assez de maux à la triste humanité ? Elle réclame de tous côtés. L'Europe, qui avait pris les armes contre la république française, les a posées. Votre nation reste seule ; et cependant le sang va couler encore plus que jamais. Cette sixième campagne s'annonce par des présages sinistres : quelle qu'en soit l'issue, nous tuerons de part et d'autre quelques milliers d'hommes de plus ; et il faudra bien que l'on finisse par s'entendre, puisque tout a un terme, même les passions humaines.

» Le directoire exécutif de la république française avait fait connaître à sa majesté l'empereur, le désir de mettre fin à la guerre qui désole les deux peuples : l'intervention de la cour de Londres s'y est opposée. N'y a-t-il donc aucun espoir de nous entendre? et faut-il, pour les intérêts ou les passions d'une nation étrangère aux maux de la guerre, que nous continuions à nous entr'égorger? Vous, monsieur le général en chef, qui, par votre naissance, approchez si près du trône, et êtes au-dessus de toutes les petites passions qui animent souvent les ministres et les gouvernemens, êtes-vous décidé à mériter le titre de bienfaiteur de l'humanité entière, et de vrai sauveur de l'Allemagne ? Ne croyez pas, monsieur le général en chef, que j'entende par là qu'il ne vous soit pas possible de la sauver par la force des armes ; mais, dans la supposition que les chances de la guerre vous deviennent favorables, l'Allemagne n'en sera pas moins ravagée. Quant à moi, monsieur le général en chef ; si l'ouverture que j'ai l'honneur de vous faire, peut sauver la vie à un seul homme, je m'estimerai plus fier de la couronne civique que je me trouverai avoir méritée, que de la triste gloire qui peut revenir des succès militaires. Je vous prie de croire, monsieur le général en chef, aux sentimens d'estime et de considération distinguée avec lesquels je suis, etc........ »

La réponse de l'archiduc fut celle d'un homme, qui croyait, avec raison peut-être, ne pouvoir dans cette affaire rien prendre sur lui. « Monsieur le général, dit-il à Bonaparte, assurément tout en faisant la guerre, et en suivant la vocation de l'honneur et du devoir, je désire, ainsi que vous, la paix, pour le bonheur des peuples et de l'humanité.

» Comme néanmoins, dans le poste qui m'est confié, il ne m'appartient pas de scruter ni de terminer la querelle des nations belligérantes, et que je ne suis muni, de la part de sa majesté l'empereur, d'aucun plein pouvoir pour traiter, vous trouverez naturel, monsieur le général, que je n'entre là-dessus avec vous en aucune négociation, et que j'attende des ordres supérieurs sur un objet d'aussi haute importance, et qui n'est pas foncièrement de mon ressort.

» Quelles que soient, au reste, les chances futures de la guerre, ou les espérances de la paix, je vous prie de vous persuader, monsieur le général, de mon estime et d'une considération distinguée. ».

Désirant la paix, mais sentant la nécessité de poursuivre la guerre avec vigueur, dès le lendemain de sa lettre à l'archiduc, le général en chef de l'armée française en Italie, adressait la proclamation suivante aux habitans de la Carinthie, pour les disposer favorablement au passage des troupes :

« L'armée française ne vient pas dans votre pays pour le conquérir, ni pour porter aucun changement à votre religion, à vos mœurs, à vos coutumes : elle est l'amie de toutes les nations, et particulièrement des braves peuples de Germanie.

» Le directoire exécutif de la république française n'a rien épargné pour terminer les calamités qui désolent le continent. Il s'était décidé à faire le premier pas, et à envoyer le général Clarke à Vienne, comme plénipotentiaire, pour entamer des négociations de paix : mais la cour de Vienne a refusé de l'entendre ; elle a même déclaré à Vienne, par l'organe de M. de Saint-Vincent, qu'elle ne reconnaissait pas de république française. Le général Clarke demanda un passeport pour aller lui-même parler à l'empereur ; mais les ministres de la cour de Vienne ont craint, avec raison, que la modération de propositions qu'il était chargé de faire, ne décidât l'empereur à la paix. Ces ministres, corrompus par l'or de l'Angleterre, trahissent l'Allemagne et leur prince, et n'ont plus de volontés que celles de ces insulaires perfides, l'horreur de l'Europe entière.

» Habitans de la Carinthie, je le sais ; vous détestez autant que nous, et les Anglais qui seuls gagnent à la guerre actuelle, et votre ministère qui leur est vendu. Si nous sommes en guerre depuis six ans, c'est contre le vœu des braves Hongrois, des citoyens éclairés de Vienne, et des simples et bons habitans de la Carinthie.

» Eh bien ! malgré l'Angleterre et les ministres de la cour de Vienne, soyons amis. La république française a sur vous les droits de conquête ; qu'ils disparaissent devant un contrat qui nous lie réciproquement. Vous ne vous mêlerez pas d'une guerre qui n'a pas votre aveu ; vous fournirez les vivres dont nous pourrons avoir besoin. De mon côté, je protégerai votre religion, vos mœurs et vos propriétés ; je ne tirerai de vous aucune contribution : la guerre n'est-elle pas elle-même assez horrible ? Ne souffrez-vous pas déjà trop, vous, innocentes victimes des sottises des autres ? Toutes les impositions que vous aviez coutume de payer à l'empereur, serviront à indemniser des dégâts inséparables de la marche d'une armée, et à payer les vivres que vous nous aurez fournis. »

La réponse de l'archiduc à Bonaparte n'ayant pas été décisive, l'armée française continua son mouvement.

Le 1er. avril, comme elle marchait sur Freisach, un aide-de-camp du prince vint demander une suspension d'armes de quatre heures : c'était une ruse, au moyen de laquelle, occupant le sommet des Alpes noriques, il espérait donner le temps au corps de Kerpen, qui était déjà arrivé à la hauteur de Muhran, de faire sa jonction avec le reste de l'armée autrichienne. Bonaparte n'ayant aucun égard à cette demande, dont il comprit le motif secret, ne fit qu'accélérer encore la marche des troupes françaises.

Combat d'Aneten et Bad Aneten, le 2 avril. La division Massena, formant tête de colonne, atteignit les Autrichiens le 2 avril. Ils s'étaient retranchés dans les gorges de Dirnstein, formées par des montagnes, qui, en avant de Neumarck, ferment le vallon que traverse la route de Klagenfurth à Vienne.

La deuxième demi-brigade d'infanterie légère, qui marchait en tête de la division Massena, eut, en un moment, culbuté tous les avant-postes autrichiens. Elle se jeta ensuite, à droite et à gauche, sur les flancs de la position. Le général autrichien Kaim, qui était posté en avant de Neumarck, se porta alors, avec sa division, en arrière des villages de Guldendorf et de Pichlern, et soutint ainsi l'effort du combat, qui, sur ce point, parut bientôt devoir demeurer indécis. Mais le général Massena, ayant réuni les grenadiers des dix-huitième et trente-deuxième demi-brigades, en fit une colonne serrée, et pénétra, à leur tête, au centre de la gorge, dans Aneten et Bad-Aneten, gardés par les grenadiers autrichiens. Ceux-ci ayant été mis en déroute après un choc très-violent, se retirèrent sous les barricades du village de Neudeck, où la division du prince d'Orange était en position ; mouvement qui força ceux des Autrichiens, qui étaient à Guldendorf et à Pichlern, d'abandonner ces deux villages, afin de n'y être pas coupés. Neudeck fut ensuite emporté, au pas de charge, par les grenadiers des dix-huitième et trente-deuxième demi-brigades de ligne, et par la deuxième légère. Les Autrichiens qui s'y trouvaient furent repoussés sur Neumarck, où ils seraient arrivés avec beaucoup de peine, sans une colonne de grenadiers que l'archiduc envoya à lour secours. Le prince fit sa retraite, pendant la nuit, sur Hundsmarck. Il avait perdu, dans la journée, environ mille hommes, dont six cents prisonniers. Les Français s'emparèrent, dans Neumarck et dans Freisach, de magasins considérables de subsistances.

Continuation de la marche de l'armée française sur Vienne. Les divisions Massena, Serrurier et Guyeux se trouvèrent réunies, le 5 avril, à Scheiffling. Le général Guyeux envoya de là un parti sur Muhrau, ce qui mit le corps de Kerpen dans l'impossibilité de se joindre désormais à la grande armée autrichienne, ailleurs qu'au delà de la chaîne des montagnes qui couvrent Vienne du côté de Maria-Zell.

Après un engagement entre l'arrière-garde autrichienne et l'avant-garde française, celle-ci occupa Judenbourg et Knittenfeld. L'archiduc paraissait ne plus songer qu'à accélérer sa retraite sur Vienne, en avant duquel il comptait livrer à son adversaire une bataille rangée.

Le 7, Bonaparte, ayant son quartier-général à Judenbourg, s'y occupait, avant de pousser plus loin, de ramasser ses forces, que le soin de poursuivre l'ennemi dans plusieurs directions à la fois avait un peu disséminées, lorsque deux députés de l'empereur, MM. les généraux comte de Bellegarde et Morveldt, y vinrent lui demander une suspension d'armes de six jours, pour travailler à des préliminaires de paix, conformément à la lettre qu'il avait lui-même écrite à Klagenfurth à l'archiduc. Cette proposition ayant été acceptée, des préliminaires de paix furent en effet signés, le 14 avril, au château de Neuwald, près de Léoben, où le général en chef de l'armée française avait transféré son quartier-général. Les bases de ces préliminaires étaient : la renonciation à la Belgique par l'empereur; la reconnaissance des limites de la France, telles qu'elles avaient été décrétées par les lois de la république; l'établissement et l'indépendance d'une république dans la Lombardie.

Excès et révolution dans la république de Venise. La signature de ces préliminaires fut le signal d'une révolution dans la république de Venise. Le gouvernement de cette république avait toujours été mal intentionné pour l'armée française d'Italie; il ne la vit pas plutôt enfoncée dans les Alpes noriques, à la poursuite des Autrichiens, qu'il essaya de soulever toute la population contre elle. Il circula dans l'état de Venise des espèces de proclamations qui invitaient les paysans à prendre les armes contre les Français, qualifiés d'athées, de brigands, d'incendiaires : en même temps, pour enhardir les plus craintifs, on répandait le bruit que les Autrichiens tournaient les Français en tous sens et descendaient de tous côtés en Italie. Au son du tocsin, une insurrection générale avait éclaté. Un grand nombre de paysans, commandés par des militaires, qui tout d'un coup avaient paru au milieu d'eux, s'étaient réunis à quinze mille Esclavons que la république tenait à sa solde, et avaient attaqué les Français à Vienne, à Padoue et à Bergame. Ceux qui se trouvaient à Vérone, surpris au moment où l'on sortait de l'office divin, furent impitoyablement égorgés; on n'épargna pas même les hommes malades ou mourans dans les hôpitaux.

Bonaparte, instruit de cette infâme perfidie, avait écrit la lettre suivante au doge : « Dans toute la terre-ferme, les sujets Vénitiens sont sous les armes; leur cri de ralliement est : *mort aux Français*. Le nombre des soldats d'Italie, qui en ont été la victime, se monte déjà à plusieurs centaines. Vous affectez en vain de désavouer des attroupemens que vous avez vous-même préparés.

» Croyez-vous que, quand j'ai pu porter les armes françaises au cœur de l'Allemagne, je n'aurai pas la force de faire respecter les Français en Italie? Pensez-vous que les légions italiennes supporteront patiemment les massacres que vous excitez? Le sang de nos frères d'armes sera vengé. Il n'est pas un seul bataillon français qui, chargé de cette mission généreuse, ne se sente mille fois plus de courage et de moyens qu'il n'en faut pour vous punir.

» Le sénat de Venise a répondu par la plus noire perfidie à la générosité dont les Français ont usé à son égard. Je vous envoie mes propositions par un de mes aides-de-camp : *La paix ou la guerre.*

» Si vous ne prenez pas sur-le-champ les mesures nécessaires pour dissiper les attroupemens; si vous ne remettez pas dans mes mains les instigateurs des meurtres qui se sont commis, la guerre est déclarée. Je vous donne vingt-quatre heures pour vous déterminer. Songez que les temps de Charles VIII sont passés.

» Si, malgré la bienveillance que vous a montrée le gouvernement français, vous me réduisez à vous faire la guerre, ne pensez pas que les soldats que je commande, à l'exemple des brigands que vous armez, aillent ravager les champs d'un peuple innocent et malheureux. Non, je le protégerai au contraire, et il bénira jusqu'aux forfaits qui auront obligé l'armée française à l'arracher à votre tyrannique gouvernement. »

Le général Augereau, qui commandait dans la Lombardie, avait en même temps fait marcher sur Vérone quelques faibles corps de troupes françaises réunies aux légions lombardes. Fière de voir les troupes esclavones et un grand nombre de paysans armés, retranchés sous ses murs avec une artillerie nombreuse, Vérone avait refusé d'ouvrir ses portes. Tout ce monde comptait sur le général autrichien Laudon, qui descendait des montagnes, après avoir profité de l'éloignement du gros de l'armée française, pour reprendre Botzen, Trente, Rovérédo et Rivoli ; mais, grâce à la signature des préliminaires de paix, ce général n'arriva dans les environs de Vérone, que pour voir défaire entièrement les insurgés sous les murs de cette ville, et apprendre au même moment que vingt-cinq mille Français avaient pris position à la vue de Venise.

Ceux des Français qui avaient battu les insurgés à Vérone, allèrent ensuite châtier Vicence et Padoue. Pour Venise, elle se trouva bientôt entourée de troupes françaises. Une suspension d'armes lui fut cependant accordée le 3 mai. Elle avait été précédée d'une conférence, dans les lagunes, entre le général en chef de l'armée française et plusieurs sénateurs. Les nobles, Dona, Giustiniani et Mocenigo, furent, ensuite de la suspension d'armes, chargés de conclure une prompte paix au nom de la régence. Ce qui rendait leur mission difficile à remplir, c'est que Bonaparte exigeait, pour première condition de la paix qu'il voulait bien accorder, qu'on lui livrât les trois inquisiteurs d'état et dix des principaux membres du sénat, qu'il accusait d'avoir été les instigateurs de la révolte ; ce qui ne pouvait guère se faire, ces personnages ayant agi sous la direction du sénat.

Cependant Venise était agitée. Le peuple paraissait prêt à se déclarer contre la noblesse en faveur des Français. La flotte même, qui était dans le port, donnait les plus grandes inquiétudes au gouvernement. Dans cet état de choses, et pour éviter les derniers malheurs, le grand conseil remit, le 11 mai, toute l'autorité à trente sénateurs, afin qu'ils pourvussent au salut de la république. Formés en comité, ces trente sénateurs arrêtèrent que l'ancienne forme démocratique de l'administration serait rétablie. Il fallut néanmoins la concurrence des Français pour que ce changement pût se faire. On les introduisit, et on leur remit les postes de l'intérieur le 16 : le 15, on avait tenté d'arrêter la révolution qui se faisait dans le gouvernement, par une révolte des gondoliers et des Esclavons. On remarqua que Bonaparte ne prit aucune part aux événemens du moment, et évita même d'entrer dans Venise, apparemment parce qu'il pressentait déjà que ce pays allait, par le traité avec l'Autriche, perdre son indépendance politique.

Aussitôt que la révolution fut terminée, la flotte vénitienne mit à la voile pour aller la faire reconnaître dans celles des îles du golfe Adriatique qui appartenaient à la république de Venise, comme Corfou, Zante et Céphalonie. Mais voilà déjà quelques instans que nous nous occupons d'objets qui ne tiennent que de loin à notre livre : retournons aux armées occupées réellement à faire la guerre ; et, à ce titre, voyons où en étaient celles du Rhin à l'époque de la signature des préliminaires de paix.

ARMÉE DE RHIN-ET-MOSELLE.

Campagne de 1797.

Préparatifs pour le passage du Rhin. Épuisée par les travaux et les longues fatigues de la campagne que venait de terminer l'évacuation de la tête du pont d'Huningue, l'armée de Rhin-et-Moselle avait été distribuée dans des cantonnemens, où, tout en se reposant, elle s'exerçait aux manœuvres et se réorganisait. Malgré tous les efforts qu'on fit pour lui procurer, avant de rentrer en campagne, les effets d'habillement et d'équipement qui lui étaient nécessaires, et un nombre de chevaux suffisant pour l'artillerie et le transport des équipages, des vivres et de l'ambulance, soit défaut d'argent, soit mauvaise volonté de la part des fournisseurs, au commencement du printemps l'armée manquait de bien des choses indispensables.

Cependant, la situation des armées d'Italie et de Sambre-et-Meuse exigeait impérieusement que celle de Moreau, qui devait leur servir d'appui et de lien, effectuât le passage du Rhin. Cette entreprise semblait devoir trouver des obstacles insurmontables. Tous les bords du Rhin et tous les postes aux environs de Kehl, étaient couverts de troupes ennemies; et les Allemands, connaissant en même temps l'audace des Français et l'intérêt qu'ils avaient à passer ce fleuve, devaient continuellement être sur leurs gardes, crainte de surprise.

L'armée d'Italie était entrée en campagne, celle de Sambre-et-Meuse était sur le point de se porter sur la rive droite; pour ne pas retarder leurs opérations, et faire une diversion avantageuse, celle de Rhin-et-Moselle devait, sans délai, effectuer le passage du fleuve. Sa gloire ne le demandait pas moins que le salut de l'armée d'Italie, et par conséquent l'intérêt de la patrie. On sentit cette vérité, et on prit une résolution que rien ne pouvait ébranler. Cependant les équipages de pont n'étaient pas réparés; les bateaux, dont la construction avait été ordonnée sur la Haute-Saône, sur la Sarre et à Strasbourg, n'étaient pas achevés; les chevaux, nécessaires pour l'artillerie et le transport des équipages, n'étaient point arrivés. La baisse extraordinaire des eaux avait laissé à sec le bras Mabile, et, par conséquent, rendu impraticable le passage sur Kehl, facile dans d'autres circonstances, à cause de sa proximité de Strasbourg. D'ailleurs l'ennemi avait accumulé sur ce point les ouvrages et les soldats. La prudence voulait donc qu'on cherchât un nouveau terrain pour traverser le Rhin. On ne pouvait réussir qu'en trouvant une rivière affluente au fleuve qui fût encore navigable, et sur laquelle on pût trouver un nombre de bateaux assez considérable pour le passage. Tous ces avantages se présentaient à l'embouchure de l'Ill, près Kilstett, lieu assez rapproché de Strasbourg, pour qu'on pût faire usage de toutes les ressources de l'arsenal de cette dernière place. Comme ce point était le seul où, dans toute cette partie du Rhin, on pouvait conduire une flottille, les Autrichiens en avaient fortement défendu les approches. Ils avaient un poste, placé de manière à apercevoir, trois cents toises avant leur arrivée dans le grand courant, toutes les petites nacelles, naviguant sur la partie du Rhin où se jette l'Ill. Le lit du fleuve était parfaitement enfilé par une batterie de deux canons, et des sentinelles étaient placées sur les plus petits graviers. L'ennemi avait même ses inquiétudes sur ce point. Le général Moreau, rassuré par la bravoure connue des troupes, par l'ardeur et le zèle des généraux, et, en même temps, excité par le désir d'arriver sur l'autre rive assez tôt, pour empêcher les ennemis de se rassembler, ne vit plus tous les obstacles qu'il avait à surmonter, et fixa son passage au 20 avril.

Suivant son plan, le canon devait, ce jour-là, se faire entendre sur toute la rive gauche du Rhin, depuis Brisach jusqu'au Fort-Vauban. Deux fausses attaques, faites au-dessus de Kehl, l'une à la batterie de Béclair, l'autre à la pointe des Epis, et une troisième au-dessous, aux îles de Dalhunden, vis-à-vis le village de Grefferen, devaient distraire l'attention des ennemis du véritable point du passage qui s'effectuerait en avant de Kilstett.

Quarante bateaux de commerce, pris sur la rivière d'Ill, devaient être divisés en trois colonnes, et aborder sur trois points différens, transportant à la fois deux mille hommes. Ces embarcations, après avoir déposé les Français sur la rive ennemie, devaient revenir chercher d'autres troupes, et continuer ainsi jusqu'après la construction d'un pont de bateaux. La première colonne devait débarquer devant Freystett; la seconde, devant une batterie, placée un peu plus bas; et la troisième, sur un gravier fort étendu, séparé de la terre-ferme et du grand bois de Diersheim, par des petits bras guéables sur l'un desquels se trouvait un petit pont de quatre pieds de largeur, propre au passage de l'infanterie, et qu'avait reconnu le chef de bataillon du génie Murion. Sur ce même gravier devait aussi aborder un grand bateau plat, portant des canons, des munitions et des chevaux. L'attaque principale devait déboucher à trois heures du matin, et les autres un peu après. Ce plan, qui éprouva dans son exécution des contrariétés sans nombre, n'en fut pas moins glorieux pour l'armée, et surtout pour les chefs, qui surent varier leurs dispositions suivant les circonstances, et réussirent enfin à s'établir au delà du Rhin.

Une des plus grandes difficultés était de s'emparer des bateaux existans sur la rivière d'Ill. Pour réussir, il fallait que l'enlèvement eût lieu simultanément, et avec assez de promptitude, pour que l'ennemi n'en n'eût pas connaissance. Le 18 avril, au point du jour, des détachemens furent envoyés dans tous les ports de la rivière d'Ill, et eurent ordre de s'y rendre à une heure, où les pontonniers destinés à conduire les bateaux devaient aussi y arriver. A peine les uns et les autres furent-ils rendus à leur destination, qu'on mit en réquisition tous les bateaux. Soixante furent enlevés sur-le-champ, et conduits à Strasbourg, où ils étaient à midi. La marche des troupes fut aussi parfaitement combinée ; dès le 18 avril, elles se rendirent, sous différens prétextes, sur les points où devait s'effectuer le passage.

Passage du Rhin, 20 *avril* 1797. Quelque secret qu'on put mettre dans ces préparatifs, l'ennemi conçut des soupçons. Il paraît même qu'il fut prévenu quelques jours d'avance ; mais, comme tout le monde, il fut trompé sur l'époque, et le lieu du passage. Une revue que le général Schawenbourg passait à Colmar, et qui nécessita un rassemblement considérable; de plus, les ordres donnés pour la marche des pontonniers, et la conduite des bateaux vers le Haut-Rhin, contribuèrent beaucoup à mettre les Autrichiens dans l'erreur; cependant ils rassemblèrent différens corps, qui vinrent s'établir à Brisach, à Kehl et à Stothoffen.

La flottille, comprenant, outre les bateaux destinés au transport des troupes, tout ce qui était nécessaire pour un pont volant, et pour un pont de bateaux, se mit en marche sur les deux heures, et quoique les eaux fussent très-basses, elle pouvait arriver au point du débarquement à une heure du matin. Mais sur le déclin du jour, il s'éleva une forte tempête, accompagnée de coups de tonnerre. Le vent, soufflant avec violence dans une direction contraire, retarda considérablement la marche des bateaux. La nuit survint, et les surprit vers la Wantzenau, avant qu'ils fussent entrés dans un bras dont les eaux, baissées de plusieurs pouces, ne permettaient plus aux bateaux de flotter. Dans l'obscurité, on ne pouvait distinguer les passes, ce qui fut cause que plusieurs bateaux, qu'on ne dirigeait déjà qu'avec peine, dérivèrent, d'autres s'engravèrent, et ne furent remis à flots qu'à la lueur des éclairs. Un bateau qui transportait des rames qu'on avait prises dans l'arsenal de Strasbourg, parce qu'on n'en trouva point sur l'Ill, où elles sont inutiles à cause du peu de profondeur de la rivière, se trouva trop chargé et s'engrava. Les soldats, animés par l'exemple du général Moreau, qui se jeta dans l'eau jusqu'à la ceinture, ainsi que le général Desaix, et plusieurs autres officiers supérieurs, firent des efforts inouis pour dégager les bateaux; mais ils ne purent y parvenir. Alors on envoya à la hâte les soldats d'un bataillon, qui en moins d'une heure eurent parcouru un espace de trois-quarts de lieue, et revinrent au point d'embarquement avec les rames sur leurs épaules, à cinq heures du matin; on comptait à peine vers Kilstett vingt-cinq bateaux, qu'on remplissait de troupes à mesure qu'ils arrivaient. L'obscurité ne pouvait plus alors favoriser ce débarquement, et on fut forcé de déboucher en plein jour.

Trente-trois bateaux, chargés de troupes, furent séparés en trois divisions; l'adjudant-général Hendelit commandait six de ces bateaux, formant l'avant-garde; la seconde division était commandée par le général Vandamme, et la troisième par le général Davoust. Le général Duhesme, chargé de l'attaque, se trouvait sur la seconde division.

Il était six heures du matin; depuis long-temps on entendait le canon des fausses attaques inférieures et supérieures, et surtout du côté de Kehl. Il n'y avait presque pas de courant dans le bras qu'il fallait encore parcourir pour arriver au grand Rhin, et la flottille n'avançait que lentement. Aussitôt que les Autrichiens l'eurent aperçue au moment où elle sortait de la rivière d'Ill, ils firent un feu terrible, auquel les Français ne répondirent pas. La flottille continua de s'avancer jusqu'à la batterie qui enfilait le grand courant; mais elle n'y fut pas plutôt arrivée, qu'elle fut écrasée par la mitraille. Les chefs, sentant alors qu'ils ne pouvaient, sans s'exposer au plus grand danger, suivre la marche qui avait été prescrite aux deux premières divisions, se déterminèrent à aborder un gravier où la troisième devait effectuer son débarquement. Aussitôt que les troupes furent à terre, les bateaux revinrent, et transportèrent successivement le reste de l'infanterie. On se servit du bateau plat pour faire passer des pièces de quatre et des munitions. Les grenadiers de la soixante-seizième et de la centième, marchant au pas de charge, s'avancent, sans tirer un seul coup, contre les trois cents hommes du corps franc de Michalowitz, qui, à l'approche des bateaux, avaient abandonné le gravier; et malgré leur feu et celui de la batterie qui les prenait en flanc, passent à gué deux petits bras qui séparent le gravier de la terre-ferme, chassent les Autrichiens, et font plusieurs prisonniers. Pendant ce temps-là, tous les bateaux retournaient à l'autre rive, et l'intrépidité des Français semblait s'accroître en voyant ainsi s'éloigner le seul moyen qu'ils eussent de faire retraite.

Premier combat. Le général Vandamme s'établissait derrière la digue du Rhin, et s'y maintenait, et les troupes débarquant successivement, se formaient sous les ordres des généraux Duhesme et Davoust, et se disposaient à emporter Diersheim. Attaqués par les Autrichiens infiniment supérieurs en nombre, il fallait ou vaincre ou se précipiter dans le Rhin; le général Duhesme ordonne sans balancer de battre la charge, et voyant son tambour tomber à côté de lui, saisit la caisse, et battant la charge avec le pommeau de son épée, s'avance à la tête des siens contre l'ennemi, et reçoit à la main une balle qui le force à se retirer, et à céder le commandement au général Vandamme. Le village de Diersheim et un petit bois voisin furent d'abord emportés; mais vers les huit heures, les Autrichiens, renforcés par six compagnies du régiment d'Alton, et quelques autres troupes, chassèrent les Français de ce village, qui fut encore repris par le général Davoust, à la tête de la trente-unième demi-brigade. Les Français étendaient alors leur droite vers Honau, occupaient avec leur centre le village de Diersheim, et appuyaient leur gauche aux digues du Rhin.

Second combat. L'ennemi, renforcé de quatre bataillons accourus du camp de Boderswihr, et de quelques troupes à cheval, fit à onze heures une nouvelle attaque sur le centre des Français, et dirigeait sur ce point ses principaux efforts, pendant qu'une colonne s'étant portée par Honau sur les bords du Rhin, cherchait à tourner leur droite. La dix-septième demi-brigade, mise en réserve, repoussa vigoureusement les Autrichiens au centre; mais sur la droite, les Français furent forcés d'abandonner un retour de la digue qui appuyait leur flanc. En restant maîtres de ce point, les ennemis pouvaient y établir des batteries qui eussent pris de revers toute la ligne des Français; il était donc urgent de les en déloger. Les généraux Desaix et Davoust, surmontant, avec la cent neuvième demi-brigade, toutes les difficultés que présentait un terrain coupé et marécageux, et bravant le feu le plus violent de mousqueterie, s'établirent de nouveau sur la digue, culbutèrent les ennemis, les rejetèrent en désordre dans le village d'Honau, et firent deux cents prisonniers. Tandis que Desaix marchait vers un officier qui l'avait défié pendant l'action, un soldat autrichien l'ajuste, et le blesse à la cuisse d'un coup de feu. Les Français à l'instant se précipitent sur ce soldat; et il était prêt à payer de sa vie cet acte de lâcheté, quand Desaix s'avance vers lui, le déclare son prisonnier, et parvient ainsi à le sauver. Desaix, forcé de quitter momentanément son commandement, fut regretté de toute l'armée, qui connaissait, ainsi que toute la France, ses vertus et ses talens militaires. Son génie audacieux et entreprenant l'avait rendu la terreur des ennemis, et l'avait fait comparer au chevalier Bayard. Il contribua beaucoup au succès du passage. En parlant de lui, un prisonnier autrichien disait à des soldats français : *Votre Desaix n'a donc jamais dormi ?* Un grenadier impatienté de le rencontrer partout, disait : *Si cela continue, je me brûle la cervelle ; cet homme est toujours devant moi.*

Les Autrichiens occupaient sur leur droite, et à la gauche des Français, une position qu'on ne pouvait forcer qu'en déployant des forces considérables. Des tirailleurs, qui d'abord s'étaient avancés jusqu'à Freystett, en avaient été repoussés. L'ennemi était maître, en avant de Bischofsheim, d'un moulin situé sur un bras de la Holchenbach. Ce bras coule de là, à Freystett, en serpentant au pied d'un rideau élevé qui domine la plaine et le lit du fleuve, et sur lequel étaient placées quatre batteries de canons de campagne, dont il fallait essuyer tout le feu pour traverser la plaine, franchir la Holchenbach et escalader l'escarpement du rideau. Et, d'après tout cela, il était impossible d'établir un pont sur le Rhin.

Dès le matin on avait construit, et conduit sur le Rhin, un pont volant, sur lequel on avait fait passer plusieurs canons, des caissons, et environ quatre cents hommes du neuvième régiment de hussards et du dix-septième de dragons, sous la conduite du chef d'escadron Thouvenot, et du chef de brigade Saint-Dizier. On continua de même à faire passer d'autres troupes jusqu'à la nuit ; et cependant les Français n'avaient encore sur la rive gauche que quelques pièces de bataillon, déjà en partie démontées. L'ennemi, recevant continuellement des renforts de Stothoffen, de Bodersvihr, de Kehl et d'Offembourg, possédant une nombreuse cavalerie et une formidable artillerie, résolut de profiter de tous ces avantages pour faire, au village de Diersheim, une attaque vigoureuse sur le centre des Français.

Troisième combat. L'affaire commença, vers trois heures après-midi, avec la plus grande impétuosité ; l'artillerie des Français fut démontée, et le feu, aussi vif que bien soutenu de l'ennemi, incendia, à Diersheim, vingt-une maisons. Il s'engagea ensuite, dans le village, un combat d'infanterie, que les Français soutinrent d'abord avec opiniâtreté; mais, accablés par l'artillerie et fortement incommodés par les tourbillons de flamme et de fumée sortant de l'incendie, ils furent obligés de reculer devant les Autrichiens, qui s'avancèrent jusqu'au delà de l'église. Le général Davoust, arrivant alors d'Honau avec deux bataillons de la cent neuvième, donna ordre à la cavalerie de charger le flanc droit de l'ennemi, pendant qu'il attaquait vigoureusement Diersheim. L'infanterie reprit courage, et se porta contre l'ennemi, qui, pressé en même temps sur ses deux ailes, fut culbuté et forcé de se retirer, laissant le champ de bataille couvert de morts et de blessés. Il se rallia, avec beaucoup de difficulté, dans la plaine. Les Français, harassés de fatigues, presque sans cavalerie et sans artillerie, se contentèrent de conserver le village d'Honau, où ils appuyèrent leur droite, et ne poussèrent pas plus loin cet avantage. La seizième demi-brigade d'infanterie légère et la centième de ligne, repoussèrent également les Autrichiens sur la gauche. Malgré ces succès, la position des Français n'était pas rassurante. On ne pouvait encore communiquer que par le pont volant ; et que ne devaient pas craindre quatorze bataillons, soutenus seulement par un petit nombre de chevaux, trois pièces d'artillerie légère et quelques pièces de bataillon, contre les forces considérables des Autrichiens, qui comptaient dix bataillons d'infanterie, trois régimens de cavalerie et quinze bouches à feu, placées d'une manière très-avantageuse?

On se décida alors à établir le pont de bateaux au-dessous du pont volant ; on transporta, sur les barques, les longerons et les madriers ; enfin, on mit tant de promptitude dans cette opération, que, commencée vers les six heures, elle fut, malgré l'incommodité du terrain, l'obscurité de la nuit et le feu des ennemis, terminée à onze heures.

Quatrième combat. A l'entrée de la nuit, et pendant que les travaux étaient en pleine activité, l'ennemi fit, sur la gauche, une troisième attaque, qui causa aux troupes une espèce de terreur panique. Les Autrichiens en profitèrent pour s'approcher du pont jusqu'à portée de mousquet; mais ils en furent bientôt repoussés. Ce moment de danger passé, on vit les pontonniers et les sapeurs redoubler de zèle et d'activité dans leurs travaux.

Le général Dufour, commandant l'aile droite, composée de la troisième demi-brigade d'infanterie légère, des troisième, vingt-quatrième et quatre-vingt-neuvième de ligne, du deuxième régiment de cavalerie, du quatrième de dragons et des compagnies d'artillerie légère de Foy et de Bechard, n'attendait, pour passer, que la construction du pont ; la réserve de cavalerie, commandée par le général Bourcier, était sur le point d'arriver; par conséquent, le succès de l'entreprise paraissait certain, si on parvenait à faire passer toutes ces troupes pendant la nuit. Elles commencèrent à défiler, le 21 avril, vers les deux heures du matin; à mesure de leur débarquement, elles devaient prendre leur ordre de bataille, conformément aux ordres du général en chef. Le général Dufour devait étendre sa division, formant l'aile droite, depuis Honau jusqu'à Diersheim. Le centre, momentanément commandé par le général Vandamme, devait occuper Diersheim et le bois en face du pont ; la gauche, aux ordres du général Lecourbe, devait s'avancer vers Freystett, et la réserve de cavalerie, se former sur le gravier, et attendre qu'elle pût en déboucher.

Bataille de Diersheim, 22 avril 1797. Les Autrichiens, ayant résolu d'attaquer les Français le 22 avril, dès le matin, rassemblèrent, pendant la nuit, seize bataillons, vingt escadrons et quinze bouches à feu, qui, sous les ordres du général Starray, s'avancèrent vers les six heures, et dirigèrent leurs premiers efforts sur Honau et Diersheim. Ils eurent d'abord quelque succès ; mais les troupes fraîches qui venaient d'arriver aux Français les eurent bientôt repoussés. Le choc du centre fut terrible. Trois formidables batteries, prenant en tête et sur les deux flancs, à portée de mitraille, le principal débouché du village de Diersheim, démontèrent, par la vivacité de leur feu, tous les canons des Français. Le capitaine d'artillerie légère, nommé Foy, fut blessé. Les Autrichiens se portèrent ensuite avec rapidité sur le village. Leur cavalerie chargea un corps français, qui sortait par la droite de Diersheim, et vint attaquer son flanc gauche ; pendant qu'un autre corps opposait à leurs efforts la plus vive résistance, la cavalerie française, accourue au secours de l'infanterie, chargea à son tour celle des Autrichiens ; alors la mêlée devint telle, qu'on en vit peu d'aussi terrible et d'aussi meurtrière. Longtemps la victoire resta incertaine ; plusieurs fois la cavalerie française fut ramenée jusque dans les jardins de Diersheim. Les généraux Moreau et Vandamme eurent leurs chevaux tués sous eux. Les généraux autrichiens Starray et Immens furent blessés. Un escadron du neuvième régiment de hussards, soutenu par quelques pelotons de cavalerie et de dragons qui s'étaient ralliés, fit une charge heureuse, qui décida enfin le succès de la bataille. Les ennemis ayant perdu beaucoup de monde, et voyant bien qu'ils ne pouvaient plus se flatter de repousser les Français, se retirèrent dans leurs positions du matin, et firent leur retraite. Le général Moreau, qui n'avait pour toute cavalerie que le quatrième régiment de dragons et le deuxième de cavalerie, ne put pas profiter de ses avantages.

L'attaque inopinée du général Starray avait dérangé l'ordre de bataille des Français. Le général Moreau fit alors de nouvelles dispositions pour reprendre l'offensive. Pendant la principale attaque, dirigée sur le centre, entre Lings et Hobine, deux colonnes devaient se porter, l'une à droite, sur Litzenheim, et l'autre, à gauche, sur Freystett. Quatre bataillons furent placés en réserve dans le bois de Diersheim. L'armée française se mit en mouvement, à deux heures après-midi ; elle n'éprouva aucune résistance de la part de l'ennemi, qui, déjà en retraite, se sauva dans le plus grand désordre. On atteignit, près de Lings, le régiment d'Alton ; on le culbuta et on le défit entièrement. La colonne du général Vandamme s'avança, avec la réserve de cavalerie, jusqu'au delà de Gengenbach et d'Offembourg, où fut pris le général-major O-Relli. Des dragons du dix-septième, servant d'éclaireurs au général Dufour, qui marchait sur Kehl et sur Korck, trouvèrent le pont de la Kintzig coupé et défendu par de l'infanterie ; faisant un détour, ils passèrent, un peu plus haut, la rivière à gué, enlevèrent Kehl, et firent prisonniers cinquante hommes du régiment d'Olivier-Wallis, chargés de garder ce fort ; pendant la nuit, la droite des Français fut placée entre Kehl et Neumuhl, la gauche entre Bischoffsheim et Freystett, et l'avant-garde poussa jusque sur la Renchen. Cette journée coûta aux Autrichiens quatre mille prisonniers, parmi lesquels se trouvaient le général O-Relli, un officier de l'état-major, et beaucoup d'autres de tous grades; plusieurs drapeaux, vingt pièces de canon, tous leurs équipages, la chancellerie de l'état-major, et beaucoup de chevaux et de caissons. Les Français eurent deux cent vingt-un hommes tués, au nombre desquels fut le capitaine du génie Vendeling, et douze cent quatre-vingt-quinze blessés.

Les deux passages du Rhin, à Kehl et à Diersheim, effectués en si peu de temps, quoique caractérisés par des circonstances bien différentes, tiendront toujours dans l'histoire une place intéressante, et rendront à jamais célèbre l'armée de Rhin-et-Moselle. Il n'en est pas qui aient été préparés avec tant de soin, et qui aient si peu coûté de sang que celui de Kehl; on n'en trouvera aucun qui ait été tenté avec si peu de ressources, exécuté avec plus d'audace, et défendu avec autant d'opiniâtreté que celui de Diersheim. Le succès de l'un et de l'autre fut complet et décisif.

L'intention de Moreau était d'anéantir les débris du corps de Starray, de s'emparer des sources du Danube, et de forcer à la retraite les corps ennemis qui occupaient le Haut-Rhin. Il voulait, en même temps, occuper le passage du Knubis, et opposer, à Rastadt, un corps d'armée au général Latour. Il commença par rétablir son ordre de bataille, afin de placer chaque corps sous les ordres des généraux de qui il était connu. L'aile droite dut marcher dans la vallée de la Kintzig; le centre se diriger, avec la réserve, sur la Renchen et le Knubis; et l'aile gauche former, comme dans la campagne précédente, un seul corps d'armée avec le centre. Le général Davoust s'avança jusqu'au delà de Biberach; l'avant-garde du centre atteignit, entre Zimora et Renchen, une arrière-garde, qu'elle força à se retirer sur le Knubis.

Après un léger combat, le général Lecourbe força, au passage de la Renchen, un bataillon de Starray, et trois divisions de hussards de Kaiser, renforcés par une division de Michalowitz et six pièces d'artillerie légère, repoussa ces troupes jusqu'à Lichtenau, et leur fit cent prisonniers. Au moment où Moreau se disposait à suivre le cours de ses victoires, un parlementaire, accompagné d'un courrier venant de l'armée d'Italie, lui apporta la nouvelle de la signature des préliminaires de la paix. Sur-le-champ les hostilités cessèrent, et l'armée resta dans les positions qu'elle occupait. Pour faciliter les subsistances, une grande partie repassa sur la rive gauche du Rhin.

ARMÉE DE SAMBRE-ET-MEUSE.

Campagne de 1797.

Commencement des opérations de l'armée de Sambre-et-Meuse. Dès le 16 avril, l'armée de Sambre-et-Meuse avait commencé le mouvement au moyen duquel elle devait s'avancer en Allemagne concurremment avec celle de Moreau. Il y avait déjà quelque temps que cette armée n'était plus commandée par le général Bournonville, que nous avons vu succéder, à la fin de la campagne de 1796, au général Jourdan. Le général Hoche, que la pacification de la Vendée venait de couronner d'un laurier immortel, avait remplacé Bournonville lui-même, et était arrivé au quartier-général de Cologne avec la double qualité de général en chef de l'armée de Sambre-et-Meuse, et d'administrateur-général des pays conquis en de-çà du Rhin. Le second titre le mettait en état de faire valoir le premier : effectivement, il ramena l'abondance en même temps que la discipline dans l'armée, où une longue inaction avait jeté quelque désordre. Tous les objets nécessaires d'habillement, d'équipement furent délivrés aux troupes, et cette sage précaution ne nuit point au succès d'une campagne : le soldat n'est jamais plus disposé à bien faire, que lorsqu'il reconnaît que l'on pourvoit à ses besoins avec le soin convenable. Quand le moment fut arrivé d'en venir aux mains, l'armée de Sambre-et-Meuse donnait les plus grandes espérances, par le bon esprit et l'ardeur qu'elle montrait : « Il n'est pas possible de voir une armée plus belle, plus brave et mieux disciplinée, écrivait à cette époque Hoche au directoire exécutif; avec elle un général est sûr de vaincre bientôt les armées ennemies. Que la campagne s'ouvre, et rien ne pourra m'empêcher d'aller à Vienne. » Les soldats n'avaient pas moins de confiance dans leur chef, que celui-ci n'en avait en eux ; ils regardaient ses talens, déjà connus d'une manière si glorieuse, comme un gage assuré de la victoire.

On se rappelle que l'aile gauche de cette armée occupait, sur la rive droite du Rhin, le camp retranché de Dusseldorf, et que l'aile droite avait encore sur cette rive la tête du pont de Neuwied ; ce qui faisait qu'en très-peu de temps l'armée entière pouvait se trouver réunie sur les bords de la Lahn.

L'armée autrichienne que Hoche avait à combattre, ne s'élevait pas à plus de quarante mille hommes, c'est dire qu'elle était de deux tiers moins forte que la sienne. Les Autrichiens étaient cantonnés sur les deux rives de la Lahn, et avaient leurs avant-postes sur la Sieg. Ils avaient entouré Neuwied de retranchemens et de batteries, pour empêcher les Français de déboucher par cette ville. Le général Kray, à la tête d'un très-fort détachement, avait la garde de ces retranchemens et de ces batteries. Le général Werneck commandait l'armée entière. Cet officier ne pouvait voir qu'avec peine commencer les hostilités, tout annonçant qu'elles lui seraient défavorables. Ayant une connaissance indirecte de la manière dont la paix se préparait en Italie, il écrivit, le 16 avril, à Hoche, qui venait de lui faire dénoncer la rupture de l'armistice, par lequel les bras étaient enchaînés depuis quelque temps sur ce point du théâtre de la guerre : « Qu'un nouvel acte de ce genre ayant été conclu en Italie, il priait le général français de suspendre les hostilités, jusqu'à ce que la nouvelle en fût officiellement arrivée. » Hoche répondit qu'il ne pouvait entendre à une telle proposition, malgré son désir pour la paix, les ordres qu'il avait reçus de son gouvernement lui faisant un devoir d'agir sans délais. Il en instruisit seulement le directoire, par un courrier extraordinaire, en terminant sa dépêche par ces mots : « Quelle que soit votre décision, citoyens directeurs, je crois devoir vous faire observer, que l'armée de Sambre-et-Meuse étant forte de soixante-dix mille hommes, j'en puis porter à l'instant soixante mille sur le Danube, et contraindre l'ennemi à une paix plus avantageuse pour la France. »

Cependant il poursuivit son dessein, sauf à s'arrêter, si, ensuite de cette démarche, il venait à recevoir des ordres contraires. Le 16 avril, dans l'après-midi, l'aile gauche de son armée s'avança, du camp retranché de Dusseldorf, sur la Wipper, passa cette rivière, et prit poste dans les plaines de Mulheim, vis-à-vis Cologne. Le lendemain 17, elle s'établit sur la Sieg. Le général Werneck reculait, attirant à lui toutes ses troupes, celles même, en grande partie, qui gardaient le débouché de Neuwied : il croyait écraser bientôt l'aile gauche de l'armée française dans une position choisie;

et avoir ensuite le temps de se porter en forces, par une marche de flanc, devant Neuwied, pour empêcher l'aile droite et le centre de ses adversaires de déboucher de ce point. Il pensait sans doute que le petit nombre de soldats qu'il avait laissés à la garde du débouché, suffisait provisoirement, soutenu, comme il l'était, par des retranchemens et des batteries formidables.

Il se trompait néanmoins. Hoche n'avait mis son aile gauche en mouvement, deux jours avant sa droite et son centre, qu'afin qu'elle se trouvât à peu près à la hauteur d'Ukerad, lorsque le reste de l'armée déboucherait de Neuwied. Le 18 donc, à trois heures du matin, le général Lefebvre, précédé par les chasseurs réunis sous le commandement du général Richepanse, passa le pont de Neuwied avec deux divisions d'infanterie ; toute cette troupe fut mise ensuite en bataille dans la plaine à droite du pont. Le centre, aux ordres du général Grenier, suivit immédiatement, et prit position à la gauche de l'aile droite. La division d'infanterie du général Watrin, et la grosse cavalerie marchant en réserve, passèrent ensuite. Le trop petit corps de troupes, laissé devant Neuwied, ne se crut même pas en état d'essayer de mettre obstacle à ce mouvement.

A cette nouvelle, l'embarras de Werneck fut extrême. Ne sachant plus comment porter remède au mal, et craignant, s'il attaquait la gauche des Français sur la Sieg, d'être pris en flanc par leur centre et leur droite, il n'osait faire un mouvement. Il ordonna cependant au général Kray, qui était en chemin de Neuwied vers la Lahn, de se rapprocher, le plus possible, du poste qu'il lui avait fait si malheureusement quitter ; mais en même temps il chercha, encore une fois, à gagner du temps, en renouvelant, au général français, la demande d'une suspension d'armes, s'autorisant toujours sur l'existence des négociations entamées en Italie. Il proposait, pour condition de l'armistice, que l'armée française repasserait sur la rive gauche du Rhin ; c'est tout ce qu'il aurait pu faire, vainqueur, et sollicité lui-même d'accorder une suspension d'armes. Aussi, Hoche lui fit-il répondre sur un ton aussi haut, que s'il consentait à un armistice, ce serait à condition que l'armée autrichienne céderait Ehrenbrestein et la Lahn aux Français, et se retirerait elle-même derrière le Mein. Après de tels pourparlers, il ne restait plus qu'à combattre.

Bataille de Neuwied, le 18 avril. Les Autrichiens étaient placés, en ligne droite, de Zollengers, près du Rhin, jusqu'à Heddersdorf, village vigoureusement retranché, où ils appuyaient leur flanc droit. L'intervalle de ces deux villages était couvert par six redoutes élevées en avant du chemin de Neuwied à Ehrenbrestein. Trois autres redoutes, construites sur le plateau de Heddersdorf, devaient prendre en écharpe les troupes qui voudraient passer du chemin d'Ehrenbrestein sur celui de Diersdorf. Ces ouvrages étaient fraisés, palissadés, et suffisamment garnis d'artillerie. L'affaire fut vive, mais promptement décidée. Complètement défaits, les Autrichiens perdirent cinq mille hommes hors de combat ou prisonniers, six drapeaux, vingt-sept pièces de canon, et soixante caissons. Dans le même moment, l'aile gauche, aux ordres du général Championnet, ayant passé la Sieg dans la nuit du 17 au 18, s'emparait d'Uckerad et d'Altenkirchen. Vingt-quatre heures plus tard, elle se trouvait réunie avec le reste de l'armée française.

Retraite des Autrichiens. Signification des préliminaires de paix de Léoben. Après cette journée, l'armée autrichienne, menacée d'être devancée sur le Mein par un corps de troupes françaises, n'eut plus qu'à faire, sur l'intérieur de l'Allemagne, une retraite précipitée, trop heureuse si elle pouvait ainsi échapper aux vainqueurs. Ceux-ci la suivaient l'épée dans les reins, ne lui donnant le temps de se retrancher dans aucun poste, et dispersant à mesure tous ceux de ses corps qui tentaient de s'arrêter pour se mettre en défense. Elle ne put atteindre Francfort qu'en même temps que ses adversaires; le premier régiment de chasseurs français y entra pêle-mêle avec les fuyards autrichiens. Ce fut aux portes de cette ville que le général Lefebvre, qui allait aussi y faire son entrée, reçut, du colonel Milius, la signification de la signature des préliminaires de paix de Léoben. Hoche ne dut pas se voir, sans regret, ainsi arrêté dans le cours de ses opérations; si toutefois une âme aussi grande que la sienne, pût être, en ce moment, agitée par d'autres sentimens que celui du bonheur public. Championnet, avec dix-huit mille hommes, se portait rapidement sur la Nidda, pour tourner l'armée autrichienne, et l'ensemble du reste des dispositions donnait tout lieu d'espérer que ce mouvement aurait le résultat le plus heureux et le plus complet.

PAIX DE CAMPO-FORMIO.

Les succès des deux armées françaises sur le Rhin, et leur marche triomphante en Allemagne, qui ne fut arrêtée que par la nouvelle de la signature des préliminaires de paix à Léoben, ne durent pas peu contribuer à déterminer la cour de Vienne à signer la paix elle-même. Que n'avait-elle pas à craindre, en effet, de la reprise des hostilités? Une de ses premières conséquences eût été l'envahissement de la capitale de l'Autriche; l'on ne sait ce qu'aurait ensuite pu devenir l'empire germanique entier, attaqué sur trois points différens par trois armées, dont une paraissait invincible, et qui, toutes trois, commandées par des généraux justement célèbres, avaient, dans ce moment, l'ascendant de la victoire sur les troupes autrichiennes humiliées et découragées.

La conclusion du traité définitif se fit au château de Campo-Formio, le 17 octobre. Il renfermait vingt-cinq articles publics, et quatorze articles secrets. Les clauses principales des vingt-cinq articles publics étaient, la confirmation des cessions de la Belgique et de la Lombardie par l'empereur ; celle de son consentement aux nouvelles frontières de la France ayant pour limites le Rhin et les Alpes, y compris la Savoie et le comté de Nice ; la concession à l'Autriche, des états de la république de Venise jusqu'à la rive gauche de l'Adige, avec la place de Vérone et un arrondissement déterminé ; la donation des provinces de Brescia et de Bergame, situées sur la rive droite, à la république Cisalpine, et celle des îles Ioniennes à la France.

Dans les quatorze articles secrets, se trouvaient spécifiées les nouvelles limites de la France et les concessions qui pouvaient en résulter ; l'empereur promettait de ne donner aucun secours à l'empire germanique, si sa diète se refusait aux cessions de territoires nécessaires sur la rive gauche du Rhin ; la libre navigation du Rhin et celle de la Meuse étaient solennellement garanties ; la France consentait à ce que l'Autriche acquît le pays de Saltzbourg, et reçût de la Bavière, l'Innviertel et la ville de Wasserbourg sur l'Inn ; l'Autriche, en revanche, cédait le Frichthal pour être remis à la Suisse ; la France s'engageait à évacuer les pays Prussiens entre le Rhin et la Meuse ; des indemnités étaient promises en Allemagne aux princes qui perdaient leurs provinces sur la rive gauche du Rhin.

Le négociateur français, pour ce traité, avait été Bonaparte lui-même. Le directoire exécutif l'avait apparemment cru propre, par son caractère et les souvenirs terribles qui l'entouraient, à aplanir bien des difficultés. Il montra dans les conférences beaucoup de hauteur, et une fois même de cette dureté qu'on lui reproche d'avoir souvent mêlée dans sa conduite vers les derniers temps de son gouvernement. Dans le premier article du traité, l'empereur déclarait reconnaître *la république française.* —*La république française*, s'écria Bonaparte, *est comme le soleil sur l'horizon : bien aveugles sont ceux que son éclat n'a pas encore frappés !* et il fit rayer l'article.

Dans le cours des négociations, on contesta un peu sur certaines propositions du gouvernement français, pour l'acceptation desquelles les ministres de l'empereur prétendaient ne pas avoir de pouvoirs suffisans. Bonaparte, emporté par sa vivacité naturelle, brisa, dit-on, en mille-morceaux un cabaret de porcelaine précieuse qui se trouvait sous sa main, dit au conseil assemblé : *Ainsi je vous réduirai en poussière, puisque vous le voulez !* et sortit avec précipitation. Il fallut qu'un des ministres autrichiens fît des espèces de soumissions à son secrétaire, pour qu'il consentît à revenir ; et l'on assure que cette scène abrégea beaucoup les négociations, parce qu'on n'osa plus lui opposer à l'avenir aucune de ces petites difficultés qui ne prolongent que trop souvent, sans utilité, de telles conférences.

Il lui échappa aussi, lors de la signature des préliminaires, un de ces traits de grandeur qui se trouvent de temps en temps dans l'histoire de sa vie, quand il n'est point emporté par son penchant au despotisme, ou irrité par les contradictions. L'empereur avait envoyé trois des principaux seigneurs de sa cour pour servir d'ôtages. Bonaparte les accueillit, les invita à dîner, et leur dit au dessert : *Messieurs, vous êtes libres : allez dire à votre maître, que si sa parole impériale a besoin de gages, vous ne pouvez pas m'en servir, et que vous ne devez pas m'en servir, si elle n'en a pas besoin.*

Ainsi se termina la première guerre continentale que la France eut à soutenir pour sa révolution. Au moment où elle commença, qui en eût prévu la fin? A peine avions-nous d'abord à opposer aux soldats nombreux et longuement exercés de nos adversaires, quelques bataillons sans discipline ou sans expérience. Ces bataillons, cependant, augmentés peu à peu de tous ceux qu'y joignirent l'amour de la patrie et celui de la gloire, plutôt que la nécessité des lois, devinrent en moins de cinq années les premières troupes de l'Europe. S'ils le prouvèrent au nord par la reprise de la Belgique et la conquête de la Hollande, les batailles d'Houtschoote, de Watignies, de Turcoing et de Fleurus, quelle opinion donnèrent-ils d'eux au midi! dans cette Italie, où, en petit nombre, ils détruisirent successivement cinq armées, composées de tout ce que l'ennemi pouvait leur opposer de meilleurs soldats, commandés par l'élite de ses généraux! Pourrait-on ne voir dans les vainqueurs de Beaulieu, de Wurmser, d'Alvinzi et de l'archiduc; dans les guerriers qui remportèrent les victoires de Montenotte, de Millesimo, de Lodi, de Rovérédo, de Bassano, d'Arcole et de Rivoli, que des soldats ordinaires, seulement favorisés par la fortune? Non assurément; les vaincus, pour leur honneur, défendraient eux-mêmes, dans ce cas, la gloire des vainqueurs, et en écraseraient leurs envieux. Mais les preuves de nos soldats ne se réduisent point encore à ces faits éternellement glorieux. La lice, un moment fermée sur le continent, pour ces héros, ne tardera point à se r'ouvrir, et leurs bannières continueront d'y briller d'un éclat aussi radieux. En core pourrons-nous employer cet intervalle de temps, à raconter des actions maritimes, qui, malgré son infortune, ont couronné notre pavillon de lauriers immortels.

COLONIES ET COMBATS MARITIMES.

Révolte à Saint-Domingue. La déclaration des droits de l'homme, votée, le 20 août 1791, par l'assemblée nationale, fut le premier mobile de la fermentation qui se manifesta à St.-Domingue, et qui bientôt bouleversa la colonie entière (1). Cette colonie, dont la paix n'avait jamais été troublée depuis sa fondation, dont les richesses étaient immenses, et la prospérité à son comble; où l'on voyait vivre dans la plus parfaite tranquillité des blancs et des hommes de couleur, des affranchis et des esclaves, devint tout à coup un théâtre d'horreurs et de scènes sanglantes, dont on a peine à se former une idée. Dès ce moment le bonheur fut banni pour toujours d'un pays qui jusqu'alors avait été heureux sous la protection d'un gouvernement militaire. Au lieu de se réunir comme leurs intérêts devaient les y porter, les blancs se divisèrent, et appelèrent mutuellement les noirs à leur secours. Les affranchis voulurent jouir entièrement des

---

(1) Il eût été plus exact de donner à leurs dates les combats sur mer, la révolution et les désastres de Saint-Domingue, et tout ce qui est relatif à la marine et aux colonies; mais, occupés à suivre la marche rapide des armées de terre, nous n'avons pas cru devoir distraire l'attention des lecteurs; nous avons même pensé que ce serait augmenter l'intérêt, que rapporter de suite, et sans interruption, cette partie intéressante de notre histoire.

droits politiques, et les nègres formèrent le projet, et conçurent l'espérance de devenir libres. Quand ils eurent obtenu cette faveur de l'assemblée nationale, et qu'ils se crurent les égaux de ceux dont jusqu'alors ils n'avaient été que les esclaves, ils se livrèrent à des excès en tous genres, et à une licence effrénée qu'ils osaient nommer l'exercice de la liberté. Leur audace était encore augmentée par le désir que témoignait chaque parti de les avoir pour soutiens. Abandonnant les travaux pour se livrer à des discussions politiques, ils dévastèrent les habitations, brûlèrent les manufactures, pillèrent les villes, furent cause de l'anéantissement total du commerce, et tarirent ainsi toutes les sources de la prospérité de la colonie. Informé de tous ces désastres, le gouvernement français chercha le moyen d'y remédier, et envoya, en 1792, à Saint-Domingue, des commissaires nommés pacificateurs, mais qui furent loin d'atteindre ce but qu'on s'était proposé; et voilà pourquoi, contre l'usage établi et constamment suivi, ces commissaires furent revêtus d'une autorité si étendue, qu'ils se trouvèrent au-dessus du commandant militaire, et purent lui donner des ordres. Le général Galbaud, qui commandait au cap Français, à l'époque de l'arrivée de Polvérel et Santonax, voyant ces deux commissaires déployer des pouvoirs opposés à tous les principes suivis dans la colonie, ne put dissimuler son mécontentement. Bientôt la dissension éclata ouvertement entre les chefs civils et militaires, et Galbaud fut destitué. Les commissaires ordonnèrent même qu'il fût conduit en France. Cet ordre trop précipité fut la cause de bien des maux.

Prise et pillage du cap Français, 22 *juin* 1792. Secondé par plusieurs chefs, dont on voulait se défaire, et qu'on avait embarqués avec lui, le général Galbaud ne fut pas plutôt sur la flotte, qu'il employa tous les moyens imaginables pour exalter la tête des marins et s'en faire des partisans. Il y réussit à un tel point, que l'équipage, le regardant comme une victime de l'ambition et de la jalousie, promit de l'aider à se venger des commissaires. On se disposa donc à une guerre ouverte, et on fit tous les préparatifs nécessaires pour une descente. Galbaud distribua ses nouveaux soldats en trois colonnes, et fit attaquer, en même temps, l'arsenal et le gouvernement. Quoique surpris, les commissaires, ayant réuni une partie des troupes de ligne, et un certain nombre d'hommes de couleur, repoussèrent cette première attaque. Le lendemain, 21 juin, Galbaud fit descendre le reste des équipages, se renforça d'un assez grand nombre de ces hommes dont le désordre est l'élément, et attaqua, en personne, le poste de l'arsenal. Ce poste, qui dominait le reste de la ville, lui ayant été livré, tous les autres forts tombèrent bientôt en son pouvoir. Sur-le-champ il fit faire, sur la maison du gouvernement, un feu qui força les commissaires à l'abandonner, et à se retirer dans un camp formé pour contenir les nègres de la campagne, et placé dans un endroit appelé le haut du Cap, à une lieue de la ville. Galbaud, ne trouvant plus alors aucune résistance, entra dans la ville. Quel affreux spectacle vint, un instant après, frapper tous les regards! Les soldats, que rien ne peut plus contenir ni arrêter, se répandent dans les rues, forcent les maisons, enlèvent, pillent, massacrent, et se livrent à toutes les horreurs, à peine tolérées dans une ville prise d'assaut. L'incendie vient augmenter le trouble et l'effroi; les nègres, révoltés, descendent des montagnes, et s'abandonnent à toutes les fureurs de la vengeance, de la cupidité et des passions brutales. On en vit enlever de leur asile sacré des jeunes filles éplorées, et les égorger impitoyablement, après leur avoir fait les derniers outrages. Dans les rues, au milieu des combattans, des femmes, des enfans, des vieillards se précipitèrent, en poussant des cris de désespoir, vers la flotte, ou dans le camp des commissaires, espérant y trouver un refuge contre la rage des assassins. Galbaud, ne pouvant plus arrêter les maux qu'il avait imprudemment causés, s'en repentit, mais trop tard ; et, après avoir pris les précautions nécessaires pour que les vaisseaux ne pussent être endommagés par le feu des batteries de terre, il regagna la flotte, et, le lendemain, fit voile pour la France. Le carnage ne cessa que lorsque les nègres furent las d'égorger ; et le défaut d'alimens mit seul fin à l'incendie. Alors, Santonax et Polvérel, qui étaient restés au milieu des décombres, redescendirent dans la ville, organisèrent quelques corps, et tâchèrent de procurer à ceux qui avaient échappé au massacre, des alimens qu'on arracha de dessous les débris encore fumans des maisons et des édifices publics. Si les commissaires méritent des reproches pour avoir fait un usage trop outré et trop précipité de leurs pouvoirs, on ne peut excuser les mesures que prit le général Galbaud pour assurer sa vengeance. Cependant on trouva alors moyen de justifier au moins ses intentions. Cette première insurrection fut le principe des cruautés et des barbaries dont se rendirent ensuite coupables les noirs.

Combat naval du cap Finistère, 31 mai et 1er juin 1794. Les officiers qui commandaient les vaisseaux de l'état au commencement de la révolution, étant issus des premières et des plus anciennes familles de la France, se montrèrent ouvertement opposés aux innovations qui se firent alors, et un grand nombre d'entre eux émigra. Cette désertion, à laquelle on ne remédia pas sur-le-champ, entraîna dans la marine une désorganisation et un désordre qu'on voulut vainement ensuite réparer. Pour remplir les cadres vacans, et remplacer l'élite des officiers qui étaient allés grossir les forces de l'Angleterre, l'ennemie née de leur patrie, on chercha d'abord dans la marine marchande; on y trouva des hommes courageux et bons navigateurs, mais ignorant absolument les évolutions navales. On choisit ensuite dans le corps de l'ancienne marine des jeunes gens sans expérience, qui, passant subitement aux premiers grades, devaient nécessairement faire des fautes d'autant plus considérables, qu'ils manquaient, et de l'instruction et des connaissances indispensables pour un capitaine, et, à plus forte raison, pour celui qui commande une escadre ou une flotte. Pour obtenir des avantages sur mer, il faut un accord parfait entre les amiraux et les capitaines, entre les ordres et leur exécution; mais il arrivait souvent que les capitaines étaient hors d'état de faire exécuter les manœuvres qui leur étaient ordonnées; et dans d'autres circonstances, les équipages refusaient d'obéir : cependant les hommes qui les composaient étaient pleins de courage et de patriotisme. Que devait-on attendre de cet assemblage étrange? Des avantages dans les combats de vaisseau à vaisseau, des actions héroïques, mais pour résultat des revers, des défaites, et la destruction totale de la marine française.

A la fin de 1793, la France possédait encore trois armées navales, dont deux, commandées par le contre-amiral Truguet, croisaient dans la Méditerannée, et la troisième dans l'Océan, entre Groix et Belle-Ile. Le vice-amiral, Morad de Galles, qui commandait cette dernière, après avoir échappé aux plus grands dangers, vit éclater sur ses vaisseaux une insurrection qu'il lui avait été impossible de prévoir. Les équipages, réduits à la misère, manquant de souliers et de chemises, ne vivant que de salaisons, et ennuyés de tenir la mer, demandèrent impérieusement d'être ramenés à Brest. Le vice-amiral parvint cependant à arrêter cette sédition, en prouvant aux matelots qu'il n'était que l'exécuteur des ordres du comité de salut public; et comme les vivres commençaient à manquer, il prit le parti de relâcher à Brest. Sa conduite fut approuvée par le représentant Theouart, qui venait d'arriver dans ce port, avec Prieur de la Marne, et Jean-Bon Saint-André, en qualité de commissaires du comité de salut public près les armées navales.

L'arrivée de ces commissaires, et d'un certain nombre de ces révolutionnaires outrés pour qui le désordre était un besoin, et l'effusion du sang une jouissance, vint répandre à Brest le trouble, la consternation et la terreur. On érigea un tribunal révolutionnaire; on supposa une conspiration; on destitua la majeure partie des officiers supérieurs, et on porta à la marine un des coups les plus terribles qu'elle eût encore essuyés.

La France était en proie à la plus horrible famine; un convoi chargé de blé, venant des Etats-Unis sous la conserve de deux vaisseaux de ligne, était attendu chaque jour, et il était d'une haute importance de prendre les moyens les plus efficaces pour le faire arriver à bon port; on ne pouvait y parvenir qu'en trompant la vigilance des Anglais, ou en le faisant soutenir par des forces respectables. On prépara à cet effet, dans le port de Brest, une escadre forte de 26 vaisseaux de ligne, et on mit dans tous les préparatifs une ardeur et une activité presqu'incroyables; enfin la flotte est prête, toutes les batteries du port ont annoncé son départ, les ancres sont levées, on met à la voile, et en sortant de la rade, tous les marins jurent de revenir vainqueurs des Anglais. Il en était cependant beaucoup parmi eux qui voyaient la pleine mer pour la première fois.

L'amiral Villaret-Joyeuse, qui commandait l'expédition, devait attendre le convoi aux îles Corvo et Flores, et pendant ce temps exercer ses vaisseaux aux manœuvres et aux évolutions; il lui était expressément enjoint de n'avoir aucun engagement avec les Anglais, à moins qu'il n'y fût absolument forcé. Pour la sûreté et la conservation du précieux convoi, Villaret suivait exactement les ordres qui lui avaient été donnés; mais bientôt l'impérieux Jean-Bon Saint-André, qui montait avec lui le vaisseau la Montagne, le força à s'en écarter et à condescendre à ses volontés.

Le 28 mai, entre onze heures et midi, on entend les gabiers crier du haut des hunes : *Navires sous le vent à nous!* Sur-le-champ tous les vaisseaux sont couverts de marins qui manifestent, d'une manière non équivoque, le désir qu'ils ont d'en venir aux mains. Bientôt on découvre une escadre anglaise, forte de 26 vaisseaux de ligne. Villaret-Joyeuse, n'ayant en vue que ses instructions, donne les signaux pour suivre sa route et éviter le combat; mais Jean-Bon Saint-André lui ordonne impérieusement de changer ses dispositions et de se préparer à combattre. Toutes les représentations de l'amiral ayant été inutiles, l'armée se forme sur une seule ligne et s'avance vers la flotte anglaise. L'amiral Howe fit attaquer le 29, vers le soir, par son escadre légère, l'arrière-garde des Français. Villaret aurait dû sans doute couper cette escadre, et chercher à la battre avant que le gros de la flotte anglaise fût arrivé; mais il se contenta de faire signe à son avant-garde de forcer de voiles. Toute son armée suivit ce mouvement, et l'occasion favorable lui échappa. Le vaisseau français le Révolutionnaire, qui avait beaucoup souffert à l'arrière-garde, n'ayant plus ni mâts, ni voiles, échappa cependant à quatre vaisseaux ennemis, acharnés à le foudroyer de toutes parts. La nuit survint, et mit fin à ce combat partiel, dont les résultats ne furent importans pour aucun des partis.

Le lendemain, à la pointe du jour, les Anglais étant encore sous le vent, Villaret fit connaître à son armée que son intention était de tenter une action décisive, et donna l'ordre d'arriver. Mais, au lieu de faire arriver tous ses vaisseaux en même temps sur ceux de l'ennemi, et de déployer toutes ses forces pour serrer les Anglais et les empêcher de prendre le vent, il se contenta d'ordonner à l'avant-garde de serrer l'ennemi au feu. Cette avant-garde fut désemparée. L'amiral français fit alors le signal de virer vent devant; mais les Anglais l'ayant primé de manœuvres, avaient déjà reviré et étaient venus combattre l'arrière-garde en gagnant l'avantage du vent. L'amiral Howe s'apercevant alors que l'avant-garde de son escadre n'avait pas compris le signal qu'il lui avait donné de couper la ligne des Français, vira de bord sur les deux heures, pénétra seul dans cette ligne, et parvint à la couper à cinq ou six vaisseaux de son arrière-garde. Pendant quelque temps, le lord Howe courut avec son vaisseau amiral, la Reine Charlotte, la même bordée que la flotte française, et s'éleva ensuite pour canonner un vaisseau à trois ponts, avarié dans ses agrès, qui s'efforçait de rentrer dans la ligne française. Deux vaisseaux anglais, le Bellérophon et le Léviathan, qui avaient voulu imiter la manœuvre de leur amiral, furent vigoureusement repoussés et obligés de se prolonger bord à bord de la ligne française, jusqu'au delà de leur arrière-garde. Ces deux vaisseaux demeurèrent ainsi séparés de leur flotte jusqu'au 31 mai. Il survint alors un brouillard si épais, que les deux flottes ne s'apercevant que dans certains instans, et seulement à la lueur des fanaux allumés sur leurs bords, cessèrent tout combat, et se contentèrent de s'observer mutuellement. Le brouillard cessa le 1er. juin; alors les deux flottes s'aperçurent, et les Français reconnurent que les Anglais avaient gagné le vent pendant l'obscurité. On se forma de part et d'autre, et on se prépara au combat. La gaieté des Français formait un contraste parfait avec le calme et le sang-froid des Anglais. A sept heures du matin, l'amiral Howe donna le signal pour se porter sur la ligne ennemie, et ordonna à ses vaisseaux de gouverner de manière à combattre bord à bord avec le vaisseau qui lui serait opposé. L'escadre française rangée en ligne n'attendait que le moment du combat. L'action s'engagea et en un instant devint générale. Un vaisseau qui était à l'arrière de l'amiral, serrant trop son intervalle de l'avant, laissa un vide dont l'amiral Howe profita habilement; forçant de voiles, il coupa la ligne, et ordonna à ses vaisseaux d'y porter. Etant ensuite parvenu à approcher *la Montagne*, il s'engagea un combat, que les Français, malgré le désavantage de leur position, soutinrent avec courage, mais avec beaucoup de perte; enfin, la Montagne présenta le côté à l'ennemi. Chaque vaisseau français ayant alors à combattre un vaisseau anglais, ce ne fut plus qu'une horrible mêlée. Aucun ordre ne peut parvenir, les signaux ne sont plus aperçus, on se bat à portée de pistolet, la confusion se met dans les manœuvres, l'imagination a peine à se former une idée du désordre qui règne de toutes parts. Les marins français avaient arboré des pavillons sur lesquels on lisait ces mots écrits en lettres d'or : *La victoire ou la mort*; et ils surent montrer qu'ils n'avaient pas en vain adopté cette devise. Jamais combat ne fut si long, si acharné et ne coûta autant de sang. Quel spectacle en même temps horrible et majestueux! Les deux flottes étaient couvertes d'épais tourbillons de fumée; la détonation de plusieurs milliers de bouches à feu, portant au loin le ravage et la destruction, et se faisant entendre au même moment, égalait, si elle ne surpassait pas, le bruit de la foudre; on ne voyait de toutes parts que des mâts renversés, des agrès coupés, des voiles en lambeaux, des vaisseaux entr'ouverts et près de s'engloutir dans les flots.

Le vaisseau la Montagne est attaqué avec plus de fureur que tous les autres; entouré de vaisseaux anglais, il demeure pendant deux heures invisible pour le reste de la flotte. L'auteur de cette glorieuse et fatale journée, l'impérieux Jean-Bon Saint-André, fut tellement épouvanté au moment où la Reine Charlotte et la Montagne voulant en venir à l'abordage, s'entre-choquèrent, qu'il alla se cacher dans la première batterie. Cependant l'amiral Howe, voulant éviter l'abordage, s'éloigne à une certaine distance. Alors les Français pouvant manœuvrer plus à l'aise, envoient sur le bord de la Reine Charlotte des boulets ramés et des grappes de raisin, qui moissonnent tout ce qui s'y rencontre; mais on leur riposte avec succès. Le gouvernail du vaisseau est arraché à l'étambot brisé, à ses gonds, à ses pentures. Deux des sabords de la sainte-barbe à tribord, sont hachés et confondus. Le feu prend à la seconde galerie. Cependant les traits de bravoure et d'intrépidité se multiplient de moment en moment avec les victimes. L'amiral Villaret, renversé par l'explosion de son banc de quart, se relève et continue de commander, sans donner le moindre signe d'émotion. Cordier a le tibia brisé par un boulet; se contentant de se serrer la jambe avec un ceinturon d'épée, il continue de se battre. Une balle frappe Angot au talon. Ce brave se fait panser et retourne au combat. Les canonniers des pièces de chasse ont été tués. Il ne reste presqu'aucun artilleur sur le vaisseau; des mousses, des enfans de dix ans les remplacent à mesure qu'ils tombent, arrachent la mèche de leurs mains glacées, et s'en servent intrépidement pour envoyer la mort aux Anglais. Tout à coup des caisses remplies de cartouches font explosion sur la dunette, et renversent la moitié des timoniers. On frémit d'horreur et d'effroi sur le vaisseau français : l'amiral anglais, voulant profiter de ce moment où l'artillerie de la Montagne n'est plus servie, force de voile pour arriver de nouveau sur elle. Le jeune Bouvet de Cressé, chef de l'imprimerie de l'escadre, atteint déjà de trois blessures, et le bras gauche en écharpe, remarque ce mouvement, et demande à Villaret la permission de balayer le pont de l'amiral anglais, en allant mettre, à tribord, le feu à une caronade de trente-six. *Saisissez la lame*, lui dit Villaret; *mais vous vous ferez tuer.* — *Tant mieux*, répond généreusement le jeune homme ; *je serai content si ma mort est utile à la patrie.* L'amiral français lui serre la main en souriant. Bouvet monte en rampant de degrés en degrés. Les Anglais, à demi-portée de pistolet, font feu sur lui, avec des espingoles, du haut des hunes. Ses habits sont criblés de balles, son chapeau est percé en trois endroits ; il reçoit cinq nouvelles blessures, mais continue toujours d'avancer. Il atteint enfin la caronade, qui, pointée contre la gaillard d'arrière de la Reine Charlotte, y fait un ravage si terrible, que l'amiral Howe hisse toutes ses voiles, et prend chasse en faisant signal à ses vaisseaux de le suivre.

Les autres vaisseaux français ne se battaient pas avec moins de valeur; plusieurs d'entre eux ne gouvernant plus, arrivèrent et se trouvèrent hors de ligne. De part et d'autre plusieurs bâtimens furent démâtés ou désemparés. Le vaisseau le Vengeur fit, en périssant, un trait d'héroïsme dont on ne trouve nul exemple dans les fastes de l'histoire. Long-temps après s'être battu contre des forces supérieures, après avoir perdu plus des trois quarts de son équipage, et avoir fait à l'ennemi un mal incalculable, ce vaisseau criblé, percé, faisant eau de toutes parts, devait nécessairement couler bas. Les marins, qui avaient échappé au feu de l'ennemi, aimant mieux mourir que de se rendre, profitent de l'instant où les derniers canons n'étaient encore qu'à fleur d'eau, tirent leur bordée, remontent sur le pont, attachent leur pavillon, de crainte qu'en surnageant il ne tombe au pouvoir des Anglais, lèvent les bras vers le ciel, agitent leurs chapeaux dans l'air, et répètent jusqu'au dernier moment : *Vive la république! vive la liberté et la France!* ils descendent triomphans dans l'abîme qui doit les engloutir.

Tous les efforts des Anglais s'étaient portés sur l'arrière-garde, qui se défendait vigoureusement, et avait conservé son pavillon. Villaret-Joyeuse, ayant appris, par les signaux de détresse, la position où se trouvaient les six vaisseaux formant cette arrière-garde, se disposait à voler à leur secours; mais le commissaire Jean-Bon Saint-André s'y opposa, et ne sortit de l'endroit où il s'était caché que pour se rendre coupable d'une seconde lâcheté. L'arrière-garde ne pouvant plus espérer aucun secours, ayant perdu plus de la moitié des équipages, et ses vaisseaux étant ras comme des pontons, se rendit et fut amarinée par les Anglais. *Il ne fallait*, dit M. de Kersaint, *pour rallier ces vaisseaux et en prendre aux Anglais deux qui étaient démâtés, que virer simplement de bord.*

Les débris de la flotte regagnèrent le port; mais Jean-Bon Saint-André n'osant pas rentrer à Brest, força l'amiral à rester dans la mauvaise rade de Bertheaume. Cette journée coûta aux Français sept vaisseaux et huit mille hommes au moins, tués, blessés ou faits prisonniers.

Par un bonheur inespéré, le convoi chargé de blé arriva heureusement à Brest, et vint mettre fin aux alarmes qui s'étaient répandues sur toute la côte, dont les habitans se croyaient déjà livrés aux horreurs de la famine.

Ce qui paraît à peine croyable, c'est que Jean-Bon Saint André, dans son rapport à la convention, ait osé parler de cette affaire comme d'une victoire éclatante, et n'ait pas craint d'avancer que les six vaisseaux tombés au pouvoir des Anglais, étaient à la poursuite des vaincus. Sans doute la convention devait applaudir à la bravoure des Français, car jamais ils n'en avaient montré plus que dans cette circonstance; mais que peut et que doit-on penser des remercîmens qui furent votés à Jean-Bon Saint-André?

On lira sans doute avec plaisir la strophe sublime de Chénier, et quelques fragmens de la belle ode de Lebrun, sur le dévouement du vaisseau *le Vengeur*.

> Lève-toi, sors des mers profondes,
> Cadavre fumant du *Vengeur* !
> Toi qui vis les Français vainqueurs
> Des Anglais, des feux et des ondes !
> D'où partent ces cris déchirans ?
> Quelles sont ces voix magnanimes ?
> Ce sont les braves expirans,
> Qui chantent, du fond des abîmes,
> Gloire au peuple français !........
>
> CHÉNIER.

Captifs !... la vie est un outrage :
Ils préfèrent le gouffre à ce bienfait honteux.
L'Anglais, en frémissant, admire leur courage :
Albion pâlit devant eux.

. . . .

Près de se voir réduits en poudre,
Ils défendent leurs bords assiégés et sanglans ;
Voyez-les défier et la vague et la foudre
Sous des mâts rompus et brûlans.

. . . .

Voyez ce drapeau tricolore
Qu'élève, en périssant, leur courage indompté ;
Sous le flot qui le couvre, entendez-vous encore
Ce cri : Vive la liberté !

Ce cri !... c'est en vain qu'il expire,
Etouffé par la mort et par les flots jaloux ;
Sans cesse il revivra répété par ma lyre.
Siècles ! il planera sur vous.

Et vous, héros de Salamine,
Dont Thétis vante encore les exploits glorieux,
Non, vous n'égalez point cette auguste ruine,
Ce naufrage victorieux !

SAINT-DOMINGUE.

Depuis les massacres et l'incendie du Cap, Saint-Domingue avait été livré à la plus affreuse anarchie, et les commissaires Polvérel et Santonax avaient en vain cherché à rapprocher les différens partis qui déchiraient cette malheureuse colonie.

Trahison qui livre aux Anglais le Port-au-Prince, et autres événemens dans les colonies françaises. A cette époque, la trahison livra le Port-au-Prince aux Anglais; et Santonax faillit être la victime de l'horrible complot d'un mulâtre nommé Pinchinat. Le général Desfourneaux, qui commandait dans cette partie de l'île, et qui, comme tous les autres blancs, était enveloppé dans la proscription, parvint cependant à se sauver avec Santonax et trente-trois soldats.

Au mois de mars de la même année, les Anglais s'étaient aussi emparés de la Martinique; mais ils y avaient éprouvé de la résistance. Le général Rochambeau se rendant aux îles du Vent, dont le commandement venait de lui être confié, apprit que la Martinique avait été évacuée par le général de Béhague, auteur de différentes séditions dans les colonies. A peine fut-il arrivé au Fort-Royal, que l'amiral Gardner vint se présenter avec une escadre anglaise, à laquelle s'étaient réunis trois vaisseaux commandés par l'ex-gouverneur Béhague, devant la Martinique, et débarqua, au moyen des intrigues de ceux de son parti, dans un endroit qu'on appelle *la Case des Navires.* Le général Rochambeau envoya, dans l'île, différens détachemens pour arrêter sa marche, et profita d'une erreur des soldats ennemis qui se fusillaient mutuellement sans le savoir, pour tomber sur eux et les forcer à se rembarquer. Il périt, dans cette affaire, un assez grand nombre d'Anglais.

Prise par les Anglais de la Martinique, de Léogane, etc. Le 4 février 1794, une flotte infiniment plus nombreuse, portant quatorze mille hommes de débarquement, s'avança près des côtes de la Martinique, et mit ses soldats à terre sur trois points différens. Deux cents hommes de troupes réglées et quatre cents de milice, composaient toutes les forces du général Rochambeau; et ces forces furent réduites, par la trahison, la crainte et la diversion, à quatre cent cinquante combattans. Quelques compagnies de patriotes s'étant réunies avec lui, il s'enferma dans le fort. Mais comment se défendre, sans ingénieurs, sans artilleurs et presque sans soldats?

Les Anglais, qui, avec des forces si considérables, pouvaient facilement s'emparer de la colonie, voulurent faire assassiner le général Rochambeau. Deux noirs, chargés de l'exécution de ce projet, furent arrêtés : l'un fut fusillé, et l'autre provisoirement renfermé. Des trahisons d'un autre genre s'organisèrent de toutes parts; on voulut persuader à deux cents hommes de troupes de ligne, et à des canonniers qui étaient en rade, que Rochambeau avait été fait prisonnier, ou bien s'était livré aux Anglais. Un traître, nommé Bellegarde, connu par ses lâchetés, livra aux Anglais un corps de chasseurs volontaires qu'il fit sortir de la ville, sous prétexte de faire une attaque.

Pendant ce temps-là, les Anglais resserraient les forts et en formaient le siége en règle. Ils dirigèrent sur la ville quatre-vingt-dix bouches à feu, qui, nuit et jour, ne cessèrent de tirer. Une grêle de bombes et de boulets tombant continuellement sur les forts, éteignit les batteries des Français, et ouvrit différentes brèches. Enfin, après quarante-neuf jours de siége, Rochambeau capitula au Fort-Royal, et obtint les honneurs de la guerre. Il conserva par ce moyen ses malades, ses blessés, et environ trois cents hommes qui lui restaient encore. Il est difficile d'exprimer l'étonnement des Anglais, en voyant défiler honorablement cette poignée d'hommes, qui s'étaient défendus avec tant de constance et de valeur.

Les Anglais s'emparèrent aussi de Léogane et de Tiburon; mais ils en furent chassés, le 6 octobre et le 29 décembre, par le général Rigaud, que les nègres de

Saint-Domingue, las de la domination des Anglais, appelèrent à leur secours; la première affaire fut assez vive, et les Anglais y perdirent beaucoup de monde.

ÎLE-DE-FRANCE.

Combat, près de l'Ile-de-France, entre deux frégates françaises et deux vaisseaux de ligne anglais, 22 octobre 1794. Au milieu de l'année 1794, les corsaires français faisaient dans les mers de l'Inde un mal incalculable au commerce anglais. Chaque jour ils faisaient entrer dans l'Ile-de-France des prises richement chargées. Des bâtimens de guerre, croisant dans ces parages, surprenaient souvent les convois venant de l'Inde ou de la Chine, et conduisant aussi les vaisseaux pris à l'Ile-de-France, faisaient de cette colonie un entrepôt de richesses immenses. Pour réparer ces pertes et couper le mal dans sa source, le gouvernement anglais résolut, ou de s'emparer de l'Ile-de-France, ou au moins de la bloquer étroitement. Il se prépara à cet effet une grande expédition, dont la réunion devait se faire à l'île Rodrigue. En attendant les troupes de débarquement qui venaient d'Angleterre, deux vaisseaux de guerre, le Centurion et le Diomède, bloquèrent les ports de l'Ile-de-France. Cette mesure jeta l'alarme dans la colonie, où la disette commençait à se faire sentir, car les vaisseaux accoutumés à y apporter des subsistances étaient en retard, et on craignait que ne pouvant plus y arriver, le pays ne fût bientôt livré aux horreurs de la famine. D'un autre côté, les ports se trouvant fermés aux corsaires et à leurs prises, il devait en résulter, pour le commerce de l'île, des pertes irréparables. Il y avait alors à l'Ile-de-France deux frégates, la Prudente et la Cybèle, et le petit brick, le Coureur. Comment, avec de telles forces, pouvait-on espérer de forcer deux vaisseaux de ligne à s'éloigner? On résolut cependant de le tenter, et le commandant de la division française, Renaud, dont on connaissait l'intrépidité, ne balança pas à se charger de cette périlleuse entreprise. Communiquant sa bravoure et son dévouement à ses équipages, il appareilla le 22 octobre, et apercevant les deux vaisseaux ennemis au vent, il les approcha à un quart de portée de canon. Le but de cette entreprise n'était pas de tuer des hommes aux Anglais, ni de s'emparer de leurs vaisseaux; mais de leur causer des avaries telles, qu'ils fussent forcés de s'éloigner pour se réparer, ce qui faciliterait l'entrée des bâtimens chargés de subsistances. La Prudente attaqua par le travers le Centurion, et la Cybèle le Diomède. Le combat s'engage et devient terrible; tous les coups des Français sont dirigés sur les mâts, sur les vergues, sur le gouvernail, et sur la coque des vaisseaux ennemis qu'ils cherchent à percer à l'eau. Pendant une heure entière, les frégates, écrasées par des forces supérieures, font un feu aussi bien nourri que dirigé; cependant se trouvant très-maltraitées dans leurs agrès, le commandant de la Prudente fait le signal de s'éloigner. Son intention était de se regréer, et de tâcher ensuite de gagner le vent. Voyant que la Cybèle ne pouvait, à cause du mauvais état où elle était, parvenir à dépasser le Centurion, il laisse arriver, et donne le signal d'en faire autant; mais ce signal ne fut pas aperçu. Restée seule, la Cybèle soutint contre les deux vaisseaux un combat terrible, et dans lequel elle se trouvait exposée aux plus grands dangers. Canonnée par les hanches et par le travers, elle ripostait vigoureusement. Pendant ce temps-là, le petit brick, qui n'était pas endommagé, et que sa petitesse même dérobait aux coups de l'ennemi, prit une position avantageuse, et montrant une audace sans pareille, fit beaucoup de mal aux Anglais. Le Centurion, se trouvant alors démâté de deux mâts et sans gouvernail, fut forcé d'abandonner le combat. Le Diomède, maltraité et désemparé, chercha vainement à donner chasse à la Cybèle, qui alors opéra son mouvement d'arrivée, força de voiles, et rejoignit la Prudente. Ces deux frégates rentrèrent ainsi triomphantes dans le port. Ce succès inespéré, et qui, en couvrant de gloire ceux qui l'avaient obtenu, rendait le calme à la colonie, excita l'admiration et la reconnaissance de tous les habitans.

Beaucoup de marins se distinguèrent par des traits particuliers de valeur. Les matelots ayant voulu enlever de dessus le pont, et faire panser un capitaine en second, nommé Lehyr, qu'un biscaïen avait blessé au talon, il s'y opposa, en disant : *J'ai juré de mourir à mon poste, je ne le quitterai pas.* Frappé presqu'au même instant d'un boulet dans les reins, il meurt en disant : *Courage! mes amis, vengez-nous!* Un chargeur, nommé Sixte-Brunet, en prenant le refouloir, a la main emportée; sans se déconcerter, il saisit le refouloir de l'autre, et charge sa pièce. Le commandant Renaud, dont on ne peut trop admirer la valeur, fut renversé de son banc de quart, et fut blessé légèrement en différens endroits. La perte se réduisit à trente-huit hommes tués, et quatre-vingt-quinze blessés.

BREST.

Croisière, dite du grand hiver. Il est incontestable que l'ignorance, on peut même dire la folie de ceux qui dirigeaient les expéditions navales, ont été la cause de la ruine totale de la marine française. Rien ne le prouve mieux que la croisière désastreuse ordonnée pendant l'hiver de 1794 à 1795, et à laquelle les marins ont donné le nom de croisière du grand hiver. On comptait alors à Brest soixante vaisseaux, frégates et corvettes : malgré les représentations, et même les supplications de quelques officiers expérimentés, on fit partir cette superbe armée le 30 décembre. Le vice-amiral Villaret la commandait, et le conventionnel Trehouart en dirigeait les mouvemens.

Cette armée, après avoir, pendant plus d'un mois, battu les mers sans but et sans destination, après avoir perdu le *Républicain*, vaisseau à trois ponts, qui se brisa sur la roche de Mingan ; le *Scipion*, le *Neuf Thermidor*, le *Neptune* et le *Superbe*, qui furent engloutis ; après avoir éprouvé des avaries plus ou moins considérables dans tous ses autres bâtimens, et avoir été le jouet des plus horribles tempêtes, rentra enfin à Brest dans un délabrement affreux. Une frégate et environ cent navires marchands pris sur les Anglais, furent un dédommagement bien léger pour tant de pertes.

TOULON.

Ce n'était pas à Brest seulement que l'ignorance anéantissait la marine française ; le mal se faisait aussi sentir à Toulon, où, comme par enchantement, on avait rassemblé quinze vaisseaux aussitôt que cette ville eut été évacuée par les Anglais.

Prise du vaisseau anglais le Berwich, 7 mars 1795. Ces quinze vaisseaux, auxquels on joignit six frégates et trois corvettes, composèrent une flotte qui fut commandée par le contre-amiral Martin, et mise sous la direction du conventionnel Letourneur de la Manche. Sans qu'on ait jamais su au juste quelle fut sa destination, cette flotte mit à la voile, et sortit le 3 mars 1795. Le 7, elle aperçut le vaisseau anglais le Berwick, sortant du golfe de San-Fiorenzo, et cherchant à rejoindre son escadre. La frégate l'Alceste, qui le chassa avec deux autres, l'attaqua avec beaucoup d'audace, et bientôt le Berwick amena son pavillon. Le vent étant très-fort les jours suivans, le *Mercure* fut démâté et forcé de quitter l'armée. Le Sans-culotte, seul vaisseau à trois ponts que possédât la flotte, s'en sépara sans qu'on pût deviner pourquoi. Quatorze vaisseaux anglais, dont quatre à trois ponts, furent aperçus le 13, sous le vent, à une très grande distance. Un accident fut cause que l'amiral français engagea le combat qu'il était résolu d'éviter : le vaisseau la Victoire, démâté de ses deux mâts de hune par le vaisseau le Ça-ira, qui l'avait abordé dans une manœuvre, était tombé sous le vent en queue de la ligne; la frégate anglaise l'Inconstant l'attaqua d'une manière vigoureuse, et fut bientôt soutenue par le vaisseau l'Agamemnon ; le Ça-ira les repoussa tous deux; mais tandis que le Censeur venait faciliter sa retraite, toute l'avant-garde anglaise se porta sur ce point : il s'engagea alors un combat dans lequel les deux vaisseaux français se défendirent avec tant de valeur, que les Anglais se retirèrent.

Combat et prise par les Anglais des vaisseaux le Ça-ira et le Censeur, le 14 mars 1796. Ces deux vaisseaux avaient tellement été maltraités que ne pouvant marcher, ils se trouvèrent le lendemain séparés du reste de la flotte; les Anglais s'avancèrent alors pour les couper. L'amiral Martin, qui s'en aperçut, manœuvra sur-le-champ pour les dégager; mais les mouvemens qu'il ordonna n'ayant point été exécutés, le Ça-ira et le Censeur furent forcés de se rendre. Les capitaines et les équipages, accablés par des forces infiniment supérieures, se couvrirent de gloire dans leur défense, qu'ils prolongèrent jusqu'au moment où leurs munitions furent entièrement épuisées.

Après ces deux affaires, dans lesquelles les Anglais furent bien plus maltraités que les Français, les deux armées se séparèrent, et la flotte française rentra à Toulon.

Ce combat, honorable pour le Ça-ira, le fut pour toute la flotte, qui eut à lutter contre un ennemi supérieur en nombre et en force, puisque la flotte française ne comptait que treize vaisseaux à deux batteries, portant neuf cent quatre-vingts canons, tandis que les Anglais avaient quatorze vaisseaux, dont quatre à trois ponts, et mille quatre-vingt-dix canons.

OCÉAN.

Combat de Groix, 23 *juin* 1796. Une espèce de fatalité semblait être attachée à la marine française, et on eût dit que ceux qui la dirigeaient n'avaient pour but que son anéantissement, puisque, loin de profiter de leurs fautes, ils ne cessaient d'en commettre de nouvelles.

On était parvenu à équiper, à Brest, douze vaisseaux destinés pour différentes expéditions, qui devaient se rendre aux Indes orientales, à Saint-Domingue et aux îles du Vent, et porter des secours aux colonies, trop long-temps négligées. Sous prétexte que trois de ces vaisseaux, sortis dans les premiers jours de juin, se trouvaient bloqués sous Belle-Ile, les représentans voulurent que le reste de la flotte sortît pour aller les débloquer, et refusèrent obstinément de se rendre aux raisons évidentes d'un amiral prudent qui prouvait les dangers et l'inutilité de cette expédition. L'escadre partit donc, et rencontra, à quelques lieues de Groix, les trois vaisseaux qu'elle allait chercher, et qui se joignirent à elle. Le but de l'expédition étant rempli, on fit voile pour Brest; l'amiral Villaret, qui commandait la division, ayant aperçu au large trois vaisseaux anglais, dont un à trois ponts et deux frégates, manœuvra pour les joindre, les atteignit et les fit entourer; on se canonna alors, mais ces cinq bâtimens, qui devaient être regardés comme une proie certaine, saisirent un espace que leur donnait la mauvaise manœuvre de quelques bâtimens français, et se sauvèrent. L'amiral Villaret les poursuivit quelque temps et se dirigea de nouveau vers Brest. Dans la nuit, un coup de vent terrible dispersa la flotte; cependant elle se rallia au jour dans les eaux de Belle-Ile. Bientôt une escadre ennemie, forte de quatorze vaisseaux, dont plusieurs à trois ponts, se montra au vent à une distance d'environ trois lieues; l'amiral français prit chasse, força de voiles, et chercha à gagner la rade de Brest; mais comme le vent était faible, il ne s'éloignait que lentement, et vers le soir, les Anglais étaient à peine éloignés d'une lieue.

Le 23 juin, l'amiral Villaret, dont les vaisseaux, rangés sur une ligne de front, s'avançaient à pleines voiles sur la terre, fut forcé d'accepter le combat. Le vaisseau l'Alexandre, qui se trouvait le dernier, fut attaqué le premier, et bientôt entouré, ainsi que le *Formidable* et le *Tigre*. Ce fut en vain que Villaret chercha à les faire secourir; dans le désordre où était l'escadre, les signaux n'étaient pas vus, et chaque vaisseau, loin d'obéir, ne cherchait qu'à se sauver; enfin, après une résistance aussi honorable qu'inutile, le Formidable, l'Alexandre et le Tigre furent obligés d'amener leur pavillon; les neuf vaisseaux restans furent poursuivis quelque temps, manquèrent se perdre sur les côtes, mais arrivèrent enfin à Lorient.

MÉDITERRANÉE.

Combat naval sous les îles d'Hyères, 13 *juillet* 1796. La flotte française de Toulon, qui était encore composée de quatorze vaisseaux, parce que le *Berwick* avait remplacé le *Ça-ira*, ayant été augmentée de six vaisseaux venus de Brest, croisait depuis quelque temps dans la Méditerranée, cherchant à rencontrer l'ennemi, quand le 13 juillet, étant à trois lieues dans le sud des îles d'Hyères, le vaisseau le *Jupiter* annonça l'approche des Anglais. Les vaisseaux français, qu'un vent terrible avait forcés de s'éloigner pendant la nuit, de peur de s'aborder, furent promptement rangés en ligne ; l'amiral Martin, qui commandait la flotte, composée de dix-sept vaisseaux et six frégates, s'étant aperçu que les Anglais avaient vingt-trois vaisseaux, dont cinq à trois ponts, et un assez grand nombre de frégates et de corvettes, résolut d'éviter le combat ; il manœuvra en conséquence, et chercha à se mettre à l'abri dans la baie de Fréjus, mais le vent ayant baissé, les vaisseaux qui marchaient sur une ligne de front ne pouvant pas gouverner, il s'ensuivit un peu de désordre ; les Anglais en profitèrent et coupèrent l'arrière-garde française. Il s'engagea alors un combat d'autant plus désavantageux, que le gros de l'armée ne pouvait venir au secours de son arrière-garde. Cependant les Français commencèrent le feu, et dès la première bordée, démâtèrent un vaisseau à trois ponts, de son grand mât, et firent beaucoup de mal à plusieurs autres. Le vaisseau français, *l'Alcide*, fut assez maltraité pour ne pouvoir plus se tenir en ligne, et on allait le remorquer, quand le feu se manifesta en même temps dans le corps du vaisseau, dans sa mâture et dans ses voiles. A l'aspect de cet incendie, qu'aucun secours humain ne pouvait arrêter, les Anglais, les Français s'éloignèrent, et une demi-heure après, *l'Alcide* sauta avec un fracas épouvantable. On se canonna cependant encore quelque temps; mais plusieurs vaisseaux anglais ayant reçu des avaries telles qu'on fut obligé de les remorquer, le combat cessa, et la flotte française se retira dans le golfe de Fréjus.

Des divisions françaises, envoyées dans les différentes mers, faisaient au commerce anglais un mal incalculable, et à la fin de 1795, l'on avait pris ou détruit plus de trois mille bâtimens marchands. Sur la fin du mois d'août de cette année, une division, commandée par le capitaine Moultson, sortit de la rade de l'île d'Aix, pour intercepter un riche convoi qui arrivait de la Jamaïque: ce convoi ayant été dispersé par une tempête, en approchant de l'Europe, Moultson prit dix-huit bâtimens, et les conduisit heureusement à Rochefort.

Le capitaine Robin, commandant une autre division, et sorti en même temps, dans une croisière de quatre-vingt-neuf jours, fit quarante-quatre prises, et rentra dans le port d'où il était parti, parce qu'il n'avait plus ni voiles, ni vivres, et que son vaisseau faisait eau de toutes parts.

Sur la côte de Guinée, tous les comptoirs anglais furent ruinés, et l'établissement de Sierra-Leone détruit par une division française, composée de *l'Expériment*, vaisseau rasé, de deux frégates, de deux bricks et de deux bâtimens négriers: cette division ne conserva de ses riches prises que le navire le Harpy, et en brûla ou coula deux cent dix autres.

Le chef de division Perrée, après avoir, en 1794, rempli une mission près le bey de Tunis, prit aux Anglais, dans la Méditerranée, une frégate, deux corvettes, vingt-cinq vaisseaux marchands, et six cents hommes qu'il débarqua à Toulon dans les premiers jours de janvier 1795.

Le contre-amiral Richerg obtint des succès plus importans. Chargé de conduire, de Toulon à Brest, les vaisseaux la Victoire, le Barra, le Jupiter, le Berwick, la Résolution, le Duquesne, et les frégates la Friponne, l'Embuscade et la Félicité, il mit à la voile le 14 septembre 1795 : arrivé au nord du cap Saint-Vincent, il signala un riche convoi venant du Levant, et se dirigeant vers l'Angleterre, sous la conserve des vaisseaux le Bedford, le Censeur et la Fortitude, et de plusieurs frégates. Sur-le-champ il força de voiles et fut bientôt à portée de l'ennemi, faisant chasser le convoi par ses frégates; il attaqua les vaisseaux et les frégates anglaises, qui prirent la fuite. Cependant le vaisseau le Censeur fut amariné. Les frégates prirent trente navires richement chargés, et la division rentra triomphante dans le port de Cadix.

Reprise de la Guadeloupe, en 1794. La Martinique entière, les Saintes, Marie-Galande, la Désirade, toute la Guadeloupe, ainsi que Sainte-Lucie, étaient tombées au pouvoir des Anglais. Le gouvernement français sentit alors combien il avait eu tort de négliger ces colonies, et chercha les moyens de les enlever aux Anglais : l'entreprise était difficile, car l'ennemi avait dans ces parages vingt vaisseaux et un grand nombre de frégates et de corvettes. Cependant la convention nomma Victor Hugues commissaire aux îles du Vent, et le fit partir, à la fin de l'été de 1794, pour la Guadeloupe avec un petit nombre de bâtimens et quelques troupes. Malgré les vaisseaux anglais qui couvraient les mers, et auxquels il fut assez heureux pour échapper, Hugues arriva à sa destination. Le général Graham, qui commandait à la Guadeloupe, chercha vainement à s'opposer à l'entrée des Français; forcé de capituler après un combat très-vif, dans lequel il perdit plus de cinq cents hommes, son armée fut prisonnière, et cependant retourna en Angleterre, à condition qu'elle serait échangée, et qu'on renverrait en France un pareil nombre de prisonniers.

Quoique ce premier succès fût très-important, Hugues n'avait pas assez de forces pour attaquer ouvertement les autres îles occupées par les Anglais; ayant recours au seul moyen qui lui restait pour atteindre son but, il disposa si bien, par ses agens seuls, les esprits de tous les colons, qu'au printemps de 1795 toutes les colonies se révoltèrent. Cependant l'insurrection ne fut pas partout également favorable, principalement à la Martinique, où trois cents Français ayant arboré le pavillon tricolore, furent massacrés en se défendant jusqu'à la dernière extrémité. Il n'en fut pas de même à Sainte-Lucie, dont les habitans forcèrent la garnison anglaise à se réfugier dans le fort, et à évacuer l'île après un blocus de trois mois.

Hugues, encouragé par tous ces succès, chercha à insurger différentes îles appartenant aux Anglais; mais ses tentatives ne firent que ranimer des haines, et donner lieu à différens combats qui n'eurent pas de résultats marquans.

A la Jamaïque, les Français ne donnaient pas de relâche aux Anglais. L'intrépidité d'un officier dont on regrette de ne pas connaître le nom, procura la prise d'un camp retranché. Les Français, débarqués pendant la nuit, enlevèrent par surprise une batterie sur la gauche de ce camp : l'officier s'avance seul, poignarde deux sentinelles avancées, renverse d'un coup de pistolet le soldat qui gardait l'épaulement, passe par une embrasure, pénètre dans la batterie, et suivi de plusieurs Français, égorge tout ce qu'il rencontre; les Anglais, épouvantés, prennent la fuite en désordre, et le camp est emporté d'assaut; artillerie, vivres, munitions, tout resta au pouvoir des Français. Les Anglais perdirent un brigadier-général, un colonel et dix-huit officiers de tous grades, et un grand nombre de soldats.

Depuis les désastres du cap Français, les Anglais occupaient la majeure partie de l'île de Saint-Domingue; on n'envoyait que de très-faibles secours dans cette malheureuse colonie, livrée aux fureurs de l'anarchie, et où la France ne possédait plus, au nord, que le canton de la Paix, celui du Cap et les Gonaïves. On fut redevable de leur conservation au général Laveaux.

Laveaux, n'étant encore que lieutenant-colonel du seizième régiment de dragons, se rendit à Saint Domingue avec deux cents de ses cavaliers, en septembre 1792; fait adjudant-général par le général Rochambeau, il commanda dans la partie du nord de l'île. Parvenu au grade de général de brigade, il fut nommé commandant et gouverneur militaire du port de la Paix. Quand il prit le commandement de cette place, il y trouva tout au plus des vivres pour huit jours, peu de poudre, et la caisse militaire absolument vide. Il mit tant de zèle, d'activité et de sagesse dans son administration, qu'il parvint à se procurer l'argent nécessaire pour la solde de ses troupes, qu'il ramena les nègres aux travaux, et fit revivre l'agriculture dans l'île. Avant d'avoir atteint à ce but, la colonie eut particulièrement à souffrir de la famine: du maïs en grain et des cannes à sucre étaient la seule nourriture des troupes. Ajoutez que le général Laveaux n'avait pas plus de cinquante livres de poudre, et vous vous formerez une idée de la position affreuse où il se trouvait. Cependant il avait à lutter contre les Espagnols, les Anglais et les insurgés, et leur résistait avec une intrépidité sans égale.

A cette époque, le colonel anglais Whitelock adressa au général Laveaux une lettre par laquelle il l'engageait à lui livrer le port de la Paix, lui promettant une place honorable dans l'armée britannique, et cinquante mille écus en argent.

Laveaux, pénétré d'indignation, lut cette lettre en présence de son armée, et, dans une réponse énergique, il disait au colonel anglais : « Que diriez-vous, si, abusant de la supériorité du nombre, je vous proposais de vous rendre sans combattre? de consommer votre déshonneur! Vous répondriez : *Je veux mourir à mon poste.* Cette réponse est la mienne. » Puis revenant à l'offre des cinquante mille écus, il lui déclarait la regarder comme un outrage dont il lui demandait satisfaction, et lui offrait un combat singulier.

Voici un trait qui peint bien le caractère des Français. Les troupes, comme nous l'avons déjà dit, mouraient de faim. En voyant arriver la goëlette la Narbonnaise, elles ne demandent pas si cette goëlette apporte des vivres, mais de la poudre; et sur une réponse affirmative, les soldats s'écrient : *Nous avons donc de quoi nous battre ; vive la république!*

Laveaux trouva un très-fort appui dans un général noir. Toussaint-Louverture, dont la fin fut si déplorable, montra un grand attachement pour la république, et déploya de très-grands talens militaires. Sept cents Anglais sortis de Saint-Marc avec quatre pièces de canon, ayant cherché à l'inquiéter et à l'empêcher de seconder Rigaud dans une tentative sur le Port-au-Prince, Toussaint place Dessalines, avec trois cent cinquante hommes, dans une position avantageuse, le charge de contenir les ennemis en front, et pendant ce temps-là, il leur coupe la retraite, et dispose deux pièces de canon de manière à les écraser. Faisant ensuite attaquer les Anglais en flanc par son infanterie, tandis que lui-même se précipite sur eux avec sa cavalerie, il les culbute, les force à prendre la fuite et à abandonner leur artillerie ; à l'instant où ils pensent trouver les passages libres, les canons embusqués par Toussaint font pleuvoir sur eux une grêle de mitraille qui répand partout le désordre et l'épouvante. La plupart des Anglais jetèrent leurs armes pour fuir plus facilement. Les nègres en firent un véritable massacre.

Le général Laveaux ne fut pas aussi heureux au Cap, où il chercha à rétablir l'ordre. Sa vie y fut souvent en danger. Il était d'autant plus difficile de ramener la paix dans cette ville, que le désordre et le trouble y étaient fomentés par différens partis. Celui des noirs, qui était le plus fort, avait pour chef un mulâtre, nommé Vilatte, qui d'abord agit sourdement, mais qui bientôt se montrant ouvertement, ne craignit pas de faire assaillir par les siens la maison du général, de le faire maltraiter lui-même et traîner en prison. Après ce premier acte de rébellion, les noirs commirent dans la ville des excès en tout genre. L'ordonnateur Perroud avait aussi été arrêté, et ses jours, ainsi que ceux de Laveaux, y furent quelque temps sérieusement menacés. Cependant le calme revint, et Laveaux fut mis en liberté.

Vilatte, craignant les suites de sa révolte, et bien résolu à exciter de nouveaux troubles, se retira dans une position où il se retrancha, et fit répandre le bruit qu'il arrivait des fers pour enchaîner tous les noirs. Ceux-ci se portent en foule à la maison du gouverneur, et cherchent à forcer la garde. Laveaux se montrant alors sur son balcon, dit aux révoltés en leur découvrant sa poitrine : « Tirez ! vous tuerez un père qui a toujours défendu votre liberté. » Toussaint-Louverture survint alors prouver aux noirs qu'on les avait trompés, et la sédition s'apaisa. Mais Vilatte n'en resta pas moins à la tête d'un parti considérable.

Les Anglais, dans la partie du sud, s'étaient emparés de Léogane, du Port-au-Prince et de Tiburon; et chaque jour leurs troupes sortaient de cette dernière ville, qui était bien fortifiée, pour inquiéter les environs. Leur intention étant d'étendre leurs conquêtes dans l'île, ils avaient enrégimenté des esclaves, des blancs, et tous les hommes libres partisans de l'ancien gouvernement, et faisaient peser sur toutes les villes soumises à leur pouvoir, un joug qui devenait insupportable. Les habitans de Léogane résolurent de le secouer, et appelèrent à leur secours le général Rigaud; mais pendant qu'il s'approchait de la ville, les Anglais découvrirent les projets qui s'y tramaient. Rigaud n'en persista pas moins dans le dessein de s'emparer de Léogane. Pendant la nuit il attaqua cette ville avec audace, et l'emporta d'assaut : le fort ne pouvant plus tenir, se rendit aussi, et procura aux républicains soixante bouches à feu et beaucoup de munitions. Les principaux habitans qui, après la découverte de leur complot, s'étaient soustraits par la fuite à la fureur des Anglais, rentrèrent à Léogane. Rigaud s'empara aussi de Tiburon, où il trouva huit cents fusils.

L'entreprise du général républicain sur le Port-au-Prince n'eut pas le même succès. Forcé d'abandonner le siége de cette ville, après avoir inutilement consommé beaucoup de poudre et de munitions, il eut la douleur d'apprendre qu'après sa retraite les Anglais avaient fait fusiller, tant au Port-au-Prince qu'à l'Arcahage, cent soixante-sept hommes, parmi lesquels se trouvaient plusieurs blancs.

Enflés de ce succès, les Anglais résolurent de reprendre Léogane, et firent des préparatifs pour l'attaquer en même temps par mer et par terre. Ils s'étaient ménagé dans la place des intelligences avec deux chefs redoutables des insurgés noirs, Dieudonné et Pompée, et comptaient beaucoup sur leurs intrigues ; mais les noirs livrèrent eux-mêmes aux républicains ces deux chefs, dont ils découvrirent les complots. Cependant, ne se rebutant pas, les Anglais embarquèrent leurs troupes sur des bâtimens de transport, qu'ils firent escorter par trois vaisseaux et deux frégates, et arrivèrent bientôt à la vue de Léogane. Ils embossèrent leurs bâtimens de guerre à portée de canon du fort, et firent quelque temps pleuvoir sur la ville une grêle de boulets ; mais bientôt ils furent trop heureux de pouvoir se sauver en coupant leurs câbles, car les batteries du fort tirèrent avec tant de justesse et de vigueur, que les vaisseaux ne pouvaient manquer d'être incendiés ou coulés bas.

Cet échec ne put décider les Anglais à renoncer à leur entreprise, tant ils regardaient comme importante la prise de Léogane. Ils débarquèrent leurs troupes et leur artillerie, et établirent une batterie très-près de la place ; ils ne s'aperçurent pas que, dans cette position, ils ne pouvaient ni faire retraite ni recevoir de secours, parce que les canons de la ville croisaient leur feu par derrière. Les Français, presque certains de leur proie, sortent des murs, fondent sur la batterie, culbutent tout ce qu'ils rencontrent, massacrent une partie des ennemis, mettent le reste en fuite et s'emparent des canons. Les Anglais sentirent alors qu'ils devaient renoncer au projet de s'emparer de Léogane, et ils reprenaient le chemin de leurs vaisseaux, quand quelques coups de fusils, partant on ne sait trop d'où, répandirent parmi eux une si grande terreur, que la plupart se jetèrent dans la mer et se noyèrent.

Après la déroute des Anglais, Rigaud fit encore quelques tentatives sur le Port-au-Prince; mais il ne put réussir, à cause du petit nombre de ses forces.

Expédition de l'amiral Gantheaume dans la mer du Levant, 1795 *et* 1796. A la fin de septembre 1795, une division composée du vaisseau le Mont-Blanc, des frégates la Junon, la Justice, l'Arthémise et la Sérieuse, de la corvette la Badine et du brick le Hasard, et commandée par le chef de division Gantheaume, sortit de Toulon. Le but de cette expédition était d'intercepter les convois marchands venant de Smyrne, de Constantinople et des ports de l'Archipel. Jeté par une tempête qu'il eut à essuyer entre la Sardaigne et Minorque, tout près de deux vaisseaux anglais et de huit frégates aux ordres du vice-amiral Man, Gantheaume manœuvra si bien, qu'il parvint à éviter le combat avec des forces si supérieures aux siennes. Cependant l'ennemi n'abandonnait pas ces parages, et, peu de jours après, le vaisseau l'Agamemnon, que commandait Nelson devenu depuis si célèbre, passa pendant la nuit tout au plus à cent toises de la division française. Gantheaume le fit poursuivre, mais ses bâtimens prirent chasse à leur tour en apercevant l'escadre anglaise. L'amiral français, malgré les vents contraires qui continuaient de souffler, doubla le cap de Corse, et il se rendait à sa destination, quand il fut rencontré et chassé par le contre-amiral Hide-Parker, commandant cinq vaisseaux et trois frégates. Heureusement pour les Français que des avaries considérables, causées par les mauvais temps à différens vaisseaux, empêchèrent l'amiral anglais de les poursuivre. Le seul avantage que procura cette croisière, fut d'avoir garanti Richery de la poursuite de deux escadres que Gantheaume avait si heureusement évitées. Il en évita encore une troisième dans l'Archipel; et après une croisière de cinq mois, il rentra à Toulon, sans avoir perdu aucun de ses bâtimens.

Prise, à l'embouchure de la Seine, du commodore anglais sir Sidney-Smith, avril 1796. Le commodore sir Sidney-Smith, connu pour tous les projets incendiaires et contraires au droit des gens, qu'il conçut et exécuta contre la marine française, était, au printemps de 1796, en station devant le Havre. Ayant pris le lougre-corsaire le Vengeur, il lui vint en idée de monter ce petit bâtiment, et de reconnaître de près le port ; entraîné par le vent et le courant, il fut obligé de rester jusqu'au lendemain dans la Seine. Les Français, en voyant tous les canots de la division anglaise envoyés pour le remorquer, firent avancer vers lui des bateaux canonniers. Il s'engagea un combat terrible, dans lequel beaucoup de matelots anglais périrent ; deux officiers y furent aussi tués et plusieurs autres blessés ; enfin, après deux heures de résistance, le commodore se rendit. On le garda avec d'autant plus de soin, qu'on le considérait comme un criminel d'état. Du Havre on le transporta à Rouen, puis à Paris, où il fut mis au Temple, d'où il s'évada après deux ans de captivité.

Prise, par les Anglais, de la frégate française la Virginie, avril 1796. Le capitaine Bergeret, officier distingué, commandant la frégate la Virginie, sortit de Brest, le 22 avril 1796, pour aller en croisière sur les côtes d'Irlande. Arrivé près du cap Lézard, il aperçut une escadre anglaise, forte de six bâtimens, et qui n'était pas éloignée de plus de quatre lieues. Ne pouvant se hasarder de tenter le combat contre des forces si supérieures, Bergeret prit chasse, se disposant néanmoins à combattre, s'il y était forcé. Trois bâtimens ennemis se détachèrent, et se mirent à la poursuite de la Virginie. Un vaisseau rasé, nommé l'Infatigable, ayant seul sur elle l'avantage du vent, l'atteignit sur les onze heures et demie du soir, malgré les manœuvres habiles du capitaine Bergeret. Il fallut alors se décider à combattre. La Virginie tira la première sa bordée, et manœuvra si bien, qu'elle ne cessa de présenter le travers à l'ennemi, qui chercha vainement à la combattre en hanche. Les deux bâtimens se trouvaient très-près l'un de l'autre : et la Virginie, à sa seconde volée, démâta l'Infatigable de son mât de perroquet-de-fougue, et le désempara de ses voiles de l'arrière : mais l'artillerie, infiniment supérieure du vaisseau ennemi, lui fit éprouver des avaries considérables. Cependant le combat se soutint jusqu'à trois heures du matin. En un moment, l'Infatigable s'éloigna, et la Virginie crut pouvoir se réparer. Mais au même instant, deux frégates anglaises, la Concorde et l'Amazone, se trouvèrent sur elle. La Virginie ne pouvant plus ni fuir ni combattre, tant elle était en mauvais état, le capitaine Bergeret se décida à amener son pavillon.

Exploits du corsaire Surcout dans les mers de l'Inde, août 1796. Un capitaine corsaire, nommé Surcout, causait à peu près à cette époque des dommages considérables au commerce des Anglais dans les mers de l'Inde. Sorti de l'Ile-de-France sur le navire l'Émilie, et n'ayant pu parvenir à se rendre aux îles Sechelles, il se dirigeait vers les côtes de l'Inde, quand il rencontra trois vaisseaux marchands escortés par un schooner. N'ayant que peu d'hommes et une très-faible artillerie, il se décida à attaquer le schooner, et le prit avec les bâtimens marchands.

Ce succès lui donna l'idée de continuer de faire la course, et montant le schooner avec dix-neuf hommes de son équipage, il se remit en mer à trois mâts. Bientôt il rencontre le *Triton*, vaisseau de la compagnie des Indes, portant vingt-six canons de 12, et ayant cent cinquante hommes d'équipage. Tout autre que Surcout se fût cru perdu; mais ce marin intrépide tenta d'obtenir, par la ruse, ce qu'il ne pouvait espérer de la force. Il place ses dix-neuf hommes de manière à ce qu'ils ne puissent être aperçus, et se montre seul. Arrivé très près du Triton, il donne le signal; son petit équipage lâche alors une bordée à mitraille et se précipite sur le vaisseau ennemi. Cette poignée d'hommes se battit avec tant d'audace, qu'après avoir tué le capitaine et dix marins, et en avoir blessé plus de cinquante, elle s'empara du Triton. Toute la perte de Surcout se réduisit à un homme tué et deux blessés.

Expéditions du contre-amiral Sercey dans les mers de l'Inde, septembre 1796. Depuis quatre ans l'Ile-de-France était restée presque abandonnée; toutes ses forces de mer consistaient en deux frégates et deux corvettes, et la garnison n'était composée que des cent septième et cent huitième régimens dont les compagnies n'étaient pas complètes, et qui n'avaient ni canonniers, ni munitions; Truguet, arrivé au ministère de la marine, s'occupa sur-le-champ d'envoyer dans cette colonie non-seulement des secours, mais une escadre assez forte pour ruiner les comptoirs anglais, et détruire leurs vaisseaux venant de l'Inde et de la Chine. On arma à cet effet à Rochefort quatre frégates et deux corvettes, et on donna le commandement de cette division au contre-amiral Sercey, qui mit à la voile le 4 mars 1796. La mer était mauvaise, et la division éprouva des avaries considérables dans le golfe de Gascogne; la frégate, la *Bonne Citoyenne*, s'écarta dans la nuit du 6 au 7; le 8, la Mutine fut démâtée d'un de ses mâts de hune, et la *Seine* de son grand mât de hune. Le 10, la division s'empara d'un brick anglais du port de deux cents tonneaux, et s'étant ralliée, elle continua sa route; le 17, elle mouilla devant Santa-Crux, où la frégate la *Vertu* la rejoignit le 29. L'amiral Sercey se dirigea ensuite vers le cap de Bonne-Espérance. Le 15 mai, il captura un grand bâtiment baleinier chargé d'huile et appartenant aux Anglais; le 25, il amarina près du cap des Aiguilles un gros bâtiment portugais, chargé de marchandises des Indes, et ayant un équipage de quatre-vingt-quinze hommes. Le même jour, il fit donner la chasse à deux grands bâtimens à trois mâts, et prit l'un d'eux, qu'il fit amariner par la Vertu; l'autre, c'était une frégate anglaise fuyant devant la frégate française la *Régénérée*, parvint à se sauver en jetant à la mer quantité d'objets et même sa batterie.

Le 3 juin, à deux heures après-midi, on aperçut un superbe navire; sur-le-champ l'amiral français lui fit donner la chasse par la frégate la Régénérée : celle-ci, quoique la mer fût grosse et le vent très-grand, était, à trois heures, à petite portée du bâtiment qui amena son pavillon après quelques coups de canons. Ce vaisseau, du port de huit cents tonneaux, était chargé de riz et avait cent trente-six hommes d'équipage. Enfin, sans avoir éprouvé d'autres accidens que quelques coups de vent, la division arriva, le 18 juin, à la vue de l'Ile-de-France, et bientôt jeta l'ancre dans le port.

L'amiral Sercey, après avoir débarqué des agens du directoire, huit cents hommes d'infanterie, deux compagnies d'artillerie et toutes les munitions dont il était chargé, fit mettre à terre ses malades, s'occupa de réparer les bâtimens, prit des vivres et des provisions, et le 14 juillet, il partit pour les côtes de l'Inde, se dirigeant vers l'île de la Réunion, avec six frégates, mais sans corvettes. La goëlette l'Alerte devait lui servir de mouche. Le 14 août, la division arriva à la pointe sud-ouest de Ceylan ; elle y croisa quatre jours, et prit plusieurs bâtimens, parmi lesquels il s'en trouva un chargé de riz, de sucre et de benjoin; longeant ensuite la côte de Coromandel, elle s'avança jusque vers Madras.

La goëlette qui servait de mouche à l'amiral Sercey, fit manquer l'expédition projetée sur la côte de Coromandel. Le capitaine, au lieu de prendre connaissance des lieux ainsi que ses ordres le portaient, voulut tenter d'enlever à l'abordage une frégate qu'il avait prise pour un vaisseau marchand, et tomba lui-même en sa puissance. Les Anglais s'emparèrent de ses papiers, et ayant connu les projets de l'amiral Sercey, mirent facilement obstacle à leur exécution. Trompé dans son attente, Sercey dirigea sa marche sur un autre point; il fit des prises à Achem et à Sumatra, et s'empara du *Favori*, vaisseau de la compagnie des Indes, du port de douze cents tonneaux, chargé de rhum et de riz, et ayant quatre-vingt-dix hommes d'équipage.

Le 8 au point du jour, on aperçut deux vaisseaux anglais, l'Arrogant et le Victorieux; tous deux de soixante-quatorze canons. Les six frégates françaises pouvaient sans crainte se mesurer avec eux; mais on ne sait trop pour quel motif le général Sercey, qui, d'abord, avait paru avoir l'intention de les attaquer, fit le signal de revirer de bord, et s'éloigna. Mais à quatre heures et demie du soir, les vaisseaux anglais se couvrirent de voiles, et vinrent à leur tour donner la chasse aux frégates françaises. Sercey, voyant, à cinq heures et demie, qu'il lui serait impossible d'éviter le combat, se décida à prévenir l'ennemi, et en avertit ses équipages, qui se disposèrent à l'attaque avec une joie incroyable. Le feu commença, du côté des Français, à six heures et demie ; les Anglais ripostèrent vigoureusement : on se battit jusqu'à onze heures, et alors les deux divisions se séparèrent. Les vaisseaux anglais avaient été très-maltraités, et les frégates françaises avaient aussi éprouvé beaucoup d'avaries. Elles perdirent quarante-deux hommes tués, et eurent cent quatre blessés; elles eurent encore à regretter le capitaine Latour. On remarqua dans cette action plusieurs traits de courage. Un aspirant, nommé Baptiste, ayant presque été coupé en deux par un boulet, s'écria : *Allons, mes amis, mon affaire est faite ; jetez-moi à la mer. Vive la république!* Un quartier-maître de manœuvre, ayant vu tomber à la mer un matelot de la Cybèle, à qui un boulet avait emporté un bras, se jette à la nage, plonge et ramène son camarade à bord. On a vu peu d'exemples de l'intrépidité et du sang-froid d'un chef de pièce nommé Gauvin. Blessé en même temps en différens endroits, il arracha tranquillement de ses blessures un biscaïen et des éclats de bois, et servit sa pièce jusqu'à la fin de l'action. La perte des Anglais fut considérable. L'amiral Sercey se dirigea ensuite vers l'île du Roi, dans l'archipel de Mergui, où il arriva le 15. Là, il fit réparer ses frégates, et se remit en mer.

Expédition de l'amiral Richery sur les côtes de l'Amérique septentrionale, août 1796. Aussitôt après son traité d'alliance avec la république française, l'Espagne déclara la guerre à l'Angleterre, et mit en mer une forte escadre, dont le commandement fut donné à l'amiral Solano. A la même époque, l'amiral Richery sortit de Cadix avec une division française, et se dirigea vers l'Amérique septentrionale. Arrivé au banc de Terre-Neuve, il envoya le chef de division Lallemand, avec les vaisseaux le Duquesne et le Censeur, et la frégate la Friponne, sur la côte de Labrador, et se rendit lui-même aux îles de Saint-Pierre et de Miquelon : ces deux divisions ruinèrent, dans ces parages, tous les établissemens anglais, et coulèrent ou brûlèrent plus de cent de leurs vaisseaux marchands. Ensuite, Richery et Lallemand rentrèrent en France, et vinrent mouiller, le premier à Rochefort, et le second sous l'île de Groix, près Lorient.

Expédition d'Irlande, *décembre 1796 et janvier 1797*. Après la pacification de la Vendée, Hoche, qui, pendant cette malheureuse guerre, avait eu occasion de connaître les Anglais, s'occupa d'un projet qu'il avait conçu depuis long-temps, et dont le but était de porter la guerre au sein même de la Grande-Bretagne. Ce projet était aussi celui de l'amiral Truguet, alors ministre de la marine ; car déjà il avait donné des ordres pour faire équiper tous les vaisseaux et les frégates qui se trouvaient à Brest, et pour y faire rassembler, non-seulement les escadres détachées des autres ports, mais même celles des Espagnols et des Hollandais ; enfin on résolut de tenter une expédition contre l'Irlande. En enlevant ce pays à l'Angleterre, on portait un coup terrible à son commerce ; et l'occasion paraissait d'autant plus favorable, que la majeure partie des Irlandais, ennuyés de la tyrannie du ministère anglais, et ne perdant pas le souvenir de leur indépendance, soupiraient ardemment après le moment qui pourrait la leur faire recouvrer. L'établissement d'une république en France fit concevoir, aux Irlandais unis, l'espoir de parvenir enfin à leur but. Des associations secrètes se forment dans les différens cantons ; on choisit des chefs pour l'insurrection ; des volontaires s'enrôlent ; on fabrique des armes ; et enfin on envoie en France des agens qui prennent des arrangemens positifs avec le directoire et le général Hoche.

Un armement considérable se prépara alors à Brest,

et on garda sur sa destination un secret si inviolable, que les Anglais, quelques moyens qu'ils employassent, ne purent parvenir à la découvrir. Hoche leur donna même le change, et leur persuada que la conquête du Portugal était le but de cette grande expédition.

Sur ces entrefaites, le gouvernement anglais demanda, et obtint un passeport pour lord Malmesbury, qui se rendit en France, sous prétexte d'y traiter de la paix ; mais après des conférences inutiles, et des propositions ridicules de la part du cabinet de Londres, le directoire fit signifier, au négociateur, l'ordre de quitter la France sous quarante-huit heures.

Cependant, après des retards qui nuisirent beaucoup aux succès de l'expédition, Hoche était parti pour l'Irlande, avec une flotte composée de quinze vaisseaux de ligne, de douze frégates, six corvettes, d'un vaisseau rasé, d'une frégate armée en flûte, d'un grand bâtiment-écurie, et six grands bâtimens de transport. Le nombre des troupes de débarquement se montait à quinze mille hommes. L'amiral Morard de Galles commandait cette flotte.

Le débarquement devait avoir lieu dans la baie de Bautry, où l'on avait fixé trois mouillages ; et dans le cas où l'on eût éprouvé des difficultés sur le premier point, il en avait été désigné un autre à l'entrée de la rivière de Shannon. Toutes les mesures étaient sagement prises, et cependant le succès n'y répondit pas.

Le 16 décembre, à quatre heures du soir, toute la flotte mit à la voile, se dirigeant vers le passage du Raz, pour éviter les Anglais, qui avaient été signalés le matin avec des forces très-nombreuses. Les vents ayant contrarié et rendu trop dangereux ce passage, l'amiral prit une autre direction, et donna le signal, à toute la flotte, de se suivre ; mais ce signal ne fut pas aperçu ; tous les vaisseaux se dispersèrent, et il fut impossible de les rallier. Le Séduisant fut poussé, par le vent, sur les rochers, où il échoua : six cents hommes seulement furent sauvés ; le reste de l'équipage périt avec le capitaine et la majeure partie des officiers. Le lendemain, le contre-amiral Bouvet rallia une partie de la flotte ; et le 19, gouvernant au nord, il rencontra seize bâtimens ; de manière qu'à l'exception du Nestor, de la Cocarde, de la Romaine et de la Fraternité, toute la flotte se trouva réunie. Le contre-amiral Bouvet continua alors sa route ; le 21, à sept heures et demie du matin, il arriva à l'entrée de la baie de Bautry, et donna ordre aux commandans d'ouvrir un paquet où se trouvait le plan de la baie. Après avoir louvoyé les 21 et 22, on décida, le 23, que huit vaisseaux, deux frégates, quatre corvettes et un bâtiment de transport, qui se trouvaient dans la baie de Bautry, et qui avaient environ six mille hommes, opéreraient leur débarquemant, quoiqu'il fût quatre heures du soir ; mais dans ce moment, le vent devint si violent, que les vaisseaux furent obligés de sortir de la baie et de prendre le large ; la tempête fut telle, qu'on coupa les câbles, et qu'on mit à la cape. Les vents ayant changé, le 29, le contre-amiral Bouvet fit voile pour la France, et arriva à Brest le premier juin 1797.

Séparée, dès le premier jour, du reste de la flotte, la frégate la Fraternité, que montaient l'amiral Morard de Galles et le général Hoche, resta absolument seule : d'abord elle fut obligée de prendre chasse devant un vaisseau ennemi qui la poursuivit long-temps ; étant parvenue à s'échapper, elle fit voile vers la baie de Bautry. L'amiral ayant appris que ses ordres n'avaient pas été exécutés, et que les vaisseaux français étaient repartis, se décida à retourner à Brest. Cette expédition, qui promettait des résultats si avantageux, fit éprouver à la

France des pertes considérables, en hommes et en vaisseaux : le Séduisant, le Suffren et le Scévola, les frégates la Surveillante et l'Impatiente, les deux transports, la Ville de Lorient et la Fille Unique, furent pris, naufragèrent ou firent côte ; deux mille hommes, environ, périrent sur tous ces bâtimens.

Combat du vaisseau, les Droits de l'Homme, contre le vaisseau et la frégate anglaise, l'Infatigable et l'Amazone, 13 janvier 1797. Parmi tous les combats de mer, soutenus pendant la guerre, il en est peu d'aussi glorieux que celui que nous allons rapporter. Le chef de division Lacrosse, commandant le vaisseau les Droits de l'Homme, après avoir exécuté, exactement, les ordres qui lui avaient été donnés, et s'être rendu sur tous les points indiqués, revenait à Brest, quand, le 13 janvier, à une heure après-midi, on aperçut, de son bord, un vaisseau anglais qui cherchait à lui donner chasse ; un instant après, il en fut, malgré la brume, distingué un second qui manœuvrait de la même manière. Le commandant Lacrosse fit mettre dehors toutes les voiles ; mais le vent cassant ses manœuvres, les bâtimens ennemis le gagnaient d'une manière sensible, et il fut obligé de se disposer au combat : en un instant chacun fut à son poste, et les Français commencèrent l'action ; leur vaisseau fut démâté de ses deux mâts de hune. L'Infatigable, profitant de cette circonstance, chercha à passer sur l'avant des Droits de l'Homme, et à l'enfiler ; mais Lacrosse fit un mouvement qui le porta sur le vaisseau ennemi, et le mit dans le cas de tenter l'abordage, que les Anglais se hâtèrent d'éviter. On se battit jusqu'à six heures trois quarts ; en ce moment, la frégate anglaise, ayant passé à poupe des Droits de l'Homme, lui envoya une bordée à portée de pistolet, et se disposait à en envoyer une seconde, quand le vaisseau français lui présenta le côté, et conservant les deux bâtimens ennemis par ses travers, fit, jusqu'à sept heures et demie, un feu si violent, que l'Infatigable et l'Amazone furent forcés de se retirer pour se réparer.

Le capitaine Lacrosse profita de ce moment pour se disposer à un second combat qui ne tarda guère à commencer : à huit heures et demie, les deux bâtimens anglais vinrent se placer à droite et à gauche des Droits de l'Homme, et firent un feu auquel les Français répondirent vigoureusement ; mais la partie était trop inégale, et le commandant Lacrosse se décida à terminer l'affaire, en tentant l'abordage. Ce moyen présentait un succès d'autant plus certain, que sans compter l'équipage, composé de six cent cinquante matelots, le vaisseau portait encore six cents hommes de la légion des Francs, et que tous brûlaient de se mesurer de près avec les Anglais ; mais ceux-ci évitèrent ce genre de combat, et se tinrent toujours assez éloignés pour n'être pas abordés. On continua à se battre, de part et d'autre, avec un acharnement incroyable, jusqu'à une heure du matin : en ce moment, un biscaïen blessa au bras le lieutenant de vaisseau Châtelain, et un boulet mort frappa au genou le commandant Lacrosse, et le força de descendre pour se faire panser ; le capitaine Prevost-Lacroix, qui prit le commandement, jura, avec tout ce qui se trouvait sur ce vaisseau, de *vaincre* ou de *mourir*. En ce moment on aperçut la terre ; le commandant Lacrosse s'étant fait porter sur le pont, chercha à s'écarter de la côte : mais son bâtiment n'avait plus ni voiles, ni mâts, et vint toucher sur un fond de sable, le 14 janvier. De nouveaux dangers vinrent menacer les Français dans cette position : quatre jours entiers ils furent exposés à être engloutis sur les débris d'un vaisseau, rempli d'eau, et pouvant disparaître d'un instant à l'autre. Cependant le dévouement de la corvette l'Arrogante, et du cutter l'Aiguille, sauva la majeure partie de l'équipage et de la garnison ; il périt un certain nombre d'hommes, sur une chaloupe que la violence des vents fit briser contre le vaisseau. Le commandant Lacrosse, dont la conduite et la bravoure sont au-dessus de tout éloge, ne quitta son vaisseau que quand il fut certain qu'il ne restait plus personne à bord. Arrivé à Brest, il fut élevé, par le directoire, au grade de contre-amiral. Officiers, matelots et soldats, tous montrèrent un courage et un dévouement qu'on ne peut trop admirer; un seul trait prouvera quel était l'esprit de tous ces hommes, pour qui il semblait ne plus y avoir de salut. Dans le naufrage, un marin ayant dit au capitaine, qu'il eût beaucoup mieux valu se rendre que se noyer, ses camarades furent sur le point de le déchirer, et lui dirent tous : *N'avons-nous pas juré de périr plutôt que de rendre le vaisseau ?* Vive la république! Vive notre brave capitaine!

Le vaisseau les Droits de l'Homme, qui avait eu à combattre contre deux bâtimens plus forts que lui, avait épuisé, dans les différens combats qu'il eut à soutenir, toute sa mitraille et ses boulets. Sept officiers de marine et plusieurs de la légion des Francs furent blessés ; deux cents hommes à peu près de l'équipage et des autres troupes furent mis hors de combat ; parmi eux on comptait trois officiers de la légion des Francs. La perte des Anglais fut considérable. La frégate l'Amazone fit aussi côte, et tout l'équipage fut fait prisonnier.

Tel fut le résultat de l'expédition projetée contre l'Irlande. Tout avait semblé se réunir pour la faire échouer.

Combat près Cadix entre la frégate française la Vestale, et la frégate anglaise la Terpsichore, décembre 1796. La frégate la Vestale, faisant partie de l'escadre que l'amiral Villeneuve conduisait de Toulon sur les côtes de la Bretagne, et qui avait été forcée de relâcher à Cadix, soutint, à quatre lieues de ce port, un combat terrible contre la frégate anglaise la Terpsichore, qui était bien plus forte qu'elle. La frégate française, après avoir eu vingt-deux hommes tués et quarante blessés, et avoir perdu absolument tous ses mâts, fut forcée de se rendre. Le mauvais temps n'ayant pas permis aux Anglais de l'amariner, ils se contentèrent d'y envoyer quelques hommes de leur bord, et de l'observer ; mais bientôt le vent augmenta considérablement, et la frégate anglaise fut forcée de prendre le large. Les Français, profitant de la circonstance, se révoltent contre les Anglais, les forcent à mettre bas les armes, les font prisonniers, arborent le pavillon national, et aidés par quelques chaloupes qui vinrent à leur secours de Cadix, ils ramènent la Vestale dans le port.

Les agens du directoire sont expulsés de l'Ile-de-France, et forcés de se rembarquer, juin 1796. Notre tâche étant de raconter les faits militaires, nous ne dirons que peu de choses sur les événemens des îles de France et de Bourbon. Ces deux îles, où la paix et la tranquillité ne furent pas troublées, et où le sang ne coula pas comme dans les autres colonies, avaient éludé l'exécution du décret de la convention sur la liberté des noirs. Cette espèce de rébellion contre la mère patrie avait nécessairement trouvé sa source dans l'intérêt des colons qui voyaient par-là diminuer considérablement leur fortune. Quoi qu'il en soit, l'Ile-de-France avait constamment refusé de se rendre aux Anglais ; mais en même temps elle était bien résolue à rejeter tout ce qui serait relatif à l'affranchissement des

Nègres. Il paraît même certain qu'il avait été pris des mesures, pour que personne ne pût sans permission aborder dans l'île.

Le 18 juin 1796, le contre-amiral Sercey entra dans le port, et débarqua les deux agens du directoire, Baco et Burnel, malgré les observations du capitaine du Stationnaire. Leur arrivée inspira des craintes et de la défiance ; cependant l'assemblée coloniale fut convoquée et les reçut avec distinction. Elle permit même qu'ils s'installassent dans le gouvernement. Les commissaires passèrent en revue la garnison le 19, et le 20, la garde nationale. Le refus qu'ils firent de donner la communication des ordres et des instructions du directoire, le ton peu conciliant qu'ils prirent, et les menaces qu'ils se permirent envers quelques membres de l'assemblée coloniale, persuadèrent à tous les habitans qu'ils venaient pour mettre à exécution le décret sur la liberté des Nègres, et dès cet instant leur expulsion fut résolue. Le lendemain, il était à peine jour que le gouvernement fut entouré, et qu'on entendit de toutes parts demander à grands cris le renvoi des agens du directoire. Presque sur-le-champ les portes furent forcées, les fenêtres escaladées, et ce fut avec beaucoup de peine que les commissaires de l'assemblée coloniale préservèrent Baco et Burnel des fureurs de plusieurs créoles déterminés à les immoler. Ne doutant plus des dangers qu'ils couraient dans cette colonie, les agens du directoire s'embarquèrent sur la corvette le Moineau, et retournèrent en France.

Pendant l'année 1796, les Français éprouvèrent différens échecs dans les îles du Vent. Sainte-Lucie, Saint-Vincent et la Grenade tombèrent au pouvoir des Anglais. La Guadeloupe seule fut mise dans un état respectable de défense, et ne devint pas encore la proie des ennemis.

SAINT-DOMINGUE.

Saint-Domingue était encore livrée aux horreurs de l'anarchie, et cette importante colonie réclamait, à grands cris, des secours que le directoire se détermina enfin à lui faire passer. Santonax, Raymond, Giraud, Leblanc et Roume furent désignés pour s'y rendre, comme commissaires, et partirent sur deux divisions armées, l'une à Rochefort et l'autre à Brest. La première, composée des vaisseaux le Fougueux et le Vatigny, et de la frégate la Vengeance, était commandée par le chef de division Thévenard. Le chef de division, Thomas, fut chargé du commandement de la seconde, qui se composait des frégates l'Insurgente et la Méduse ; de la corvette la Doucereuse, et de huit bâtimens de transport. Outre les commissaires du directoire, ces deux divisions transportaient, à Saint-Domingue, les généraux de division Rochambeau et Desfourneaux ; les généraux de brigade, Lesuire, Bedos, Martial, Bess et Caulatte, et divers autres officiers militaires, de santé et d'administration ; plus, douze cents hommes de troupes, vingt mille fusils, quatre cents milliers de poudre, et douze pièces de campagne. Quoique le Cap Français fût bloqué, depuis quelque temps, par l'amiral Parker, les deux divisions arrivèrent, presque en même temps, à leur destination, et les commissaires firent leur entrée au Cap le 12 mai 1796.

De tous ces commissaires, celui qui excita le plus d'enthousiasme, fut Santonax, que les noirs regardaient comme leur plus zélé défenseur; aussi conserva-t-il, dans la colonie, un ascendant marqué sur ses autres collègues. Le général Desfourneaux fut aussi accueilli avec transports : parvenu, par différentes belles actions, aux premiers grades militaires, à l'âge où les autres ne commencent qu'à débuter dans cette carrière, ce jeune homme avait su se concilier la confiance et l'amitié des Nègres.

Voulant s'occuper sérieusement de rétablir l'ordre, les commissaires firent venir au Cap, Vilatte, dont la révolte pouvait avoir des suites fâcheuses, et lui ordonnèrent de se rendre aux arrêts, sur le vaisseau commandant, après avoir licencié tous ceux qui s'étaient réunis à lui ; mais Vilatte ne fit ni l'un ni l'autre, et se disposa à se défendre.

Chargé de le réduire par la force, le général Desfourneaux réunit toutes les troupes commandées par Toussaint-Louverture, Moïse, Dessalines et l'Eveillé ; et avant d'en venir aux dernières extrémités, chargea Christophe d'employer des moyens de douceur pour ramener les révoltés à la soumission : deux mille hommes et plusieurs chefs se rendirent ; Vilatte, qui d'abord se renferma dans un fort, finit aussi par se constituer prisonnier, à bord de la frégate la Méduse, et peu de temps après, fut conduit en France.

Le fort Dauphin, encore occupé par les Espagnols, se rendit, à la même époque, au général Laveaux.

Jamais circonstance ne fut plus favorable pour arracher aux Anglais toutes les parties de Saint-Domingue et des Antilles, qui étaient en leur pouvoir, car une épidémie cruelle faisait, parmi eux, tant sur mer que sur terre, des ravages tels, que les trois quarts de leurs officiers périrent, et qu'on vit des régimens entiers réduits à cinquante hommes. Mais les généraux français avaient, à leur disposition, trop peu de forces pour tenter aucune entreprise importante. Cependant une affaire, assez sérieuse, eut lieu aux Cayes, où commandait Rigaud. Les commissaires ayant envoyé, dans cette partie de la colonie, des délégués qui devaient conserver, pendant trois mois seulement, un pouvoir supérieur à celui de toutes les autorités civiles et militaires, ces délégués arrivèrent, à bon port, aux Cayes, y furent accueillis avec des égards, au moins apparens, et y exercèrent même leur autorité sans éprouver de résistance.

Une expédition inutilement tentée contre Jérémie, à laquelle ils assistèrent, et qui fut dirigée par le général Desfourneaux, amena bientôt la discorde aux Cayes. L'arrestation d'un mulâtre, nommé Lefranc, fut le signal d'une insurrection générale; à l'instant où le général Desfourneaux en donna l'ordre, les mulâtres et les noirs se réunirent, s'emparèrent du fort, tirèrent le canon d'alarme, et après avoir rassemblé deux ou trois mille Nègres, accourus des campagnes voisines, se répandirent dans les rues, forcèrent les maisons, et égorgèrent impitoyablement plus de deux cents hommes, femmes et enfans. Les délégués et le général Desfourneaux n'échappèrent qu'avec beaucoup de peine à la rage de ces furieux. Rigaud, qui sauva la vie à plusieurs blancs, parvint cependant à faire cesser cet horrible massacre, et à rétablir, pour quelque temps, l'ordre et la paix dans cette partie de la colonie; mais elle resta sous la puissance des chefs mulâtres, qui refusèrent constamment de se soumettre à l'autorité des agens du directoire.

GUERRE D'ÉGYPTE.

Dans la longue histoire de nos guerres, l'expédition d'Égypte est comme un épisode romanesque qui vient réveiller l'attention en la détournant un moment sur des objets étrangers au sujet principal, et qui ne font que s'y rattacher légèrement. La France n'avait pris les armes que pour sa défense bien légitime; elle contint d'abord ses ennemis avec beaucoup de peine; elle les repoussa ensuite de ses frontières; enfin elle s'empara de leurs provinces; et sentant toutes ses forces se développer avec ses succès, elle conçut des projets gigantesques. Le plus gigantesque de tous, fut sans doute celui qui, au moment où de nouvelles difficultés paraissaient près de rallumer la guerre entre elle et son plus puissant voisin, porta l'élite de l'armée française et son premier général sur les rivages brûlans de l'Afrique (1). On assure qu'il fut tout entier de Bonaparte lui-même, qui attacha un grand intérêt à la faire agréer par le directoire. Celui-ci put s'y prêter d'autant plus facilement, qu'il se sentait peut-être dans la nécessité d'éloigner le général, sur lequel tous les yeux étaient fixés, et que son caractère, déjà bien connu, pouvait éviter d'un moment à l'autre à abuser de sa popularité pour s'emparer du gouvernement. Avant de quitter l'Italie, Bonaparte s'était occupé visiblement d'autres projets sur l'Orient, et tout récemment on l'avait entendu, touchant au rivage de la mer Adriatique, après la paix de Campo-Formio, former, à l'aspect de l'ancienne Illyrie et du Péloponèse, des désirs qui annonçaient qu'il irait volontiers chercher la gloire ou le commandement dans des lieux éloignés de sa patrie. Cette idée d'une expédition en Égypte n'était pas, au reste, un enfant de la révolution. Il paraît que la cour de Versailles l'avait jadis

---

(1) Ces difficultés venaient de ce que le directoire, dans les négociations entamées avec le corps germanique, élevait des prétentions portant atteinte à la constitution de l'empire.

accueillie, quoique n'y ayant donné aucune suite. Exécutée avec les moyens convenables, elle n'allait à rien moins qu'à changer tout le commerce du Levant, et à détruire la puissance des Anglais dans l'Inde, source principale de leurs richesses. Le tort, en 1798, était de former cette entreprise avec une si petite marine, qu'on ne pouvait sérieusement compter sur elle, vu la trop grande supériorité de forces que possédait en ce genre la Grande-Bretagne.

Quoi qu'il en puisse être, les choses se passèrent ainsi qu'on va le voir.

Le directoire avait nommé le conquérant de l'Italie, général d'une armée qui se réunissait de toutes parts sur les côtes, pour aller bientôt, disait-on, faire une descente en Angleterre. Au milieu du mouvement que l'on remarquait, à ce sujet, dans plusieurs ports de l'Océan, on fit peu d'attention à ce qui se passait à Toulon; ou plutôt on crut que l'escadre et le convoi de troupes qui se préparaient dans ce port de la Méditerranée, faisaient partie de la grande expédition, et passeraient, quand le moment en serait venu, dans l'Océan.

Bonaparte vivait assez retiré, à Paris, et paraissait en attendant que tout fût prêt pour aller conquérir la paix dans Londres, s'adonner entièrement à la culture des sciences. Après avoir, plusieurs fois, fait courir le bruit qu'il allait retourner à Rastadt, pour presser la conclusion des négociations, on publia, par les feuilles officielles du 1er et du 2 avril 1798, un arrêté du directoire qui lui ordonnait de se rendre à Brest, pour y prendre définitivement le commandement des forces de terre et de mer. Il les avait déjà inspectées une fois. On ne tarda pas à annoncer, de la même manière, qu'il allait décidément partir pour Rastadt. Une lettre de lui, adressée à M. le comte de Cobentzel, en donna même la certitude; et cependant, le 4, jour où il devait se rendre à Rastadt, il arrivait à Toulon. Tout cela n'avait été probablement qu'un jeu pour tromper les espions de l'ennemi, et les engager dans des conjectures qui les détournassent de la véritable destination du général.

La flotte armée à Toulon pour l'expédition d'Egypte, était composée de quinze vaisseaux de ligne, six frégates, huit flûtes, et quelques corvettes. Le convoi était d'environ 350 bâtimens de transport. Les troupes rassemblées pour l'embarquement formaient un corps de vingt-cinq mille hommes de différentes armes. Des savans et des artistes, commissionnés par le gouvernement, pour faire un relevé de tout ce que le pays le plus riche en antiquités offre de plus précieux, se tenaient prêts à monter sur les vaisseaux avec l'armée. L'amiral Bruix commandait la flotte.

Le soldat qui n'a jamais beaucoup aimé les expéditions d'outre-mer, montrait du mécontentement et de l'hésitation, à tel point, que Bonaparte crut devoir, au moment de la revue, lui adresser le discours suivant :

« Officiers et soldats, il y a deux ans que je vins vous commander : à cette époque vous étiez dans la rivière de Gênes, dans la plus grande misère, manquant de tout, ayant sacrifié jusqu'à vos montres, pour votre subsistance réciproque; je vous promis de faire cesser vos misères, je vous conduisis en Italie : là, tout fut accordé. — Ne vous ai-je pas tenu parole? (un cri général se fit entendre) Oui! oui!

» Eh bien, apprenez que vous n'avez pas encore assez fait pour la patrie, et que la patrie n'a pas encore assez fait pour vous!

» Je vais actuellement vous mener dans un pays où, par vos exploits futurs, vous surpasserez ceux qui étonnent aujourd'hui vos admirateurs, et rendrez, à la patrie, les services qu'elle a droit d'attendre d'une armée d'invincibles.

» Je promets à chaque soldat, qu'au retour de cette expédition, il aura, à sa disposition, *de quoi acheter six arpens de terre* (1)..... » Le reste du discours roule sur la bonne intelligence qu'il était important d'entretenir sur la flotte, entre les troupes de terre et les gens de mer.

On préluda au départ, qui eut lieu le 19 mai, par la proclamation qu'on va lire :

« Soldats, vous êtes une des ailes de l'armée d'Angleterre ; vous avez fait la guerre de montagnes, de plaines, de siéges ; il vous reste à faire la guerre maritime.

» Les légions romaines, que vous avez quelquefois imitées, mais pas encore égalées, combattaient Carthage tour à tour sur cette même mer, et aux plaines de Zama. La victoire ne les abandonna jamais, parce que constamment elles furent braves, patientes à supporter les fatigues, disciplinées et unies entre elles.

» Soldats, l'Europe a les yeux sur vous ; vous avez de grandes destinées à remplir, des batailles à livrer, des dangers, des fatigues à vaincre ; vous ferez plus que vous n'avez fait encore pour la prospérité de la patrie, le bonheur des hommes et votre propre gloire.

---

(1) Que veut dire cette phrase amphibologique, par laquelle, sans doute, Bonaparte répondit à des militaires qui réclamaient le milliard promis depuis si long-temps, sans effet, aux défenseurs de la patrie ? Veut-elle dire qu'au retour on donnera, à chacun de ceux qui auront fait partie de l'expédition, de quoi acheter six arpens de terre ; ou bien que, pour sa part du butin, chaque soldat aura amassé cette somme dans l'expédition même.

» Soldats-matelots, fantassins, canonniers ou cavaliers, soyez unis; souvenez-vous que, le jour d'une bataille, vous avez besoin les uns des autres.

» Soldats-matelots, vous avez été jusqu'ici négligés; aujourd'hui, la plus grande sollicitude de la république est pour vous; vous serez dignes de l'armée dont vous faites partie.

» Le génie de la liberté, qui a rendu la république, dès sa naissance, l'arbitre de l'Europe, veut qu'elle le soit des mers et des contrées les plus lointaines. »

La flotte, une fois sortie de Toulon, rallia successivement trente-six bâtimens et quatre mille hommes sortis de Bastia, et les deux grandes divisions de la côte d'Italie; celle de Gênes, de cent cinquante bâtimens de transport, joignit le convoi, du 26 au 28 mai, par le travers de l'île Sainte-Madeleine; et celle de Civita-Vecchia, sous les ordres du général Desaix, un peu plus tard, près de Malte. Le 9 juin, tout ce qui devait faire partie de l'expédition, se trouva réuni sous l'île du Goze, et le lendemain on parut devant Malte, demandant à faire de l'eau. Sur des contestations qui s'élevèrent relativement à cette aiguade, que le grand-maître de l'ordre de Malte ne voulait permettre que pour deux bâtimens de transport à la fois, on résolut de le traiter en ennemi, et on attaqua. Malte, qui devait être si fort de ses remparts et du courage de ses chevaliers, ne tint cependant que vingt-quatre heures, soit qu'on l'ait livré par une infâme trahison, ou que la division, qui se manifesta parmi les chevaliers même au moment de l'attaque, eût rendu toute défense impossible. Le drapeau de l'ordre avait déjà été pris dans une sortie.

Les principales conditions de la capitulation furent: que le grand-maître recevrait de la république française trois cent mille francs, à titre de pension annuelle, jusqu'à ce qu'il eût obtenu une principauté au congrès de Rastadt; qu'il aurait de plus, à titre d'indemnité, une somme de six cent mille francs, et qu'il conserverait les honneurs militaires jusqu'au résultat des démarches qui seraient faites au congrès de Rastadt; et qu'enfin les chevaliers français, alors à Malte, et qui y avaient résidé depuis la révolution, seraient censés avoir résidé en France, et pourraient y rentrer.

Malte était un point important pour la France, portant des troupes en Egypte. C'était un lieu de relâche assuré à ses flottes, en même temps qu'un port de retraite enlevé aux Anglais.

Le 19 juin on remit en mer. Ce jour-là même, l'amiral Nelson, cherchant la flotte française, à la tête d'une escadre de seize vaisseaux, entrait dans le port de Messine : il s'y arrêta trois jours, et fit voile, du cap Panaro pour l'Egypte, le 21 juin.

La flotte anglaise, que rien n'embarrassait, et qui forçait de voiles, dépassa la flotte française, sans la rencontrer, et arriva, le 28 juin, à la vue d'Alexandrie. Ayant appris, par des officiers qu'il envoya à terre, qu'on n'avait eu, en Egypte, aucune nouvelle des Français, l'amiral Nelson remit à la voile pour aller au-devant des Français, après avoir exhorté les habitans d'Alexandrie à se défendre, si ceux-ci venaient à paraître. Il serra le vent, et prolongea la côte vers l'ouest ; ce qui fit qu'il ne rencontra pas l'amiral Bruix, qui s'éleva un peu dans le nord, en approchant de l'Egypte.

Le 28 juin, les Français étaient en vue de la côte. Elle s'étendait comme un ruban blanc sur l'horizon bleuâtre de la mer. Cet aspect n'avait rien que de fort triste : pas un arbre, pas une habitation ; la gaieté continua cependant de régner parmi les soldats accourus sur le pont des vaisseaux, pour voir la terre : *Tiens*, dit l'un d'eux à son camarade, *voilà les six arpens qu'on t'a décrétés*; et tous ceux qui avaient entendu ce propos, en rirent le plus cordialement du monde.

Instruit par le consul de France, qu'il envoya secrètement prendre à terre, de la récente apparition des Anglais, qui n'avaient pris chasse que depuis deux jours, Bonaparte fit, dès le soir même, commencer le débarquement. Ces premiers momens furent troublés par la vue d'une voile. On crut, un moment, qu'elle annonçait la flotte anglaise : *Fortune, m'abandonneras-tu ?* s'écria Bonaparte ; *Quoi! seulement cinq jours!* Mais tout le monde fut bientôt rassuré, en reconnaissant que cette voile était un vaisseau français (la Justice), arrivant de Malte.

Les généraux Menou, Kléber, Bon et Regnier débarquèrent les premiers, avec cinq à six mille hommes, mais sans artillerie et sans chevaux.

Bonaparte passe les troupes en revue, et les dirige sur Alexandrie. Une fois à terre, Bonaparte sentant tout le prix du temps, passa en revue celles de ses troupes qui étaient déjà débarquées.

La division Kléber, composée de la deuxième demi-brigade d'infanterie légère, des vingt-cinquième et soixante-cinquième de ligne, avait environ mille hommes.

La division Menou, composée de la vingt-deuxième d'infanterie légère, des treizième et soixante-neuvième de ligne, avait environ deux mille cinq cents hommes.

La division Bon, composée de la quatrième d'infanterie légère, des dix-huitième et trente-deuxième de ligne, avait quinze cents hommes.

La division Régnier, composée de la quatre-vingt-cinquième de ligne, n'avait que quelques hommes.

L'artillerie et la cavalerie étaient encore à bord. Les

divisions Menou, Kléber et Bon reçurent l'ordre de se former en colonnes et de marcher sur Alexandrie. Le général Régnier fut chargé de garder le point de débarquement. Bonaparte ordonna encore à tous les bâtimens du convoi, d'appareiller à la pointe du jour pour venir mouiller dans la rade du Marabou, et à toute la flotte, d'accélérer, par tous les moyens possibles, le débarquement du reste de l'armée.

Attaque et prise d'Alexandrie, le 5 juillet 1799. Il n'était pas plus de deux heures et demie du matin quand les divisions Menou, Kléber et Bon commencèrent à exécuter leur mouvement. Le général en chef, à pied, marchait parmi les tirailleurs de l'avant-garde, accompagné de son état-major, du général Dumas, commandant l'arme de la cavalerie ; des généraux Dommartin et Caffarelli, commandant l'artillerie et le génie : le dernier avait une jambe de bois, et n'en montrait pas moins d'ardeur.

Avant le jour, quelques Arabes vinrent attaquer un des avant-postes français, et lui tuèrent un capitaine. Au jour, on remarqua une centaine de ces Arabes qui, après avoir fait un moment le coup de fusil avec les tirailleurs, se replièrent sur Alexandrie.

En approchant d'Alexandrie, on fut harcelé sur les flancs par de la cavalerie arabe, qui ne put, au reste, causer aucune inquiétude sérieuse.

La division Menou s'avançait par les petites dunes de sable, le long de la mer, à l'ouest de l'enceinte dite de *la Ville des Arabes.* La division Kléber, au centre, se portait sur la porte de cette enceinte, qui conduit à la colonne de Pompée. La division Bon se dirigeait sur l'est de la ville, vers la porte de Rosette. Tout le monde avait ordre de s'arrêter à la portée du fusil, pour y attendre de nouvelles instructions. Cet ordre n'avait pas seulement pour but de donner le temps au général en chef de reconnaître la place; Bonaparte désirait parlementer, et éviter, autant que possible, d'ensanglanter ses premiers pas sur le sol égyptien. Cependant les habitans d'Alexandrie ne voulurent rien entendre; en armes sur leurs remparts et dans leurs tours, ils ne paraissaient accessibles qu'aux cris de leurs chefs, de leurs femmes et de leurs enfans qui les excitaient au combat. Le général en chef ne jugeant pas nécessaire d'attendre son artillerie, donna le signal de l'assaut. Le feu du canon des assiégés n'était pas redoutable; mais ils l'accompagnèrent d'une mousqueterie assez bien dirigée, et ils faisaient, en outre, voler sur les assaillans une grêle de pierres. Le général Menou, arrivant sur la muraille en même temps que le plus hardi de ses soldats, il fut blessé grièvement et culbuté. Le général Kléber fut aussi blessé au moment où il montrait à ses grenadiers un endroit où il croyait que l'escalade serait plus facile. La première enceinte de la ville fut cependant emportée, mais les Arabes et les Turcs se réfugièrent dans le fort triangulaire, dans le Phare et dans la nouvelle ville, montrant la résolution de s'y défendre avec le dernier acharnement. Bonaparte fit venir le capitaine d'un vaisseau de guerre turc, qui était dans le port, et l'envoya avec plusieurs officiers assurer les principaux habitans qu'il n'avait contre eux aucune intention hostile. Cela suffit pour arrêter l'effusion du sang. Bientôt on vit paraître les imans, les cheiks et le chérif, qui accouraient protester aux Français qu'ils avaient été trompés sur leurs desseins, et qu'ils seraient désormais leurs meilleurs amis. Le soir, les forts et les châteaux furent remis au pouvoir du général en chef. Les assiégeans comptaient encore parmi leurs blessés, l'adjudant-général La Salle. Ils n'avaient eu en tout que soixante hommes de blessés, et quinze de tués.

Proclamations de Bonaparte. Sa convention avec le muphti, les principaux cheiks et les Arabes. Les lettres et proclamations suivantes avaient accompagné Bonaparte à terre :

Bonaparte, général en chef, au pacha d'Egypte.

« Le directoire exécutif de la république française s'est adressé plusieurs fois à la sublime Porte, pour demander le châtiment des beys d'Egypte, qui accablaient d'avanies les commerçans français.

» Mais la sublime Porte a déclaré que les beys, gens capricieux et avides, n'écoutaient pas les principes de la justice; et que non-seulement elle n'autorisait pas les insultes qu'ils faisaient à ses bons et anciens amis, les Français, mais que même elle leur ôtait sa protection.

» La république française s'est décidé à envoyer une puissante armée, pour mettre fin aux brigandages des beys d'Egypte, ainsi qu'elle a été obligée de le faire plusieurs fois, dans ce siècle, contre les beys de Tunis et d'Alger.

» Toi qui devrais être le maître des beys, et que cependant ils tiennent au Caire, sans autorité et sans pouvoir, tu dois voir mon arrivée avec plaisir.

» Tu es sans doute déjà instruit que je ne viens point pour rien faire contre l'alcoran ni le sultan. Tu sais que la nation française est la seule et unique alliée qu'ait en Europe le sultan.

» Viens donc à ma rencontre, et maudis avec moi la race des mameloucks et des beys. »

Au commandant d'une caravelle turque, qui se trouvait dans le port d'Alexandrie.

« Les beys ont couvert nos commerçans d'avanies ; je viens en demander réparation.

» Je serai demain dans Alexandrie ; vous ne devez avoir aucune inquiétude ; vous appartenez à notre grand ami le sultan : conduisez-vous en conséquence. Mais si vous commettez la moindre hostilité contre l'armée française, je vous traiterai en ennemi, et vous en serez cause ; car cela est loin de mon intention et de mon cœur. »

PROCLAMATION.

Bonaparte, général en chef, au peuple égyptien.

« Au nom de Dieu miséricordieux : le Seigneur est Dieu, et il n'y a que lui qui le soit, etc. Enfin, voici l'instant où les beys de l'Egypte ont reçu le salaire qu'ils méritaient, pour être venus, étrangers sortis des montagnes de la Turquie, défigurer ce beau pays, traiter la nation française avec mépris, et se permettre toutes sortes de vexations à l'égard de son commerce. Bonaparte, général de la république française, est arrivé, et a apporté avec lui les principes de la liberté. Bonaparte est ici ; et le Très-Haut a livré les beys entre ses mains. Il mettra un terme à leur domination. Habitans de l'Egypte ! si les beys répandent que les Français veulent porter atteinte à votre religion, ne les croyez pas : soyez, au contraire, persuadés que c'est une imposture évidente. Ils sont venus pour arracher les opprimés à leurs tyrans. Oui, les Français révèrent plus sincèrement que les beys, Dieu, son prophète et l'alcoran. Aucune prééminence des personnes n'a de valeur devant le Seigneur. Devant lui nous sommes tous égaux. L'esprit, les talens, les connaissances doivent faire la seule différence entre les hommes; et comme les beys ne se distinguent par aucune de ces qualités, ils n'ont aucun droit à la souveraineté. Cependant ils possèdent seuls de vastes domaines, de belles esclaves, des chevaux superbes, de somptueuses habitations. Mais, de qui tiennent-ils toutes ces choses? Du prophète. Qu'ils vous en fournissent la preuve. Le Très-Haut est juste et compatissant. Il veut que, parmi les habitans de l'Egypte, tous, jusqu'au plus petit, puissent parvenir aux honneurs et à la considération. Ce pays, autrefois si peuplé et si florissant, ne doit qu'à la tyrannie des beys et à leur cupidité, l'état de dévastation dans lequel il se trouve à présent; mais cet état cessera bientôt. Des hommes, qui ont des lumières et des connaissances, vont désormais procurer à ce pays le bonheur et la sûreté. *Les Français se montrent de vrais Musulmans; ils ont naguère détruit à Rome le trône du pape qui excitait les chrétiens contre les sectateurs de Mahomet. De là, ils ont été à Malte, et ils en ont chassé les infidèles qui se croient appelés par Dieu à vivre continuellement en guerre avec les Musulmans.* Depuis long-temps les Français se sont conduits, dans toutes les occasions, comme les amis vrais et sincères de l'empereur de Turquie, et ont toujours regardé ses ennemis comme leurs propres ennemis. Subsiste donc à jamais la souveraineté du sultan; mais que la mort et l'anéantissement soient le partage de nos adversaires, les beys de l'Egypte, qui, pour mieux assouvir leur cupidité, sont toujours dans un état de désobéissance à l'égard du sultan, et ont toujours cherché à se soustraire à sa souveraineté! Tous ceux des habitans de l'Egypte qui s'attacheront à nous, s'en trouveront bien; il n'y a même aucun mal à redouter pour ceux qui resteront tranquilles dans leurs habitations, et n'entreprendront rien, ni pour ni contre nous, mais qui, persuadés que nos intentions sont bonnes, s'y soumettront. En revanche, terrible vengeance pour ceux qui oseront assister les beys à mains armées ! leur race sera exterminée sans pitié ! » Suivait, en forme d'arrêté, la nomenclature de plusieurs obligations imposées aux habitans du pays.

AUTRE PROCLAMATION.

Bonaparte, général en chef, à son armée.

« Soldats, vous allez entreprendre une conquête, dont les effets, sur la civilisation et le commerce, sont incalculables.

» Vous porterez à l'Angleterre le coup le plus sensible et le plus funeste, en attendant que vous puissiez lui donner le coup de mort.

» Nous ferons quelques marches fatigantes ; nous livrerons plusieurs combats ; nous réussirons dans toutes nos entreprises ; les destins sont pour nous.

» Les beys, mameloucks, qui favorisent exclusivement le commerce anglais, qui ont couvert d'avanies nos négocians, et qui tyrannisent les malheureux habitans du Nil, quelques jours après notre arrivée n'existeront plus.

» Les peuples avec lesquels nous allons vivre, sont mahométans. Leur premier article de foi est celui-ci : il n'y a d'autre Dieu que Dieu, et Mahomet est son prophète. Ne les contredisez pas, agissez avec eux comme vous avez agi avec les Juifs et les Italiens ; ayez des égards pour leurs muphtis et leurs imans, comme vous en avez eu pour les rabbins et les évêques ;

ayez, pour les cérémonies que prescrit l'alcoran, pour les mosquées, la même tolérance que vous avez eue pour les couvens et les synagogues, pour la religion de Moïse et de Jésus-Christ. Les légions romaines protégeaient toutes les religions.

» Vous trouverez ici des usages différens de ceux de l'Europe; il faut vous y accoutumer.

» Les peuples chez lesquels nous allons entrer traitent les femmes différemment que nous; mais, dans tous les pays, celui qui les viole est un monstre.

» Le pillage n'enrichit qu'un petit nombre d'hommes; il nous rend ennemis des peuples qu'il est de notre intérêt d'avoir pour amis.

» La première ville qui se présente à nous, a été bâtie par Alexandre. Nous trouverons, à chaque pas, de grands souvenirs, dignes d'exciter l'émulation des Français. »

Cette proclamation, comme la précédente, était accompagnée d'un arrêté du général en chef de l'armée française, en Egypte; il contenait des mesures nécessaires à la sûreté du pays.

A la suite de ces ouvertures conciliatrices du général français, il fut fait un accord entre lui, et le muphti et les cheiks de la ville d'Alexandrie; ceux-ci le firent connaître par la déclaration suivante :

« Gloire à Dieu, à qui toute gloire est due, et salut de paix sur le prophète Mahomet, sur sa famille, et les compagnons de sa mission divine.

» Voici l'accord qui a eu lieu entre nous, les notables de la ville d'Alexandrie, dont le nom est au bas de cet acte, et entre le commandant de la nation française, général en chef de l'armée campée dans cette ville.

» Les susdits notables continueront à observer leur loi et leurs saintes institutions; ils jugeront les différends suivant la justice la plus pure, et s'éloigneront, avec soin, du sentier tortueux de l'iniquité. Le cadi, auquel le tribunal de la justice sera confié, devra être de mœurs pures et d'une conduite irréprochable; mais il ne prononcera aucune sentence, sans avoir pris la décision et le conseil des chefs de la loi, et il ne dressera l'acte de son jugement qu'en conséquence de leur décision. Les cheiks susdits s'occuperont des moyens de faire régner l'équité, et ils tendront de tous leurs efforts vers ce but, comme s'ils n'étaient animés que d'un même esprit. Ils ne prendront aucune résolution, qu'après que tous ensemble l'auront approuvée d'un commun accord; ils travailleront avec zèle au bien du pays, au bonheur des habitans, et à la destruction des gens vicieux et méchans; ils promettent encore de ne point trahir l'armée française, de ne jamais chercher à lui nuire, de ne point agir contre ses intérêts, et de n'entrer dans aucun complot qui pourrait être formé contre elle.

» Ils ont fait, sur tous ces points, leur serment authentique, qu'ils renouvelleront dans cet acte, de la manière la plus droite et la plus solennelle.

» Le général en chef de l'armée française leur a promis, de son côté, d'empêcher qu'aucun des soldats de son armée n'inquiétât les habitans d'Alexandrie par des vexations, par des rapines et par des menaces; et que celui qui se porterait à de pareils excès, sera puni du supplice le plus sévère.

» Le général en chef a aussi promis solennellement de ne jamais forcer aucun des habitans de changer sa religion, et de ne jamais exiger aucune innovation dans les pratiques religieuses; mais qu'au contraire, son intention était, que tous les habitans restassent dans leur religion, et de leur assurer leur repos et leurs propriétés, par tous les moyens qu'il a en son pouvoir, tant qu'ils ne chercheront point à nuire, ni à sa personne, ni à l'armée qu'il commande.

» Le présent acte a été dressé mercredi matin, 20 de la lune de Muharem, l'an de l'hégire douze cent treize, répondant au 17 messidor de l'an 6 de la république française, une et indivisible, 5 juillet 1798.

» Suivent les signatures du muphti, et des cheiks, dans l'ordre suivant :

» Le pauvre Seuleiman Cained, *muphti du Maliki.*

» Le pauvre Ibrahim el Bourgi, *chef de la secte Hamfite.*

» Le pauvre Mahammed *el messiri.*

» Le pauvre Amed, etc. »

En recevant le serment du schérif Koraim, Bonaparte lui avait dit : *Je vous ai pris les armes à la main; je pourrais vous traiter en prisonnier, mais vous avez montré du courage, et comme je le crois inséparable de l'honneur, je vous rends vos armes, et pense que vous serez aussi fidèle à la république, que vous l'avez été à un mauvais gouvernement.* Pendant la marche du corps d'armée sur Alexandrie, des pelotons d'Arabes s'étaient jetés derrière lui, avaient pillé des bagages, et faits prisonniers des traîneurs. Bonaparte, pour se garantir, autant que possible, de tels ennemis, au milieu desquels il allait marcher, tout le temps qu'il emploierait à faire la conquête de l'Egypte, réunit, à Alexandrie, treize de leurs chefs, et signa avec eux un traité d'alliance. Ce traité portait : 1°. que les Arabes ne harcèleraient plus les derrières de l'armée française ; 2°. qu'ils lui donneraient tous les secours qui dépendraient d'eux; 3°. qu'ils lui fourniraient le nombre d'hommes qui leur seraient demandés; 4°. que Bonaparte, de son côté, leur restituerait, quand il serait maître de l'Egypte, des terres qui leur avaient appartenu jadis.

Un fait propre à prouver la bonne discipline qui existait dans l'armée française, aida beaucoup à ce traité. Un soldat, ayant été convaincu d'avoir enlevé un poignard à un Arabe paisible, avait été jugé et fusillé sur-le-champ.

Des différens habitans de l'Egypte, du gouvernement du pays, de la religion et des mœurs. L'Egypte a plusieurs espèces d'habitans bien distinctes. On nomme Cophtes, les descendans des anciens Egyptiens. Ils sont basanés, ont le front plat, surmonté de cheveux demi-laineux; les yeux peu ouverts et relevés aux angles, les joues élevées, le nez plus court qu'épaté; la bouche grande et plate, éloignée du nez et bordée de larges lèvres; la barbe rare et pauvre; peu de grâce dans le corps; les jambes arquées et sans mouvement dans le contours, et les doigts des pieds allongés et plats.

Après les Cophtes, il faut placer les Arabes. Ils forment la plus grande partie de l'Egypte moderne. « Sans y avoir plus d'influence, dit M. Denon, l'un des savans qui suivaient l'armée française, ils semblent être là pour peupler le pays, en cultiver les terres, en garder les troupeaux, ou en être eux-mêmes les animaux; ils sont cependant vifs et pleins de physionomie; leurs yeux, enfoncés et couverts, sont étincelans de mouvemens et de caractère; toutes leurs formes sont anguleuses; leur barbe courte et à mèches pointues; leurs lèvres minces, ouvertes, et découvrant de belles dents; leurs bras musclés; tout le reste, plus agile que beau, et plus nerveux que bien conformé. C'est dans la campagne, et surtout chez les Arabes du désert, que se distinguent les traits caractéristiques que je viens d'énoncer. Il faut cependant en remarquer trois classes bien différentes : l'Arabe pasteur, qui semble être la souche originelle, et qui ressemble au portrait que je viens de faire, et les deux autres qui en dérivent; l'Arabe bédouin, auquel une indépendance plus exaltée, et l'état de guerre dans lequel il vit, donnent un caractère de fierté sauvage; et l'Arabe cultivateur, le plus civilisé, le plus corrompu, le plus asservi, le plus avili conséquemment, le plus varié de forme et de caractère.

» Les Turcs, habitans de l'Egypte, ont des beautés plus graves, avec des formes plus molles, que les Arabes; leurs paupières épaisses laissent peu d'expression à leurs yeux; le nez gras, de belles bouches bien bordées, et de longues barbes touffues, un teint moins basané, un cou nourri; toute l'habitude du corps grave et lourde, en tout une pesanteur, qu'ils croient être une noblesse, et qui leur conserve un air de protection, malgré la nullité de leur autorité.

» Il n'en est pas de même, poursuit toujours M. Denon, des Grecs, qu'il faut déjà classer au nombre des étrangers formant des espèces de colléges séparés des indigènes. Leurs belles projections, leurs yeux pleins de finesse et d'esprit, la délicatesse et la souplesse de leurs traits et de leur caractère, rappellent tout ce que notre imagination se figure de leurs ancêtres, et tout ce que leurs monumens nous ont transmis de leur élégance et de leur goût. L'avilissement où on les a réduits, par la peur qu'inspire encore la supériorité de leur esprit, a fait d'un grand nombre d'eux d'astucieux fripons; mais, rendus à eux-mêmes, ils arriveraient peut-être bientôt jusqu'à n'être plus, comme autrefois, que d'adroits ambitieux. C'est la nation qui désire le plus vivement une révolution, de quelque part qu'elle vienne. Dans une cérémonie, un jeune Grec s'approcha de moi, me baisa l'épaule, et, le doigt sur ses lèvres, sans oser proférer une parole, me glissa mystérieusement un bouquet qu'il m'avait apporté : cette seule démonstration était un développement tout entier de ses sensations, de sa position politique, de ses craintes et de ses espérances.

» Ensuite viennent les Juifs, qui sont, en Egypte, ce qu'ils sont partout, haïs, sans être craints; méprisés et sans cesse repoussés ; jamais chassés; volant toujours, sans devenir très-riches, et servant tout le monde, en ne s'occupant que de leur propre intérêt. Je ne sais si c'est parce qu'ils sont plus près de leur pays, que leur caractère physique est plus conservé en Egypte, mais il m'a paru frappant : ceux qui sont laids, ressemblent aux nôtres; les beaux, surtout les jeunes, rappellent le caractère de tête que la peinture a conservé à Jésus-Christ, ce qui prouverait qu'il est de tradition, et n'a pas pour époque le quatorzième siècle, et le renouvellement des arts.

» Une autre race d'hommes, nombreuse en individus, a des traits caractéristiques très-prononcés : ce sont les Barbares, ou gens d'en-haut, qui sont des habitans de la Nubie et des frontières de l'Abyssinie. Dans ces climats brûlans, la nature avare leur a refusé tout superflu : ils n'ont ni graisse, ni chair, mais seulement des nerfs, des muscles et des tendrons, plus élastiques que forts; ils font, par activité et par lesteté, ce que les autres font par puissance; il semble que l'aridité de leur sol ait pompé la portion de substance que la nature leur devrait; leur peau luisante est d'un noir transparent et ardent : ils ne ressemblent point du tout aux Nègres de l'ouest de l'Afrique; leurs yeux sont profonds et étincelans, sous un sourcil surbaissé; leurs narines larges, avec le nez pointu ; la bouche évasée, sans que les lèvres soient grosses; les cheveux et la barbe rares et par petits flocons. Ridés de bonne heure, et restant toujours agiles, l'âge ne se prononce, chez eux, qu'à la blancheur de la barbe; tout le reste du corps est grêle et nerveux; leur physionomie est gaie; ils sont vifs et bons; on les emploie le plus ordinairement à garder les magasins et les chantiers de bois; ils se vêtissent d'une pièce de laine blanche, gagnent peu, se nourrissent de presque rien, et restent attachés et fidèles à leurs maîtres.

» Ce que j'ai pu remarquer, pour les femmes, constamment voilées, dit encore M. Denon, c'est que les filles, qui ne sont point nubiles, et pour lesquelles la rigueur n'existe pas encore, retracent assez, en général, les formes des statues égyptiennes de la déesse Isis. Les femmes du peuple, qui ont plus soin de se cacher le nez et la bouche que toutes les autres parties du corps, découvrent à tout moment, non des attraits, mais quelques beaux membres dispos, conservant un aplomb plus leste que voluptueux. Dès que leurs gorges cessent de croître, elles commencent à tomber, et la gravitation est telle, qu'il serait difficile de se persuader jusqu'où quelques-unes peuvent arriver. Leur couleur, ni noire, ni blanche, est basanée et terne; elles se tatouent les paupières et le menton, sans que cela produise un grand effet: mais je n'ai pas encore vu de femmes porter plus élégamment un enfant, un vase, des fruits, et marcher d'une manière plus leste et plus assurée; leur draperie, longue, ne serait pas sans noblesse, si un voile, en forme de flamme de navire, qui part des yeux et pend jusqu'à terre, n'attristait tout l'ensemble du costume, jusqu'à le faire ressembler au lugubre habit de pénitent. »

Les habitans les plus importans de l'Egypte actuelle, sont les Mameloucks, quoiqu'étrangers. Presque tous viennent du mont Caucase et de la Géorgie; on trouve cependant parmi eux des Allemands, des Russes et même des Français. On remarque que depuis cinq cent cinquante ans, date de leur institut, aucun n'a laissé de race subsistante; leur postérité périt à la première ou à la seconde génération. Ils combattent à cheval, et sont d'excellens cavaliers; chacun d'eux a deux, trois, et même quatre domestiques qui le suivent, à pied, sur le champ de bataille : leur fonction est de passer successivement à leur maître, deux fusils tout chargés. Le Mamelouck est armé d'une carabine anglaise, d'environ trente pouces de long, qui peut lancer plusieurs balles à la fois, de deux grands pistolets placés à sa ceinture, d'une masse d'armes qu'il pend à l'arçon de sa selle, et dont il se sert pour assommer, de huit flèches renfermées dans un carquois, et qu'il jette avec la main, et d'un sabre courbe, suspendu sur sa cuisse gauche par une bandouillère. Ces cavaliers n'ont ni uniforme, ni discipline; ils sont très-braves, mais combattent sans ordre; leur costume est riche et magnifique. En temps de paix, quelques centaines d'entre eux se répandent dans les villages, pour y maintenir l'autorité des beys et assurer le payement des tributs; ces beys, sangiacs ou seigneurs, sont au nombre de vingt-quatre : réunis, ils forment un divan, ou conseil de gouvernement, qui maîtrise le pacha du grand-seigneur lui-même, dont l'Egypte passe cependant pour être la propriété. Séparés, ils font ce qu'ils veulent sur leur territoire, et y exercent le pouvoir souverain. Leurs priviléges leurs sont solennellement garantis par un acte daté de 1517, époque où l'Egypte fut conquise sur les Mamelroucks, par le sultan Sélim. Créé par le père du célèbre Saladin, entre 1150 et 1190, ce corps militaire, vers l'année 1242, éleva un de ses officiers au trône. Comme nous l'avons dit plus haut, celui des successeurs de ce souverain des Mameloucks, qui régnait en 1517, fut dépossédé par le sultan Sélim. Alors se composa, du consentement du vainqueur, ce divan de vingt-quatre sangiacs, beys ou seigneurs : le chef, nommé par ce divan, s'appelait le Sheik-Biellet. Quand les Français débarquèrent en Egypte, en 1798, l'autorité, de nouveau disputée et presque usurpée par les Mameloucks, était partagée entre les deux beys Mourad et Ibrahim. Mourad était à la tête du militaire, et Ibrahim gouvernait la partie administrative. La Turquie entretenait encore un pacha en Egypte ; mais cet officier, sans pouvoir réel, et renfermé et gardé, quoiqu'honorablement, dans le château du Caire, était plutôt le prisonnier des Mameloucks que le représentant du sultan.

Les Mamelucks, et la plus grande partie des autres habitans de l'Egypte, sont mahométans ; mais il se mêle à leur croyance beaucoup de fanatisme, de superstition et d'idolâtrie. M. Denon raconte que se trouvant à Miniel-Guidi, avec le général Desaix, on amena devant ce dernier un très-bel enfant de douze ans, surpris à voler des fusils : il regardait sans émotion un coup de sabre dont on l'avait blessé au bras, au moment de son crime. On lui demanda qui lui avait ordonné ou conseillé de voler ces fusils : *Personne*, répondit-il ; qui l'avait porté à ce vol : *Il ne savait ; le fort (Dieu)* ; s'il avait des parens : *Une mère seulement, bien pauvre et aveugle*. Le général lui ayant demandé de nouveau, en le menaçant, à connaître ceux qui l'avaient entraîné à commettre une aussi méchante action : *Je vous l'ai dit, personne ne m'a envoyé,* répéta l'enfant ; *Dieu seul m'a inspiré* ; puis mettant son bonnet aux pieds du général : *Voilà ma tête*, ajouta-t-il, *faites-la couper*. — *Pauvre petit malheureux !* dit le général, en plaignant son aveuglement ; *qu'on le renvoie*. L'enfant égyptien vit que son arrêt était prononcé : il regarda le général, l'homme qui devait l'emmener, et lisant sur leur visage l'explication des paroles qu'il n'avait pu comprendre, il partit avec le sourire de la confiance.

Les Arabes se sont créé des saints, et ils les ont choisis d'une étrange manière. Ils attribuent, par exemple, aux faibles d'esprit, quand ils sont morts, des pouvoirs singuliers : l'un est le père de la lumière, et guérit les maux d'yeux ; un autre est le père de la génération et préside aux accouchemens, etc., etc. Il en est qui leur semblent avoir mérité cet honneur, en demandant l'aumône pendant toute leur vie, et en la recevant sans reconnaissance. Quelques-uns s'en sont rendus dignes en se frappant la tête avec des pierres, en restant immobiles et absolument nuds, sans témoigner qu'ils en souffrent. Il est aussi des pierres et des arbres qu'on révère en Égypte, parce que l'on croit qu'ils recèlent un bon ou un mauvais génie. On n'en peut rien détacher sans sacrilége; on va leur faire des confidences domestiques, et les consulter sur ses projets. « Il y avait un arbre de ce genre à Chendaouyeh, dit M. Denon. Nos sapeurs, qui ne savaient pas la haute considération dont il jouissait, mais qui le trouvaient seulement propre à faire bouillir la soupe, ayant eu le malheur de l'attaquer avec la hache, tout le canton faillit s'en révolter. « J'allai le voir, poursuit M. Denon, et je fus frappé de sa décrépitude. Il n'y avait plus qu'une de ses branches qui portât des feuilles ; toutes les autres, desséchées et rompues, étaient scrupuleusement conservées à l'endroit, où, en se détachant du tronc, elles étaient tombées sur le sol. J'examinai cet arbre avec attention ; j'y trouvai des cheveux attachés avec des clous, des dents, des petits sacs de cuir, de petits étendards, et tout près des tombeaux, des pierres isolées, un siége en forme de selle, sous lequel était une grosse lampe. Les cheveux avaient été cloués par des femmes, pour fixer l'inconstance de leurs maris ; les dents appartenaient à des adultes qui les consacrent pour implorer la pousse des secondes ; les pierres sont votives, afin que la maison que l'on va fabriquer, soit toujours habitée par celui qui va la bâtir ; le siége est le lieu où se met celui qui adresse son vœu de nuit, après avoir allumé la lampe qui est dessous : cérémonie assez bizarre. »

Le culte des animaux était, en partie, celui des anciens Égyptiens. On y trouve encore quelques psylles, c'est-à-dire, quelques charlatans de cette antique secte qui prétendait commander aux serpens. Le général Desaix s'en fit, un jour, amener trois ou quatre. Après les avoir interrogés un moment, il voulut les mettre à l'épreuve. « Pouvez-vous connaître, leur dit-il, s'il y a des serpens dans ce palais; et, s'il y en a, pouvez-vous les obliger à sortir de leur retraite? » Ils répondirent affirmativement. Ils se mirent à parcourir les appartemens. Bientôt ils déclarèrent qu'il y avait un serpent. Recommençant leur recherche pour découvrir la retraite de l'animal, ils prirent quelques convulsions en passant devant une jarre placée à l'angle d'une des chambres du palais, et dirent que le serpent était là. On l'y trouva en effet. Ces gens ne sont point sorciers, mais ils sont adroits. On proposa à M. Denon, témoin de cette scène, de se faire initier dans la secte. Il accepta, pour se mettre à même de faire des observations qui eussent pu être très-curieuses, mais il se récusa ensuite, parce qu'il apprit que dans la cérémonie de réception le grand-maître crachait dans la bouche du néophyte. Il obtint du moins de voir un inspiré. Le chef de la secte, magnifiquement vêtu d'une longue robe, parut devant lui avec trois initiés couverts de haillons. Ils tirèrent des serpens d'un grand sac de cuir, et les firent, en les irritant, se dresser et siffler. Ces serpens cherchaient à mordre, et les psylles prétendaient que c'était leur pouvoir secret qui les en empêchait ; mais tout venait de l'adresse avec laquelle ils les maniaient, et M. Denon en fit autant qu'eux. On passa de ce jeu au grand mystère : « Un des psylles prit un serpent à qui il avait d'avance rompu la mâchoire inférieure, et dont il ratissa encore les gencives jusqu'à l'amputation totale du palais ; cela fait, il l'empoigna avec l'affectation de l'emportement, s'approcha du chef qui, avec celle de la gravité, lui accorda le souffle, c'est-à-dire, qu'après quelques paroles mystérieuses, il lui souffla dans la bouche. A l'instant, l'autre, saisi d'une sainte convulsion, les bras et les jambes crispés, les yeux hors de la tête, se mit à déchirer l'animal avec les dents; et ses deux acolytes, touchés de ce qu'il paraissait souffrir, le retenant avec peine, lui arrachèrent de la main le serpent qu'il ne voulait pas leur abandonner. Dès qu'il en fut séparé, il resta comme stupide. Le chef s'approcha de lui, marmotta quelques mots, *reprit l'esprit par aspiration*, et il redevint dans son état naturel. Mais celui qui s'était saisi du serpent, tourmenté de l'ardeur de consommer le mystère, vint aussi demander le souffle; et, comme il était plus vigoureux que le premier, ses cris et ses convulsions furent encore plus ridicules.... »

Les chrétiens d'Egypte se disent de l'Eglise grecque, et ennemis de celle de Rome. Ils sont sous la juridiction du patriarche d'Alexandrie, qui achète, à force d'argent, la protection de la cour ottomane.

Langues en usage dans le pays, et son climat. La langue arabe est la plus en usage chez les Egyptiens de nos jours. On y parle cependant aussi le cophte ou grec moderne. L'Egypte fut le berceau des sciences; c'est aujourd'hui le siège de l'ignorance.

Durant huit mois de l'année, depuis mars jusqu'en novembre, c'est-à-dire à l'époque précisément où Bonaparte y débarqua, la chaleur est excessive dans cette contrée; la température est plus douce pendant les autres mois. Les naturels nomment les vents du sud qui soufflent quelquefois, *vents empoisonnés, ou vents brûlans du désert.* Ils portent partout un hâle destructeur, et soulèvent une mer de sable contre le voyageur imprudent qui n'a pas su prévoir leur venue. La grande fertilité de l'Egypte, qui produit une grande quantité de blé, de riz, d'olives, de dattes, de lin très-fin et d'excellens fruits, lui vient du Nil, la seule rivière considérable du pays, qui, se débordant vers le milieu de juin jusqu'au milieu de septembre, laisse sur le sol un limon mêlé de nitre, qui l'engraisse et le dispose à la production. La cécité totale et la faiblesse de la vue se trouvent fréquemment dans ce pays, qui compte deux millions d'habitans. On en donne pour causes l'âcreté d'une poussière subtile qui s'élève presque continuellement du terrain sablonneux, l'air de la nuit, la rosée, les vapeurs du Nil et la réflexion des rayons du soleil, que le sable rend avec un éclat dévorateur.

Particularités sur la ville d'Alexandrie. Alexandrie, si grande encore par son nom qui rappelle celui de son fondateur, est à présent une des dernières villes du monde: elle contenait autrefois trois cent mille habitans; aujourd'hui elle en contient à peine dix mille. C'est un amas de ruines; la plus grande partie des maisons y sont bâties de boue et de paille. Les deux seuls monumens qui restent encore debout, sont la colonne de Pompée, élevée par l'empereur Sévère, et l'obélisque appelé l'Aiguille de Cléopâtre; mais ces deux monumens, ainsi que les tronçons de colonne de granit, que l'on rencontre çà et là à ses pieds, ne sont propres qu'à faire paraître plus hideux encore l'état de dégradation où est tombée cette ville.

« Il me serait impossible de rendre ce que j'éprouvai en abordant à Alexandrie, dit M. Denon, que nous citerons avec empressement toutes les fois que l'occasion s'en présentera : il n'y avait personne pour nous recevoir ou nous empêcher de descendre ; à peine pouvions-nous déterminer quelques mendians, accroupis sur leurs talons, à nous indiquer le quartier-général. (L'armée avait déjà pris poste), les maisons étaient fermées ; tout ce qui n'avait osé combattre, avait fui, et tout ce qui n'avait pas été tué, se cachait, de crainte de l'être, selon l'usage oriental...... Le premier tableau qui se présenta à nos regards, fut un vaste cimetière, couvert d'innombrables tombeaux de marbre blanc sur un sol blanc. Quelques femmes maigres, et couvertes de longs habits déchirés, ressemblaient à des larves qui erraient parmi ces monumens. Le silence n'était interrompu que par le sifflement des milans, qui planaient sur ce sanctuaire de la mort ; nous passâmes de là dans des rues étroites et aussi désertes...... Dans toute la traversée de cette longue ville, si mélancolique, l'Europe et sa gaieté ne me furent rappelés que par le bruit et l'activité des moineaux. Je ne reconnus plus le chien, cet ami de l'homme, ce compagnon fidèle et généreux, ce courtisan gai et loyal ; ici, sombre, égoïste, étranger à l'hôte dont il habite le toit, isolé sans cesser d'être esclave, il méconnaît celui dont il défend encore l'asile, et sans horreur il en dévore la dépouille. »

Ce tableau est celui d'une ville qui vient de changer de maîtres ; mais on y peut reconnaître facilement qu'en aucun temps, cette ville ne saurait être ni agréable, ni gaie.

Départ d'Alexandrie pour s'enfoncer dans l'intérieur de la contrée. Cependant l'armée française ne s'arrêta point à Alexandrie. La plupart des divisions, après avoir été débarquées, ne firent même que le traverser, pour aller camper dans le désert. Le militaire de l'expédition, et tout ce qui lui appartenait, ne montraient ni inquiétude, ni dégoût ; et les chefs donnaient les ordres avec le plus grand calme et la plus grande confiance. *Mes amis,* dit un officier à sa troupe, au moment du départ, *vous allez coucher à Béda ; vous entendez, à Béda ; cela n'est pas plus difficile que cela : marchons, mes amis ;* et, sans se le faire dire deux fois, les soldats se mirent en marche.

Un des savans qui suivaient l'armée, vit auprès de la porte de Rosette une jeune Française, éclatante de jeunesse et de beauté, qui, au milieu des morts et des débris, tristes restes du combat, était assise sur un catalecte encore tout sanglant ; il lui témoigna sa surprise de la trouver seule en un tel lieu : *J'attends mon mari, pour aller coucher dans le désert,* leur répondit-elle fort ingénument, et sans montrer aucun regret, aucun souci.

Trait de jalousie d'un Égyptien. Le second jour de marche, comme ils sortaient de ce même Béda, dont nous parlions tout à l'heure, les Français rencontrèrent dans le désert une jeune femme que l'on avait violemment privée de l'organe de la vue : elle tenait, d'une main, un enfant en bas âge, et étendait l'autre devant elle pour se garantir. Les soldats émus appelèrent leur guide, et le prièrent d'interroger l'inconnue : ils surent, par ce moyen, qu'elle devait son sort affreux à la jalousie d'un mari barbare. L'infortunée ne leur demanda rien pour elle-même ; elle implore la pitié en faveur du jeune enfant qui partage sa proscription, et que la faim consume déjà. Ils s'empressent aussitôt de donner une part de leur ration à la mère et à l'enfant ; lorsque, tout d'un coup, le mari furieux, qui suivait de l'œil ses victimes, accourt et arrache des mains de l'épouse qu'il croit parjure, les alimens qu'on vient de lui donner : *Arrêtez!* s'écrie-t-il dans son langage ; *elle a manqué à son honneur; elle a flétri le mien ; cet enfant est mon opprobre ; il est le fils du crime!* On veut l'empêcher de réduire ainsi les deux infortunés à mourir dans le tourment horrible de la faim : sa jalousie s'en irrite encore ; il tire un poignard, de ses vêtemens, en frappe mortellement la femme, saisit l'enfant, et l'écrase sur le sol : puis, entendant les cris d'indignation que l'on pousse autour de lui, il présente stupidement sa poitrine à ceux qui l'environnent, comme pour défier leur vengeance. En Egypte, une telle action n'est déclarée punissable par aucune loi.

Marche de l'armée; *mauvaise foi des Arabes*. L'armée française entière, remontant le Nil, se dirigeait vers le Caire, capitale de l'Egypte. Les premiers ennemis qu'elle rencontra, furent les Arabes. Ils la harcelèrent en tous sens, et massacrèrent ses traîneurs. Plusieurs officiers, surpris par eux comme ils portaient des ordres du général en chef aux différentes divisions, tombèrent sous leurs coups. Ce n'était pas là l'exécution de la convention signée à Alexandrie par treize de leurs chefs ; mais on ne saurait compter que très-faiblement sur de tels traités, faits avec un peuple qui se divise en une infinité de hordes, toutes indépendantes les unes des autres, et qui, traitant le plus souvent à cause des présens attachés aux stipulations, ne connaît de véritable engagement que la nécessité.

Phénomène. Manquant d'eau, le plus grand supplice doit être d'en voir fuir devant soi : c'était dans la mythologie des anciens, le supplice de Tantale ; nos soldats le souffrirent dès les premiers jours de leur marche en Egypte. Dans ce pays effectivement, au moment le plus chaud de la journée, c'est-à-dire quand on désirerait le plus trouver à se désaltérer et à se baigner, le mirage des objets saillans sur les rayons du soleil réfractés par l'ardeur de la terre embrasée, offre tellement l'image d'un vaste lac, qu'on y est trompé la dixième fois comme la première.

Combat de Chebreïs, le 13 juillet. Le 10 juillet, toutes les divisions françaises se trouvèrent réunies à Rahmanayeh. L'armée appuyait sa gauche au Nil, sur lequel elle avait une flottille composée de trois chaloupes canonnières, d'une demi-galère et d'un chebek, le tout commandé par le chef de division Perrée. Ce jour-là les Mameloucks se montrèrent, pour la première fois, au nombre de sept ou huit cents; ils furent repoussés et dispersés.

Derrière cette avant-garde, Mourad-Bey s'avançait à la tête d'un corps d'armée beaucoup plus considérable, composé, pour la plus grande partie, de cavalerie : à l'approche des Français, il prit position au village de Chebreïs. Sa droite était appuyée au Nil, et soutenue par huit ou dix grosses chaloupes canonnières, et plusieurs batteries élevées sur le rivage.

La cavalerie des Mameloucks était brillante, à prendre ce mot dans toutes ses acceptions; la cavalerie française, au contraire, ne se composait que de deux cents hommes harassés de la fatigue de la traversée, et de celle de la route qu'ils venaient de faire au milieu des privations les plus sensibles.

Les cinq divisions qui formaient l'armée française, furent disposées, par le général en chef, en ordre de bataille, par échelons, se flanquant entre elles. Cette ligne s'appuyait à deux villages où l'on plaça un grand nombre de tirailleurs. De plus, chaque division était particulièrement formée en carré, les bagages au centre. L'artillerie avait été établie aux angles des carrés et dans leurs intervalles.

On sent quel effet devait produire sur l'ennemi auquel on avait affaire, une telle disposition de troupes. Quoiqu'ignorant dans l'art de la guerre, il n'osa se livrer à aucune attaque sérieuse, et se contenta de tâter l'ordre de bataille sur tous ses points. Il se retira ensuite pour aller se réunir à de plus grandes forces, laissant sur le champ de bataille trois cents des siens, victimes des différentes épreuves qu'il avait voulu faire.

Sa flottille fut très-mal traitée ; elle avait eu l'avantage au commencement du combat, et avait enlevé au chef de division Perrée, ses trois chaloupes canonnières et sa demi-galère ; mais l'officier français avait ensuite repris ces trois petits bâtimens, avec son chebeck seul, et en brûlant l'amiral des Mameloucks. Il fut tiré de part et d'autre plus de quinze cents coups de canon dans l'action.

Bataille des Pyramides, le 21 juillet. L'armée française ayant continué sa marche après le combat de Chebreïs, arriva le 20 juillet à Omedinar, d'où elle commença à voir les Pyramides. Mourad ayant réuni à lui tous les beys et toutes leurs forces, attendait les Français en position au village d'Embabeh, qu'il avait garni d'artillerie. Sa cavalerie, qui ne se montait pas à moins de six mille hommes, tant Mameloucks qu'Arabes, était postée dans la plaine. Aussitôt que l'armée eut découvert les ennemis, le 21, elle se forma. Quand Bonaparte eut donné les derniers ordres, il dit, en montrant les Pyramides : *Allez, et pensez que du haut de ces monumens quarante siècles nous observent.* Les divisions Desaix et Reynier marchaient pour aller se placer entre Gizah et Embabeh, et couper ainsi à Mourad la communication de la Haute-Egypte, par laquelle il était naturel de penser qu'il essayerait de se retirer, si la chance des armes tournait contre lui. Les divisions Dugua, Vial et Bon, à gauche des deux premières, se rapprochaient du Nil, en formant le demi-cercle. Le chef des Mameloucks s'avança pour reconnaître. Remarquant que les Français n'avaient point de cavalerie, il s'écria qu'il allait les tailler comme *des citrouilles* (ce furent là ses propres expressions), et il les envoya charger par un de ses beys les plus braves à la tête d'un corps considérable de sa cavalerie. Mais il ne tarda point à voir qu'il s'était trop légèrement promis la victoire. La division Dugua qu'ils attaquaient la première, les écrasa du feu de son artillerie et de sa mousqueterie, et les força de tourner tête. Ils se rabattirent ensuite sur la division Desaix, qui les arrêta à son tour par un feu de file bien nourri et bien soutenu. Ils hésitèrent un moment ; puis, pour tourner cette division, se jetèrent entre elle et celle du général Reynier : ce qui acheva leur défaite. Le feu croisé des deux divisions les éclaircit de la manière la plus terrible et les mit en déroute. Dispersés et désormais sans dessein, ils se retirèrent, les uns sur Embabeh, et les autres dans un parc planté de palmiers qui était à l'occident des deux divisions. Bientôt délogés par des tirailleurs, ces derniers prirent la route du désert des Pyramides.

Cependant les divisions Vial et Bon, qui approchaient du village d'Embabeh, lancèrent sur lui deux bataillons commandés par les généraux Rampon et Marmont. Ce qui restait de Mameloucks dans le camp, fit alors une sortie, se dirigeant d'abord sur le bataillon Rampon, qui leur parut le plus facile à détruire. Ce fut là qu'ils perdirent le plus de monde dans toute la journée. Chargeant avec fureur jusque sur les baïonnettes des soldats français, un grand nombre y trouvèrent la mort. Le feu qu'on leur opposait, faisait d'ailleurs continuellement, au milieu d'eux, un ravage horrible. On en vit venir enflammer leur habit au feu de la mousqueterie des Français, et, blessés à mort, brûler ensuite devant les rangs. Il fallut prendre la fuite. Ils voulurent rentrer dans leur camp : leurs ennemis les suivirent, et y entrèrent pêle-mêle avec eux. Toute leur artillerie tomba alors au pouvoir du vainqueur. L'armée française, arrivant de tous côtés sur le village, rendait toute retraite impossible. Ils se mirent à longer le Nil ; un mur qui y aboutissait les arrêta, et les contraignit de rétrograder. Ils se précipitèrent alors dans le fleuve pour aller rejoindre, à la nage, un corps de troupes qui, ayant Ibrahim-Bey à sa tête, était posté sur l'autre rive pour couvrir le Caire, de ce côté. Beaucoup se noyèrent ; et pour arriver au Nil, il fallut que tous essuyassent à cinq pas le feu d'un bataillon de carabiniers qui s'était placé sur leur passage. Les Mameloucks, dans cette affaire importante, que l'on peut bien nommer une bataille, perdirent quarante pièces de canon, quatre cents chameaux, et plus de deux mille hommes. Le général Desaix poursuivit Mourad avec les débris de son armée jusqu'à Gizah, à l'entrée de la grande vallée du Nil. Ibrahim-Bey se hâta de gagner le désert de Syrie avec son petit corps de troupes.

Entrée de Bonaparte au Caire ; ses proclamations. De son quartier-général de Gizah, Bonaparte adressa la lettre suivante, le lendemain de la bataille, c'est-à-dire, le 22 juillet, aux habitans du Caire :

« Vous verrez, par la proclamation ci-jointe, les sentimens qui m'animent.

» Hier, les Mameloucks ont été, pour la plupart, tués ou faits prisonniers, et je suis à la poursuite du peu qui reste encore.

» Faites passer de ce côté-ci les bateaux qui sont sur votre rive; envoyez-moi une députation pour me faire connaître votre soumission.

» Faites préparer du pain, de la viande, de l'orge et de la paille pour mon armée; et soyez sans inquiétude, car personne ne désire plus contribuer que moi à votre bonheur. »

PROCLAMATION.

Bonaparte, général en chef, au peuple du Caire.

« Peuple du Caire, *je suis content* de votre conduite; vous avez bien fait de ne pas prendre parti contre nous. Je suis venu pour détruire la race des Mameloucks, protéger le commerce et les naturels du pays. Que tous ceux qui ont peur se tranquillisent; que ceux qui se sont éloignés rentrent dans leurs maisons; que la prière ait lieu comme à l'ordinaire, comme *je veux* qu'elle continue toujours. Ne craignez rien pour vos familles, vos maisons, vos propriétés, et surtout pour la religion du prophète que j'aime. Comme il est urgent qu'il y ait des hommes chargés de la police, afin que la tranquillité ne soit pas troublée, il y aura un divan composé de sept personnes qui se réuniront à la mosquée de Vair; et il y en aura toujours deux près du commandant de la place, et quatre seront occupées à maintenir la tranquillité publique et à veiller à la police. »

Bonaparte, général en chef, au pacha du Caire.

« L'intention de la république française, en occupant l'Egypte, a été d'en chasser les Mameloucks, ennemis déclarés du gouvernement français.

» Aujourd'hui qu'elle s'en trouve maîtresse, par la victoire signalée que son armée a remportée, son intention est de conserver au pacha du grand-seigneur, ses revenus et son existence.

» Je vous prie donc d'assurer la Porte, qu'elle n'éprouvera aucune espèce de perte, et que je veillerai à ce qu'elle continue à percevoir le même tribut qui lui était ci-devant payé. »

Les Orientaux vantent beaucoup la ville du Caire. Ils l'appellent la Cité sainte, grande parmi les grandes, le délice de la pensée. Ils disent que son faste et son opulence font sourire le prophète. Rien de plus triste cependant que l'aspect de cette ville : on n'y voit pas une belle rue, pas un beau monument. Il est vrai de dire néanmoins qu'elle est grande, car elle a plus de trois lieues de tour. Elle est riche aussi par le commerce, puisqu'elle peut être considérée comme l'entrepôt de celui de l'Afrique orientale. On lui apporte de l'Arabie heureuse, du café, des parfums, des pierres précieuses et des drogues médicinales; de Surate et de quelques autres parties de l'Inde, des mousselines, plusieurs autres étoffes de coton et des épiceries. Il lui arrive fréquemment de Sennaar, du Dar-Four et du Fezzan, des caravanes qui couvrent ses marchés, de poudre d'or, d'ivoire, de cornes de rhinocéros, de plumes d'autruches et de gommes. Sa population est de deux cent mille âmes environ. Elle est composée d'Arabes, qui forment le corps du peuple; de chrétiens, de Cophtes et de Mameloucks. On y trouve aussi des Grecs, des Syriens, des Arméniens, des natifs de Tripoli, de Tunis, de Maroc, quelques Turcs, et enfin des Juifs.

Bonaparte poursuit Ibrahim-Bey jusque dans le désert de Syrie. Bonaparte organisait au Caire un gouvernement provisoire pour toutes les provinces de l'Egypte, lorsqu'il apprit qu'Ibrahim-Bey, s'étant arrêté dans sa fuite, cherchait à former une armée d'Arabes et de paysans soulevés. Le général de cavalerie Leclerc, qui se trouvait aux avant-postes de l'armée, était déjà aux prises avec eux. Le général en chef crut devoir, dans cette occasion, se mettre lui-même à la tête des troupes qu'il fit marcher contre Ibrahim.

Il délivra en chemin la caravane de la Mecque, que les Arabes avaient enlevée, et qu'ils voulaient emmener dans le désert. Il lui donna une escorte jusqu'au Caire.

Ibrahim-Bey, trop tôt surpris, fuyait devant les troupes françaises, sans oser risquer aucun combat. Mais Bonaparte le suivait de près : il arriva à Salehich, dernier endroit habité de l'Egypte, du côté de la Syrie, comme Ibrahim venait de le quitter, avec ses trésors et ses femmes. Il ne tarda point à l'atteindre dans le désert même : il fit charger son arrière-garde par le général Leclerc, qui lui enleva deux pièces de canon et une cinquantaine de chameaux chargés de tentes et de différens effets. Beaucoup d'officiers supérieurs furent blessés dans cette action, où il fallut se battre corps à corps avec les Mameloucks. Le chef de brigade du vingt-unième, Lasalle, ayant laissé tomber son sabre au milieu de la charge, mit pied à terre pour le ramasser, et le fit si lestement, qu'il se retrouva à cheval à temps pour combattre un Mamelouck qui voulait profiter de son désappointement pour l'accabler. Ibrahim-Bey reçut dans le combat une large blessure. Après cette affaire, il continua de s'avancer dans le désert, où les Français cessèrent de le poursuivre. Bonaparte ayant laissé à Salehich la division du général Reynier, et des officiers de génie pour y construire une forteresse, reprit, le 3 août, la route du Caire. A deux lieues de Salehich, il fut joint par un aide-de-camp du général Kléber, qui lui apportait la nouvelle du combat malheureux que la flotte française avait soutenu le 1er. août, dans la rade d'Aboukir.

Bataille navale d'Aboukir, le 1er. août 1798. Nous avons dit avec quel bonheur la flotte française avait échappé, dans la traversée, à la flotte anglaise qui la cherchait de tous côtés. Les bâtimens de transport et les frégates avaient bien mouillé dans le port d'Alexandrie, mais les gros vaisseaux n'avaient pu y entrer, parce qu'il n'était pas assez profond. Les tempêtes, et surtout les coups de l'ennemi, pouvaient donc menacer cette superbe escadre, d'autant plus précieuse, que c'était tout ce qui nous restait de la marine de Toulon. Bonaparte ne pouvant se dissimuler combien était critique la position de la flotte dans la rade d'Aboukir, ordonna au contre-amiral Bruix qui la commandait, de conduire ses vaisseaux à Corfou; mais l'amiral, qui venait de s'embosser dans la baie, s'y croyant en sûreté, refusa d'obéir. Si l'inquiétude augmenta, quand, le 31 juillet, Nelson parut sur les côtes d'Égypte, elle fut à son comble, au moment où on le vit reconnaître le port d'Alexandrie, et s'avancer fièrement vers Aboukir. Les treize vaisseaux français étaient embossés sur une seule ligne, à quatre lieues en mer, éloignés les uns des autres de deux tiers de câble. Ils couvraient l'embouchure du Nil auprès de Rosette. Des chaloupes canonnières couvraient les flancs de la ligne, qui devait être enfilée tout entière par une batterie de canons et de mortiers, établie sur une petite île, qui était à la gauche de l'armée; mais la flotte ne pouvait être entièrement couverte par cette batterie placée avec négligence. Bruix, d'un autre côté, sachant que les vaisseaux anglais sont plus légers, et tirent moins d'eau que les nôtres, aurait dû examiner, avec soin, s'il n'était pas possible qu'ils passassent entre la tête de la ligne et la terre ; mais il ne le fit pas, et en cela il commit une faute irréparable et impardonnable. Voici l'ordre dans lequel étaient rangés les vaisseaux français : le Guerrier, le Conquérant, l'Aquilon, le Spartiate, le Peuple Souverain, le Francklin, l'Orient, le Tonnant, l'Heureux, le Mercure, le Timoléon, le Guillaume Tell et le Généreux. Le mouillage et la position de ces vaisseaux étant très-éloignés de terre, Nelson ne s'en fut pas plutôt assuré, qu'il disposa ses quatorze vaisseaux pour l'attaque, comme il l'eût fait en pleine mer, et comme s'il eût atteint l'avant-garde française avec l'avantage du vent. Il fit gouverner son chef de file entre le mouillage et la terre, afin de doubler la ligne française et de la mettre entre deux feux. Une djerme, dirigeant sa marche, lui indiquait la route qu'il devait suivre. Sur six vaisseaux, il n'y en eut qu'un seul qui toucha ; les cinq autres vinrent mouiller bord à bord entre le rivage et les six premiers vaisseaux de la flotte française. En même temps sept autres vaisseaux anglais défilèrent en dehors, et mouillant au bord opposé de cette partie de la ligne française, la mirent entre deux feux. La ligne française fut encore rompue par le vaisseau anglais le Léander, qui la coupa entre le Tonnant et l'Orient. Par cette manœuvre habile, Nelson parvint à mettre l'arrière-garde française dans l'impossibilité de prendre part à l'action. Quatorze vaisseaux anglais attaquèrent donc, le 1er août, à six heures du soir, sept vaisseaux français qui durent nécessairement succomber. La canonnade s'engagea alors ; et, quoiqu'elle eût continué, avec chaleur, le reste de la journée et pendant toute la nuit, il n'y avait, le matin, aucun avantage décisif, quelque difficile que fût la position de la flotte française. Au point du jour, les vaisseaux s'approchèrent à portée de pistolet, et, dans cette position, employèrent, pour se détruire mutuellement, tous les moyens que les fureurs de la guerre peuvent inventer et suggérer. Un boulet coupa en deux l'amiral Bruix, qui commandait encore, quoique blessé dangereusement. Son capitaine de pavillon, Casa Bianca, reçut, presqu'au même instant, une blessure mortelle, et on chercha inutilement à éteindre le feu qui prit au vaisseau l'Orient. Le jeune fils de Casa Bianca, garde-marine, qui n'était âgé que de dix ans, se trouvait près de son père à l'instant où il fut frappé. Il se précipite sur lui, l'embrasse étroitement, jure qu'il ne l'abandonnera pas. On quitte le vaisseau. Il résiste aux matelots qui veulent le sauver et le porter dans la chaloupe. Le feu avait déjà pénétré dans toutes les parties du vaisseau; la chaloupe s'éloignait avec précipitation. L'intendant de l'escadre s'était attaché à un tronçon de mât jeté à la mer; le jeune Casa Bianca y attache aussi, après les derniers efforts, son père mourant, et s'y place lui-même. Les trois infortunés, flottant au gré des vents, se seraient peut-être sauvés, mais ils furent engloutis dans les flots, au moment où l'Orient sauta avec un fracas épouvantable. Le contre-amiral Gantheaume fut assez heureux pour se sauver à la nage. On eût dit qu'une pluie de fer et de feu couvrait les deux flottes. On voyait retomber sur l'escadre des voiles, des canons, des hommes même, que la force de l'explosion avait lancés dans l'air embrasé. Cet événement avait, un instant, suspendu le combat, qui bientôt recommença avec un acharnement inexprimable. Plusieurs commandans français furent tués; presque tous furent blessés. Ils se battirent avec une valeur héroïque. Le capitaine de vaisseau commandant le Tonnant, Dupetit Thouars, vivant encore, quoique mutilé de manière à n'avoir plus que le tronc, ne voulut pas qu'on l'enlevât de dessus le pont. Il fit jurer à son équipage de ne pas se rendre, ou de le jeter au moins à la mer, avant d'amener son pavillon.

Cette nuit horrible et les eaux de la mer ensevelirent bien des actions courageuses, et des traits, sans nombre, d'héroïsme. Les Français, considérant du rivage cet étrange combat, étaient dans une incertitude bien pénible; croyant que les vaisseaux les plus près d'eux étaient ceux de leur flotte, ils applaudissaient à leur feu. Hélas! c'était le triomphe de leurs ennemis qu'ils célébraient. Comme il n'y avait eu que sept vaisseaux français qui eussent donné dans ce combat, quand ils furent rendus ou coulés bas, les six autres furent attaqués par Nelson victorieux, et se jetèrent à la côte. Ne recevant ni ordres, ni signaux, ils ne crurent pas avoir d'autre parti à prendre. Nelson prit le Tonnant, l'Heureux et le Mercure ; le Timoléon sauva son équipage, et aima mieux se faire sauter que de se rendre. Le contre-amiral Villeneuve ordonna à deux vaisseaux français de couper leurs câbles, et ce furent les seuls qui échappèrent. On comptait sur la flotte anglaise, dont presque tous les vaisseaux étaient désemparés, mille morts et dix-huit cents blessés. Nelson reçut, dans le combat, une blessure grave à la tête. Il fit bloquer le port d'Alexandrie par ceux de ses vaisseaux qui avaient été les moins endommagés, et se rendit en Sicile, pour y faire radouber les autres. Combien furent douloureux les regards que jetèrent, pendant long-temps, sur les débris de cette superbe flotte, les Français débarqués en Égypte!

Entretien singulier de Bonaparte dans la grande Pyramide, avec plusieurs muphtis et imans. De retour au

Caire, Bonaparte visita, le 12 août, la grande Pyramide, dite de Cheops. Il eut, dans l'intérieur, avec plusieurs muphtis et imans, l'entretien suivant :

BONAPARTE. Dieu est grand, et ses œuvres sont merveilleuses. Voici un grand ouvrage de mains d'hommes. Quel était le but de celui qui fit construire cette Pyramide ?

SULEIMAN. C'était un puissant roi d'Egypte, dont on croit que le nom était Cheops. Il voulait empêcher que des sacrilèges ne vinssent troubler le repos de sa cendre.

BONAPARTE. Le grand Cyrus se fit enterrer en plein air, pour que son corps retournât aux élémens. Penses-tu qu'il ne fit pas mieux ? le penses-tu ?

SULEIMAN (*s'inclinant.*) Gloire à Dieu, à qui toute gloire est due !

BONAPARTE. Honneur à Allah ! Quel est le calife qui a fait ouvrir cette Pyramide, et troubler la cendre des morts ?

MUHAMED. On croit que c'est le commandeur des croyans, Mahmoud, qui régnait, il y a plusieurs siècles, à Bagdad : d'autres disent le renommé Aaron Raschild (Dieu lui fasse paix !) qui croyait y trouver des trésors : mais quand on fut entré par ses ordres dans cette salle, la tradition porte qu'on n'y trouva que des momies, et sur le mur cette inscription en lettres d'or : *L'impie commettra l'iniquité sans fruit, mais non sans remords.*

BONAPARTE. Le pain, dérobé par le méchant, remplit sa bouche de gravier.

MUHAMED (*s'inclinant.*) C'est le propos de la sagesse.

BONAPARTE. Gloire à Allah ! il n'y a point d'autre Dieu que Dieu ; Muhamed est son prophète, et je suis de ses amis.

Suleiman. Salut de paix à l'envoyé de Dieu. Salut aussi sur toi, invincible général, favori de Muhamed.

Bonaparte. Muphti, je te remercie. *Le divin Coran fait les délices de mon esprit et l'attention de mes yeux.* J'aime le prophète, et je compte, avant qu'il soit peu, aller voir et honorer son tombeau dans la ville sacrée. Mais ma mission est, auparavant, d'exterminer les Mameloucks.

Ibrahim. Que les anges de la victoire balayent la poussière sur ton chemin, et le couvrent de leurs ailes. Le Mamelouck a mérité la mort.

Bonaparte. Il a été frappé et livré aux anges noirs, Monkir et Quakir. Dieu, de qui tout dépend, a ordonné que sa domination fût détruite.

Suleiman. Il étendit la main de la rapine sur les terres, les moissons, les chevaux d'Égypte.

Bonaparte. Et sur les esclaves les plus belles, très-saint muphti. Allah a desséché sa main. Si l'Égypte est sa ferme, qu'il montre le bail que Dieu lui en a fait ; mais Dieu est juste et miséricordieux pour le peuple.

Ibrahim. O le plus vaillant entre les enfans d'Issa ! (de Jésus-Christ), Allah t'a fait suivre de l'ange exterminateur, pour délivrer sa terre d'Égypte.

Bonaparte. Cette terre était livrée à vingt-quatre oppresseurs rebelles, au grand-sultan, notre allié, (que Dieu l'entoure de gloire !) et à 10,000 esclaves, venus du Canada et de la Georgie. Adriel, ange de la mort, a soufflé sur eux : nous sommes venus, et ils ont disparu.

Muhamed. Noble successeur de Scander (Alexandre), honneur à tes armes invincibles, et à la foudre inattendue qui sort du milieu de tes guerriers à cheval (l'artillerie légère).

Bonaparte. Crois-tu que cette foudre soit une œuvre

des enfans des hommes? le crois-tu? Allah l'a fait mettre en mes mains par le génie de la guerre.

IBRAHIM. Nous reconnaissons, à tes œuvres, Allah qui t'envoie. Serais-tu vainqueur, si Allah ne l'avait permis? Le Delta, et tous les pays voisins, retentissent de tes miracles.

BONAPARTE. Un char céleste (un ballon) montera, par mes ordres, jusqu'au séjour des nuées : et la foudre descendra vers la terre le long d'un fil de métal (un conducteur électrique), dès que je l'aurai commandé.

SULEIMAN. Et le grand serpent sorti du pied de la colonne de Pompée, le jour de ton entrée triomphante à Scanderich (Alexandrie), et qui est resté desséché sur le soc de la colonne, n'est-ce pas encore un prodige opéré par ta main?

BONAPARTE. Lumières du siècle, vous êtes destinées à voir encore de plus grandes merveilles ; car les jours de la régénération sont venus.

IBRAHIM. La divine unité te regarde d'un œil de prédilection, adorateur d'Issa ; et te rend le soutien des enfans du prophète.

BONAPARTE. Mahomet n'a-t-il pas dit : *Tout homme qui adore Dieu, et qui fait de bonnes œuvres, quelle que soit sa religion, sera sauvé.*

Suleiman, Muhamed, Ibrahim (ensemble en s'inclinant) : Il l'a dit.

BONAPARTE. Et si j'ai tempéré, par ordre d'en haut, l'orgueil du vicaire d'Issa, *en diminuant ses possessions terrestres pour lui amasser des trésors célestes*, dites, n'était-ce pas pour rendre gloire à Dieu, dont la miséricorde est infinie?

MUHAMED (avec embarras.) Le muphti de Rome était riche et puissant ; mais nous ne sommes que de pauvres muphtis.

BONAPARTE. Je le sais, soyez sans crainte; vous avez été pesés dans la balance de Balthazar, et vous avez été trouvés légers..... Cette pyramide ne renfermait donc aucun trésor qui vous fût connu?

SULEIMAN. Aucun, seigneur; nous le jurons par la cité sainte de la Mecque.

BONAPARTE. Malheur, et trois fois malheur à ceux qui recherchent les richesses périssables, et qui convoitent l'or et l'argent, semblables à la boue!

SULEIMAN. Tu as épargné le vicaire d'Issa, et tu l'as traité avec clémence et bonté.

BONAPARTE. C'est un vieillard que j'honore : (Que Dieu accomplisse ses devoirs, quand ils seront réglés par la raison et la vérité); mais il a le tort de condamner au feu éternel tous les musulmans, et Allah défend à tous l'intolérance.

IBRAHIM. Gloire à Allah, et à son prophète qui t'a envoyé au milieu de nous, pour réchauffer la foi des faibles, et r'ouvrir aux fidèles les portes du septième ciel!

BONAPARTE. Vous l'avez dit, trop zélés muphtis : soyez fidèles à Allah, le souverain maître des sept cieux merveilleux; à Mahomet, son visir, qui parcourut tous ces cieux dans une nuit. Soyez amis des Francs; et Allah, Mahomet et les Francs vous récompenseront.

IBRAHIM. Que le prophète lui-même te fasse asseoir à sa gauche, le jour de la résurrection, après le troisième son de sa trompette.

BONAPARTE. Que celui-là écoute qui a des oreilles pour entendre. L'heure de la résurrection politique est arrivée pour tous les peuples qui gémissaient sous l'oppression. Muphtis, Imans, Mullahs, Derviches, Kalenders, instruisez le peuple d'Egypte; encouragez-le à se joindre à nous pour achever d'anéantir les beys et les Mameloucks ; favorisez le commerce des Francs dans vos contrées, et leurs entreprises pour parvenir d'ici à l'ancien pays de Brama ; offrez-leur des entrepôts dans vos ports, et éloignez de vous les insulaires d'Albion, maudits entre les enfans d'Issa : telle est la volonté de Mahomet. Les trésors, l'industrie et l'amitié des Francs seront votre partage, en attendant que vous montiez au septième ciel, et qu'assis aux côtés des houris aux yeux noirs, toujours jeunes et toujours pucelles, vous vous reposiez à l'ombre du Laba, dont les branches offriront d'elles-mêmes aux vrais musulmans tout ce qu'ils pourront désirer.

Suleiman (s'inclinant.) Tu as parlé comme le plus docte des Mullahs. Nous ajoutons foi à tes paroles ; nous servirons ta cause, et Dieu nous entend.

Bonaparte. Dieu est grand, et ses œuvres sont merveilleuses. Salut de paix sur vous, très-saints muphtis.

Un tel entretien, que nous avons, à dessein, rapporté en son entier, peut donner à penser, que Bonaparte aurait voulu rallier à lui le peuple égyptien, pour s'en faire une seconde armée. Sans espoir de recevoir désormais aucun secours de la France, la prudence lui traçait cette marche. Il reste à savoir maintenant si ses desseins se bornaient bien là, et si, en cas de réussite, le général en chef de l'armée de la république française, au défaut de mieux, n'aurait pas tenté de se fonder en Egypte une autorité indépendante. L'exemple des beys et de leurs Mameloucks prouvait qu'un tel projet n'avait rien d'inexécutable. Il ne s'agissait enfin que d'armer les Egyptiens, et Bonaparte en a eu à son service un régiment entier qui l'a suivi en Europe, et s'y est toujours distingué par sa fidélité et sa bravoure. S'il avait pu ménager davantage le pays, ne pas lever pour, l'entretien de l'armée française, les impôts que levaient avant lui les Mameloucks, peut-être serait-il parvenu à son but, avec plus de facilité qu'on ne le penserait d'abord : ne le voit-on pas déjà dans l'entretien en question, regardé par les chefs de la religion et du peuple, comme un être privilégié réservé par le ciel à changer les destinées de l'Egypte ? Que ce trésor sur lequel il interrogea Suleiman, Ibrahim et Muhamed fût venu bien à propos pour l'exécution d'un tel projet ! Quant aux troupes françaises qu'il avait autour de lui, elles lui étaient dévouées, et eussent d'ailleurs trouvé leur compte à cet arrangement ; c'était réellement, pour elles, le seul moyen d'avoir leur part de ce fameux milliard tant mérité et tant promis. L'entretien, au reste, est authentique ; il a été publié, Bonaparte étant empereur, dans des ouvrages dont la vente n'a jamais été entravée. Les choses de la part du principal personnage, y sont poussées à l'extrême ; et affectant le style oriental, il y parle de temps en temps en sectateur de Mahomet ; mais nous ne l'avons pas cité comme une pièce morale, et qui doive en aucun cas servir de règle de conduite à qui que ce soit : nous l'avons rapporté comme un morceau historique propre à faire connaître la manière dont Bonaparte s'était créé un parti en Egypte, et à faire deviner les desseins qu'il y put nourrir pendant un certain temps.

Bonaparte coupe solennellement la digue du Nil. On vit Bonaparte ne négliger, en Egypte, aucune des occasions qui pouvaient fixer les yeux sur lui, et le substituer, dans l'esprit des habitans, à ceux auxquels ils avaient été accoutumés à obéir jusque-là. Le Nil, grossi par les grandes pluies qui tombent à une époque fixe en Abissinie, se déborde régulièrement, tous les ans, en Egypte, depuis le 15 juin jusqu'au 17 septembre, et c'est de ce débordement que dépend la fertilité du pays. L'année est mauvaise quand le fleuve reste au-dessous de quatorze coudées, ou qu'il s'élève au-dessus de seize ; mais elle est très-bonne lorsqu'il s'arrête à ce degré de seize coudées. Alors il se célèbre dans toute la contrée une fête, pendant laquelle le pacha fait solennellement couper en sa présence la chaussée qui retient les eaux. Cette année-là ayant été heureuse, Bonaparte remplaça le pacha dans cette cérémonie, dont il eut soin de faire observer exactement tous les détails.

La chaussée coupée, l'eau entre dans ce qu'on appelle le châlis, ou grand canal, qui traverse le Caire, et d'où elle est distribuée dans des petits canaux destinés à arroser les prairies et les jardins. Lorsque les eaux commencent à se retirer, la partie de l'Egypte qui a été ainsi arrosée, devient un pays enchanteur. Elle se couvre de blé, de pâturages et de verdure de toute espèce. On y voit paître des troupeaux nombreux et de la plus belle apparence. Des forêts d'orangers et de limoniers flattent l'odorat en même temps qu'ils récréent la vue. C'est la terre promise ; le paradis terrestre qui a succédé à des landes arides et brûlantes.

Cette époque, si agréable pour les nouveaux habitans de l'Egypte, fut aussi celle d'un moment utile à leurs opérations militaires. Il avait fallu qu'ils renonçassent à communiquer, par mer, de Rosette à Alexandrie, l'amiral Nelson ayant laissé le commodore Hood en croisière dans ces parages. Le transport des vivres se faisait, depuis ce moment, par le moyen d'une caravane qui traversait régulièrement le désert, servant aussi à assurer le passage des courriers et des voyageurs qui montaient au Caire ou qui en descendaient. Les escortes nécessaires étaient fournies à cette caravane, par une légion qu'on avait formée des matelots échappés au désastre d'Aboukir, et placée à Aboukir même. Mais les transports, quoique très-coûteux, ne se faisaient ainsi que lentement, parce qu'on ne pouvait y employer que des chameaux. On avait donc, à l'avance, pris ses précautions pour le moment du débordement du Nil : le canal d'Alexandrie, qui, chaque année, à cette époque, conduit l'eau de Rahmanieh à Alexandrie, à travers un désert d'environ quinze lieues, avait été soigneusement nettoyé et tenu en état. L'instant arriva où ce canal devint navigable, pour vingt à vingt-cinq jours. Le général Kléber en profita pour faire passer sur le Nil, et remonter une grande quantité d'artillerie jusqu'à Gizah. Le grand parc d'artillerie de l'armée française fut, dès lors, établi dans ce bourg, sous les ordres du général d'artillerie Dommartin. En vain les Arabes voulurent-ils essayer d'arrêter la marche du convoi, en faisant au canal des saignées qui devaient mettre les barques à sec, et les livrer ainsi à leur discrétion ; le général Marmont, à la tête d'une demi-brigade, alla si brusquement à eux, et les observa si bien pendant toute la route, qu'ils ne purent exécuter leur méchant dessein.

Le général Desaix part pour la conquête de la Haute-Egypte, le 25 août. Cependant Bonaparte, en même temps qu'il cherchait à devenir politiquement le maître de l'Egypte, ne négligeait rien de ce qui pouvait militairement lui assurer sa conquête. En effet, tandis qu'il s'occupait des soins dont nous venons de parler, et qu'il indiquait pour le milieu du mois d'octobre, au Caire, une assemblée de députés des différentes provinces déjà soumises, qui devaient en régler légalement le gouvernement, le général Desaix, par son ordre, se mettait à la poursuite de Mourad-Bey, qui, après la bataille des Pyramides, s'était réfugié dans la Haute-Egypte. Desaix partit pour cette expédition le 25 août, ayant une flottille à ses ordres. La vingt-unième demi-brigade légère, qui marchait en avant à travers l'inondation, atteignit une partie des provisions et des munitions des Mameloucks, à Benesch, après avoir traversé huit canaux et le lac Bathen avec de l'eau jusque sous les bras. L'engagement qui eut lieu dans cette rencontre, fut de très peu d'importance : les Mameloucks chargés d'escorter le convoi, étant en très-petit nombre, ne purent résister long-temps à l'impétuosité de leurs adversaires.

Bataille de Sédiman gagnée par Desaix sur Mourad-Bey. L'affaire importante de l'expédition de la Haute-Egypte, fut la bataille de Sédiman. « Jamais, dit M. Denon, témoin oculaire, il n'y eut de bataille plus terrible, de victoire plus éclatante. »

Battu plusieurs jours de suite, sans résultats suffisans, Mourad attendait Desaix à Sédiman, ayant réuni à ses Mameloucks huit à dix mille Arabes. Il avait persuadé à ses guerriers que le petit nombre de Français qu'ils voyaient devant eux, était tout ce qui restait de leur armée détruite à Alexandrie, par les Anglais, et au Caire, par les naturels. Cette nouvelle avait rempli d'audace les Mameloucks et leurs auxiliaires. Ils passèrent la nuit qui précéda la bataille, à célébrer d'avance leur triomphe, qu'ils croyaient certain, et à faire essuyer des bravades aux Français. Leurs patrouilles vinrent plusieurs fois, pendant les ténèbres, insulter les avant-postes de ces derniers, en contrefaisant leur langage. Cependant dès que le jour parut, les Français prirent leur ordre de bataille : ils se formèrent en bataillon carré avec deux pelotons aux flancs. Mourad couvrait, en face d'eux, un horizon d'une lieue d'étendue.

Les deux armées étaient séparées par un vallon. Les Français voulant attaquer, et comptant, sans doute, sur l'inexpérience militaire de leurs ennemis, pour échapper au désavantage de la position où ils allaient momentanément se placer, se mirent à descendre le vallon ; mais ils n'y furent pas plutôt engagés, que les Mameloucks et les Arabes, accourant à toute bride, les chargèrent avec fureur. Repoussés dans cette attaque générale par le feu terrible et symétrique de la petite armée française, ils se réunirent tout d'un coup, par une manœuvre dont on ne put deviner le but, pour écraser un des pelotons qui couvraient les flancs. On ne savait comment secourir ce peloton ; on ne pouvait faire feu sur ceux qui l'attaquaient, sans l'atteindre en même temps qu'eux : heureusement l'idée vint aux soldats qui le composaient, de se jeter tous ventre à terre. L'ennemi, démasqué par ce mouvement, est de nouveau foudroyé par la mousqueterie du grand carré français. Les guerriers de Mourad reculent, et laissent ainsi le temps aux soldats du peloton de rentrer avec leurs blessés dans les rangs ; mais pendant ce peu d'instans, ils ont concerté une nouvelle attaque générale, qu'ils exécutent avec plus de fureur encore que la première. Ils se précipitent sans ménagement sur leurs adversaires ; ils les combattent de si près qu'ils entament à coups de sabres, les canons des fusils des Français. Ceux-ci semblent un mur magique qui se reconstruit à mesure qu'on parvient à y faire quelque brèche : ce mur, au reste, porte plus de dommage qu'il n'en reçoit ; le fer et le feu qui sortent de son sein le couvrent d'une double défense. Aveuglés par la rage, les Mameloucks et les Arabes veulent forcer leurs chevaux de les jeter au milieu de leurs ennemis, content que serait chacun d'eux, de se sacrifier, s'il pouvait à ce prix ouvrir un passage à ses compagnons d'armes, à travers ces rangs impénétrables, aux pieds desquels tant de braves ont déjà trouvé la mort : les chevaux, piqués par les baïonnettes, se cabrent et refusent d'avancer. Leurs cavaliers les tournent et les poussent à reculons sur les Français: cette manœuvre restant inutile, ses inventeurs deviennent tout à fait furieux. Tandis que ceux qui conservent encore leurs coursiers, lancent, de dépit et de rage, leurs armes contre les Français; ceux qui sont démontés rampent sur la terre pour arriver à nos soldats, par-dessous leurs baïonnettes, et leur couper les jambes à coups de sabres. Là, les blessés des deux partis se rencontrent et s'entre-égorgent ; le mourant, par un effort qui avance son dernier soupir, donne la mort au mourant.

Ce genre de combat ne peut durer long-temps. Les Mameloucks et les Arabes fuyent, au bout de quelques instans, dans le plus grand désordre. Mais à peine se sont-ils ainsi retirés, qu'ils font jouer sur les Français une batterie de huit pièces de canon qu'ils avaient jusque là masquée. Que feront ceux-ci ? Ils ne peuvent marcher sur cette batterie qui leur enlève à chaque décharge six à huit hommes, sans abandonner à la rage des cavaliers ennemis, leurs blessés qu'ils entendent les implorer avec des cris lamentables...... Ces cris ont déchiré le cœur de Desaix, connu de tout temps pour sa noble sensibilité ; il hésite, et promène sur les deux points du champ de bataille des regards désespérés...... Enfin, l'intérêt de l'armée l'emporte ; il ordonne, d'un accent douloureux, qu'on se porte en avant...... Le soldat s'y précipite, pour échapper à ses réflexions et s'étourdir sur l'horreur qu'il ressent. A peine l'artillerie légère, commandée par le bouillant La Tournerie, a-t-elle le temps de démonter, en courant, une ou deux des pièces de canons de Mourad, les grenadiers sont déjà arrivés sur les autres, et les enlèvent à l'arme blanche.... L'ennemi, usant alors de la vitesse de ses chevaux, fuit à travers l'espace, et y disparaît bientôt comme une vapeur.

La bataille de Sédiman donna aux Mameloucks une

grande idée de l'infanterie française. Fuyant constamment devant elle, après cette action brillante, ils n'osèrent même pas essayer de lui défendre l'entrée de Girgé, capitale de la Haute-Égypte. Cette expédition, sans les rigueurs du sol et du climat, fût ainsi devenue un véritable voyage de plaisir pour ceux qui en faisaient partie. Effectivement, leur route se trouvait semée de choses faites pour piquer leur curiosité et fixer leur attention.

Villages et ville dévorés par le sable. La première qui appela leurs regards, fut la vallée de l'Araba ou des Chariots. Une bande très-étroite de cette vallée, touchant au Nil, est cultivée; le reste offre l'aspect le plus triste. C'est une plaine aride dans laquelle on aperçoit des vestiges de plusieurs villages qui ont été dévorés par le sable. C'est ainsi que le désert empiète, chaque jour, sur le sol arrosé par le fleuve bienfaisant.

« Rien, dit M. Denon, n'est triste comme de marcher sur ces villages, de fouler aux pieds leurs toits, de rencontrer les sommités de leurs minarets, de penser que là étaient des champs cultivés, qu'ici croissaient des arbres, qu'ici encore habitaient des hommes, et que tout a disparu! Autour des murs, dans les murs, partout le silence! Ces villages muets sont comme les morts dont les cadavres épouvantent. Les anciens Égyptiens, parlant de cet empiètement des sables, le désignaient par l'entrée mystérieuse de Typhon dans le lit de sa belle-sœur Isis, inceste qui doit, disaient-ils, changer l'Égypte en un désert aussi affreux que les déserts qui l'avoisinent; et ce grand événement arrivera lorsque le Nil trouvera une pente plus rapide dans quelques-unes des vallées qui le bordent, que dans le lit où il coule maintenant, et qu'il élève tous les jours. »

Cette calamité s'est exercée sur des objets plus remarquables que les villages dont nous venons de parler. Benesech a été bâti sur les ruines de l'antique Oxyrinchus, capitale du trente-troisième nome ou province de l'Egypte. Oxyrinchus, entouré d'une plaine fertile, éloigné de deux lieues de la chaîne lybique, a disparu sous le sable ; et l'ancien Benesech a eu, depuis, le même sort ! « La nouvelle ville de ce nom, dit encore M. Denon, est obligée de fuir ce fléau, en lui abannant, chaque jour, quelques habitations. Elle finira par aller se retrancher au delà du canal Joseph, au bord duquel il vient encore la menacer.

Ruines de Thèbes. Des ruines, illustres fruits de l'antiquité seule, s'offrirent aussi, pendant ce voyage, à l'œil des conquérans de la Haute-Égypte ; et, entre toutes, ils remarquèrent celles de Thèbes, nommée, par les anciens, la ville aux cent portes. Ces ruines, éparses sur les deux rives du Nil, occupent un espace où s'élèvent, à l'aise, et entourés de vastes champs, quatre villages et autant de hameaux. Elles consistent en plusieurs temples, palais et statues, dont les débris ne peuvent que donner la plus haute idée de la ville antique. « A quelques pas de la porte immense d'un de ces monumens, situé sur le penchant d'une montagne, raconte le savant que nous citions encore tout à l'heure, sont les restes d'un colosse énorme... Il suffit de dire, pour donner une idée de sa grandeur, que la largeur de ses épaules est de vingt-cinq pieds, ce qui en donnerait à peu près soixante-quinze à la figure entière. Exacte dans ses proportions, le style en est médiocre, mais l'exécution parfaite. Dans sa chute, il est tombé sur le visage, ce qui empêche de voir cette partie intéressante. La coiffure étant brisée, on n'est plus dans le cas de juger, par ses attributs, si c'était la figure d'un roi ou d'une divinité. Était-ce la statue de Memnon ou celle d'Ossimandue ?...

« Dans la plaine, on voit deux grandes figures assises,

entre lesquelles, suivant les descriptions d'Hérodote et de Strabon, était cette fameuse statue d'Ossimandue, le plus grand de tous les colosses. Ossimandue, lui-même, avait été si glorieux de l'exécution d'une entreprise si hardie, qu'il avait fait graver une inscription sur le piédestal de cette statue, dans laquelle il défiait la puissance des hommes d'attenter à ce monument. Les deux statues encore debout, sont sans doute celles de la mère et du fils de ce prince dont Hérodote fait mention; celle du roi a disparu. Le temps et la jalousie s'étant disputé, à l'envi, sa destruction, il n'en reste plus qu'un rocher informe de granit. Il faut le regard obstiné de l'observateur accoutumé à voir, pour distinguer quelques parties de cette figure, échappées à la destruction, et encore sont-elles si insignifiantes, qu'elles ne peuvent donner aucune idée de sa dimension. Les deux, qui sont encore existantes, ont cinquante à cinquante-cinq pieds de proportion. Elles sont assises, les deux mains sur leurs genoux. Ce qui en reste conservé fait voir que le style en était aussi sévère que la pose en est droite. Les bas-reliefs et les petites figures qui composent le fauteuil de celle qui est plus au sud, ne manquent, cependant, ni de charme, ni de délicatesse dans l'exécution. C'est contre la jambe de celle du nord que sont écrits en grec les noms des illustres et anciens voyageurs, *qui sont venus entendre les sons de la statue de Memnon*. C'est ici que l'on peut se convaincre de l'empire de la célébrité sur l'esprit des hommes, puisque, dans des temps où l'ancien gouvernement égyptien et la jalousie des prêtres ne défendaient plus aux étrangers d'approcher de ces monumens, l'amour du merveilleux agissait encore sur ceux qui venaient les visiter, et qu'au siècle d'Adrien, éclairé des lumières de la philosophie, Sabine, la femme de cet empereur, qui elle-même était lettrée, voulut bien, ainsi que les savans qui l'accompagnaient, avoir entendu des sons qu'aucune raison physique, ni politique, ne pouvait plus produire. L'orgueil de monumenter son nom, en l'inscrivant sur de telles antiquités, aura fort bien pu faire écrire les premiers noms ; et le désir bien naturel d'associer le sien à cette espèce de gloire, y aura fait ajouter les autres. Telle est, sans doute, la cause de ces innombrables inscriptions de noms de toutes dates, et en toutes langues.

Entrée des Français dans la capitale de la Haute-Egypte, le 29 décembre 1798. Ce fut le 29 décembre, à deux heures après-midi, que le corps d'armée du général Desaix entra à Girgé, capitale de la Haute-Egypte. Cette ville est à une distance égale du Caire et de Souène ou Assuan, autrefois Syène, dernière ville d'Egypte du côté de la Nubie. Son nom lui vient d'un monastère plus ancien qu'elle, et dédié à saint Georges, qui se prononce *Gerge* en langue du pays. Ce monastère existe encore, et les Français y trouvèrent des moines européens. La fertilité du territoire de Girgé entretient dans cette ville la plus grande abondance. Les soldats de Desaix y trouvèrent tous les comestibles au plus bas prix ; le pain à un sou la livre, douze œufs pour deux sous, deux pigeons à trois sous, une oie de quinze livres pour douze sous. On s'arrêta dans ce lieu propice, pour se reposer, et se préparer ainsi aux nouvelles fatigues que l'on avait encore à endurer pour arriver jusqu'à Souène. Il fallait d'ailleurs attendre les barques qui devaient suivre la marche des troupes, et qui portaient les vivres, les munitions et les chaussures. Ces barques n'arrivant cependant pas, et ne donnant point de nouvelles, Desaix, le 8 janvier 1799, ordonna à sa cavalerie de rétrograder jusqu'à Siouth, à vingt lieues de distance, pour s'informer de ce qu'elles étaient devenues, et protéger le passage si quelque obstacle les arrêtait en route. Pour le temps que devait durer l'absence de cette cavalerie, on s'établit comme on put à Girgé. Les soldats s'y refirent, à peu de frais et avec joie, de leurs privations; leurs chefs trouvèrent à s'y donner des occupations propres à leur faire trouver le temps moins long. « Nous nous faisions réciter des contes arabes, dit M. Denon, pour tempérer notre impatience. Les Arabes content lentement, et nous avions des interprètes qui pouvaient suivre, ou qui ralentissaient très-peu le débit. Ils ont conservé pour les contes la même passion que nous leur connaissons depuis le sultan Schahriar des Mille et une Nuits; et, sur cet article, Desaix et moi, nous étions presque des sultans. Sa mémoire prodigieuse ne perdait pas une phrase de ce qu'il avait entendu; et je n'écrivais rien de ces contes, parce qu'il promettait de me les rendre mot pour mot quand je voudrais; mais ce que j'observais, c'est que les histoires n'étaient pas riches de détails vrais et sentimentals, mérite qui semble appartenir particulièrement aux narrateurs du nord; elles abondaient en événemens extraordinaires, en situations fortes, produites par des passions toujours exaltées. Les enlèvemens, les châteaux, les grilles, les poisons, les poignards, les scènes nocturnes, les méprises, les trahisons, tout ce qui embrouille une histoire, et paraît en rendre le dénoûment impossible, est employé par ces conteurs avec la plus grande hardiesse; et cependant l'histoire finit toujours très-naturellement et de la manière la plus claire et la plus satisfaisante. Voilà le mérite de l'inventeur : il reste encore au conteur celui de la précision et de la déclamation, auxquelles les auditeurs mettent beaucoup de prix : aussi arrive-t-il que la même histoire est faite consécutivement par plusieurs narrateurs devant les mêmes auditeurs, avec un égal intérêt et un égal succès; l'un aura mieux traité et déclamé la partie sensible et amoureuse, un autre aura mieux rendu les combats et les effets terribles, un troisième aura fait rire; enfin, c'est leur spectacle : et, comme chez nous, on va au théâtre, une fois pour la pièce, d'autres fois pour le jeu des acteurs; les répétitions ne les fatiguent point. Ces histoires sont suivies de discussions; les applaudissemens sont disputés, et les talens se perfectionnent : aussi y en a-t-il en grande réputation, qui sont chéris, et font le bonheur d'une famille, de toute une horde. Les Arabes ont aussi leurs poëtes, même leurs improvisateurs, que l'on fait venir dans les festins; ils en paraissent enchantés. Je les ai entendus; mais quand leurs chansons ne sont pas apologétiques, elles perdent sans doute trop à être traduites : elles ne m'ont paru que des concetti ou jeux de mots assez insipides. Leurs poëtes ont d'ailleurs des manières extraordinaires, des tics qui les singularisent aux yeux des gens du pays, mais qui leur donnaient pour nous un air de démence qui m'inspirait de la pitié et de la répugnance. Il n'en était pas de même des conteurs qui me paraissaient avoir un talent plus vrai, plus près de la nature. »

Ces distractions durent être, sous plus d'un rapport, des dédommagemens pour ceux des Français qui s'y livraient; car s'il faut en croire le même M. Denon dans un autre endroit de sa relation, on est entre autres fort mal logé dans la Haute-Égypte, et ce n'est pas à dormir, au moins sous des toits, qu'on peut y passer les nuits. « J'étais logé hors les murs et dans une maison qui paraissait assez commode, dit-il en cet autre endroit, où il est question du passage des Français à Melaui, situé un peu avant Siouth, en venant du Caire. Le propriétaire, aisé, me donna à comprendre qu'il avait fait coucher le général Belliard dans une chambre, et que j'y trouverais place aussi. Il y avait quelque temps que je couchais dehors ; je fus tenté. A peine endormi, je suis réveillé par une agitation que je prends pour une fièvre inflammatoire. Aux prises avec la douleur et le sommeil, chaque minute passant de l'effroi d'une maladie grave à l'affaissement de la lassitude, près de m'évanouir, j'entends mon compagnon qui me dit à moitié endormi : *Je suis bien mal* ; je lui réponds : *Je n'en puis plus*. Ce dialogue nous réveille tout à fait ; nous nous levons, nous sortons de la chambre, et, à la clarté de la lune, nous nous trouvons rouges, enflés, méconnaissables. Nous ne savions que penser de notre état, lorsque, bien éveillés, nous nous apercevons que nous sommes devenus la proie de toutes sortes d'animaux immondes. Les maisons de la Haute-Egypte sont de vastes colombiers dans lesquels le propriétaire se réserve une seule chambre. Il y loge avec ce qu'il a de poules, de poulets, et de tout ce que ces animaux et lui produisent d'insectes dévorans. La recherche de ces insectes l'occupe le jour ; la dureté de sa peau brave, la nuit, leur morsure......, etc.,........ etc...... »

Combat de Samanhout, le 22 janvier 1799. Le 17 janvier, la cavalerie rentra dans Girgé, annonçant, comme très-prochaine, l'arrivée des barques. Elles arrivèrent en effet le surlendemain. Cette cavalerie avait eu à combattre, en chemin, un corps d'environ deux mille Arabes à cheval, et cinq à six mille paysans à pied. Elle les avait promptement dissipés, quelle que fût la supériorité de leur nombre. Ce qui les avait surtout étonnés et découragés, c'avait été de voir la cavalerie faire des feux de bataillon.

Le 20 janvier, on partit de Girgé pour continuer à poursuivre Mourad-Bey. Ce fut auprès du village de Samanhout, que ce chef des Mameloucks livra le dernier combat, par lequel il tenta de défendre la Haute-Egypte contre les Français. Il y fut vaincu comme à Sédiman, et ses gens y firent preuve d'autant de valeur et d'aussi peu d'expérience militaire. On remarqua qu'il avait, dans son armée, un corps de volontaires de la Mecque.

Entrée des Français dans Souène, le 4 février 1799. Les Français entrèrent dans Souène le 4 février. C'est entre cette ville et Girgé qu'on trouve les ruines de Thèbes. Souène est l'ancienne Syène, qui était, pour les Romains, un poste militaire à l'époque où ils commandaient en Egypte. On reconnaît la partie qu'ils habitaient, aux briques, aux tessons de poterie, aux petites déités de terre cuite et de bronze qu'on y trouve encore. Les Français qui étaient à cette époque, sous plus d'un rapport, les successeurs des Romains, s'établirent à Syène, un peu plus rapidement et un peu plus gaiement sans doute que ne l'avaient fait ces anciens conquérans du monde, naturellement graves et réfléchis. « Le second jour de notre établissement, dit M. Denon, il y avait déjà dans les rues, des tailleurs, des cordonniers, des orfèvres, des barbiers français avec leur enseigne; des traiteurs et des restaurateurs à prix fixe. La station d'une armée offre le tableau du développement le plus rapide des ressources de l'industrie; chaque individu met en œuvre tous ses moyens pour le bien de la société : mais ce qui caractérise plus particulièrement une armée française, c'est d'établir le superflu en même temps, et avec le même soin que le nécessaire; il y avait jardins, cafés et jeux publics, avec des cartes faites à

Syène. Au sortir du village, une allée d'arbres alignés se dirigeait au nord; les soldats y mirent une colonne milliaire, avec l'inscription : *Route de Paris, numéro onze cent soixante-sept mille trois cent quarante.* C'était quelques jours après avoir reçu une distribution de dattes pour toute ration, qu'ils avaient des idées si plaisantes et si philosophiques. La mort seule peut mettre un terme à tant de bravoure et de gaieté ; les plus grands malheurs n'y peuvent rien. »

La disette à laquelle avaient été réduites les troupes françaises, venait de ce que, depuis Girgé, la bande de terre cultivée se resserrant et finissant par disparaître tout à fait, les abandonnait de temps en temps au désert : le désert ! « Nom terrible à qui l'a vu une fois, s'écrie notre savant ; horizon sans bornes, dont l'espace vous oppresse, dont la surface ne vous présente, si elle est unie, qu'une tâche pénible à parcourir ; où la colline ne vous cache ou ne vous découvre que la décrépitude et la décomposition, où le silence de la non-existence règne seul sur l'immensité. C'est pour cela sans doute que les Turcs vont y placer leurs tombeaux : des tombeaux dans le désert, c'est la mort et le néant.

» Fatigué de dessiner, je me livrais, me croyant seul, à toute la mélancolie que m'inspirait ce tableau, lorsque j'aperçus Desaix dans la même attitude que moi, pénétré des mêmes sensations. « Mon ami, me dit-il, ceci n'est-il point une erreur de la nature? Rien n'y reçoit la vie ; tout semble être là pour attrister et épouvanter. Il semble que la Providence, après avoir pourvu abondamment les trois autres parties du monde, a manqué tout à coup d'un élément lorsqu'elle a voulu fabriquer celle-ci ; et que, ne sachant plus comment faire, elle l'a abandonnée sans l'achever. — N'est-ce pas bien plutôt, lui dis-je, la décrépitude de la partie du monde la plus anciennement habitée? Ne serait-ce pas l'abus qu'en auraient fait les hommes, qui l'a réduite en cet état? Dans ce désert il y a des vallées, des bois pétrifiés; il y a donc eu des rivières, des forêts. Ces dernières auront été détruites : dès lors, plus de rosée, plus de brouillards, plus de pluie, plus de rivières, plus de vie, plus rien. »

Terme de la marche des Français en Egypte. Les Français, de l'expédition de Desaix, poussèrent leur marche victorieuse jusqu'au delà des cataractes du Nil, un peu au-dessus de Souène. Ce qu'on appelle en cet endroit Cataractes, n'est, malgré sa grande réputation, qu'un brisant du fleuve qui s'écoule à travers des roches, en formant, par intervalles, des cascades de quelques pouces seulement de hauteur. On inscrivit au delà, sur un rocher de granit, le terme de la marche des Français. Ils regagnèrent ensuite Souène, ne laissant derrière eux qu'un désert, affamant le pays pour en tenir l'ennemi éloigné. Les habitans les suivaient, après avoir détruit leur récolte et livré leur bétail. L'un et l'autre leur avaient été loyalement payés.

On s'occupa ensuite de mettre Souène en état de défense, afin qu'on pût, avec sûreté, y laisser une garnison. L'ingénieur Garbé traça le plan d'un fort sur une éminence au sud. Quoique manquant de tous les outils nécessaires, on parvint en peu de jours, à force d'industrie et de zèle, à élever cette forteresse, qui dominait toutes les approches de la ville et de ses environs. On bastionna aussi, et l'on crénela une fabrique romaine, qui avait été un bain, et qui commandait le cours du fleuve.

Suite de l'expédition de la Haute-Egypte. Sortie de Souène, la petite armée du général Desaix erra quelque temps sur les deux rives du fleuve, tantôt le descendant, tantôt le montant ; faisant enfin en tous sens des mouvemens pour conserver sa conquête, maintenir ses communications avec le Caire, et empêcher en même temps, suivant les ordres qu'elle en recevait journellement du général en chef, les Mameloucks de redescendre dans la Basse-Egypte. On la vit dans un moment aller, à travers le désert, jusqu'à Kosseir, le meilleur port connu de la mer Rouge, où elle laissa une garnison.

Combat de Cophtos. Le plus terrible des combats qu'elle livra, fut celui de Cophtos, où elle eut principalement affaire aux Mekkains, qui, ruinés dans leur commerce par la présence des Français en Egypte, étaient devenus leurs ennemis implacables. Ces Mekkains, combattant à pied, étaient soutenus, ce jour-là, par un corps assez considérable de Mameloucks. Leur développement occupait une ligne de plus d'une lieue. L'armée française, prévenue qu'elle les rencontrerait bientôt, marchait formée en un bataillon carré, flanqué d'une seule pièce de canon de trois, et de quinze hommes de cavalerie. Les Mekkains et leurs auxiliaires s'appuyaient à plusieurs villages, d'où il fallut les déposter successivement, en leur tuant beaucoup de monde. La perte des Mameloucks fut au reste bien moins considérable que celle de leurs alliés, car ils ne s'engagèrent pas un seul instant sérieusement, et ne firent que tâter les flancs de l'armée française, toutes les fois qu'elle s'avançait pour attaquer les Mekkains dans un de leurs postes. Ceux-ci avaient en leur puissance l'artillerie d'une flottille française qu'ils avaient détruite, et ils en firent, dans un moment de la journée, un usage terrible ; mais une grande partie de cette artillerie leur ayant été enlevée dans une charge, où ils furent pris à la fois en tête et en flanc, on les accula dans un petit bois, sur lequel ils n'eussent même pas pu battre en retraite sans la protection des Mameloucks. Les Français avaient d'abord regardé comme une plaisanterie de les débusquer de ce bois, et ils songeaient seulement à les y cerner entièrement, lorsqu'ils s'aperçurent qu'au milieu se trouvait un gros village avec une maison de Mameloucks (c'est-à-dire une espèce de château), fortifiée, crénelée, bastionnée, et d'une approche très-difficile. Ils attaquèrent, sans succès, cette maison pendant deux heures ; et, quand la nuit vint, ils avaient eu, à cette attaque, soixante hommes tués et autant de blessés, sans avoir obtenu le moindre avantage. Ils mirent le feu aux maisons adjacentes, s'emparèrent d'une mosquée, coupèrent toute communication de l'ennemi avec le Nil, et préparèrent tout pour recommencer l'attaque le lendemain. Les Mekkains, de leur côté, employèrent la nuit à se fortifier encore mieux qu'ils ne l'étaient.

Le lendemain, dès la pointe du jour, les Français commencèrent à battre la maison en brèche ; mais elle était construite en briques non cuites ; les boulets y faisaient leur trou sans rien renverser : l'incendie ne produisait aucun effet, à cause des cours qui se trouvaient entre le bâtiment et la circonvallation. Le général Belliard, qui commandait à la place de Desaix occupé avec un détachement sur un autre point de la Haute-Égypte, ordonna un assaut, au moyen duquel on introduisit, dans la maison ennemie, des matières combustibles, qui, en un moment, en firent une véritable fournaise. Atteints de tous côtés par le feu, les malheureux assiégés, n'ayant point d'eau, l'éteignaient avec leurs pieds, avec leurs mains, ou en se jetant dessus pour l'étouffer. Cependant ils ne parlaient point de se rendre ; le fanatisme entrait pour beaucoup dans cette défense désespérée. Dans certains momens de silence, une voix se faisait entendre; c'était celle d'un cheik qui exhortait les Mekkains. Ils lui répondaient par des hymnes sacrés, des cris de guerre, et se jetaient ensuite sur les Français avec autant d'ardeur que s'ils eussent pu, dans leur position, conserver quelque espoir de les vaincre. Au reste, eux-mêmes ne se regardaient pas encore comme vaincus. Deux assauts consécutifs leur ayant été livrés dans cet affreux moment, ils les repoussèrent glorieusement. La nuit suspendit une seconde fois le combat.

Un évêque cophte, prisonnier des Mekkains, étant parvenu à s'échapper pendant la nuit, apprit aux Français que leurs ennemis étaient réduits à la dernière extrémité. Depuis douze heures ils n'avaient pas une goutte d'eau, et en souffraient d'autant plus, que la chaleur de leurs murailles, échauffées par l'incendie, augmentait sans cesse chez eux l'ardeur de la soif, et le besoin de se rafraîchir.

Une heure avant le jour, trente des assiégés, les mieux armés, surprirent un poste français, et se dérobèrent ainsi aux vainqueurs.

A la pointe du jour, ceux-ci entrèrent par les brèches de l'incendie, et trouvèrent le reste des Mekkains à moitié grillés. Quelques-uns cependant osèrent encore résister dans ce triste état, et aimèrent mieux se faire tuer que de se remettre au pouvoir des Français, qu'ils croyaient, comme les Orientaux, implacables dans la victoire. « On en amena un au général, dit M. Denon; il paraissait être un des chefs. Il était tellement enflé, qu'en pliant pour s'asseoir, sa peau éclata de toutes parts. Sa première phrase fut : *Si c'est pour me tuer qu'on me conduit ici, qu'on se dépêche de terminer mes douleurs.* Un esclave l'avait suivi; il regardait son maître avec une expression si profonde, qu'elle m'inspira de l'estime pour l'un et pour l'autre : les dangers qui l'environnaient ne pouvaient distraire un moment sa sensibilité; il n'existait que pour son maître; il regardait, il ne voyait que lui. Quels regards ! quelle tendre et profonde mélancolie ! qu'il devait être bon, celui qui s'était fait chérir ainsi de son esclave ! Quelque affreux que fût son sort, je l'enviais. Comme il était aimé !....... »

Ainsi que tous ses compagnons d'infortune, cet intéressant prisonnier reçut son pardon du général Belliard.

Le Kamsin. Avant de quitter la Haute-Égypte, et le sensible et savant voyageur que nous y avons suivi tant de fois pour notre instruction et notre agrément, écoutons-le nous faire éloquemment la description du Kamsin, l'ouragan de l'Égypte et du désert. « Il est, dit-il, aussi terrible par le spectacle qu'il présente, que par ses résultats. Nous étions déjà à peu près à la moitié de la saison où il se manifeste, lorsque, le 17 mai au soir, je me sentis comme anéanti par une chaleur étouffante; la fluctuation de l'air me paraissait suspendue. Au moment où j'allais me baigner pour remédier à cette sensation pénible, je fus frappé, à mon arrivée sur le bord du Nil, du spectacle d'une nature nouvelle : c'étaient une lumière et des couleurs que je n'avais point encore vues; le soleil, sans être caché, avait perdu ses rayons; plus terne que la lune, il ne donnait qu'un jour blanc et sans ombre; l'eau ne réfléchissait plus ses rayons, et paraissait troublée : tout avait changé d'aspect. C'était la plage qui était lumineuse; l'air était terne et semblait opaque; un horizon jaune faisait paraître les arbres d'un bleu décoloré; des bandes d'oiseaux volaient devant le nuage; les animaux, effrayés, erraient dans la campagne; et les habitans, qui les suivaient en criant, ne pouvaient les rassembler. Le vent qui avait élevé cette masse immense, et qui la faisait avancer, n'était pas encore arrivé jusqu'à nous; nous crûmes qu'en nous mettant dans l'eau, qui était calme alors, ce serait un moyen de prévenir les effets de cette masse de poussière qui nous arrivait du sud-ouest : mais à peine fûmes-nous entrés dans le fleuve, qu'il se gonfla tout à coup, comme s'il eût voulu sortir de son lit. Les ondes passaient sur nos têtes, le fond était remué sous nos pieds, nos habits fuyaient avec le rivage, qui semblait être emporté par le tourbillon qui nous avait atteints. Nous fûmes obligés de sortir de l'eau ; alors nos corps, mouillés et fouettés par la poussière, furent bientôt enduits d'une boue noire qui ne nous permit plus de mettre nos vêtemens. Eclairés seulement par une lueur roussâtre et sombre, les yeux déchirés, le nez obstrué, notre gorge ne pouvait suffire à humecter ce que la respiration nous faisait absorber de poussière. Nous nous perdîmes les uns les autres ; nous perdîmes notre route, et nous n'arrivâmes au logis qu'à tâtons, et seulement dirigés par les murs qui servaient à nous retracer le chemin : c'est dans ces momens que nous sentîmes vivement quel devait être le malheur de ceux qui sont surpris dans le désert par un pareil phénomène.

» . . . . . . Le lendemain, la même masse de poussière marcha avec les mêmes circonstances, le long du désert de la Libye ; elle suivait la chaîne des montagnes, et lorsque nous pouvions croire en être débarrassés, le vent d'ouest nous la ramena, et nous submergea encore de ce torrent aride. Les éclairs sillonnaient avec peine ces nuages opaques. Tous les élémens parurent être encore dans le désordre. La pluie se mêla aux tourbillons de feu, de vent et de poussière ; et, dans ce moment, les arbres et toutes les autres productions de la nature organisée, semblèrent replongés dans les horreurs du chaos.

» Si le désert de la Libye nous avait envoyé ces tourbillons de poussière, ceux de l'est avaient été inondés :

le lendemain, des marchands qui arrivaient des bords de la mer Rouge, nous dirent que, dans les vallées, ils avaient eu de l'eau jusqu'à mi-jambe.

» Deux jours après ce désastre, on vint nous avertir que la plaine était couverte d'oiseaux qui passaient comme des phalanges serrées, et descendaient de l'est à l'ouest. Nous vîmes effectivement, de loin, que les champs paraissaient se mouvoir, ou du moins qu'un long torrent s'écoulait dans la plaine, en suivant la direction qu'on nous avait indiquée. Croyant que c'était des oiseaux étrangers qui paraissaient ainsi en très-grand nombre, nous nous hâtâmes de sortir pour aller les reconnaître ; mais, au lieu d'oiseaux, nous trouvâmes une nuée de sauterelles, qui ne faisaient que raser le sol, s'arrêtant à chaque brin d'herbe pour le dévorer, puis s'envolaient vers une nouvelle proie. Dans une saison où le blé aurait été tendre, c'eût été une vraie plaie........ Il serait intéressant de savoir comment elles vivent et se reproduisent dans une région aussi aride ; c'était peut-être la pluie qui était tombée dans les vallées, qui les avait fait éclore, et avait produit cette émigration, comme certains vents font naître les cousins. Le vent ayant changé en sens contraire de la direction de leur marche, il les refoula dans le désert....... Elles étaient couleur de rose, tachetées de noir, sauvages, fortes et très-difficiles à prendre. »

BASSE-ÉGYPTE OU DELTA.

L'expédition de Desaix, dans la Haute-Égypte, n'avait compromis la sûreté d'aucune autre partie du pays. Quelques mouvemens ayant eu lieu par les intrigues d'Ibrahim-Bey dans le Delta, près de Damiette, les généraux Vial, Damas et Dugua, les avaient aussitôt réprimés. Une horde d'Arabes, ayant donné des inquiétudes, le général Murat l'avait presque entièrement détruite.

MOYENNE ÉGYPTE OU VOSTANI.

Diverses institutions faites par Bonaparte au Caire. Assemblée des députés des différentes provinces de l'Egypte dans cette ville. Bonaparte, débarrassé, pour quelques momens, des soins pénibles qu'impose la guerre, les avait, suivant son plan, employés à s'acquérir le plus de droits possibles sur le cœur des Egyptiens, en préparant pour eux le bonheur que l'homme en société tient de la civilisation. Avec les vues qu'il avait sur ce peuple, il était convenable qu'après s'en être fait admirer par ses exploits militaires, il tâchât de s'en faire aimer par ses bienfaits. Les habitans de la capitale de l'Egypte virent bientôt, grâces à ses soins, s'élever au milieu d'eux un institut de savans français, chargés d'étudier tous les avantages du pays, de chercher les moyens de les faire valoir à son profit, et de lui appliquer en même temps ceux que l'on peut partout tirer de la science en général. On remarqua que Bonaparte affecta de se montrer lui-même très-assidu aux séances de cette espèce d'académie politique, civile et militaire dirigée par MM. Monge et Berthollet. Il établit aussi un grand atelier pour tous les arts mécaniques; et il fut, en peu de temps, facile de reconnaître que leur culture, si elle pouvait se suivre tranquillement, ne tarderait pas à augmenter, en tous sens, la richesse de l'Egypte, et à la rendre peut-être aussi florissante qu'elle le fut dans les siècles reculés.

L'établissement de l'ordre était surtout nécessaire dans cette contrée, où depuis long-temps l'officier civil et militaire vivait d'injustices et de concussions mille fois plus onéreuses aux simples particuliers, que des frais positifs d'administration. On assembla dans les quatorze provinces ceux que leur influence sur le peuple, leurs lumières ou leurs talens avaient fait distinguer par les commandans français. On en forma un divan ou conseil d'administration, dont les membres reçurent un traitement fixe, afin qu'ils n'eussent d'autre intérêt que celui de la justice dans les affaires publiques et privées. Les compagnies de janissaires et les agas qui les commandaient, furent aussi soldés régulièrement, et durent à l'avenir, comme les troupes européennes, avoir des rations de vivres, afin que n'ayant rien à demander à personne, ils pussent toujours être les hommes de l'administration, et les sauvegardes de la tranquillité générale et individuelle.

Enfin, vers le 15 octobre 1798, se forma au Caire l'assemblée des députés de toute l'Egypte, que nous avons précédemment annoncée. Les opérations de cette assemblée, qui eut pour président l'égyptien Abdala-Kezkaoui, furent dirigées par les savans français, Monge et Berthollet, qui y parurent en qualité de commissaires du gouvernement français. On y délibéra sur l'établissement et la répartition des impôts que payerait désormais le pays entier, sur l'organisation définitive des différens divans, sur les lois pénales, et sur divers objets de police générale et d'administration.

Tant d'heureuses dispositions, qui pouvaient plus tard replacer les Egyptiens au rang des premiers peuples du monde, ne furent, un moment, troublées dans la capitale, que par une révolte qui n'eut cependant pas de longues suites.

Révolte au Caire, les 21 et 22 octobre 1798. Cette révolte éclata le 21 octobre au matin. Le général Dupuis, commandant de la place, en fut la première victime. S'étant porté à la grande mosquée, avec une douzaine de dragons, pour dissiper un rassemblement séditieux qui s'y formait, il fut assailli par la multitude, et reçut deux blessures mortelles. Plusieurs dragons tombèrent à ses côtés ; le reste l'enleva et le transporta chez lui où il mourut au bout de deux heures.

Ce premier succès enhardit les séditieux ; bientôt toutes les mosquées furent comme autant de forteresses, d'où l'on attaquait les Français avec tout ce qui peut servir d'armes dans le moment d'une révolte.

Cependant la garnison, renforcée de tous les Français qui se trouvaient alors au Caire, marcha sur les différens lieux de rassemblement. Les Turcs se battirent avec acharnement, et on fut réduit à en tuer un grand nombre, avant de pouvoir déterminer la masse à rentrer dans l'ordre ; encore recommença-t-elle à se mettre en mouvement le lendemain, mais aussi malheureusement pour elle que la veille. On croit qu'il périt dans ces deux journées cinq à six mille musulmans. Les Français perdirent cent et quelques hommes.

Le prétexte de la révolte fut le payement des impôts réguliers auxquels on n'était point accoutumé dans le pays. La populace seule y prit part, et les Français reçurent plus d'une marque de l'intérêt que leur portaient les personnes d'une classe plus élevée.

Quelques Mameloucks furent trouvés cachés dans la ville ; ce qui fit penser que l'événement avait été préparé de loin, et par des personnages considérables. Peut-être tint-il à un autre bien plus important par ses auteurs connus et ses conséquences, dont la marche de notre livre veut que nous entretenions maintenant nos lecteurs.

EXPÉDITION DE BONAPARTE EN SYRIE.

Nous avons vu par quels ménagemens Bonaparte, en débarquant en Egypte, avait cherché à conserver la France dans l'alliance de la Porte Ottomane, dont cette invasion, quoi qu'on en pût dire, lésait ouvertement les droits. L'Angleterre, qui, à cause de ses possessions dans l'Inde, avait le plus grand intérêt à ce que les Français ne pussent pas s'établir solidement en Egypte, chercha, de son côté, à armer les Turcs contre eux; et bientôt elle se vit secondée, dans ce dessein, par d'autres puissances de l'Europe, irritées des prétentions immodérées des chefs de la république française, pour la démarcation des nouvelles frontières du Bas-Rhin, et surtout de l'introduction violente des troupes françaises en Suisse. La Porte Ottomane semblait cependant hésiter à prendre un parti, lorsque la nouvelle de la victoire navale d'Aboukir vint donner un nouveau poids aux sollicitations des ministres anglais. Poussée et enhardie à se déclarer, par cet événement, aussi désastreux pour la France qu'il était avantageux à ses ennemis, la Porte rompit toute alliance avec la république française, et mit ses envoyés en prison : violation du droit des gens qui se commet chez les Turcs, toutes les fois qu'ils se constituent en état de guerre contre une nation quelconque.

On déposa en même temps le grand-visir, pour avoir négligé la défense de l'Egypte ; et le soin de la reconquérir concurremment avec les Anglais et les Russes, auxiliaires de la Turquie, fut confié à Djezzar, jusquelà pacha de Syrie. Ce qui valut cette faveur à ce musulman, ce fut la manière dont il avait jusqu'alors agi avec les Français. Il les avait traités en ennemis, du moment où ils s'étaient montrés en Egypte, avait renvoyé sans réponse l'officier que Bonaparte lui avait députédans son gouvernement, avait fait mettre aux fers tous les Français qui se trouvaient à Saint-Jean-d'Acre, et avaient enfin affecté d'accueillir favorablement Ibrahim Bey, lorsque, poursuivi par Bonaparte après la bataille des Pyramides, il s'était réfugié en Syrie. Le mouvement qu'il avait ordre de faire, de la Syrie sur la frontière de l'Egypte, devait être favorisé par une forte diversion vers les bouches du Nil, et par différentes attaques des débris du corps de Mourad-Bey, réunis à des partis de mécontens. Le commodore Sidney-Smith ne tarda point à venir prendre le commandement des différentes croisières russes, anglaises et turques établies sur les côtes d'Egypte.

Bonaparte, au fait de tout, résolut, suivant la tactique que nous l'avons vu faire plusieurs fois, avec succès, en Italie, de prévenir ses ennemis pour n'avoir pas à les combattre tous en même temps. Après avoir envoyé à Desaix l'ordre de continuer de manœuvrer dans la Haute-Egypte, de manière à y retenir Mourad-Bey, il se porta de sa personne en Syrie, pour troubler les préparatifs qu'y faisait Djezzar-Pacha, dissiper les rassemblemens de troupes, et en empêcher de nouveaux par l'occupation des places fortes, sauf à quitter cette expédition, si des dangers plus pressans venaient à se manifester sur d'autres points.

Il se mit en marche avec treize mille hommes environ, traînant avec eux peu d'artillerie, à cause de la difficulté du transport. Les généraux de division qui l'accompagnaient, étaient les généraux Kléber, Bon, Lannes et Reynier. La cavalerie, forte de huit cents hommes seulement, était commandée par le général Murat ; le génie, par le général Caffarelly ; et l'artillerie, par le général Dommartin.

Les garnisons destinées à garder la Basse-Égypte, furent fournies par la dix-neuvième demi brigade, par les troisièmes bataillons des demi-brigades de l'expédition de Syrie, par les légions nautique et maltaise, et par les dépôts de cavalerie. Le général Dugua commandait au *Caire*, le général Menou à *Rosette*, l'adjudant-général Almeyras à *Damiette*, et le général Marmont à *Alexandrie*.

Le général Kléber arriva devant Katieh le 4 février 1799. Il poussa alors devant lui la division d'avant-garde, qui, commandée par le général Reynier, y était déjà en position.

Affaire et prise d'El-Arisch, du 6 au 20 février. La division Reynier marcha sur El-Arisch, huitième station depuis le Caire. Ce village et le fort ou château qui en dépend, étaient occupés par deux mille hommes des troupes du pacha. El-Arisch fut emporté à la baïonnette, après une vive résistance ; mais comme les Français faisaient leurs dispositions pour bloquer le château, le 13 février, un renfort de cavalerie et d'infanterie ennemies parut, escortant un convoi d'approvisionnement. Ce renfort campa, sans défiance, sur un plateau couvert par un ravin très-escarpé. Le général Reynier le surprit pendant la nuit, et le dispersa entièrement, en lui prenant beaucoup de chevaux, de chameaux, de provisions de guerre et de bouche, et tous ses équipages.

Les deux autres divisions de l'armée firent leur jonction, peu de jours après, à El-Arisch ; et Bonaparte y arriva lui-même le 17 février. Ainsi entouré, le château se rendit le 20.

L'armée continua sa marche à travers le désert, jusqu'à Gaza, ville de la Palestine, où elle entra sans éprouver aucune résistance, bien qu'un corps de Mameloucks, commandé par Abdalla-Pacha, eût d'abord fait mine de vouloir la défendre.

Prise de Jaffa. Il n'en fut pas de même de Jaffa, qu'il fallut assiéger dans toutes les formes. Les Turcs, qui en formaient la garnison, la défendirent courageusement. Cependant, après que le feu de deux batteries y eût fait une brèche praticable, Bonaparte fit livrer l'assaut. Il fut soutenu avec non moins de bravoure que ne l'avait été le siége. Chassés des fortifications, les Turcs se battirent de rue en rue. Ils furent, pour la plupart, passés au fil de l'épée. Leur nombre s'élevait à environ six mille hommes. On comptait parmi eux douze cents canonniers destinés à former l'équipage de campagne de Djezzar-Pacha. Tout ce qu'on trouva d'Egyptiens dans cette garnison, et qui put échapper à la première fureur du soldat, fut renvoyé en Egypte.

Siége de Saint-Jean-d'Acre. Maître de cette ville, que son port rendait précieuse, parce qu'il permettait d'en faire l'entrepôt de l'armée pour l'artillerie et les munitions qu'on attendait de Damiette et d'Alexandrie, Bonaparte marcha sur Saint-Jean-d'Acre. Après avoir dissipé quelques troupes qui voulaient couvrir cette place importante, il la fit investir. Le gros de son armée campa sur une hauteur isolée qui borde la mer à environ mille toises de distance, et qui s'étendant au nord jusqu'au cap Blanc, commande à l'ouest une plaine d'à peu près deux lieues, bornée par les montagnes qui se trouvent entre Saint-Jean-d'Acre et le Jourdain. Des détachemens occupèrent le château de Safet, de Nazareth et de Chéfamer, d'où l'on pouvait observer les débouchés de la route de Damas.

Djezzar-Pacha se trouvait enfermé dans Saint-Jean-d'Acre avec ses femmes et son trésor. Le commodore Sidney-Smith se tenait à portée de secourir la place, et il y avait fait entrer, pour en diriger la défense, un ingénieur français, nommé Phélipeaux, très-instruit dans son arme. Cet ingénieur avait fait réparer les fortifications d'un style très-ancien, et les avait augmentées de tout ce que l'art pouvait y ajouter d'utile et d'avantageux.

Mais ce qui servit mieux encore les adversaires de Bonaparte, ce fut le malheur arrivé à la flottille française, qui apportait, de Damiette et d'Alexandrie, l'artillerie et les munitions qui devaient servir au siége. Cette flottille tomba au pouvoir des Anglais. Non-seulement les Français furent privés, par cet événement, des pièces de canon, des plates-formes et des munitions qu'elle portait, mais ils les virent encore devenir de nouveaux moyens de défense pour les assiégés. Les Anglais armèrent, de plus, les bâtimens de transport, et les employèrent à inquiéter les postes français que Bonaparte avait établis sur la côte, pour intercepter les communications et les convois.

La tranchée fut ouverte à cent cinquante toises du corps de la place, le 20 mars, et les batteries de brèche et les contre-batteries furent prêtes dès le 28. N'ayant pas d'artillerie de siége, on fut obligé d'employer celle de campagne. La tour d'attaque fut percée en une journée, et en même temps on s'était préparé à faire sauter les contrescarpes au moyen d'un rameau de mine qu'on avait poussé de ce côté-là. La mine joue ; les troupes, assurées qu'elle a produit son effet, demandent et obtiennent la permission de monter à l'assaut. La brèche, qu'on croyait semblable à celle de Jaffa, était bien différente, car l'on trouva au delà un fossé de quinze pieds, revêtu d'une bonne contrescarpe. Les grenadiers français, sans se laisser décourager par cet obstacle, placent des échelles et descendent ; mais ils sont encore à huit ou dix pieds de la brèche; ils y placent de nouveau des échelles. Une balle renverse l'adjoint aux adjudans-généraux, Mailly, qui monte le premier. On faisait de la place un feu terrible; il ne s'était formé sur le glacis qu'un simple entonnoir, et la contre-escarpe n'étant pas entamée, les grenadiers français destinés à soutenir les premiers assaillans, furent obligés de se retirer. Les adjudans-généraux Escale et Laugier furent tués. Les assiégés, qui, d'abord saisis de frayeur, prenaient la fuite vers le port, se rallient, et bientôt reviennent à la brèche. Les assiégeans sont alors couverts d'une nuée de pierres, de grenades, et de toutes sortes de matières inflammables que les assiégés font pleuvoir sur eux, du haut de la tour, et frémissant de rage, les grenadiers français sont forcés de rentrer dans leurs boyaux. Les Français, depuis la prise de Jaffa, avaient regardé ce genre de fortifications avec trop de dédain. Ils n'avaient ni l'artillerie, ni les munitions nécessaires pour établir un siége en forme, et il eût fallu employer toutes les ressources de l'art pour celui d'Acre, qu'ils ne regardèrent que comme une affaire de campagne. Ce premier succès enhardit les Turcs, qui tentèrent plusieurs sorties dans lesquelles ils éprouvèrent, à la vérité, de très-grandes pertes, mais qui coûtèrent aussi la vie à l'ingénieur français Detroyes. Pendant ce temps-là, Djezzar envoya à Naplouse, à Saïd, à Damas et à Alep, des émissaires qui firent lever en masse tous les musulmans en état de porter les armes. Cette mesure, sans le délivrer, ne servit cependant qu'à faire de nouvelles victimes. Comme on voit les premiers rayons du soleil fondre et faire disparaître la rosée, de même à l'approche de Bonaparte et de ses lieutenans, se dissipèrent et disparurent les mameloucks, les janissaires, les aleppins, les maugrabins, et tous ceux que la voix de Djezzar avait rassemblés. Le combat le plus terrible que les musulmans eurent à soutenir dans cette occasion, fut celui que le général en chef leur livra en personne, près du mont Thabor. Ils y perdirent un grand nombre de mameloucks, et une quantité considérable de provisions et de bagages, tout ce qui pouvait enfin leur être enlevé.

Djezzar fit une sortie générale le 7 avril. On voyait à la tête de ses colonnes des Anglais pris sur les garnisons et les équipages des vaisseaux. Des canonniers anglais servaient aussi les batteries de la place. Le dessein des Anglais, dans cette sortie, était de s'emparer des premiers postes et des travaux avancés; on s'en aperçut, et à l'instant un feu terrible parti des places d'armes et des contre-escarpes, blesse ou tue tout ce qui s'avance. La colonne du centre qui avait été chargée de s'emparer de l'entrée de la mine, montra plus d'opiniâtreté que les autres. Elle était commandée par Thomas Alfield, capitaine anglais qui, le premier, était entré au cap de Bonne-Espérance. L'audace des ennemis fut comprimée par la mort de cet officier, qui s'était avancé, avec quelques braves de sa nation, jusqu'à la porte de ces mines. Alors, tous prennent la fuite et rentrent précipitamment dans Acre. Les revers des parallèles restèrent couverts des cadavres des Anglais et des Turcs. On apprit par des déserteurs grecs qui parvinrent à s'échapper de la ville, que le barbare Djezzar, après avoir mutilé horriblement quelques soldats français blessés et faits prisonniers dans différentes attaques, avait fait promener leurs têtes sanglantes, et leurs membres palpitans, par toute la ville. On ouvrit, quelques jours après un assaut, des sacs dont on trouva une grande quantité sur le rivage, et on y vit avec horreur des cadavres attachés deux à deux. Ces mêmes déserteurs ajoutèrent que Djezzar avait fait

tirer des prisons plus de quatre cents chrétiens, et qu'il les avait fait jeter à la mer, après les avoir fait lier deux à deux et coudre dans des sacs. « Nations qui savez allier
» avec les droits de la guerre, ceux de l'honneur et de
» l'humanité (s'écrie le général Berthier, duquel nous
» empruntons ce récit), si les événemens vous eussent
» forcés d'unir vos drapeaux avec ceux d'un Djezzar,
» j'en appelle à votre magnanimité, vous n'eussiez pas
» souffert qu'un barbare les souillât par de pareilles
» atrocités ; vous l'eussiez contraint de se soumettre aux
» principes d'honneur et d'humanité que professent
» tous les peuples civilisés. »

Après la victoire du mont Thabor, Bonaparte rentra au camp devant Acre, et apprit que trois pièces de vingt-quatre et six de dix-huit avaient été débarquées à Jaffa, par le contre-amiral Péré ; il espéra que cette artillerie de siége, la première qu'il eût reçue, lui servirait beaucoup dans l'attaque difficile qu'il avait entreprise. On acheva, le 24 avril, la mine destinée à faire sauter la tour d'attaque ; on commença à tirer sur Acre avec les nouvelles batteries, et on mit le feu à la mine ; mais une partie de son effort s'échappa du côté de la place, par un souterrain qui se trouva vers la tour, dont il ne sauta qu'un seul côté, et qui resta aussi difficile à gravir qu'auparavant. Cependant une trentaine de braves s'y logèrent par ordre de Bonaparte. Les ennemis qui occupaient les débris des étages supérieurs, forcèrent les grenadiers français parvenus aux décombres du premier, à se retirer, en lançant sur eux des matières incendiaires. On ne réussit pas mieux dans une attaque qu'on fit le lendemain. Le général Cafarelli avait reçu, dix-huit jours auparavant, à la tranchée, une blessure dont il mourut le 27 ; sa mort était une véritable perte pour l'armée, dont il fut généralement regretté. Il fut un des plus glorieux défenseurs de la patrie, citoyen vertueux et distingué par ses grandes connaissances dans les sciences et dans les arts. Les soldats trouvèrent toujours en lui un compagnon d'armes, aussi brave qu'actif, et surtout dévoué à leur rendre service.

L'ardeur des assiégeans ne l'emportait en rien sur celle des assiégés ; ils augmentèrent beaucoup leurs moyens de défense, et surent profiter des lumières que leur communiquèrent les ingénieurs anglais. La flotte anglaise leur fournissait chaque jour des vivres et munitions, et même des renforts au besoin. Quand la construction des ouvrages jugés nécessaires pour repousser les Français l'exigeait, on voyait tous les habitans se porter avec zèle aux travaux. Les Français se trouvaient dans une position bien différente ; leur artillerie de siége était insuffisante ; et ne pouvant remplacer leurs soldats, les chefs étaient forcés de les ménager. Ils avaient d'ailleurs peu de munitions ; ajoutez à cela que le soleil ardent du climat brûlait les troupes, et que la peste, ce fléau cruel de l'Orient, les dévorait encore. Ainsi, l'art et la nature se réunissaient pour augmenter les ressources et les moyens de défense d'un parti, tandis que l'autre manquant de tout ce qui était nécessaire, foudroyé par un ennemi en sûreté derrière ses remparts et maître de la mer, n'avait pour lui que son courage invincible. Les assiégeans avaient détruit presque toutes les pièces de front d'attaque. Djezzar avait fait élever deux places d'armes, l'une en avant de la droite, et l'autre vis-à-vis de son palais. La brèche et la tour se trouvaient avantageusement flanquées par ces ouvrages et le feu de leur mousqueterie. Cependant les Français mettent en batterie quatre pièces de dix-huit, et cherchent à continuer la démolition de la tour de brèche, en dirigeant contre elle un feu bien soutenu. On ordonne le soir à vingt grenadiers de s'y loger ; mais la brèche est fusillée à revers par l'ennemi, qui profite du boyau établi dans le fossé, et les grenadiers sont encore forcés de se retirer, parce qu'il leur est impossible de descendre de la tour dans la place. Le 5 avril, les Français ralentirent leur feu à défaut de poudre ; l'ennemi s'en aperçut, et redoublant d'audace, travailla vigoureusement aux sapes, afin d'enlever aux assiégeans toutes communications avec une nouvelle mine. Quatre compagnies de grenadiers reçurent de Bonaparte l'ordre de se jeter, à dix heures du soir, dans les ouvrages extérieurs d'Acre. Ces grenadiers surprennent et égorgent les ennemis, s'emparent de leurs travaux et enclouent trois de leurs canons ; mais ils n'eurent pas le temps de tout détruire, à cause du feu qui plongeait sur eux du haut des remparts. Une mine nouvelle destinée à faire sauter la contre-escarpe établie sur une brèche de la courtine, fut, deux jours après, éventée par les Turcs. On tenta en vain deux assauts les 5 et 6 mai. Bonaparte ayant appris le 7, qu'il lui arrivait un convoi de poudre de Gaza, fit battre en brèche, et la brèche elle-même. Bonaparte se porte à une brèche rendue praticable par la chute de la courtine, et ordonne l'assaut ; la division Lannes s'y précipite, s'en empare, et en un instant deux cents hommes ont pénétré dans la ville. On ne mit pas assez d'ensemble dans l'exécution des ordres du général. La brèche est prise à revers par une fusillade que l'ennemi établit après être sorti de ses places d'armes extérieures, et avoir filé de droite et de gauche. Une vive fusillade part de la seconde tour dominant la gauche, dont les Turcs n'avaient pas été délogés, et les assiégeans sont couverts de matières inflammables. Les soldats qui montaient à l'escalade, s'arrêtent, semblent hésiter, sont dans l'incertitude, et ne s'avancent pas avec la même impétuosité dans les rues.

Les troupes qui étaient entrées dans la place, ne s'y voyant pas assez bien soutenues, épouvantées d'ailleurs par le feu sortant des maisons, des barricades, des rues et du palais de Djezzar, font un mouvement rétrograde qui se communique bientôt à la colonne. Alors deux pièces de canon et deux mortiers dont elles s'étaient emparées, furent abandonnés derrière le rempart. Arrêtée par le général Lannes, cette colonne se reporte en avant; les guides à pied, qui étaient en réserve, s'élancent à la brèche, et se battent corps à corps avec les ennemis aussi acharnés qu'eux. Le haut de la brèche était de nouveau occupé par les Turcs; l'enthousiasme de la première impulsion était passé; Lannes avait reçu une blessure grave, le général Rambaud avait trouvé la mort dans les murs d'Acre, et les Turcs s'étaient ralliés. Dans ce même temps, un renfort considérable arrivant de Rhodes, fut débarqué sans le moindre retard, et se joignit aux Turcs. Les Français eurent donc à combattre et les troupes de terre, et tous les matelots de la flotte. On n'avait cessé de se battre depuis le point du jour, jusqu'à la nuit. Les Ottomans ayant incontestablement l'avantage, on donna l'ordre de faire la retraite, devenue nécessaire. Deux bâtimens séparés de la flotte turque avaient été pris par le contre-amiral Pérée : on apprit en arrivant au camp, cette capture, d'autant plus importante, que les Français ne recevant aucune nouvelle de l'Europe depuis long-temps, découvrirent par là les projets de la Porte Ottomane. On trouva à bord, des papiers qui, d'accord avec les déclarations de l'intendant de la flotte ottomane, prouvèrent que ces deux vaisseaux faisaient partie d'une expédition destinée contre Alexandrie. Bonaparte avait fait venir au secours d'Acre toutes les troupes qu'il avait pu détacher de cette dernière ville.

Le feu des batteries recommença le lendemain à deux heures du matin ; Bonaparte se rend au pied de la brèche, et ordonne un nouvel assaut. Les postes ennemis sont surpris et égorgés ; les éclaireurs, les grenadiers et les carabiniers ont atteint la brèche, mais de nouveaux retranchemens intérieurs les arrêtent et les forcent de se retirer. Les batteries tirèrent toute la journée; les grenadiers de la vingt-quatrième sollicitèrent, à quatre heures du soir, l'honneur de monter les premiers à l'assaut, et l'obtinrent. Parvenus sur les murailles, ils rencontrent trois lignes de défenses, et ne pouvant les surmonter sans des dispositions nouvelles, ils se retirent encore une fois. Deux cents hommes périrent dans ces deux assauts, et cinq cents furent blessés. L'armée eut à regretter le général Bon, qui reçut, à la tête des grenadiers, une blessure mortelle. Les Pyrénées, les champs d'Italie et les plaines de l'Egypte avaient été témoins de sa valeur. Ses compagnons d'armes le pleurèrent en rendant justice à sa bravoure et à ses talens. Les cadavres qui couvraient les parallèles exhalaient au loin une odeur infecte et dangereuse. Désirant faire enterrer les morts, le général Berthier offrit une suspension d'armes, et envoya un parlementaire qui resta plusieurs jours dans la place, sans recevoir de réponse. Le commandant anglais répondit enfin, qu'il n'était au pouvoir de personne de disposer du terrain qui était sous la protection de son artillerie, et fit passer par le message, dans le camp français, des proclamations par lesquelles les officiers étaient engagés à quitter leurs drapeaux. On ne répondit à ces proclamations que par le mépris. Cependant quelques parties de l'Egypte voyaient des soulèvemens se préparer. Les frontières étaient attaquées par les Arabes, ses côtes menacées par les Turcs, profitant de la saison des débarquemens qui approchait. Les Anglais se montraient en même temps dans la mer Rouge, et vers les bouches du Nil.

L'armée de Bonaparte, forte tout au plus de dix mille hommes, avait fait, dans la Syrie, une guerre qui durait depuis trois mois. Un armement formidable, destiné à l'envahissement de l'Egypte, avait été détruit par cette poignée d'hommes qui s'était aussi emparé de ses équipages de campagne, de ses outres, de ses chameaux, et avait tué ou fait prisonnier plus de sept mille hommes, du nombre desquels se trouvait un général. Plus de cent drapeaux, plus de cinquante pièces de canon, étaient encore tombés en son pouvoir, ainsi que les villes de Gaza, Jaffa et Caiffa. Tous les plans de l'ennemi avaient été déconcertés par la rapidité de cette expédition. Vingt-cinq mille cavaliers et dix mille fantassins avaient été dispersés par les Français, tant aux champs d'Edreslou qu'au mont Thabor; et le corps d'armée qui devait assiéger les ports d'Egypte, avait été forcé de venir au secours de Saint-Jean-d'Acre. Bonaparte avait déjà recueilli les avantages du siége de cette ville, quoiqu'elle ne fût pas rendue; peut-être aurait-il pris, quelques jours plus tard, Djezzar dans son palais; mais il y aurait eu en cela peu de gloire; et d'ailleurs, l'expédition de Syrie approchait de son terme; la saison des débarquemens ne permettait pas à l'armée de différer son retour en Egypte, l'ennemi pouvait y faire des tentatives et même des descentes auxquelles il fallait s'opposer. La peste, dont les progrès étaient effrayans dans la Syrie, avait déjà fait périr plus de soixante hommes par jour. La perte d'un temps très-précieux, et la mort d'une foule de braves que des opérations plus importantes appelaient ailleurs, n'auraient point été compensés par la prise de cette ville. Le siége d'Acre pouvait traîner en longueur, et devenir très-meurtrier. En demeurant plus long-temps en Syrie, Bonaparte compromettait ses conquêtes et la sûreté de ses troupes. La prise d'Acre n'ajoutait rien à la gloire et aux avantages de son expédition. Cédant à toutes ces considérations, il fait lever le siége. Pendant qu'on évacuait les malades et les blessés, les canons et les mortiers étaient employés à raser les fortifications, et à détruire le palais de Djezzar et les édifices publics. Le feu était tellement vif, que les Turcs, étonnés, tentèrent deux sorties; mais on les couvrit de mitrailles, et on les força de rentrer dans la place, en les poursuivant la baïonnette dans les reins. Bonaparte, en même temps, substituait des pièces de campagne à l'artillerie de siége, incendiait les magasins et les moissons, jetait à la mer tous les objets inutiles, et détruisait un aqueduc considérable, par lequel la ville était approvisionnée d'eau. Pour faire connaître aux troupes les motifs qui l'avaient déterminé à lever le siége, il leur adressa la proclamation suivante :

« Soldats ! encore quelques jours, et vous aviez l'es-
» poir de prendre le pacha même au milieu de son pa-
» lais; mais, dans cette saison, la prise du château
» d'Acre ne vaut pas la perte de quelques jours; les
» braves que je devrais d'ailleurs y perdre, sont aujour-
» d'hui nécessaires pour des opérations plus essentielles.
» Soldats ! nous avons une carrière de fatigues et de
» dangers à parcourir. Après avoir mis l'Orient hors
» d'état de rien faire contre nous cette campagne, il
» nous faudra peut-être repousser les efforts d'une partie
» de l'Occident. Vous y trouverez une occasion nou-
» velle de gloire, et si, au milieu de tant de combats,
» chaque jour est marqué par la mort d'un brave, il

» faut que de nouveaux braves se forment et prennent
» leurs rangs à leur tour parmi ce petit nombre qui
» donne l'élan dans les dangers, et maîtrise la victoire. »

Après soixante jours de tranchée ouverte, on battit la générale, le 20 mai, à neuf heures du soir; et le siège fut levé. On vit éclater, dans cette brave armée, tous les genres d'héroïsme; et on remarqua particulièrement le courage singulier que les médecins et les chirurgiens déployèrent en Syrie. Les derniers allaient panser les blessés sous le feu des batteries ennemies; et, pour secourir leurs frères d'armes, ne craignaient pas de s'exposer à être blessés et même tués. Un trait d'héroïsme bien rare, distingua particulièrement le médecin en chef Desgenettes. L'armée d'Orient éprouvait le ravage d'une maladie contagieuse qui, faisant élever sur la peau de ceux qui en étaient attaqués de gros bubons, persuadait que c'était véritablement la peste. L'effroi s'empara de tout le monde. Desgenettes, rempli de connaissances et de fermeté, voulant prouver que cette maladie, semblable à la peste, n'en était pas une véritable, se rend à l'hôpital, et là, en présence de tous les malades, s'inocule le poison que tout le monde regardait comme mortel, le fait passer dans ses veines, et n'emploie, pour se guérir, que les remèdes qu'il distribuait et ordonnait chaque jour. Il rassura par là toute l'armée, et l'empêcha de tomber dans le découragement. Les malades, reprenant aussi confiance, en voyant son action et ses suites, guérirent plus facilement.

Celui qui sauvait la vie à un de ses concitoyens, obtenait à Rome une couronne civique. Qu'eût donc obtenu Desgenettes? La dette de l'armée de l'Orient fut acquittée plus tard par Bonaparte : il plaça au premier rang, dans la légion d'honneur, le médecin qui, pour conserver la vie à des soldats malades, pour rassurer le reste de l'armée, avait fait ce que personne avant lui n'avait osé tenter.

Bataille d'Aboukir, le 24 juillet 1799. De retour au Caire, Bonaparte s'occupa de réorganiser les corps de son armée, bien certain qu'il ne tarderait pas à être obligé de les mener à de nouveaux combats. Effectivement, il fut bientôt instruit par Desaix, que les Mameloucks qui étaient dans la Haute-Egypte, s'étaient partagés en deux corps, pour aller essayer de protéger un débarquement qui devait se faire à la Tour des Arabes, ou à Aboukir.

Bonaparte mit alors son armée en marche vers les points menacés. Arrivé aux Pyramides, il reçut une lettre d'Alexandrie, par laquelle on lui annonçait, à la date du 11 juillet, qu'une flotte turque, d'une centaine de bâtimens, se montrait dans la rade d'Aboukir.

Mustapha-Pacha commandait l'armée que cette flotte avait à son bord. Dès le lendemain du jour où la lettre avait été adressée au général français, trois mille Ottomans débarquèrent avec de l'artillerie.

Le fort d'Aboukir, ainsi que la redoute, furent attaqués trois jours après. On comptait que l'ennemi serait arrêté quelque temps par ces deux positions; mais le commandant ayant été tué dès le commencement de l'action, le désordre se mit dans la garnison qui se rendit, et n'obtint pour cela aucun quartier des Turcs, accoutumés à n'en point faire.

Maître d'Aboukir, Mustapha-Pacha débarqua quinze mille hommes. Il était probable qu'il s'en servirait pour faire quelque tentative : néanmoins il en fut autrement. Attendant probablement que son apparition mît tout le pays en insurrection contre les Français, il s'occupa de se fortifier dans la presqu'île d'Aboukir, employant le reste du temps à organiser les Arabes qui venaient le joindre, et à former des magasins. Il pouvait cependant encore se porter, d'un moment à l'autre, sur Alexandrie ou sur Rosette, et alors il était important de prendre une position d'où l'on pût l'inquiéter ; s'il s'obstinait à rester dans Aboukir, il pouvait devenir nécessaire de l'y attaquer. Incertain sur le parti que prendrait l'ennemi, Bonaparte trouva dans un village nommé Bircket, et situé à la hauteur d'un des angles du lac Madié, une position qui lui convenait parfaitement et remplissait toutes ses vues; il la fit occuper sur-le-champ par le général Murat, qui y conduisit de la cavalerie, des dromadaires, les grenadiers et le premier bataillon de la soixante-neuvième. Le 23 juillet, toute l'armée y arriva, et dès la première nuit prit position, une partie à Kafrsime, et l'autre à Beddah. Le quartier-général s'étant établi à Alexandrie, Bonaparte s'assura des fortifications de cette ville, et il la mit en état de défense. Il envoya ensuite trois bataillons qu'il chargea de faire nettoyer les puits, et de reconnaître l'ennemi. Le général Kléber avait quitté Damiette, et s'était rendu à Foua. Le plan de Bonaparte étant de faire canonner les petites embarcations turques, et de leur donner de l'inquiétude sur la gauche, le général Menou reçut ordre de s'avancer sur l'extrémité de la Barre, entre Rosette et Aboukir, au passage du lac Madié.

Deux lignes de troupes et de retranchemens qui n'étaient pas encore achevés, bouchaient la presqu'île que Mustapha-Pacha occupait. Sa première ligne avait été portée à une demi-lieue en avant du fort d'Aboukir. Environ mille hommes gardaient un mamelon de sable retranché, qui appuyait, au bord de la mer, la droite de cette ligne. A trois cents toises de là, se trouvait un village que défendaient douze cents hommes et quatre canons. La gauche de cette première ligne, détachée et isolée, était en avant du centre à environ six cents toises. L'intervalle qui se trouvait entre la première et la seconde lignes, était flanquée, par la gauche, de quelques chaloupes canonnières qu'on avait fait approcher du rivage intérieur. La seconde ligne était dans une position plus avantageuse, à trois cents toises derrière le premier village. En débarquant, les Turcs s'étaient emparés d'une redoute qu'occupait leur centre. Un retranchement de cent cinquante toises avait, depuis ce temps, lié la redoute au bord de la mer. La gauche était placée sur des mamelons de sable, et des chaloupes canonnières flanquaient la plage intérieure. Cette seconde ligne, qui se trouvait à cent toises du village et du fort, et qui était occupée par quinze cents hommes, était défendue par douze pièces de canon et environ sept mille hommes. L'escadre était mouillée au large à une lieue et demie.

L'avant-garde française marchait depuis deux heures, quand elle rencontra l'ennemi, et ce fut le 24 juillet qu'une fusillade, entre les tirailleurs, engagea l'action. L'armée s'arrête alors, et Bonaparte fait ses dispositions d'attaque. Il ordonna au général de brigade d'Estaing, d'enlever avec trois bataillons la hauteur qui se trouvait à la droite de l'ennemi, et à un piquet de cavalerie, de couper la retraite sur le village, à un corps de mille hommes qui occupait cette hauteur. Deux mille hommes et six pièces de canon défendaient une montagne de sable à la gauche de la première ligne de l'ennemi; le général Lannes se porte sur cette montagne, pendant que deux escadrons observent les deux mille hommes, afin de leur couper la retraite. Le reste de la cavalerie se place au centre; la division Lannes en seconde ligne. Le général d'Estaing marche au pas de charge vers l'ennemi. Sur-le-champ les Turcs reculent, et abandonnant leurs retranchemens, cherchent à se sauver dans le village ; les fuyards furent sabrés par la cavalerie française. Deux escadrons et un peloton des guides coupèrent la retraite au corps contre lequel marchait le général Lannes, et qui cherchait à se sauver après avoir vu la droite de sa première ligne se replier, et la cavalerie française menacer de le tourner : il ne resta pas un seul de ces deux mille hommes ; tous se noyèrent. Hercule, commandant les guides, reçut une blessure. Le village où était le centre de la seconde ligne de l'ennemi, fut attaqué et tourné par le général d'Estaing, au même moment où il était assailli de front par la trente-deuxième de ligne. On éprouva une vive résistance de la part de l'ennemi. La seconde ligne envoya au secours du village, un corps considérable qu'elle détacha par sa gauche ; mais ce corps fut chargé, culbuté et poursuivi par la cavalerie jusqu'au bord de la mer, où une grande partie se noya. Le centre de la seconde position de l'ennemi était placé sur une redoute très-forte ; on l'y poursuivit cependant. Cette redoute que flanquait un boyau, bordait la presqu'île jusqu'à la mer. Un autre boyau, situé à peu de distance de la redoute, se prolongeait sur la gauche ; l'ennemi placé sur des mamelons de sable, et dans des palmiers, occupait le reste de l'espace. Le pacha avait encore huit à neuf mille hommes à sa disposition. Bonaparte ordonne au général de brigade Fuguières, de former la dix-neuvième demi-brigade en colonne, et d'enlever la droite des Turcs au pas de charge. L'ennemi fut attaqué sur sa gauche par la cavalerie de la droite de l'armée, chargé impétueusement à différentes reprises, et sabré partout où il se montra. Cependant il fut impossible à cette cavalerie de rester au delà de la route, dont elle éprouvait le feu, en même temps qu'elle était exposée à celui des canonniers turcs. Ce défilé couvert de feu ne pouvait arrêter la valeur des Français, qui n'avaient pas plutôt chargé, qu'ils étaient obligés de se replier. Les renforts envoyés par l'ennemi ne pouvaient arriver sans marcher de toutes parts sur les cadavres de leurs compatriotes. L'audace de la cavalerie s'accrut encore par cette obstination et par tous les obstacles qu'elle rencontrait, et s'élançant avec impétuosité, elle dépassa la redoute, après être parvenue jusque sur ses fossés. Ecrasée par la mousqueterie des Turcs, l'artillerie de la cavalerie et celle des guides, prirent position et concoururent grandement au gain de la bataille, par un feu de mitraille aussi vif que bien soutenu. L'adjudant-général Leturcq, en venant joindre la cavalerie avec un bataillon de la soixante-quinzième, eut son cheval tué sous lui. Sans balancer il se place aux premiers rangs de l'infanterie, et passant du centre à la gauche, va rejoindre la dix-huitième demi-brigade qui se portait sur la droite de l'ennemi, pour attaquer ses retranchemens. Les Ottomans en sortent à l'instant de l'arrivée de cette brigade, les têtes des colonnes se heurtent et s'attaquent corps à corps. Percés de toutes parts par les baïonnettes françaises, les Turcs cherchent à les enlever, et mettant leurs fusils en bandoulière, n'ont plus pour armes que le pistolet et le sabre. Enfin, arrivée jusqu'aux retranchemens, la dix-huitième est arrêtée par le feu de la redoute où l'ennemi s'était rallié. Après des prodiges de valeur, le général Fuguières, qui se battait, quoique grièvement blessé à la tête, a le bras gauche emporté par un boulet, et se voit forcé de suivre la dix-huitième qui faisait le feu le plus vif en se retirant. L'adjudant-général Leturcq trouve une mort glorieuse dans les retranchemens des ennemis, où il s'était précipité seul, après avoir fait des efforts inutiles, pour déterminer la colonne à se jeter dessus. Deux bataillons, l'un de la vingt-deuxième légère et l'autre de la soixante-neuvième, commandés par le général Lannes, avaient eu l'ordre de s'avancer sur la gauche des ennemis. Pendant que les Turcs, sortis de leurs retranchemens, coupaient les têtes des morts et des blessés, afin d'obtenir, en présentant la tête d'un Français, l'aigrette d'argent promise par leur gouvernement, le corps attaque de vive force la redoute à gauche et par la gorge. Le fossé est franchi par cinq bataillons qui atteignent le parapet, et se montrent bientôt dans la redoute. Au moment où les bataillons du général Lannes se lançaient dans les retranchemens, le général Murat, qui n'avait pas quitté l'avant-garde, saisit un instant favorable, ordonne à un escadron de charger, et fait traverser jusque sur les fossés du fort, toutes les positions de l'ennemi. L'escadron exécuta ce mouvement avec autant d'impétuosité que d'à propos, et il coupait la retraite aux Turcs à l'instant même où la redoute fut forcée. Les ennemis, frappés de terreur, prennent la fuite en désordre; les baïonnettes et la mort les suivent partout pendant leur déroute qui est complète. Sabrés par la cavalerie, la mer est leur unique ressource, dix mille hommes s'y précipitent, et ceux qui ne périssent pas par les eaux, trouvent la mort sous une grêle de balles et de mitraille. On ne vit jamais un spectacle si horrible. Comme les vaisseaux étaient à deux lieues en mer, dans la rade d'Aboukir, il ne se sauva pas un seul Turc. On fit prisonniers Mustapha-Pacha, commandant en chef des ennemis, avec deux cents hommes de son armée; il en resta deux mille sur le champ de bataille. Les Français s'emparèrent de toutes les tentes, des bagages et de vingt pièces de canon. La terreur était telle, qu'il ne fut pas tiré un seul coup de fusil du fort d'Aboukir. Un parlementaire étant venu annoncer que douze cents hommes défendaient le fort, toute la journée se passa en pourparlers. L'armée française eut à regretter, dans cette glorieuse affaire, cent cinquante hommes tués; le nombre des blessés fut de sept cent cinquante; parmi ces derniers, on comptait le général Murat. Le général Fuguières, croyant ne pas survivre à la perte de son bras gauche, qui fut emporté par un boulet, dit à Bonaparte : *Général, vous envierez un jour mon sort ; je meurs au champ d'honneur.*

Le lendemain, on somma le fort d'Aboukir de se rendre; mais les Turcs, accoutumés à égorger leurs prisonniers, et ne pouvant concevoir l'idée d'une capitulation, se défendirent avec toute la fureur que peut inspirer le désespoir. Le siége fut conduit avec autant de vigueur que d'habileté par le général Menou; il avait remplacé, dans le commandement, le général Lannes, qui avait été blessé dans une sortie. On bombardait le fort depuis huit jours; déjà la batterie de brèche était établie sur la contre-escarpe, et le château n'offrait plus qu'un amas de ruines et de décombres. Ne pouvant plus tenir, le fils du pacha, son lieutenant et deux mille hommes prirent le parti de venir solliciter la clémence du vainqueur, en embrassant ses genoux, seule manière de se rendre que connaissent les Turcs. On évalua leur perte, dans cette malheureuse expédition, à dix-huit mille hommes. Tant qu'elle dura, on vit régner dans l'Egypte le plus grand ordre et la plus grande tranquillité ; tant on avait bien su y pourvoir.

Départ de Bonaparte pour la France, le 24 août 1799. Dès le lendemain de la bataille d'Aboukir, et avant la reprise du fort, Bonaparte était retourné à Alexandrie. Il paraît, qu'instruit de l'état fâcheux où se trouvait alors la France, il songeait depuis quelque temps à y retourner, aucune circonstance plus favorable à son

ambition ne devant jamais s'offrir à lui. Sa sortie d'É-
gypte, dans un tel dessein, ne pouvait d'ailleurs être
qu'un événement heureux pour son armée. A la tête du
gouvernement français, il serait à même de pourvoir au
salut de cette armée ; que finirait-elle par devenir s'il
restait à sa tête ? Elle ne pouvait se recruter que de gens
du pays, encore peu sûrs, et à chaque combat, elle
perdait quelques-uns de ses plus braves guerriers. Les
maladies ordinaires, le climat, et la cécité fréquente en
Égypte, lui enlevaient encore journellement un certain
nombre de ses soldats. Ne se fondrait-elle pas peu à peu,
assez du moins pour se trouver hors d'état de résister
aux ennemis qui viendraient lui disputer sa conquête ?
Cependant, une armée turque avait été défaite à Aboukir ;
mais il fallait s'attendre, pour une époque plus éloignée,
à de nouveaux efforts plus considérables même. Des
troupes de la même nation se rassemblaient, quoique
lentement, de manière à former, quand elles seraient
réunies, une seconde armée jugée digne d'être commandée par le grand visir en personne ; et il était probable que les Anglais, après avoir prêté leurs flottes,
finiraient par prêter aussi leurs soldats, ce qui opposant
des Européens à des Européens, diminuerait pour les
Français les chances du succès.

Ce fut du Caire, où il alla donner l'œil au gouvernement, et encourager les chefs de la nouvelle administration égyptienne, qu'il envoya à l'amiral Gantheaume l'ordre de se tenir prêt à appareiller avec deux
frégates, un aviso et une tartane, lui laissant, au reste,
ignorer la destination de ces bâtimens. Les personnes
qui devaient l'accompagner, c'est-à-dire, les généraux
Lannes, Marmont, Murat, Andréossi, les savans
Monge, Berthollet et Denon, le chef de brigade Bessières
et ses guides, reçurent de lui des billets cachetés qui ne

devaient être ouverts que le 22 août, à telle heure et sur tel point du rivage ; ces billets contenaient l'ordre de s'embarquer sur-le-champ, et sans communiquer avec qui que ce fût. Un semblable paquet, qu'on ne devait ouvrir que vingt-quatre heures après le départ des bâtimens, renfermait, pour le général Kléber, la nomination de général en chef de l'armée française, et pour le général Desaix, la prolongation indéfinie du commandement dans la Haute-Égypte. Contrarié par les vents, ce ne fut que le 24 août que Bonaparte quitta la rade d'Aboukir, pour faire voile vers la France, où les plus hautes destinées l'attendaient. Mais avant de parler à nos lecteurs, de son voyage et des grands événemens qui le suivirent, il faut que nous les entretenions de ce qu'étaient devenues, pendant l'absence du pacificateur de Campo-Formio, les armées françaises sur le continent européen. Nous allons d'abord les voir, avant la reprise des hostilités avec les grandes puissances, occupées à des entreprises particulières dans l'État ecclésiastique, à Naples et en Suisse.

RÉVOLUTION DANS L'ÉTAT ECCLÉSIASTIQUE.

Troubles à Rome. Joseph Bonaparte, nommé à l'ambassade de Rome, après le traité de Tolentino, vécut pendant quelque temps dans la plus parfaite intelligence avec le souverain pontife ; mais cette heureuse harmonie fut bientôt troublée par les cardinaux ennemis de la France, et par les intrigues de la cour de Naples. Pie VI, en nommant le général autrichien Provéra, commandant en chef de ses troupes, ne laissa plus aucun doute sur ses dispositions peu amicales envers la France. Joseph Bonaparte, que le refroidissement du souverain pontife avait déjà frappé, demanda et obtint le renvoi du général Provéra, et dès ce moment, la confiance parut s'être rétablie entre les deux puissances. Cependant, il existait à Rome deux partis bien prononcés, et les esprits étaient dans une fermentation dont l'explosion se manifesta par une catastrophe terrible.

Vers la fin de décembre 1797, Joseph Bonaparte apprit que deux conspirations devaient éclater en même temps, l'une contre les Français, et l'autre contre le gouvernement pontifical.

Le 27 décembre, il se forma à la villa Médicis, un rassemblement qui fut bientôt dissipé; on remarqua seulement que la plupart de ceux qui le composaient, portaient la cocarde tricolore; on trouva même sur la place un sac rempli de cocardes françaises.

Joseph Bonaparte, instruit de ces particularités, se rendit chez le secrétaire d'état, et lui déclara que le gouvernement français était étranger à tous ces mouvemens.

Mort du général Duphot, 28 *décembre* 1797. L'ambassadeur ne fut pas plutôt de retour, qu'il se forma un nouveau rassemblement devant le palais de France. Les séditieux faisaient entendre les cris de *vive la république! vive le peuple romain!* On remarqua, dans la foule, des individus attachés à la police du pays, qui criaient encore plus fort que les autres *vive la république!* Cette remarque importante ouvrit les yeux de l'ambassadeur, et lui servit à régler sa conduite. Décidé à déployer la dignité de son caractère, il se présente en costume devant les séditieux. Au moment où il allait les haranguer, un piquet de la cavalerie papale qui suivait de près une compagnie d'infanterie, fit feu sur l'attroupement, et blessa beaucoup de monde. L'infanterie, qui d'abord s'était arrêtée, fit aussi sa décharge. Le brave Duphot s'étant précipité entre les troupes et la multitude, pour arrêter l'effusion du sang, fut entraîné par les soldats, et reçut au milieu de la poitrine un coup de fusil qui le renversa. L'ambassadeur, menacé du même sort, se sauva, avec peine, dans le palais où régnait le plus grand désordre. Le silence du Vatican, dans une circonstance si critique, détermina Joseph Bonaparte à quitter Rome. Après avoir eu beaucoup de peine à obtenir des passeports, il partit, le 29 décembre, pour la Toscane, et se rendit auprès du ministre français Cacault, résidant à Florence. De là, il adressa au gouvernement français le rapport des événemens qui avaient eu lieu à Rome.

Après le départ de l'ambassadeur français, les ministres du pape sentirent toutes les conséquences que pouvaient entraîner leurs odieuses machinations, et cherchèrent à prévenir le ressentiment de la république. Le cardinal secrétaire d'état, Doria, sollicita la médiation du chevalier Azara, ministre d'Espagne, pour offrir à Joseph Bonaparte toutes les réparations qu'il exigerait, et le déterminer à revenir à Rome. Toutes ces tentatives furent infructueuses ; le pape lui-même, qui, suivant toutes les probabilités, n'avait pas participé aux attentats du 28 décembre, chercha vainement à fléchir le directoire français, en lui envoyant un légat *à latere* ; la guerre fut résolue contre lui.

Pie VI, épouvanté des dangers qui menaçaient ses états, ordonna les processions usitées dans les temps de grandes calamités, et finit par s'adresser à la cour de Naples, dont il n'obtint que des réponses dilatoires, quand il lui aurait fallu des secours prompts et efficaces. Le bruit de l'arrivée prochaine des troupes françaises à

Rome répandit la consternation et le désespoir parmi les partisans du gouvernement pontificale, et releva les espérances de la portition du peuple qui soupirait après la république. Des cardinaux et autres quittèrent la capitale du monde chrétien ; le cardinal Braschi lui-même abandonna le pape, son oncle, et se réfugia à Naples. Enfin, le 27 juin 1798, on apprit que le général Alexandre Berthier marchait sur Rome, et que son avant-garde était déjà à Macerata. En effet, l'armée de ce général, qui avait ordre d'entrer sur le territoire du pape, et d'occuper militairement Rome, était, le 10, sous les murs de la ville, et occupa, le même jour, sans résistance, le château Saint-Ange. Cependant, Berthier, après avoir fait prévenir les meneurs qu'ils pouvaient compter sur la protection du gouvernement français, attendit dehors de la ville le résultat de ses démarches.

Pendant que tous ceux qui avaient à redouter la vengeance des Français prenaient la fuite, Pie VI attendait avec résignation le sort qui lui était destiné, et espérant encore, au moyen de grands sacrifices, conjurer l'orage prêt à fondre sur sa tête.

Le peuple romain s'insurge contre le pape, et se constitue en république, 15 février 1798. Le 15 février, un rassemblement considérable se forma dans le Campo-Vaccino, l'ancien *Forum Romanum*. Le palais du Vatican fut tout à coup investi, et l'infortuné pontife n'entendit autour de lui que les cris de *vive la république ! à bas le pape !* Tous les conjurés s'étant réunis au *Campo-Vaccino*, on fit publiquement la lecture de l'acte par lequel le peuple déclarait avoir repris son droit de souveraineté, et instituait sept consuls, des préfets, des édiles, et d'autres magistrats.

Huit nouveaux républicains furent envoyés au général Berthier pour l'informer que Rome venait de s'affranchir, et n'attendait plus que sa présence pour cimenter la liberté.

Entrée du général Berthier à Rome, 15 février 1798. Berthier, qui, d'après les ordres du directoire, avait préparé ce mouvement, fit sur-le-champ son entrée triomphale dans Rome, monta au Capitole, salua la nouvelle république romaine, au nom du peuple français, déclara que cette république, reconnue libre et indépendante, aurait pour territoire tout le pays cédé au pape par le traité de Tolentino, fit le tour de la place du Capitole, aux cris mille fois répétés de *vive la liberté ! vive la république française et la république romaine !* et termina par prononcer un discours dans lequel il invoqua les manes de Caton, de Pompée, de Brutus, et rappela aux Romains la gloire et la puissance de leurs ancêtres, et les engagea à se montrer dignes d'eux. Pendant que quatorze cardinaux, ayant renoncé à tous leurs droits politiques, chantaient, en actions de grâces, le *Te Deum* dans la basilique de Saint-Pierre, Pie VI, humblement prosterné devant Dieu, implorait sa protection, et le conjurait de jeter un regard de miséricorde sur ses états, dont il ne savait pas encore être dépouillé. Instruit de son sort, ce vénérable pontife montra une fermeté au-dessus de son âge, fit avec calme et résignation le sacrifice de sa puissance temporelle, et après avoir obtenu du général Berthier la permission de se retirer en Toscane, quitta son palais pour aller habiter une cellule de la Chartreuse de Pise.

Toutes les villes de l'état romain adoptèrent ce nouveau gouvernement, mais déclarèrent vouloir continuer de vivre dans la religion catholique, et être dans l'intention formelle de ne toucher en rien à l'autorité spirituelle du chef de l'Église.

Après le départ du pape, Berthier abolit, par un arrêté, le droit d'asile dans les églises, ordonna aux émigrés de quitter, sous vingt-quatre heures, le territoire de Rome, et permit aux prêtres français de rester provisoirement dans les lieux où ils se trouvaient.

Le 23 février, on fit une cérémonie funèbre en l'honneur du général Duphot, et ses cendres furent déposées sur le sommet d'une colonne antique, construite sur la place du Capitole.

Après l'établissement de la nouvelle république romaine, Berthier, nommé chef d'état-major général de l'armée d'Angleterre, fut remplacé par le général Massena.

Conduite révoltante des agens du directoire français à Rome. Loin de chercher à gagner l'affection des Romains, les agens du directoire ne songèrent qu'à s'enrichir, et les concussions de tout genre furent à l'ordre du jour. En vain le législateur Daunou et le savant Monge firent tous leurs efforts pour arrêter les abus ; le brigandage fut poussé à un tel point, qu'il causa des insurrections, non-seulement à Rome, mais même dans les campagnes voisines. Massena, qui fut sans doute un des plus braves et des plus habiles généraux qui aient illustré le nom français, mais à qui on reproche d'avoir un peu trop aimé l'argent, était peu propre à concilier les esprits et à jouer le rôle de modérateur dans l'organisation de l'administration, où on donna des emplois à un grand nombre de Français, dont plusieurs n'étaient venus en Italie que dans l'espoir de profiter des troubles pour s'enrichir. Ces vampires, profitant de leur autorité pour se livrer impunément au pillage, eurent l'impudeur d'établir des espèces de bureaux de vols et de déprédations. L'arrêté de Berthier qui ordonnait la vente des biens meubles et immeubles des émigrés, fournissait à ces concussionnaires des prétextes pour s'introduire dans les plus riches maisons de Rome ; on les vit enlever hardiment l'or, l'argent, les bijoux et tous les objets précieux qu'ils y rencontrèrent. Ce qui contrista particulièrement les

Romains, ce fut la dilapidation de leurs objets d'arts.

L'armée française se met en révolte contre Massena, son général. L'armée ne pouvant voir sans indignation tant de dévastations, le corps entier des officiers supplia le général Massena de faire cesser des excès qui déshonoraient les Français. Le général fit aux officiers un accueil dont il eut bientôt lieu de se repentir. L'impunité et même la protection accordées aux dilapidateurs, le dénuement dans lequel se trouvaient les officiers et les soldats qui, depuis cinq mois, n'avaient pas reçu de solde, le luxe et la prodigalité de certains personnages de l'état-major, tout concourut à augmenter l'irritation de l'armée. Les partisans du gouvernement pontifical crurent pouvoir profiter de la disposition des esprits pour exciter la révolte des soldats français contre leur général, et déterminer le peuple à s'insurger contre ses nouveaux magistrats. Le mécontentement allant toujours en croissant, les officiers et sous-officiers de l'armée de Rome rédigèrent une adresse dans laquelle ils exposèrent au directoire les motifs de leur conduite. Copie de cette adresse fut envoyée à Massena, qui non-seulement refusa de la lire, mais encore jura d'en punir les auteurs. Le 28 au matin, au son de la générale, tous les officiers et sous-officiers se rendirent à leurs postes ; mais ils refusèrent d'obéir à l'arrêté de Massena, portant que la garnison de Rome serait réduite à trois mille hommes, et s'obstinèrent à rester dans la ville. Le général, craignant les suites d'une semblable lutte, chargea le général Dallemagne du commandement provisoire des troupes, et se rendit à Paris.

Insurrection du peuple romain contre les Français. Le peuple de Rome sentit bien que le désordre qui régnait parmi les troupes diminuait leurs forces ; le quartier le plus populeux du faubourg se leva en masse, et se joignit aux mécontens de la ville ; tous ensemble massacrèrent les soldats isolés, égorgèrent la garde de l'église de Saint-Pierre, et se portèrent vers le château Saint-Ange. Toute la garnison eût été immolée, si le général Dallemagne n'avait arrêté les révoltés avec une poignée de braves, auxquels se joignirent bientôt les autres Français et la garde civique. La populace du faubourg fut mise en fuite, et la tranquillité rétablie.

La tranquillité est rétablie dans Rome. Le général Dallemagne adressa alors aux habitans de Rome une proclamation par laquelle il promettait de faire une prompte justice des exacteurs qui lui seraient désignés. Il fit désarmer les habitans du quartier Trasteverre, fit fusiller un certain nombre de rebelles pris les armes à la main, et fit arrêter, entre autres, six cardinaux, regardés comme auteurs ou moteurs de l'insurrection. Le général Gouvion-Saint-Cyr remplaça, peu de temps après, le général Dallemagne, et prit des mesures sages, qui maintinrent la paix et la tranquillité à Rome.

RÉVOLUTION DANS LE ROYAUME DE NAPLES.

Conquête de Naples et massacre des Lazzaronis, janvier 1799. Comme le pape, la cour de Naples avait pris un général autrichien à son service ; c'était le baron de Mack, renommé dans l'armée autrichienne, qui avait été mis, par le roi Ferdinand IV, à la tête des troupes napolitaines. Ce souverain ne pouvait voir avec indifférence, et même sans la plus vive inquiétude, la révolution que les Français avaient faite à Rome. Cette révolution pouvait ébranler la fidélité de ses sujets, et donner à une partie d'entre eux l'idée d'en faire une semblable, sous la protection de la France. Il se mit donc à armer secrètement, soit par précaution, soit dans le dessein de prendre l'offensive. Dans cet état de choses, voyant bientôt la Russie se préparer à faire marcher des troupes contre la république française, et l'Autriche se disposer à l'attaquer de nouveau, tandis que la victoire navale d'Aboukir tenait pour long-temps éloigné le conquérant de l'Italie, il crut que le moment était venu pour lui de se déclarer avec gloire en même temps que sans trop de péril. Il entra donc sur le territoire de l'Etat ecclésiastique, à la tête de soixante-dix mille hommes, pour commencer la guerre en vengeant son allié, et le rétablissant dans ses droits.

Le général Championnet, dont toutes les forces consistaient en seize mille hommes, répandus sur plusieurs points, et qui était loin de prévoir cette attaque, qui ne fut précédée d'aucune déclaration de guerre, se retira sur les frontières de la république Cisalpine; et le 25 novembre 1798, le roi des deux Siciles entra à Rome.

Après quelques jours d'incertitude, le général Mack chercha, avec trente mille hommes au moins, à couper l'aile droite de l'armée française, forte d'environ six mille combattans; mais repoussé sur tous les points, battu dans toutes les actions qu'il engagea, il perdit en trois jours onze mille prisonniers, et fut obligé de se retirer sans pouvoir rallier son armée, mise dans le plus affreux désordre; enfin il abandonna Rome, et les Français y rentrèrent. Après cette étonnante et facile victoire, le général Championnet résolut de poursuivre ses avantages et de conquérir Naples, où la terreur était universelle. Se mettant donc à la poursuite de Mack, il s'empara d'Aquila-d'Arpino et de Gaete, enleva tous les magasins de l'ennemi et se rendit devant Capoue. Pendant qu'il se disposait à forcer le général Mack, qui s'était retranché sous les murs de cette place avec l'élite de ses troupes, il apprit que la population entière, levée en masse d'après les ordres de Ferdinand, assaillissait les divisions Duhesme et Lemoine, massacrait tous les Français épars, faisait souffrir les plus affreux supplices à ceux qui tombaient en son pouvoir, coupait les vivres à l'armée, et osait même affronter des bataillons. Les deux généraux français parvinrent, après des efforts considérables, à se dégager et à se réunir. Le général Duhesme avait fait six mille prisonniers.

Se voyant serré de si près, le général Mack, pour se soustraire au danger qui le menaçait, demanda un armistice pendant lequel il espérait recevoir de puissans secours de l'Autriche, et mettre Championnet entre deux feux. Le général français, qui, de son côté, était bien aise de donner à l'insurrection qu'il avait préparée à Naples, le temps de se développer, accorda l'armistice. Le général Mack s'engageait de livrer Capone aux Français, de payer une contribution de dix millions, et de fermer les ports de la Sicile aux Anglais. Championnet promettait aussi de ne pas marcher sur Naples. Cet armistice devait être soumis à l'approbation des deux gouvernemens, et la violation d'un seul point entraînait la rupture de la suspension d'armes. Championnet en profita pour attendre la réunion de toutes ses forces, et se mettre en état d'entrer avec plus d'avantage à Naples. La méfiance, qui causa cette capitulation, divisa les membres des autorités civiles et militaires, et causa une véritable scission entre les Napolitains, dont les uns favorisaient le parti de Ferdinand, et les autres celui de la république. Les émissaires de Championnet, qui l'instruisaient à chaque moment de l'agitation, toujours croissante, existante à Naples, parvinrent enfin à déterminer les partisans des Français à se prononcer avec énergie.

Les choses étaient en cet état quand un commissaire-ordonnateur, nommé Arcamband, fut envoyé à Naples, avec un sauf-conduit, pour réclamer la somme de dix millions promise par le traité. Le peuple, instruit de la demande, fait éclater sa fureur contre le général Mack, et la tournant ensuite contre l'ordonnateur, menace de l'assommer. Il ne parvint à échapper des mains de ces furieux que par son courage et le secours des républicains. Dès ce moment, il exista deux partis bien prononcés. Dans la mêlée qui eut lieu, un lazzaroni fut tué. Ses camarades jurèrent de le venger. Dès ce moment, ils se répandent dans les places, pénètrent dans les palais, s'emparent des arsenaux, les livrent au pillage. Au milieu de cette affreuse anarchie, le roi et la reine prennent la fuite, et se sauvent en Sicile. Mack est signalé comme un traître; on accuse ses soldats d'être jacobins et de s'être vendus aux Français. Quelques-uns de ces mêmes soldats se mêlent aux lazzaronis et augmentent leur fureur; d'autres se réfugient dans l'armée française. Mack, abandonné et sans secours, va chercher un asile près de Championnet. D'abord, il avait chargé un officier de le précéder, et d'implorer en sa faveur la clémence du vainqueur; mais il arriva bientôt lui-même, croyant avoir tout à redouter d'un général qu'il avait offensé. Championnet le rassure, le reçoit avec un visage serein, et refuse d'accepter son épée qu'il lui présente. Cette épée était un superbe présent du roi d'Angleterre. Championnet, en la refusant, dit à Mack : *Mon gouvernement me défend d'accepter des présens de fabrique anglaise.* Après avoir long-temps gardé le silence, Mack demanda et obtint un passeport pour Milan. Championnet, trop généreux pour abuser de la position d'un ennemi malheureux venu se jeter entre ses bras pour échapper à ses assassins, apprit avec peine que Mack était retenu comme prisonnier de guerre, par ordre du gouvernement. Se voyant arracher leur proie, les lazzaronis se précipitent sur les Français, et pénètrent jusqu'aux avant-postes. Un régiment, qui se trouva en armes, chargea vigoureusement ces soldats de nouvelle espèce, et Championnet, regardant dès ce moment l'armistice comme rompu, fit avancer son artillerie. Avant de commencer le feu, il modère les transports du soldat, qui ne respire que la vengeance, et fait encore porter des paroles de paix à cette multitude effrénée. Mais les lazzaronis, réunis au nombre de soixante mille, seuls maîtres de la ville, dont les principaux habitans s'étaient retirés dans leurs maisons en gémissant sur le sort d'une citée livrée à l'anarchie dans l'intérieur, pendant que l'ennemi était à ses portes, les lazzaronis, dis-je, tirent sur les parlementaires, qu'ils ne veulent même pas entendre. Championnet, voulant encore tenter d'intimider les rebelles par l'appareil de ses forces, différa l'attaque jusqu'au lendemain. Pendant toute la nuit, les lazzaronis escarmouchèrent, firent des sorties, et témoignèrent n'attendre que le moment de se mesurer. Championnet, dont les partisans s'étaient emparés du fort de Saint-Elme, et n'attendaient que ce signal pour foudroyer la ville, ordonne l'attaque. Le général Kellerman se porte sur Capo-di-Monte, pendant que le colonel Girardon s'avance, avec deux bataillons, vers le fort Saint-Elme, et se réunit à la garnison. Aussitôt la citadelle fait jouer toute son artillerie; les Français se dispersent dans les rues, culbutent tout ce qu'ils rencontrent, brûlent les repaires des lazzaronis, qui tirent du haut des maisons, par les croisées et les soupiraux des caves. Au milieu d'un torrent de fumée, à travers le bruit affreux du canon et de la mousqueterie, on n'entend que des voix lugubres, des cris de désespoir; on ne marche que sur des ruines, et l'œil effrayé, en se portant sur ce faubourg, n'y découvre que des flammes, des décombres et du sang. Les lazzaronis, maîtres d'une formidable artillerie, se défendaient avec une valeur qu'on ne reconnut jamais parmi les Napolitains, et qui surprenait même les Français. Songeant toujours à attaquer, quoique vaincus, ils sont acculés, exterminés dans les rues, sans être réduits. Refoulés par les escadrons républicains jusque dans leur quartier-général, que les flammes dévorent, ils se précipitent comme des bêtes féroces sur les baïonnettes. Se réunissant en masse serrée, bientôt ils s'étendent, enveloppent les bataillons français, les renversent, les écrasent. Leur choc est si violent, que les colonnes républicaines sont rompues. Bientôt chaque Français se trouve enveloppé par un peloton de lazzaronis, et forcé de faire face de tous côtés. Les débris de l'armée napolitaine, après avoir pris la fuite, rejoignent les lazzaronis, et font des prodiges de valeur. Forcés, par l'artillerie du fort Saint-Elme, à céder, vers le soir, la moitié de la ville, les enragés ne cessèrent pas de se battre, même à la nuit; et, pendant que sur un point les uns se faisaient égorger, d'autres, harassés de fatigues, s'endormaient au milieu des cadavres ou sur des décombres encore fumans. Le jour, en reparaissant, vint encore éclairer cette horrible boucherie. Championnet, bien résolu à se rendre maître de Naples, ou bien à s'ensevelir sous ses ruines, et voulant porter un coup décisif, ordonna au général Kellerman d'emporter le château Neuf à la baïonnette. Pendant que le fort Del-Carmine est escaladé par les généraux Duhesme et Brousier, le quartier des lazzaronis est envahi et incendié. Le château du roi est aussi investi par les généraux Rusca, Dufrène et Salvin, au même moment où la garnison du fort Saint-Elme, guidée par le colonel Girardon, se précipite au milieu de la ville. On se battait depuis soixante-sept heures; les rues étaient encombrées de cadavres; on ne marchait que dans le sang;

e général Championnet, pour mettre fin à un carnage
si effroyable, chercha à diviser les lazzaronis, et tourna
toute leur fureur contre le château du roi, dont il leur
abandonna le pillage. Parcourant ensuite la ville, il
s'adresse à ceux des habitans qui ont survécu au désastre
général, plaint leur malheur, leur promet des vivres,
et, dans un instant, il opère un changement tel, que
les Napolitains écoutent les Français, se mêlent parmi
eux, les embrassent, et ne montrent plus d'autre désir
que celui de servir la république. Au même moment,
on entend les Français prononcer avec vénération le
nom de saint Janvier; les lazzaronis, étonnés à ce nom,
marchent vers l'église de Saint-Janvier : les Français les
y suivent; on donne une garde d'honneur au saint,
devenu le conciliateur des partis; les Napolitains mettent
bas les armes; au deuil universel, succèdent la joie et
le calme, et la guerre est terminée. Championnet, révéré
depuis ce jour à Naples, fit désarmer les habitans, et
maintint parmi ses troupes la discipline la plus exacte.
Le lendemain, il nomma son armée, armée de Naples,
et proclama, au bruit du canon, la république Parthénopéenne. Il élut des magistrats, préserva la ville du
pillage, et imposa seulement aux vaincus une contribution de guerre. Les maux des jours précédens furent
oubliés, et on se livra à la joie. Tandis que Championnet ramenait à Naples l'ordre et le bonheur, la
commission civile le dénonce pour avoir conservé le
gouvernement militaire qu'il avait regardé comme nécessaire dans les circonstances. Le directoire, oubliant
tous les services du général, le destitua, le fit incarcérer
et traduire en jugement. Cet acte arbitraire et injuste
indisposa autant l'armée que les habitans de Naples, et
fut la première cause des malheurs qui pesèrent pendant
un an sur les Français en Italie.

Affaire de la Calabre, mai et juin 1797. Après l'arrestation de Championnet, le gouvernement français perdit presque entièrement la confiance des Napolitains. Le corps législatif et le directoire qui remplacèrent l'administration provisoire établie par Championnet, au lieu des taxes régulières, ordonnèrent qu'il serait levé des contributions en nature ; ils établirent des commissaires français, qui commettaient dans les campagnes des vexations de toutes espèces, répandaient partout la terreur, et excitaient par leurs concussions et leurs rapines, la haine des Napolitains contre la France, qu'ils rendaient responsable des crimes de ses agens. La cour de Palerme, dont les espérances se réveillèrent alors, avait soin, non-seulement de répandre les torts réels des Français, mais encore de les exagérer, et de leur attribuer même des procédés révoltans envers les filles, les femmes et les ministres de la religion; moyens qu'elle savait être infaillibles pour déterminer le peuple à la révolte. Des émissaires envoyés dans les différentes provinces, en faisant un tableau hideux de la conduite des Français, la comparent avec celle de la cour de Palerme, qu'ils représentent dans un dénuement absolu, et fait pour exciter la sensibilité et la compassion du peuple. On fait sortir les malfaiteurs des prisons et des galères, et on en forme un corps dont on promet de payer les services, non-seulement par l'impunité, mais même par des récompenses. On leur donna d'abord pour chef, un moine apostat, nommé Fra-Diavolo. Mais quand les Anglais, qui de l'île de Procyta entretenaient une correspondance secrète avec les partisans de la maison de Bourbon à Naples, et excitaient les peuples voisins des côtes à la révolte, eurent donné quelque consistance à l'insurrection, on vit le cardinal Ruffo se mettre à la tête de ces bandes infâmes. Ce cardinal, après avoir mérité de graves reproches dans l'administration de l'importante charge de trésorier apostolique dont il était revêtu, se rendit à Naples, et fut nommé intendant de Caserte. Ayant refusé d'obéir à l'ordre du pape Pie VI, qui le rappelait à Rome, il s'attacha à la cour de Naples, et la suivit en Sicile. Aussitôt qu'il eut pris le commandement des bandes royales, il se rendit à Scylla, où il fut accueilli favorablement, et bientôt s'y déclara le vengeur du trône et de l'autel. Au nom d'un dieu de paix, il prêcha le pillage et le massacre, et offrit aux habitans de la Calabre qui s'armeraient pour la cause de Ferdinand IV, les trésors du ciel et les dépouilles des partisans des Français. Un pardon général fut accordé à tous les criminels qui se rangeraient sous ses drapeaux. Cette milice portait pour signe de reconnaissance, une croix blanche au chapeau. A peine cette nouvelle croisade est-elle connue, que les habitans des campagnes se soulèvent de toutes parts; on ne parle dans la Calabre que de la sainte expédition qui doit avoir les résultats les plus importans; chacun court aux armes et veut avoir la gloire d'être compté parmi les croisés. La jeunesse rassemblée par les curés, s'enrôle sous les étendards du cardinal. Les assassins et les voleurs accourent; on voit à leur tête Fra-Diavolo: vient ensuite Pausanera, couvert du sang de quatorze victimes assassinées par ses mains; puis Sciarpa, faisant en même temps les fonctions de sbire, d'archer, de juge et d'exécuteur dans les prisons de Falerne; enfin une infinité de scélérats de même espèce. Pour s'attacher ses soldats et en augmenter le nombre, le cardinal leur promet le pillage de Crotone. Cette ville, très riche, fut abandonnée pendant un jour entier à la cupidité et à la barbarie des nouveaux croisés, quoique les habitans eussent ouvert les portes, et eussent employé tous les moyens imaginables pour obtenir du cardinal la révocation de l'ordre qui devait consommer leur ruine. Craignant le sort de Crotone, Coutazarro, capitale de la Calabre, ferma ses portes, garnit ses murailles de canons et se disposa à se défendre; mais sur l'assurance d'être traitée favorablement, elle se soumit au roi de Naples, paya une contribution, et fournit quelques soldats au cardinal. La cour de Palerme, instruite des succès de Ruffo, le créa vicaire-général de la couronne, et augmenta ses forces d'un corps de volontaires et d'un régiment qui furent commandés par le prince Leporano et le chevalier Micheroux. Arrivé à Cosenza, le cardinal pénétra de vive force dans la ville, et pour punir les habitans de l'hésitation qu'ils avaient témoignée, pilla les maisons de la majeure partie des nobles. Ruffo, devenu plus redoutable par les renforts qu'il reçut de Sicile, adresse aux habitans de la Calabre une proclamation par laquelle il leur promet une exemption de contributions pendant dix ans, s'ils parviennent à replacer Ferdinand sur le trône. Bientôt l'Apulie et les Abruzzes se déclarent pour le parti du roi, et soixante mille hommes composent l'armée de Ruffo, qui s'empare du pont de Campistron et de la ville de Muro. Ces bandes, sans forme et sans discipline, sont organisées par le prince de Leporano, et occupent bientôt tout le pays; de manière que la république Parthénopéenne se trouva circonscrite dans les murs de Naples. Le ministre de la guerre, Manthone, ayant voulu tenter de s'opposer, avec son armée, aux progrès des royalistes, ne put tenir contre des forces six fois plus considérables que les siennes, et fut forcé de rentrer dans Naples, après avoir perdu toute son artillerie. L'armée de Ruffo, mélange impur de scélérats, de Turcs, d'Anglais et de Russes, vint bientôt mettre le siege devant Naples. Chaque jour les avant-postes républicains en venaient aux mains avec les royalistes, et chaque jour on se battait avec un acharnement que la diversité d'opinions peut seule causer parmi des frères ennemis. Pendant que les troupes de Ruffo pénétraient par une brèche dans le château de Velliena, qui avait été fortifié, un certain Antoine Torcano, tout couvert de blessures, parvient au magasin à poudre, y met le feu, et ensevelit, sous les mêmes ruines, les vainqueurs et les vaincus. Au même moment, Ruffo attaquait Naples sur trois points différens. Le 25 juin, après midi, les assiégés, menacés de la famine, tentèrent une sortie générale; mais forcés de céder au nombre, ils se retirèrent dans les forts qui défendent la rade. Ruffo entra, dès le lendemain, à Naples, et y fit couler des flots de sang. Cependant les républicains, maîtres du château Saint-Elme, du château Neuf, du château de l'Asuf et de la forteresse de Castellamare, l'étaient aussi de la rade, et par leur feu continuel et des sorties aussi fréquentes que vigoureuses, tenaient l'armée royale en échec. Ruffo craignant que les républicains, réduits au désespoir, ne sacrifiassent les ôtages dont ils s'étaient assurés, fit cesser le pillage et le massacre, proposa un armistice et consentit à une capitulation. Les républicains remirent les châteaux, à condition qu'ils conserveraient leurs propriétés, et qu'ils pourraient, sans être inquiétés, rester à Naples ou s'en éloigner. Ces conditions s'exécutaient de bonne foi, quand Nelson arriva. Une ordonnance qu'il publia, enjoignit à tous ceux qui avaient occupé des places dans le gouvernement républicain, de se rendre au château Neuf pour y faire inscrire leurs noms et leurs demeures, et par là, se mettre pour l'avenir à l'abri de toutes recherches et de toutes poursuites. Ne présumant pas qu'ils allaient se livrer eux-mêmes à la proscription, tous les républicains se conformèrent à l'ordonnance; mais l'Anglais, oubliant sa promesse, fit emprisonner tous ceux qui s'étaient présentés, en condamna un grand nombre à périr sur l'échafaud, et en bannit cinq cents dont il confisqua les biens. On porta le délire jusqu'à faire le procès à saint Janvier, qu'on accusa d'avoir favorisé les Français. On lui enleva, par un jugement solennel, son titre de saint; on lui défendit de faire de nouveaux miracles; on confisqua ses biens au profit du roi, et on mit Naples sous la protection de saint Antoni de Pade, dont on célébrait la fête le jour de la rentrée des troupes royales dans la capitale.

Ainsi finit la république Parthénopéenne, qui n'avait duré qu'un instant, et dont l'établissement et la destruction furent marqués par des flots de sang, et par des actes de barbarie que le fanatisme et l'esprit de parti peuvent seuls produire.

SUISSE.

Origine des troubles en Suisse. La Suisse, unie à la France depuis plus de deux siècles, resta, à l'époque de la révolution, dans une neutralité que le massacre du 10 août 1792 ne put même altérer. Le seul canton de Berne porta alors quelques plaintes qui n'eurent aucune suite.

Cependant les habitans du pays de Vaud souffraient avec impatience la dénomination de sujets qui leur était donnée par le reste des Suisses, l'espèce d'asservissement dans lequel ils étaient tenus, et la privation du droit de concourir comme eux à l'administration publique. Tous ces motifs, ou plutôt les insinuations perfides des agens du directoire qui voulait punir les oligarques de Berne et de Fribourg, d'avoir donné asile à plusieurs proscrits du 18 fructidor, déterminèrent le pays de Vaud à chercher les moyens de recouvrer son indépendance. Ce pays demanda alors à former un canton séparé, et déclara qu'en cas de refus il se ferait appuyer par le gouvernement français. Les sénats de Berne et de Fribourg rejetèrent cette demande, et proscrivirent tous ceux que leur persévérance sembla désigner comme chefs de l'entreprise. Le général Laharpe se trouva du nombre des proscrits. Le ministre de la république française près les cantons helvétiques, fut alors chargé, par le directoire, de déclarer aux gouvernemens de Berne et de Fribourg, *que chacun de leurs membres répondrait personnellement de la sûreté individuelle et des propriétés des habitans du pays de Vaud qui se seraient adressés, et pourraient s'adresser encore à la république française, pour obtenir par sa médiation, en exécution des anciens traités, d'être maintenus ou réintégrés dans leurs droits.*

Les troupes françaises entrent en Suisse, janvier 1798. Les oligarques de Berne et de Fribourg, résolus de maintenir leurs prérogatives, rassemblèrent des troupes dont le commandement fut donné au colonel de Weiss, qui établit son quartier-général à Yverdon. Le général Menard, détaché alors de l'armée d'Italie et envoyé avec une division sur les frontières de la Suisse, déclara au colonel de Weiss que les Français entreraient dans le pays de Vaud, s'il ne licenciait sur-le-champ les troupes qu'il avait à ses ordres, et s'il continuait à faire des levées destinées à comprimer la liberté du peuple. A l'approche des troupes françaises, tout le pays de Vaud avait proclamé son indépendance, la cocarde bernoise avait été remplacée par celle de Guillaume Tell, des arbres de liberté avaient été plantés, et les Vaudois s'étaient constitués en république Lémanique.

Les habitans de Moudon joignirent deux de leurs

dragons aux deux hussards qui accompagnaient l'aide-de-camp chargé de porter au colonel de Weiss la déclaration du général Menard. Cet aide-de-camp, arrivé au village de Thiérens, fut attaqué par des soldats bernois; ses deux hussards furent tués; un dragon vaudois reçut une blessure et eut son cheval tué sous lui, et l'aide-de-camp lui-même ne se sauva qu'avec beaucoup de peine. Les habitans de Moudon, instruits presque sur-le-champ de cet événement, se disposaient à incendier le village de Thiérens, mais le capitaine Autier les arrêta.

Le général Menard regarda cette conduite des soldats bernois comme une déclaration de guerre, et se disposa à venger l'insulte faite à la république française. Le 28 janvier, il porta son quartier-général à Lausanne, où se rendit aussi le général Rampon avec la soixante-quinzième demi-brigade. Après avoir engagé ses soldats à respecter les personnes, les propriétés, les mœurs et la religion des habitans du pays de Vaud, qu'ils devaient regarder comme des amis, il adressa aux Vaudois la proclamation suivante :

« L'armée française ne s'était approchée de vos frontières que pour empêcher les ennemis de la liberté de comprimer le noble élan qui vous élevait vers elle, mais un attentat inouï vient d'être commis. Dans le sein même de la paix les satellites de l'oligarchie n'ont pas su respecter les lois de la guerre. La grande nation ne transige jamais avec le crime; les auteurs ne peuvent donc échapper à notre juste vengeance. Vos vœux nous appelaient à protéger vos droits; recevez-nous comme vos libérateurs, etc. »

Le général Menard, à l'arrivée duquel les troupes bernoises s'étaient retirées, voulut prévenir une guerre malheureuse, et resta sur les limites de la nouvelle république, sans chercher à profiter de la position favorable dans laquelle il se trouvait. La division se mit bientôt dans les autres cantons de la Suisse. Les sénats de Berne et de Fribourg ayant demandé des secours dont ils avaient un besoin si urgent, celui de Soleure consentit seul à faire cause commune avec eux. Des accommodemens particuliers eurent lieu à Bâle, à Zurich et à Lucerne, et les sept autres cantons surent, par des concessions sages, conserver l'ordre et la tranquillité intérieure. Cependant tous les cantons, à l'exception de celui de Bâle, sentirent la nécessité de repousser les Français, et promirent de donner des forces ; mais les mesures furent si mal prises, que tout le poids de la guerre tomba sur le canton de Berne.

Le directoire français fit alors passer le général Menard en Italie, et lui donna pour successeur le général Brune; en même temps il donna ordre au général Schawembourg de se rendre en Suisse avec sa division. Ce général fut informé, dans la vallée d'Erguel, que les hostilités commenceraient le 1er. mars. Ce jour-là même le général Brune fit connaître, par des proclamations à toute la confédération helvétique, les torts des oligarques, et se déclara le défenseur des opprimés.

Entrée des Français à Fribourg et à Soleure, 2 mars 1798. Le 2, pendant que Soleure ouvrait ses portes au général Schawembourg, l'avant-garde de Brune occupait les environs de Fribourg. Les magistrats de la ville ayant été sommés de se rendre, demandèrent le temps de faire évacuer les Bernois et les paysans armés. Le général Pigeon accorda deux heures et se retira. Sur-le-champ on entendit le tocsin sonner dans tous les villages voisins, et on vit un nombre considérable de paysans entrer dans la ville. Les magistrats répondirent à une seconde sommation, qu'ils n'étaient plus les maîtres, et que les paysans leur dictaient la loi. Le général Pigeon, indigné de la mauvaise foi des habitans de Fribourg, fit faire, à coups de canon, différentes brèches dans les murs de la ville; quelques soldats s'y précipitent et s'introduisent dans Fribourg; d'autres Français y entrent par une porte à moitié brisée, et mettent en fuite quinze cents Bernois, et au moins cinq mille paysans qui emportent les canons et les fusils de l'arsenal. Pendant qu'une partie des troupes se met à leur poursuite, et ramasse sur les routes les canons abandonnés et les fusils jetés de toutes parts, le reste occupe la ville et y exerce la plus exacte discipline. On ne garda pas un seul prisonnier. Les Suisses perdirent, dans cette première affaire, quatre cents hommes tués et un grand nombre de blessés.

Combat de Gümenen, 4 mars 1798. Le général Rampon occupa Morat le 2 mars, et marcha, le 4, sur le village de Gümenen. Le 5, à quatre heures du matin, il attaqua le passage hérissé de canons; les Suisses se défendirent avec intrépidité; mais après un combat qui dura cinq heures, ils furent obligés de céder, et la position resta aux Français. Dans ce même moment, une colonne française se portait vers Laupen, et le général Pigeon, se dirigeant sur Berne, tentait le passage de la Sense, au village de Neuenek. Le combat fut très-meurtrier des deux côtés: huit cents ennemis au moins restèrent sur le champ de bataille; les Français prirent trois mille prisonniers, sept drapeaux et vingt pièces de canon; ils eurent à regretter l'intrépide Barbe, fait officier sur le champ de bataille le 2.

Prise de Berne, 5 mars 1798. Maître de Soleure, le général Schawembourg marcha le 5 sur Berne. Son avant-garde engagea une vive fusillade avec l'ennemi, qu'elle rencontra en arrière de Schahiren avec du canon; l'infanterie légère, soutenue par l'artillerie, eut bientôt forcé les Bernois à se retirer. Après avoir été chassés de poste en poste, les ennemis se placèrent entre des rochers et un grand bois de sapins qui couronne les hauteurs d'Attmerkingen. Cette position formidable, fortifiée par des abatis qui fermaient la grande route, fut attaquée par le général Rubes, à la tête de la quatorzième légère et de la quatre-vingt-neuvième de ligne; tous les mouvemens de cette attaque furent exécutés avec beaucoup d'exactitude, et l'ennemi, mis en déroute, prit la fuite, laissant aux mains des Français toute son artillerie; sa perte en tués et blessés fut considérable. Les Suisses cependant se rallièrent de nouveau, et soutinrent encore, en avant de la ville de Berne, un combat à la suite duquel ils eussent été infailliblement tous forcés de mettre bas les armes, si Berne n'eût capitulé. Brune entra à Berne le 6, et prit le commandement de toutes les troupes réunies. Dans ces différentes affaires, on prit aux Suisses vingt-cinq drapeaux, qui furent présentés au directoire le 18 mars.

Etablissement de la république Helvétique, avril 1798. Après avoir rendu la liberté aux Vaudois, le gouvernement français voulut donner à la Suisse une constitution à peu près semblable à la sienne. Les cantons de Schweiz, d'Uri, d'Appenzel, de Glaris, de Zug et d'Unterwald, refusèrent de l'accepter, et les autres l'admirent. Le gouvernement français, sans avoir égard aux représentations qui lui furent adressées à ce sujet, chargea son envoyé Mengaud de déclarer à tous les cantons qu'il ne leur était plus accordé que quinze jours pour se soumettre. Les cantons démocratiques persistant dans leur refus, s'emparèrent de Lucerne, qui avait accepté la constitution, et formèrent le projet de surprendre Arau, siége du nouveau gouvernement de la république helvétique. Le général Schawembourg, qui commandait alors en chef dans la Suisse, envoya contre les insurgés plusieurs colonnes qui entrèrent à Zurich. Deux mille paysans, ayant pour porte-drapeau un curé, furent dispersés au village de Mellinguen, où ils voulurent résister ; on leur tua deux cents hommes.

Le général Joly trouva, le 29 avril, au couvent de Mury, vingt canons abandonnés par les insurgés ; de là il se porta sur Zug, où il désarma trois mille paysans, qu'il renvoya dans leurs foyers, après leur avoir pris douze canons, douze drapeaux et six mille fusils. Les insurgés de Schweiz et d'Unterwald furent chassés de Lucerne le 30. Les Français eurent encore l'avantage dans différens autres engagemens qui n'offrent que peu d'intérêt.

Un serment civique exigé de tous les cantons, donna au mois de septembre un caractère sérieux aux troubles qui n'avaient pas entièrement cessé. Les cantons de Zurich, de Lucerne, de Zug, de Schweiz et d'Unterwald, refusèrent de prêter le serment. Les Français appelés au secours du directoire helvétique, eurent à soutenir différens combats dans le canton de Schweiz, dont les forces étaient commandées par le général Aloys Reding, officier aussi brave qu'instruit dans l'art de la guerre. Les Suisses se battirent, au défilé de Kusnoch et dans la plaine de Morgartin, avec une valeur et une intrépidité que les vainqueurs ne purent s'empêcher d'admirer.

Ces braves, dignes d'un meilleur sort, s'étant rassemblés à Schweiz, pour délibérer sur la capitulation que leur offrait le général Schawembourg, le premier qui énonça son vœu, dit avec enthousiasme : *Mourons de la mort glorieuse de nos ancêtres.* Cependant le projet de capitulation fut accepté.

L'insurrection du Valais se termina d'une manière plus sanglante. Les insurgés avaient menacé l'agent français Mangourit, et avaient arboré le drapeau blanc dans Sion, où ils s'étaient renfermés; le général Lorge s'étant porté sur cette ville, un peloton de hussards s'avança d'une des portes; les insurgés firent sur lui une décharge à mitraille, qui renversa un officier et plusieurs hussards. Rien alors ne fut plus capable de contenir la fureur des soldats; ils escaladent les murs, pénètrent dans la ville, tuent et massacrent tout ce qu'ils rencontrent. Les maisons dans lesquelles les habitans se défendirent, furent abandonnées au pillage pendant six heures; enfin, le nombre des morts, des blessés et des prisonniers, fut au moins de seize cents. Les Français prirent sept drapeaux et huit pièces de canon. Un parti qui s'était retiré dans des rochers vers la source de la Morge, faisait rouler des quartiers de rochers sur les soldats de la seizième légère, obstinés à les poursuivre. L'ennemi fut partout culbuté, mais peu de Français revinrent sans blessures; leur perte, en général, fut considérable tant en tués que blessés. La paix fut enfin rendue à la Suisse; mais les agens du gouvernement français ne cessèrent pas d'accabler ses malheureux habitans, de concussions et de vexations de toute espèce.

ARMÉES DU DANUBE ET DE SUISSE.

Le traité de Campo-Formio, déjà opposé dans plusieurs articles aux préliminaires de Léoben, ne peut être regardé que comme une longue trêve, dont chaque parti profita pour se fortifier. Pendant les négociations mêmes, on jetait de part et d'autre les germes d'une prochaine rupture. Pour continuer de régner par la terreur, le directoire avait besoin de faire la guerre. La cour de Vienne, bien résolue à chercher les moyens de réparer ses pertes, rétablissait son armée; et pendant ce temps-là, l'Angleterre décidait la Russie à prendre une part active dans la guerre qui se préparait de tous côtés. L'établissement d'une nouvelle république romaine, la destruction de celle des treize cantons, et la prise de Naples, durent y déterminer l'Autriche. Le directoire, qui avait cherché à prolonger la trève jusqu'à la belle saison, instruit que les Russes devaient opérer en Italie, et que les Autrichiens rassemblaient, entre le Lech et le Danube, une armée formidable, menaça de passer le Rhin, demanda la retraite des Russes, et mit en mouvement quatre armées : celle d'Italie, celle de Suisse, celle du Danube et celle d'observation. Ainsi se termina cette paix, sur la durée de laquelle on ne dut jamais compter. Voulant empêcher la jonction de l'armée russe avec les Autrichiens, et déposter ceux-ci des positions qu'ils occupaient sur l'Adige, le directoire se détermina à prendre l'offensive.

Bernadotte, commandant l'armée d'observation, s'avança dans le Palatinat, et Jourdan passa aussi le Rhin avec l'armée du Danube. Manheim se rendit aux Français; mais Philisbourg refusa d'ouvrir ses portes. Bernadotte, dès le 4 mars, avait pénétré jusqu'à Heilbronn. Quarante mille hommes, composant l'armée de Jourdan, défilèrent, du 1er au 3, sur les ponts de Kehl et de Bâle. L'avant-garde, commandée par le général Vandamme, était, le 4, à Villengen, avec la colonne du centre; le général Saint-Cyr, commandant la colonne de gauche, était arrivé à Freudenstadt, et le général Férino marchait, avec la droite, sur Rheinfeld et Waldshut. Jourdan avait donc franchi tous les défilés, et s'avançait vers le Danube. Les 4 et 5 mars, l'archiduc Charles passa le Lech, prit des troupes à Ulm, et se dirigea sur Memmingen, où il établit son quartier-général. Toutes les armées françaises formaient alors une masse d'environ cent soixante-deux mille hommes, et les armées autrichiennes pouvaient être composées de cent soixante-neuf mille combattans. Depuis les bords du Danube jusqu'au golfe Adriatique, les armées se trouvaient en présence et presqu'en ordre de bataille.

Prise du fort de Saint-Lucias-Steig, 7 mars 1799. Ce fut le général Massena qui commença les hostilités; pendant que Jourdan se rapprochait du lac de Constance, Massena marcha sur Sargantz, et somma le général Auffenberg d'évacuer le pays des Grisons. Le général Oudinot, commandant l'aile gauche, faisait en même temps une fausse attaque sur Feldkirch, et le général Demont tournait, avec la droite, la position de Coire. Massena, commandant en personne le centre, passa le Rhin, et coupa toute communication avec Feldkirch. Un combat sanglant se livra aux portes de Magenfeld et de Zollbruch; et ce ne fut qu'après avoir gravi un pic, qui paraissait inexpugnable, et d'où les Français faisaient un feu plongeant de mousqueterie sur les retranchemens ennemis, qu'ils parvinrent à s'emparer du fort de Saint-Lucias-Steig. Massena avait attaqué ce fort l'épée à la main; il était huit heures du soir, quand l'action cessa. L'entrée du pays des Grisons fut aussi ouverte à l'armée française.

Le port de Haldestein fut enlevé le même jour; et le général Auffenberg, après avoir fait une vigoureuse résistance devant Coire, fut fait prisonnier avec le corps qu'il commandait.

Le 13 mars, le général Casa-Bianca attaqua le général Laudon dans le haut Engadin, et le força à se replier.

Profitant de ses premiers avantages, Massena fit sur Feldkirch une seconde tentative, qui n'eut pas de succès; cependant l'occupation de ce port était nécessaire pour établir la communication par Brigentz et Lindau. Pour parvenir à s'en emparer, Jourdan fit manœuvrer son aile gauche sur le Danube, et établit son centre à Moskirch. L'archiduc, ayant fait passer l'Iller au général Nauendorf, commandant son avant-garde, et s'étant avancé jusqu'à Wurzach, les deux armées se trouvaient à si peu de distance l'une de l'autre, que leurs patrouilles se rencontraient souvent.

Il était aussi important pour les Autrichiens de défendre, que pour les Français d'enlever les retranchemens de Feldkirch. Deux attaques successives, faites les 12 et 14 avec la plus grande impétuosité, furent encore inutiles. Dans celle du 12, les Français, malgré le feu des ennemis, jetèrent un pont et emportèrent deux retranchemens, et après six assauts dans lesquels ils perdirent beaucoup de monde, furent forcés de se retirer.

Les deux armées étaient tellement rapprochées, que les avant-gardes avaient à peine l'espace nécessaire pour leurs mouvemens. Jourdan se décida à attaquer. Le 18, il porta son quartier-général à Pfullendorf. Les généraux Saint-Cyr et Vandamme étaient à sa gauche; le général Férino, commandant la droite, avait poussé ses avant-postes jusqu'à Mersbourg; son centre était placé entre la rive droite du Danube et Moskirch. L'archiduc prit position, le 20, sur des hauteurs, d'où il n'était séparé de l'armée française que par le vallon et la petite rivière d'Ostrach.

Jourdan, ayant alors fait demander, par un aide-de-camp, au prince de Schwarzemberg, s'il avait reçu de sa cour la dépêche attendue par le directoire, et ayant reçu une réponse négative, déclara que l'armistice était rompu. Sur-le-champ il ordonna une attaque très-vive, dans laquelle l'avant-garde ennemie fut repoussée jusqu'à Holzkirchen et Klostersüssen.

Combat de Pfullendorf, 21 mars 1799. L'archiduc, le 21, divisa son armée en trois colonnes, commanda en personne celle du centre, et vint attaquer le général Jourdan, dans sa position en avant de Pfullendorf. Sur tout le front de la ligne, les Français font d'abord une vigoureuse résistance; mais la gauche, ayant été tournée, ils furent obligés de se retirer à Stockach et à Engen.

Il y eut, dans deux combats, beaucoup de sang répandu; on n'avait pas encore vu, dans aucune action, une artillerie aussi formidable.

Le général Hotze approchait; Massena voulant, avant son arrivée, profiter du seul instant favorable que lui laissait la retraite de Jourdan, rassembla ses grenadiers, les réunit à la division du général Oudinot, et le 23, attaqua encore la position de Feldkirch. Cette attaque meurtrière, faite avec une impétuosité peu commune, coûta à Massena une grande partie de l'élite de son armée, et n'eut aucun résultat. Massena repassa le Rhin, et le général Hotze rentra dans ses retranchemens de Feldkirch.

Bataille de Stockach, 25 mars 1799. Jourdan, qui avait repris sa position en arrière de Stockach, et qui avait assuré sa retraite par Schaffhouse, résolut de tenter encore une bataille pour écarter l'archiduc du lac de Constance. Le 25, à la pointe du jour, il forme son armée en trois colonnes; le général Férino, commandant la droite, était chargé de tourner l'aile gauche des ennemis; la seconde fut dirigée sur Aach, et la troisième, commandée par le général Saint-Cyr, devait attaquer le général Meerfeld.

Cette colonne, qui commença l'attaque, chassa le général Meerfeld de sa position de Tutlingen, et repoussa ses troupes, mises en désordre, partie jusqu'à Stockach, partie jusqu'à l'extrémité du bois de Moskirch. On se battait depuis cinq heures du matin, et les Français étaient victorieux partout. Le général Saint-Cyr fit une manœuvre des plus savantes; mais une charge de cavalerie n'ayant pas été exécutée, quoiqu'ordonnée, causa la perte de la bataille. L'archiduc, se voyant près d'être forcé, fit venir des renforts de sa gauche, et avec ces troupes fraîches, attaqua les Français postés dans le bois. L'infanterie seule en vint aux mains ; on ne vit jamais un combat plus terrible et plus meurtrier; l'archiduc, le prince d'Anhalt et celui de Furstemberg descendirent de cheval et combattirent à pied à la tête de leurs troupes ; l'archiduc chargea avec les grenadiers hongrois; le prince de Furstemberg périt dans la mêlée. Persuadé que le centre de l'ennemi serait enfoncé, le général Saint-Cyr se maintenait à la pointe de leur aile droite; mais accablé par le nombre, et après avoir fait des efforts prodigieux, il se décida à se retirer, en voyant ses carabiniers, qui se trouvaient à l'arrière-garde, prêts à être cernés par les grenadiers et les cuirassiers impériaux. Sa retraite se fit en bon ordre sur Lipptingen. Ce combat affreux, où dix mille hommes furent tués ou blessés, ne cessa qu'à la nuit.

Jourdan se replia d'abord sur Schaffhouse, ensuite sur Bâle, et prit position au Hornberg.

Pendant les mouvemens des armées sur le Danube, le général Casa-Bianca, qui avait pénétré le 13 mars dans le haut Engadin, attaqua, le 17, le général Laudon à Bormio, et le repoussa jusque dans le Wintschgau.

Prise des postes de Martinsbruck et de Nauders, 18 mars 1799. Les ennemis étaient encore maîtres du Tirol et des sources de l'Adige; le général Lecourbe, voulant tenter une attaque générale, fit marcher les généraux Dessolles et Loison sur Munsterthal, et s'avança lui-même sur Martinsbruck et Nauders. On a peine à concevoir les moyens qu'employa le général Dessolles pour assurer le succès de cette attaque. N'étant arrêté ni par les glaces ni par les neiges, franchissant et bravant des précipices à travers lesquels les plus intrépides glaciers n'eussent osé les conduire, les soldats français gravissent le Wormser-Joch, l'une des plus hautes montagnes des Alpes Juliennes, tournent les défilés retranchés des ennemis, et se laissant ensuite glisser avec leurs armes, tombent d'une élévation prodigieuse sur les ennemis, les surprennent, attaquent à revers Glurentz et le poste retranché de Tauffers, et, après une résistance opiniâtre, forcent le général Laudon à se retirer. Dans le même temps le général Loison avait entouré Nauders, et le passage de Martinsbruck avait été forcé par le général Lecourbe. Le général Laudon n'ayant plus aucun moyen de retraite, parvint cependant à se frayer un passage; mais il laissa au pouvoir des Français la majeure partie de ses troupes, ses canons et ses bagages, et se retira dans la vallée de Venosta. Ainsi les Français se trouvèrent maîtres de la tête des deux grandes vallées du Tirol.

ARMÉE D'ITALIE.

Bataille de Vérone, 26 mars 1799. Les Russes étaient en marche, et cependant leurs premières colonnes ne pouvaient pas arriver avant le 12 avril. Le général Scherer, voulant, avant ce temps-là, chasser les Autrichiens de leurs positions sur le bas Adige, rassembla ses troupes derrière Peschiera et Mantoue, et prépara une attaque sur toute la ligne entre le lac Garda et l'Adige. Une de ses divisions insulta Porto-Legnago, deux se portèrent sur Vérone, et trois autres furent chargées de tourner les positions de l'ennemi sur sa droite. Six divisions commencèrent l'attaque le 26 mars. Les généraux Delmas, Grenier et Serrurier forcent tous les obstacles, s'emparent de Rivoli, passent l'Adige, pénètrent jusqu'à la Chiusa, coupent les lignes de l'ennemi, et le forcent à se retirer à Peri, après avoir considérablement souffert. Scherer, dès le point du jour, attaqua avec deux divisions les dehors de Vérone, pendant qu'il faisait assaillir les postes de Sainte-Lucie et de Saint-Maximin. Les généraux autrichiens Minckwitz et Liptay furent blessés en défendant le premier de ces postes que les Français emportèrent. Pris et repris jusqu'à sept fois, le poste de Saint-Maximin resta aux Autrichiens. On se battit depuis le matin jusqu'au soir.

Le général Devin fut tué, et le général Servin blessé à l'attaque de Porto-Legnago. Après un combat aussi opiniâtre que sanglant, les Français se retirèrent sur Mantoue. Le général Scherer fit encore, le 27, différentes tentatives inutiles. Le 29, on signa une suspension d'armes de quelques heures pour enterrer les morts, et le 30, les Français attaquèrent de nouveau toute la chaîne des postes ennemis. Le général Kaim est repoussé jusqu'à une demi-lieue de Vérone, et après avoir jeté des ponts sur l'Adige, les Français atteignaient les hauteurs qui couvrent la route de Vienne, quand, attaqués eux-mêmes par la division du général Frolich, formée sur trois colonnes, ils sont obligés, malgré tous leurs efforts, à se replier avec précipitation. Les ponts qu'ils avaient jetés sur l'Adige s'étant trouvés coupés, une partie d'entre eux parvint seule à passer ce fleuve; une colonne entière fut coupée et mit bas les armes. Cette malheureuse affaire coûta aux Français environ sept mille hommes.

Le général Scherer, après ce revers, concentra ses forces entre l'Adige et le Tararo. La droite de l'armée autrichienne passa l'Adige, et occupa Castelnuovo.

Craignant d'être tourné par son flanc gauche, le général Scherer se décida, le 5 avril, à attaquer sur tous les points. Son armée fut divisée en trois colonnes commandées, l'une, par les généraux Victor et Grenier ; la seconde, par le général Delmas ; et la troisième, par le général Moreau. Le général Kray, prévenu de la marche des Français, s'avança à leur rencontre avec son armée, aussi formée en trois colonnes, sous les ordres des généraux Kaim, Zoph et Mercandin.

Bataille de Magnan, 5 avril 1799. Les deux armées s'étant trouvées en présence, le 5 avril, la bataille commença. Le général Mercandin, commandant la première colonne, cède devant les Français à Pozzo ; il reçoit une blessure mortelle. Le général Moreau perce le centre des lignes ennemies, et s'avance jusque sous les murs de Vérone ; mais la réserve autrichienne rétablit le combat. Après avoir cédé à l'impétuosité de la division Serrurier, la seconde colonne, commandée par le général Kaim, reçut un renfort venant de la réserve, et reprit l'offensive. Le succès de la bataille était encore incertain, quand le général Kray, venant au secours du général Zoph, commandant la colonne gauche, qui, déjà ébranlée, se disposait à la retraite, tourna les deux divisions de droite de l'armée française, et fixa la victoire. On se battit jusqu'à six heures du soir, avec un acharnement peu commun ; les Français disputèrent vigoureusement le terrain, et de part et d'autre on déploya la plus grande valeur. Le champ de bataille était couvert de morts ; les deux armées y passèrent la nuit. Les Français perdirent, dans cette journée, cinq mille prisonniers, dix-huit canons, des caissons, des bagages, des munitions et sept drapeaux. Le général Scherer évacua, le 6, Isola-Della-Scala et Villa-Franca, et se retira sur Roverbello, où son avant-garde prit position le 7. Pendant ce temps-là, le général Kray passait le Mincio, et investissait Peschiera, tandis que le général Klénau investissait Mantoue, s'emparait du poste important de Governolo, et interceptait toute communication avec Ferrare. Les Autrichiens voulant mettre les Français dans la nécessité de couvrir le Milanais, attaquèrent, le 8 avril, tous leurs postes, depuis Bormio jusqu'aux lacs d'Idro et de Garda, les forcèrent d'évacuer les retranchemens de Saint-Antoine, et le petit fort de Rocca-d'Anfo, et de se retirer sur Brescia.

Les armées française et autrichienne étaient en cet état dans l'Italie supérieure, quand les premières colonnes de l'armée russe arrivèrent.

Toutes les positions occupées à la tête des vallées du Tirol, étant devenues inutiles depuis que les Français étaient réduits à la défensive, le général Lecourbe s'était retiré dans l'Engadin. Le général Dessolles, qui s'était retranché dans les défilés de Munster, y fut attaqué par le général Bellegarde, forcé de les abandonner après une résistance opiniâtre, et de se retirer d'abord à Zernez, et ensuite dans le haut Engadin.

Du côté du Rhin, où il ne s'était rien passé d'important depuis la retraite de Jourdan, les Français occupaient encore la tête des défilés de la Kintzig. Jourdan quitta à cette époque le commandement de l'armée du Danube, et fut remplacé par Massena, qui plaça son quartier-général à Bâle, et s'occupa sérieusement de la défense du cours du Rhin.

Scherer ne pouvant plus se maintenir dans le Mantouan, continua sa retraite et passa la Chinsa. Les Autrichiens resserraient de plus en plus Mantoue; le général Klénan s'empara de tous les postes les plus importans qui défendaient la place, coupa la communication avec Ferrare et Modène, et prit trente-deux barques, portant deux cents pièces de canon de fer, avec un équipage de pontons. La droite de l'armée française continua sa retraite au delà de l'Oglio, et la gauche, la sienne au delà de la Chiusa ; le général Kray se porta à leur suite sur les bords de ces rivières.

Ce fut à cette époque que l'avant-garde de l'armée russe arriva en Italie. Cette armée était l'espoir des ennemis de la république française, moins encore à cause de sa bravoure et de sa discipline justement vantées, que des talens de son général, le maréchal Suwarow, guerrier septuagénaire, célèbre par ses victoires sur les Turcs et les Polonais, et que de grands talens militaires recommandaient effectivement à l'estime publique. Après avoir été fêté et promené en triomphe par les habitans de Vérone, qui dételèrent les chevaux de sa voiture, pour la traîner eux-mêmes, le vieux maréchal se rendit à Vallegio, où était le quartier-général de l'armée autrichienne. Le général Mélas lui remit en cet endroit le commandement général.

Prise du château de Ferrare et de Bergame par les Russes. Disposant ainsi de toutes les forces opposées en Italie aux troupes de la république française, le maréchal Suwarow vint camper, le 18 avril, entre Capriano et Cassello. Les Français avaient évacué Crémone le 16.

Plusieurs places frontières de la république cisalpine livrées à elles-mêmes, se rendirent en peu de jours aux Russes. Mantoue fut totalement investi ; le château de Ferrare fut pris, et le reste de la droite de l'armée française fut forcé de passer l'Adda. Bergame tomba au pouvoir des puissances alliées, et quelques jours après, les portes de Milan leur furent aussi ouvertes.

Moreau avait remplacé Scherer dans le commandement de l'armée française, derrière l'Adda. Cette armée se trouvait tout au plus composée de trente mille hommes, et toutes ses ailes étaient débordées par Suwarow, à la tête d'au moins soixante mille combattans. La position du général français était d'autant plus critique, qu'il ne voyait que des inconvéniens graves, soit qu'il abandonnât la haute Italie, où qu'il tardât trop à s'approcher des Apennins et de la côte de Gênes. Ayant achevé sa retraite sur la rive droite de l'Adda, il avait fortifié la tête du pont de Cassano. Son quartier-général et sa réserve étaient établis sur le canal Narviglio-Martesana. Deux divisions aux ordres du général Serrurier, formant la gauche, s'étendaient jusqu'à Luco. L'aile droite commandée par le général Delmas était à Lodi, et se trouvait protégée par la forteresse de Pizzighitone.

Prise du poste de Luco, 26 *avril* 1799. Le général Suwarow ne fut pas plutôt arrivé sur les bords de l'Adda, qu'il divisa son armée en trois colonnes, fit attaquer, le 26 avril, le poste de Luco, par deux bataillons des grenadiers du prince Bagration, et l'emporta. Dans la nuit du 26 au 27, le général de Chasteler fit établir un pont sous le château de Trezzo, et à six heures du matin, quelques bataillons, soutenus par un régiment de Cosaques, surprirent les Français et les chassèrent de leur position.

Combat de Brivio, 27 *avril* 1799. Le général Moreau voulant renforcer sa gauche, envoya sur Brivio la division du général Grenier, qui se joignit à une portion de la division du général Serrurier. Il se livra entre ces troupes et celles de la division du général Ott, un combat opiniâtre et sanglant; on montra de part et d'autre autant de valeur que d'acharnement; les Français reçurent un renfort de la division du général Victor, firent plier la droite de l'ennemi, et tout annonçait qu'elle devait être culbutée; mais une charge faite à la baïonnette par le général Chasteler, à la tête des grenadiers, fit changer la face des choses, et rendit l'avantage aux alliés. Chassés du village de Pozzo, les Français le furent encore de Vaprio. Le général Serrurier se trouvant séparé des autres divisions, et n'ayant plus aucun espoir d'être secouru, se battit en désespéré; mais entièrement enveloppé, il fut obligé de se rendre : il obtint cependant pour les officiers, la liberté de rentrer en France sur parole; les soldats durent être échangés contre les prisonniers faits sur les alliés dans cette journée.

ARMÉE DU DANUBE.

La position de la droite du général Massena devenait fort équivoque par la marche de Suwarow, qui lui coupait toute communication avec Moreau, par les lacs et vallées qui conduisent aux principales entrées de la Suisse. Cependant, comme l'armée du Danube était composée au moins de soixante mille hommes, l'archiduc n'avait encore, au premier mai, fait aucune tentative. Le général Bellegarde avait tenté différentes attaques partielles, mais elles avaient toutes été infructueuses.

Tous les postes du général Lecourbe, dans le bas Engadin, furent attaqués, le 1er. mai, par le général Bellegarde. Forcé, après un combat très-vif, de se replier sur Cornetz, Lecourbe se maintint dans ce poste, repoussa cinq bataillons autrichiens, les mit en fuite, et fit prisonnier le prince de Ligne, avec une portion de son corps d'armée. On ne se défendit pas avec moins de valeur sur la droite de Cornetz à Veranka, où les Autrichiens firent avec vigueur une attaque qui fut sans succès.

Pendant ce temps-là, Luciensteig était attaqué de vive force à l'entrée de la vallée des Grisons, par le général Hotze, et à revers par une autre colonne, ayant à sa tête le régiment du prince d'Orange. Les Français commandés, dans le pays des Grisons, par le général Menard, furent surpris et forcés de se retirer sur Malans;

cependant les alliés échouèrent dans leur tentative sur Luciensteig. Bientôt ils sont eux-mêmes attaqués à la baïonnette par les Français ralliés sur les hauteurs de Mayenfeld, et commandés par le général Chabran. On tua ou l'on fit prisonniers presque tous les soldats composant le régiment du prince d'Orange ; le reste de la colonne se sauva par les défilés.

Le général Massena fortifia de nouveau le poste de Luciensteig. Six mille paysans suisses ou grisons s'étaient insurgés contre les Français, et s'étaient établis militairement au pont de Reichenau ; le général Menard les attaqua le 3 mai, les poursuivit jusqu'à Dissentis, les dispersa, et en tua au moins deux mille.

De son côté, le général Soult tailla en pièces quatre mille Suisses des petits cantons qui tentèrent de se défendre avec quelques pièces de canon, dispersa le reste, et poursuivit les fuyards jusqu'à la vallée d'Urseren.

Il était important de couvrir le passage du Saint-Gothard, et de couper la communication entre les petits cantons et les bailliages suisses qui s'étaient soulevés. Massena donna donc au général Lecourbe l'ordre d'évacuer entièrement le haut Engadin, et de se porter sur Bellinzona. Lui-même transféra de nouveau son quartier-général à Zurich.

Prise du poste de Luciensteig, 14 mai 1799. Cependant, résolu de s'emparer du pays des Grisons, l'archiduc prépara une nouvelle attaque sur le poste de Luciensteig. Ce poste, placé dans un défilé très-étroit, et fermé par des rochers à pic couverts au loin par une nombreuse artillerie, paraissait inexpugnable, et arrêtait seul les Autrichiens. L'archiduc, le 12 mai, mit en mouvement tous les corps avancés ; le général Hotze, chargé du commandement et de la direction de l'attaque, divisa ses troupes sur quatre colonnes ; il chargea la première de faire une fausse attaque à la tête du défilé ; la seconde dut franchir les Alpes à Mayenfeld et faciliter l'attaque du front; la troisième devait attaquer par la montagne comme sous le nom de Secviser-Alp; et la quatrième par Slapiner-Joch. Secondés par les habitans du pays qui dirigèrent leur marche, les généraux Hotze et Jellalich parvinrent, après douze heures d'une marche laborieuse, dans un lieu où ils plongeaient sur les revers des retranchemens français. Le dernier attaqua les retranchemens par le derrière, et le général Hotze, s'avançant par la passe sous le feu des Français, pénétra jusqu'à la porte qu'il fit sauter, s'empara du fort, et fit prisonnière presque toute la quatorzième demi-brigade. La vigoureuse résistance du général Humbert ne put arrêter les efforts de l'ennemi. Le poste de Luciensteig, qui était la clef de la vallée des Grisons, tomba, le 14 mai, au pouvoir du général Hotze. Les Français firent leur retraite en bon ordre, et le 17, ils avaient évacué tout le pays des Grisons, à l'exception des vallées resserrées qui avoisinent les petits cantons. Le général Massena sentit alors la nécessité de concentrer ses forces.

ARMÉE D'ITALIE.

MAÎTRE de Milan, et parvenu au centre de la Lombardie, le général Suwarow forma un plan d'opérations très-étendu, dont le but était de forcer Moreau d'abandonner le Piémont et la côte de Gênes, de pénétrer dans les vallées, et de faciliter les mouvemens de l'archiduc au delà du Saint-Gothard, d'assiéger Mantoue et Ferrare, et enfin de prévenir Macdonald au passage des Apennins, et de lui couper toute retraite sur Gênes. Il n'y avait pas en Italie un point qui ne fût occupé par les alliés ou par les Français.

Evacuation de Turin, 7 mai 1799. Après le passage de l'aile droite du général Suwarow à Trezzo, Moreau, forcé d'abandonner son aile gauche et de se retirer sur

Milan, fit sa retraite en bon ordre avec ses troupes divisées en trois colonnes, dont l'une marcha sur Plaisance, la seconde sur Pavie et Vighera; et la troisième sur Vigevano et Novare. Il ne restait plus à Moreau que vingt-huit mille hommes avec lesquels il lui était impossible de garder les plaines du Piémont et le pays de Gênes; il se disposa donc à évacuer Turin. Il confia au général Fiorella la défense de la citadelle, qu'il eût soin de munir de tout ce qui pouvait être nécessaire à sa défense, et le 7 mai, il abandonna Turin pour porter son quartier-général à Alexandrie. Voulant retenir sur la rive gauche du Pô le général Suwarow, et favoriser la retraite de Macdonald, forcé d'évacuer Naples, il prit une position sous Tortone, et étendit ses avant-postes vers les Apennins. Suwarow avait porté son quartier-général à Pavie le 14, et avait fait occuper Novare, Ollegio, Vercelli, Ivrea et Bobio, placés sur la route de Plaisance à Gênes, et qui pouvaient lui être d'un grand secours pour s'emparer du passage des Apennins. Le général Hohenzollern avait marché sur Plaisance, et le général Kray s'était porté à Borgoforte, et resserrait Mantoue avec toutes ses forces. Le général Lattermann commença, le 5 mai, avec dix bataillons, le siége du château de Milan, et le général Kaim ouvrit le même jour la tranchée devant Pizzighitone. Un magasin à poudre sauta cinq jours après, et détermina le commandant à capituler.

Ce fut en vain que Suwarow tenta de déposter Moreau de son camp retranché, dont la droite s'appuyait à Alexandrie et la gauche à Valence; il lui fut également impossible de l'engager dans une action générale et décisive; Moreau savait trop bien qu'une défaite pouvait lui enlever toute retraite en-deçà et au delà des Apennins.

Combat de Basignano, 12 *mai* 1799. Cependant Suwarow, persistant dans le dessein de surprendre le passage du Pô sur la gauche de Moreau et de l'envelopper, le fit attaquer, le 11, par un corps qui passa le fleuve au-dessus de Valence ; mais une division du général Grenier repoussa cette attaque, après avoir fait éprouver une perte considérable à l'ennemi. L'attaque fut renouvelée le 12. Le général Schubart, à la tête d'environ sept mille Russes, passa le Pô à Basignano, et s'avança entre Valence et Alexandrie, dans l'intention de couper la ligne des Français. Pendant que le général Grenier, soutenu par le chef de brigade Gardanne, résistait vivement au choc de cette colonne, la division du général Victor attaqua les Russes en flanc ; ceux-ci se défendirent vigoureusement. Dans ce combat, où l'on montra de part et d'autre beaucoup de valeur et d'acharnement, le général Schubart fut tué ; les Russes furent très-mal traités et poursuivis vigoureusement par les Français, qui les culbutèrent dans le Pô.

Instruit d'un mouvement que le général Mélas devait faire sur Candia, Moreau fit, pendant la nuit du 15, construire un pont sur la Bormida, le passa le 16 avec sept mille hommes, et marchant à la tête de sa cavalerie, il rompit la chaîne des postes avancés des Cosaques près Marengo, et les poursuivit vigoureusement. Il rentra dans Alexandrie après avoir fait chasser le général Lusignan de son camp de Torre di Garafolo, et l'avoir séparé du corps du prince Bagration.

Après cet effort, qui fut le dernier, Moreau ne pouvant plus tenir dans son camp retranché, mit la citadelle d'Alexandrie en état de défense, et fit sa retraite le 19. Arrivé à Coni le 22 mai, il fit occuper Ceva et Mondovi. S'il n'était pas parvenu à assurer la retraite de Macdonald par la Toscane, au moins il avait donné au général Pérignon le temps de pourvoir à la sûreté de Gênes, et s'était assuré des moyens d'opérer la jonction des deux armées françaises.

Prise de Turin, 27 *mai* 1799. Suwarow n'ayant pu,

quoique avec des forces infiniment supérieures, couper la retraite à Moreau, fit occuper Alexandrie, et ordonna que la citadelle fût étroitement bloquée. Pendant ce temps-là, le général Mélas, ayant sous ses ordres les généraux Kaim et Frolich, marchait sur Candia; le général Karakfai se plaçait devant la Chartreuse; le général Vukassowich occupait la hauteur des Capucins, et Turin se trouvait investi de toutes parts. Dans la nuit du 26 au 27, on commença à tirer sur la place. Le général Fiorella, qui commandait pour les Français, refusa de se rendre, et répondit vigoureusement au feu des assiégeans; mais bientôt il fut obligé de se retirer dans la citadelle avec trois mille hommes composant la garnison, parce que les habitans, profitant d'un instant de désordre occasionné par l'incendie d'une maison près la porte du Pô, ouvrirent cette porte aux ennemis. Suwarow se trouvait donc à la vue des frontières de la France dans les premiers jours de juin.

Prise du château de Milan, 24 mai 1799. Cependant Macdonald, dont l'arrière-garde avait rendu inutile une entreprise des Napolitains réunis avec des Anglais, s'avançait par l'état de l'Eglise; les alliés devaient songer à lui résister et à empêcher sa jonction avec l'armée de Moreau, parce que ces forces réunies pouvaient déconcerter tous les plans de Suwarow. Ce général, sur ces entrefaites, fut forcé de tirer six bataillons employés au siége du château de Milan, et de les envoyer au secours du prince de Rohan, qui avait été repoussé entre les lacs Como et Legnano, par le général Lecourbe, quoiqu'il fût appuyé par les paysans insurgés. Le général Hohenzollern partit le 15 de Milan, arriva le 17 à Ponte-Tresa, attaqua, le 18, les Français sur tous les points, et les força à se retirer sur Bellinzona. Le général Lecourbe, étant rentré en Suisse, le général Hohenzollern retourna au siége du château de Milan. La tranchée fut ouverte dans la nuit du 20 au 21, et le 23, le château fut foudroyé par soixante pièces d'artillerie. Le commandant capitula le 24; deux mille deux cents hommes composant la garnison, obtinrent les honneurs de la guerre, et rentrèrent en France à condition de ne pas servir contre les armées impériales pendant une année.

Prise de la citadelle de Ferrare, de Ravenne, etc. La citadelle de Ferrare se rendit le même jour au général Klénau; pendant le bombardement, le feu avait été mis à plusieurs magasins; la garnison, composée de quinze cents hommes, obtint aussi les honneurs de la guerre, et s'obligea de ne pas servir pendant six mois.

Ravenne, Lamachio, et différens autres postes, tombèrent aussi au pouvoir des alliés.

Sept vaisseaux de ligne et six frégates turques et russes bombardaient Ancône, et Mantoue était assiégée par le général Kray. Le général du génie Latour-Foissac, commandant dans cette place une nombreuse garnison, faisait de fréquentes sorties, et retardait les approches de la ville. Le 19 mai, au moment où le général Kray se disposait à la bombarder, il reçut l'ordre de convertir le siége en blocus.

Le 22 mai, le général Kray se porta sur Bologne pour forcer les Français à évacuer cette place; ils la défendaient avec d'autant plus de persévérance, que, par sa situation, elle retardait la marche des alliés, et favorisait la retraite de Macdonald, qui déjà était arrivé en Toscane, et avait mis en état de défense Livourne et Lucques, pour s'y ménager, en cas de besoin, une retraite vers la mer. Le général Kray ne pouvait rassembler ses forces et marcher à la rencontre de l'armée de Naples, qu'après s'être rendu maître de cette place.

Prise et reprise du poste de Pontremoli. Le général Ott, chargé de s'emparer de Reggio et de Modène, crut, auparavant, devoir enlever le poste de Pontremoli, situé sur l'extrême frontière de la Toscane et de l'état de Gênes. Ce poste, que les Français occupaient, sépare les vallées du Taro et de la Verra, et devait faciliter, même assurer la jonction de l'armée de Macdonald avec celle de Moreau. Le général Kray l'attaqua avec vigueur, l'emporta, et poussa des détachemens jusque sur la route de Pise. Bientôt le général **Macdonald** reprit le poste important de Pontremoli.

ARMÉE DE SUISSE.

L'ARCHIDUC obtenait aussi, dans la Suisse, des succès importans, mais plus difficiles que ceux de Suwarow en Italie, parce qu'il avait en même temps à vaincre les obstacles résultans de la nature du pays, et des forces plus imposantes. Poursuivies par les généraux Hotze et Bellegarde, les deux colonnes françaises qui abandonnaient le pays des Grisons, arrivèrent, le 19, l'une à Urseren, l'autre à Wallenstadt : cette dernière eut fortement à lutter contre les émigrés suisses.

Le 22 mai, les généraux Nauendorf et Hotze firent passer le Rhin à leurs troupes ; mais déjà le Rhintal avait été évacué par la division du général Lorge, et le général Hotze pénétra sans difficulté jusqu'à Saint-Jean.

L'archiduc était dans l'intention d'engager une affaire générale, mais il voulait avant rassembler tous les corps de son armée. Pour empêcher cette réunion, Massena fit attaquer, le 24, l'avant-garde de Nauendorf et celle du général Hotze. Après une action vive, dans laquelle furent blessés les généraux Kienmayer et Piaczeck, les Français enlevèrent les avant-postes du général Nauendorf, repoussèrent et jetèrent dans la Thur les hussards de Mezzaros et de Barco, et reprirent le pont d'Andelfingen, qu'ils ne purent cependant conserver.

L'attaque contre la tête de la colonne du général Hotze fut plus vive et plus sanglante. Les Français enveloppèrent, près la route de Constance à Zurich, les régimens d'infanterie de Gemmingen et de Kerpen, et les dragons de Kinsky; le régiment de Gemmingen fut presque entièrement détruit. L'infanterie, fatiguée d'une marche qui avait duré toute la nuit, fut très-maltraitée, et fit sa retraite sous la protection des dragons de Kinsky qui, ne pouvant agir avec leurs chevaux dans un terrain marécageux, mirent pied à terre et se battirent avec beaucoup de valeur. Ce combat, qui, commencé à neuf heures du matin, n'était pas encore terminé à cinq heures du soir, cessa à l'arrivée d'un corps de réserve venu au secours des Impériaux. Weber, commandant de la légion suisse auxiliaire, fut tué dans cette action.

L'archiduc reprit le lendemain tous les postes sur la rive gauche de la Thur, et après avoir enlevé le Steigpas malgré le feu plongeant d'une batterie tirant à mitraille du haut de la montagne, et les chasseurs français et suisses postés dans les bois environnans, il fit à Winterthur et à Nestenbach, sa jonction avec l'armée du général Hotze.

Le général Bellegarde, auquel s'étaient réunis les habitans des petits cantons, s'était assuré du passage du Saint-Gothard, avait fait occuper Glaris, et menaçait Lucerne. Le général Lecourbe le força d'abandonner Schweitz, où il avait fait avancer des troupes.

Les ailes de l'armée étant débordées, Massena prit position derrière la Glatt, et se renferma ensuite dans son camp retranché en avant de Zurich. L'archiduc envoya des troupes jusqu'à Klottern, qui n'est éloigné de Zurich que d'une demi-lieue, et son avant-garde s'avança à la vue de Baden. Après différentes affaires d'avant-gardes, les Autrichiens furent repoussés sur la

www.ingramcontent.com/pod-product-compliance
Lightning Source LLC
Chambersburg PA
CBHW070603230426
43670CB00010B/1387